SOUVENIRS POUR DEMAIN

JEAN-LOUIS BARRAULT

SOUVENIRS POUR DEMAIN

ÉDITIONS DU SEUIL
27, rue Jacob, Paris VI⁰

ISBN 2-02-002104-8

à Madeleine

Avertissement au lecteur

La condition des Comédiens
était infâme chez les Romains
et honorable chez les Grecs :
qu'est-elle chez nous ?
On pense d'eux comme les Romains,
on vit avec eux comme les Grecs (La Bruyère).

> En attendant que mon orchestre inté-
> rieur s'accorde.

Si j'ai traité sous forme de « récits » cette autobiographie, c'est par scrupule. Bien que je me sois consciencieusement appliqué à ne rien romancer, je ne peux garantir l'exactitude historique, voire policière, des faits dont je me suis souvenu.

Bien malin celui qui peut dire quelle a été exactement sa vie! Bien malin aussi celui qui pourrait me dire quelle a été ma vie! Moi, j'ai mon impression — vous, vous avez la vôtre.

De plus, il ne peut pas être question de m'analyser ni de me juger : ou bien je me présenterais à mon avantage ; ou bien, par malice, j'exagérerais mes défauts.

A chaque instant de l'existence, nous vivons au moins sur trois plans :
— on est
— on croit être
— on veut paraître.
Ce que l'on est — on l'ignore. Ce que l'on croit être — on s'en fait une illusion. Ce qu'on veut paraître — on s'y trompe.

Et avec cela, nous ne sommes pas un, mais trois. Et même beaucoup plus. On est un en trois personnes : la tête, le cœur et le ventre [1]. Et, au sommet du tétraèdre [2], apparaît « le Double », tandis que dans les coins les plus retirés de notre Etre circulent encore d'autres « Présences ».

En réalité, nous sommes à nous seuls une société, un royaume, un monde — un univers au fond d'un puits : population intérieure, tapageuse, au milieu de laquelle on se sent finalement seul. C'est là l'angoissant.

1. Platon.
2. Volume composé de quatre triangles.

9

Dieux, délivrez-moi de ma stérile angoisse *(Eschyle)*.

L'angoisse, sœur de ma solitude... car au bout du chemin il y a la Mort. Et cependant, jusqu'à ce jour, j'ai été gai et heureux. J'en remercie mon étoile.

Jadis, j'eus l'occasion de déjeuner avec une jeune femme qui avait tout pour elle : la beauté, la naissance, l'esprit, la richesse. Mais tandis que nous bavardions, je découvrais en elle comme un animal en cage, douloureux, malheureux. Cela m'intriguait. Notre conversation devenait de plus en plus intime et sérieuse, affectueuse, proche. Je la questionnai avec cœur. A un moment, elle me dit :
— Et vous, racontez-moi !
Je ne m'attendais pas à ce que ma vie l'intéressât. Je le lui fis remarquer.
— Non, me dit-elle, racontez-Moi !
Elle voulait que je la raconte. J'ai refusé, lui faisant observer qu'elle ne se reconnaîtrait pas.

Ce que nous sommes, ce que nous avons vécu... Dieu seul le sait, « et je le connais, il ne nous le dira pas » (Feydeau).
Je m'aperçois que les deux premiers noms que je cite sont Eschyle et Feydeau. La vie se trouve entre les deux. Jusqu'à Eschyle, le poète antique était tenu de traiter un sujet sous forme d'une trilogie tragique, puis, sur le même sujet, une quatrième pièce, celle-là comique, traitée « par l'absurde ». Chaque événement de la vie a en effet sa face absurde.
Troisième nom, Kafka : « Ne pas prendre trop au sérieux. »
Dans le bouillonnement de ces « farces » qui nous animent, il y a des abîmes, des terres inconnues qui apparaissent tout à coup. Il y a des yeux dans ce « bouillon », ce sont les côtés surprenants de nos Etres, comme ces « fenêtres » en montagne par lesquelles on découvre des horizons nouveaux : les points du mystère.
Ma mère aurait pu être jugée par les autres comme une charmante femme, désordonnée et superficielle ; au moment de sa mort, elle nous est apparue comme un patriarche grave et puissant. Elle était devenue une autre personne.
A chaque instant de l'existence, nous sommes Autre pour nous-mêmes et pour les Autres. L'être humain est imprévisible. Enfin, nous nous croyons entiers, alors que nous ne sommes qu'une moitié de ver partie à la recherche de son autre moitié : notre besoin

d'amour. Reconstituer le ver entier de l'androgyne est le premier de tous nos instincts. Nous sommes des moitiés d'unité. L'Etre reconstitué, c'est le couple.

Mesa, je suis Ysé, c'est moi *(Partage de Midi).*

Cet instant où les deux individus tombent en arrêt l'un devant l'autre. Un silence étrange se fait, et le dialogue souterrain s'engage. Il n'y a plus ni temps ni espace, c'est la décharge fulgurante du Présent. La minute de vérité, quand Torero et taureau viennent de se reconnaître.

Ysé, je suis Mesa, c'est moi.

Nous autres acteurs, quand nous entrons en scène, nous devons théoriquement nous concentrer sur les trois questions suivantes :
— D'où est-ce que je viens ?
— Dans quel état suis-je ?
— Qu'est-ce que je viens faire ?
Je tâcherai de répondre correctement à la première question. Vous imaginerez la deuxième. Pour la troisième, je vous suggère : essayez de comprendre. Tel est mon but dans la vie. C'est pourquoi j'aime cette phrase de Lénine :

Apprendre, apprendre pour agir et comprendre.

Ce n'est pas par envie que j'entreprends cette promenade ; le passé me déchire. C'est pour obéir à une commande : il est salutaire parfois d'obéir.

Dans le fouillis de mes souvenirs, j'ai choisi ceux qui m'ont frappé... frappé comme on frappe une médaille, pour l'unité du sujet que je suis. Ceux qui pouvaient se généraliser et se faire adopter par tous, par fraternité pour le lecteur. Ceux enfin qui pourraient avoir une importance pour mon comportement d'aujourd'hui et de demain, par sens de l'utilité... « Souvenirs pour demain », pourquoi pas ?

Au théâtre, je m'expliquerai là-dessus, nous poursuivons un rêve personnel, et en même temps, nous avons le secret désir que nos sensations individuelles soient partagées par le plus grand nombre. Nous nous voulons un cœur collectif. Puisse-t-il en être ainsi en la circonstance présente.

11

Un dernier mot : quelqu'un qui se promène s'arrête quelquefois. Il fait une pause. Il change d'objectif. Il observait la vue, il contemple un brin d'herbe, ou il rentre en lui-même. Subitement, sans raison apparente, il m'arrivera d'en faire autant. Je vous invite alors à nous asseoir ensemble, côte à côte... pour le brin d'herbe, ou pour la vue, ou pour nous-mêmes.

1

Je ne suis pas née pour partager la haine,
mais l'amour (Antigone).

Le plant sauvage

La légende de ma naissance

Ma mère m'a mis au monde le 8 septembre 1910 à 10 heures du matin, précise l'acte de la mairie. Cela se passait au 11, rue de l'Eglise, au Vésinet, banlieue résidentielle à dix-sept kilomètres de Notre-Dame de Paris.

Mon père, Jules Barrault, y était jeune pharmacien, son officine était modeste. Il arrondissait ses moyens d'existence en travaillant à l'asile d'aliénés du voisinage. En réalité, il aimait la politique. Socialiste, il fut l'un des premiers léninistes, par idéalisme. Au fond de lui-même, il se sentait poète, aussi s'évanouissait-il à la vue du sang quand, dans sa pharmacie, on lui ramenait un blessé. Il avait trente-quatre ans, il n'avait plus que huit ans à vivre — mais ça, il ne le savait pas.

Ma mère, Marcelle Hélène, née Valette, devait avoir vingt-cinq ans à peine. De cet « heureux événement », comme on dit, retenons que 1910 est une année connue par les inondations de Paris, que le 8 septembre est le jour de la naissance de la Sainte Vierge, à qui je fus naturellement voué, à qui je me voue encore volontiers, avec la couleur bleue qui convient. Notons également que le 8 septembre est le jour de la naissance d'Alfred Jarry. La Vierge, Jarry et moi : cette compagnie me plaît.

8 septembre !... je me suis souvent imaginé qu'aux alentours du 8 décembre précédent, en plein frimas de l'hiver, deux jeunes gens s'étaient rapprochés, étendus, blottis et aimés, pour devenir, à la lueur de leur mutuelle étincelle, mon père et ma mère — mais ça, eux non plus ne le savaient pas.

Je n'étais pas le premier à venir troubler la paix du ménage. Depuis quatre ans déjà, un petit garçon régnait dans la maison. Il avait « tout de son père » : brun, fin, plutôt grand, un regard

« bleu-malice », un visage ravissant auréolé de longues boucles noires. Il répondait au nom de Max-Henry. Max, mon frère !

Mes parents l'avaient préparé à ma venue. Il en avait accepté « l'augure », avec élégance et générosité. Cependant, au bout de huit jours, alors que la tendresse maternelle s'affairait à me talquer les fesses, se sentant sans doute un peu mis de côté, il demanda :

— Est-ce qu'il va rester longtemps ici, mon petit frère ?

A vrai dire, ma mère, après avoir réussi un garçon, avait désiré une fille. Comme j'émergeais de mon embarcation placentaire, le docteur s'écria :

— Le beau petit gars !

Ma mère alors gémit, mi-sourire mi-douleur :

— Ah, m... !

Tel est le premier mot que j'ai entendu sur terre. En France, il a la réputation de porter bonheur. Ma vie, jusqu'ici, en est la preuve ! Marcelle Barrault avait son franc-parler, c'est d'elle sans doute que je tiens le mien. Ma mère avait bien fait les choses : je pesais neuf livres. Par curiosité scientifique, le médecin pesa le tout — bébé, placenta et le reste : quinze livres en tout !

Je devais être très laid : des yeux bridés, une bouche fendue jusqu'aux oreilles, pas un cheveu sur le crâne, une énorme tête qui roulait de tous côtés sur un corps plein de bourrelets. J'ai mis, paraît-il, dix-huit mois à découvrir une espèce de méthode pour me déplacer tant bien que mal : jambes arquées, le corps boursouflé par les bouillies. Laid, mais vraisemblablement d'un caractère heureux, puisque ma joie la plus suave était, dit-on encore, de m'asseoir sur le coussin chaud et moelleux des langes que je venais, non de souiller, mais de remplir. Il y avait du bébé Gargantua dans mon cas. Tant pis si cette réflexion peut paraître prétentieuse... au reste, ce ne sont que des « on dit ». Moi, je ne m'occupais pas de tout ça. On m'avait donné la vie, je vivais !

J'ai toujours eu ce qu'un médecin de mes amis a diagnostiqué comme étant un « complexe du loisir ». Je veux bien perdre tout ce qu'on veut sauf une chose : le temps. C'est que, aussi loin que mes souvenirs remontent, je me trouve toujours en compagnie de quelqu'un : la Mort. La joie de vivre est si complète qu'il n'en faut rien perdre ; mais en même temps la vie paraît si peu sûre ! C'est si beau que cela ne peut pas durer. Et bien, justement, il faut que cela dure, et pour durer, il faut remplir. L'art est long, la vie est courte, il ne faut pas manquer l'art de vivre.

Récemment, conduisant ma voiture, je m'étais perdu dans mes pensées. Mon double, qui ne me quitte jamais et avec qui je bavarde sans cesse, murmura : « Que cherches-tu ? Tu as perdu quelque chose ? » « Oui, répondis-je, une minute ».
Cette minute qu'un jour me dérobera la mort.
Il n'y a donc aucune raison pour que, dès mon premier souffle, je n'aie pas été pris de cette même frénésie... panique.

Il est une chose dont il me faut témoigner, car cela a duré très longtemps : ma mère, voulant une fille, m'a toujours considéré comme tel. Elle m'appelait « sa petite fille » et mon frère m'appelait « ma Nénette ». Mot qui vient de la guerre de 14 : deux petits fétiches de laine qu'on envoyait aux soldats pour les protéger : Nénette et Rintintin. Max s'octroya Rintintin, alors je fus Nénette !

Je vois d'ici les psychanalystes friser leur nez, à l'affût d'une névrose. « Cet enfant qui s'assoit dans ses excréments en riant aux anges, qui s'essuie le derrière à l'aide des rideaux de la fenêtre (c'est encore un « on dit » de famille) et que sa mère — vous entendez bien : *sa mère* — appelle sa petite fille... nous allons l'attendre au tournant ! »
Je n'ai rien contre Freud que je tiens pour un génie. Il y a quelques mois encore, j'ai relu l'histoire de sa vie. Il est le héros du « ça », du « moi » et du « sur-moi ». Il a souffert pour nous toutes les cruautés du subconscient, mais j'ai l'impression, avec tout le respect, l'admiration et l'affection que je lui porte, qu'il a tellement souffert de son propre tempérament qu'il n'a pas pu résister au désir de nous faire croire que nous étions tous dans son cas.

Pour l'instant, revenons à ce moins de deux ans, baptisé chrétiennement Jean-Louis. Oh ! d'une chrétienté bien tiède ! Mon père, libre-penseur, aurait préféré que nous choisissions notre religion à dix-huit ans. Il était scrupuleux. Au reste, pourquoi dix-huit ans ? La famille a dû lui dire : « Pas d'histoires ! » Comme il était courtois, on baptisa les petits. Pendant ce temps, il se contenta d'assister, en tant que premier adjoint au maire du Vésinet, aux cérémonies républicaines du 14 juillet. Dans la famille, on rapportait ce fameux discours du maire qui, devant le drapeau déployé (à cette époque, il n'y avait pas encore tous ces monuments aux morts, l'invention en doit être récente !) avait ainsi célébré les vertus des trois couleurs de la France :
« Le rouge, proclamait-il, emblème du sang versé pour la Patrie ; le blanc, symbole de la pureté de l'âme française, Jeanne

d'Arc... » Quand il arriva au bleu, après une courte hésitation, il s'élança :

« Et quant au bleu... s'il était vert, ce serait l'espérance ! » (Tonnerre d'applaudissements.)

Il y avait au Vésinet une Société de théâtre amateur, « l'Essor ». Mes jeunes gens de père et mère en faisaient partie et jouaient la comédie. Mon père excellait, paraît-il, dans *le Luthier de Crémone* de François Coppée. Ma mère avait une jolie voix, une ravissante frimousse, de la gaieté, le petit nez retroussé de Paris, un regard de chatte. De plus, cette chatte avait « du chien ». C'est-à-dire, en bon français, du charme. La vie devait être bien douce et insouciante au Vésinet !... La carrière dramatique du couple Barrault devait, hélas ! s'arrêter court, car pour mes deux ans, mes parents m'offrirent Paris.

Mon père avait pris une pharmacie avenue Wagram. Nous habitâmes au 142, rue de Courcelles. Ce quartier élégant de la plaine Monceau était pris entre la place des Ternes, ses garçonnières, ses petites femmes entretenues qui descendaient chercher leur lait, enveloppées dans leurs manteaux de fourrure, et le quartier des Batignolles : un vrai village comme il y en a tant à Paris. Je pense notamment au village de Passy où une toute petite fille nommée Madeleine Renaud jouait avec son tout petit cousin Christian Bérard. Mais ça encore, je ne le savais pas.

Au-delà, dans tout Paris, de chez Maxim's au Moulin-Rouge, Feydeau en tête, la fête battait son plein. Une vraie vie d'avant-guerre ! Une fois de plus je n'en savais rien — d'ailleurs, qu'en aurais-je bien pu faire ?

Voilà pour la partie « légendaire » de ma naissance. En attendant les souvenirs réels, examinons mon héritage ancestral : mon atavisme — « la situation » selon J.-P. Sartre — le code génétique selon les biologistes — « ton pedigree » souffle mon double ; il est taquin.

La mémoire antérieure

Je crois profondément à la mémoire antérieure ; antérieure à la naissance, cela s'entend.

Notre imagination n'existe que si elle peut jouer avec notre mémoire, avec le magasin, le grand bazar de tout ce que nous avons enregistré. Si nous n'avions à notre disposition, pour les recomposer selon notre fantaisie, que les matériaux que nous accumulons depuis notre naissance, l'imagination serait une faculté tardive, pauvre, et risquerait de n'être possible qu'au moment où l'on a perdu la force et le désir de jouer.

Heureusement, notre passé génétique se tient en réserve dans nos profondeurs et, dès le premier cri post-ombilical, nous serions déjà capables d'inventer toutes sortes de romans dus à ce que nous tenons de nos ancêtres.

Imagination, jeu de mémoire. Cette idée est chère aux biologistes actuels qui, de ce fait, rejoignent la mythologie. Pour ma part, je ressens une satisfaction physique chaque fois que la Science se trouve en accord avec la Poésie. Les neuf Muses, symbole de l'imagination humaine, ne sont-elles pas, depuis l'Antiquité, filles de Mnémosyne, la Mémoire ?

Ce n'était donc pas de la littérature, c'était vrai, concret, réel ? Déchiffrer la réalité, c'est ça qui me plaît.

Le concret ! Ce que l'on tient dans la main, ce qu'on peut toucher, humer, manger, tenir, saliver, transpirer. Etre ! Cela sent déjà le plateau d'un théâtre, il me semble.

Pour l'instant, observons les personnages dont mes cellules organiques sont faites...

Branche paternelle.

Les Barrault sont de purs Bourguignons de Tournus. Petite ville gallo-romaine, surtout romane, connue par sa célèbre église de pierres roses : l'abbaye de Saint-Philibert, de pur style roman.

Le premier Barrault enregistré à l'Hôtel de Ville était maître chamoiseur (il devait tanner des peaux de chamois). En 1698, il avait acquis une terre au lieu-dit « Beauregard », hameau de La Croix-Léonard : vignoble en surplomb de la ville, dont la vue s'étend vers l'est, à deux cents kilomètres de là. La vieille maison a été remplacée, une seule pierre en a été conservée, datée de 1623 et cimentée dans la nouvelle qui date de 1850.

Au pied de la maison coulaient les rangs de vignes. Cette maison, nous l'avons toujours. Pour nous, elle est sacrée, bien qu'il n'y ait plus aujourd'hui que des prés. Les vignes ont été arrachées, tuées par les vins du Midi, par l'esprit de spéculation et les combines politiques. J'en ai été frappé pour la vie. Ceci est très important pour mes conduites futures. Je connais des propriétés qui ont été achetées par des gens qu'on a remboursés à la condition de tout détruire. Cela s'appelait la prime à l'arrachage : autant dire la prime à l'assassinat. Jamais les anarchistes, au sens conventionnel du mot, n'en auraient pu faire autant. L'Etat : un meurtrier ; les politiciens : des criminels — Naissance de ma révolte.

De la terrasse de la maison, par temps clair, ce qui est signe de pluie pour le lendemain, on aperçoit la chaîne du Jura, les Alpes et le massif du Mont-Blanc. A nos pieds : Tournus. Ses clochers romans, le large ruban de la Saône, puis la vaste plaine de Bresse, engrangeant maïs et poulets.

Un des Barrault, François, fut maire de Tournus. Il était, dit-on, chapelier. Mais tous étaient « propriétaires-vignerons » jusqu'à mon grand-père : Henri-Philibert, qui n'avait, lui, d'autre métier que ses vignes.

Les hommes, de préférence, choisissaient leurs épouses à Mâcon. L'une d'elles avait dû apporter en dot à l'un de mes arrière-grands-pères un immeuble qui comptait comme locataire M. de Lamartine. Celui-ci ne payait jamais son loyer. Chauffé à blanc par sa femme-propriétaire, jusqu'à la température du crime, mon aïeul se rendait à Mâcon. Lamartine l'empaumait. Une fois revenu à Tournus, il devait avouer à sa femme que non seulement le poète n'avait toujours pas payé, mais qu'il lui avait emprunté de l'argent.

Le sang des Barrault est donc de pur jus bourguignon. Depuis trois siècles, le vin coule dans nos veines. Je me sens paysan. De fait, mes mains sont plutôt de grosses pattes.

Le « père Barrault » était un drôle de lascar : farceur, rigouillard, bagarreur et parfois cruel. Un vrai enfant du pays.

Ses dernières volontés le peignent fidèlement ! Dans son testament, il avait stipulé que l'on mît son cercueil dans son cuvage. Parmi ses tonneaux, un petit quarteau de vin blanc (25 litres) était réservé à cette cérémonie. Il devait être placé au pied du catafalque. Deux verres ; le premier verre, rempli, devait être posé sur son cercueil. Chaque ami, tirant l'autre verre, devait trinquer avec le père Barrault. A la fin de ce rite, on devait prendre son verre et aller l'offrir au premier passant sur la route. Les vignerons sont des artistes.

Il avait eu deux fils, Adolphe et Jules ; j'ignore qui était l'aîné. Pour eux, à chaque coin de la terrasse, le père avait planté un tilleul. Adolphe, marin de vingt ans, a été assassiné au cours d'une rixe à Toulon. Jules disparut en 1918. Le vieux père Barrault n'y a pas survécu... La pierre de notre caveau de Tournus, rongée par le temps, est montée sur quatre fortes griffes de lion. Elle est simple, lépreuse et belle. Tout le monde y repose en paix. Sur la terrasse, il reste les deux tilleuls. Ils sont aujourd'hui centenaires. J'aime leur écorce comme ma peau.

Pourquoi mon père avait-il choisi la pharmacie, lui qui avait à tout instant la nostalgie de sa maison natale ? Lui qui ne rêvait que de Lamartine, de Samain, de Verlaine et de fraternité universelle ?

Branche maternelle.

Ma mère est née rue Rambuteau, en plein cœur de Paris. J'aimerais pouvoir déclarer cette branche maternelle parisienne, car il existe peu de lieux aussi harmonieux que les quais de la Seine. J'aime infiniment Paris, je souffre de tout de ce qu'on lui fait, des jalousies qu'elle suscite. Cet amoncellement de villages n'aura jamais l'esprit « Province ». L'esprit de Paris est unique ; on ne le rencontre nulle part ailleurs. Au reste, Madeleine Renaud est née à Paris, ses ancêtres ne dépassent pas l'Ile-de-France, et sa mère est née elle aussi rue Rambuteau, comme par hasard ! Mais ça, comme toujours, nous ne le savions pas.

Grand front et petit menton, Madeleine a le sourire de Reims ! Quand nous voyageons à travers le monde avec notre compagnie, nous apportons non seulement la France, mais singulièrement Paris. *The pride of Paris,* a-t-on pu lire au fronton du Wintergarden à New York, en plein Broadway. C'est nous qui étions fiers ! Paris nous a faits, c'est à Paris que nous appartenons.

Sur le plan de l'héritage ancestral, restons cependant objectifs. Cette branche maternelle est formée par la convergence de deux pointes. L'une, du côté de ma grand-mère, vient de Lorraine ; je ne sais pas où, à l'Est. L'autre, du côté de mon grand-père, vient du Centre : du Bourbonnais. Je n'ai pas dit l'Auvergne ! Attention ! Mon grand-père aurait fulminé. Bien que, de son village, il lui aurait suffi de quelques mètres pour passer d'une province à l'autre, il ne se voulait pas Auvergnat. De fait, il en avait nettement les qualités et les défauts. Mais il ne voulait pas le reconnaître.

Mon grand-père maternel ? Un type fantastique ! Nous nous sommes beaucoup combattus, mais je l'ai adoré et je l'adore encore. Il m'aura beaucoup influencé, aussi bien en adhésion qu'en contestation. Monsieur Valette ! Un véritable personnage de roman, digne de Balzac.

Il s'appelait Louis-Charles-Camille-Napoléon-Eugène. Etant né le même jour que le prince Eugène (1856), il était filleul de l'empereur et reçut chaque année son louis d'or. Il était donc bonapartiste, portait la moustache et la barbichette à la Napoléon III et avait même poussé le zèle impérial jusqu'à avoir la taille de Napoléon I*.

Il était d'une vitalité accablante, d'une santé à toute épreuve. Dans la comédie de mon existence, le grand-père Valette est un grand rôle, un rôle en or comme on dit dans le jargon de théâtre. Entre Labiche et Henri Becque... Balzac, quoi ! Gardons-le pour les souvenirs réels.

Il était digne de sa mère. Celle-ci, je ne l'ai pas connue, mais d'après ce qu'on m'en a dit, elle mérite de l'être. Elle était venue en sabots des gorges de Chouvigny (Auvergne ou Bourbonnais ?) pour faire des ménages à Paris. Elle avait jeté son dévolu sur un ouvrier maçon, dont elle avait fait son mari. Et elle s'était fait une petite fortune en achetant des hôtels tombés qu'elle rafistolait grâce à son maçon de mari à qui elle faisait suer le burnous, hôtels qu'elle revendait une fois remontés, pour acheter un nouvel hôtel tombé, le remonter, le revendre, et ainsi de suite. Quand je pense que je n'ai pas connu cette femme et que, fidèle à sa destinée, j'ai fait la même chose avec les théâtres dans lesquels je suis passé, Marigny, l'Odéon, etc., seulement moi, je ne les revendais pas, j'en étais chassé...

Drôle de tempérament que cette arrière-grand-mère ! Quand elle avait trop ripaillé, elle quittait la table au moment des desserts, allait à la cuisine, arrachait le tuyau du gaz, en branchait un bout au robinet de l'évier, l'autre bout, elle se l'enfonçait dans le derrière et v'lan ! elle s'administrait un lavement à l'eau froide. Ainsi allégée, elle pouvait regagner sa place à la table de famille et terminer son repas avec appétit.

Prétendant un jour que si le chat et le perroquet ne s'entendaient pas, c'était parce qu'on ne les avait pas présentés, elle fourra le chat dans la cage du perroquet ! Volée de plumes et de poils, cris affreux. Elle les sépara, un peu déçue par cette réaction « inattendue ».

Elle mourut à quatre-vingt-neuf ans d'une broncho-pneumonie. Le médecin, auscultant sa poitrine, murmura :

— J'entends des bruits !

— Foutue bête ! répliqua-t-elle, ce sont les bruits de la rue.

Et elle expira.

Son homme ne devait rêver, j'imagine, que d'émancipation. Il était communard ; mais j'ai bien peur qu'on ne lui ait jamais donné la parole.

Louis Valette était le digne fils de sa mère. Jeune, il travaillait dans une fabrique de boîtes à liqueurs : ces vieilles boîtes marquetées, tant recherchées aujourd'hui par les antiquaires. Dans cette fabrique, il y avait trois filles à marier : Cécile, Hermance et Berthe. En vue de devenir un jour le patron, il confia à une vieille amie de sa mère le soin d'aller choisir une de ces filles pour lui. Un goûter fut organisé. La vieille amie arrive. Cécile apporte le thé, Hermance le sucre, Berthe les petits gâteaux. La vieille « Célestine » jauge chaque pouliche et, au retour, dit au jeune homme : « Demande Hermance. » C'est ainsi que fut choisie ma grand-mère. Femme douce et distinguée, moins résignée qu'il n'y paraissait, mais d'une délicatesse mystérieuse.

Sentant que l'artisanat de luxe des boîtes à liqueurs allait subir la concurrence de « gadgets » plus à la mode, Louis Valette l'abandonne et s'installe comme marchand de couleurs, 55, rue de Lévis. Petite rue commerçante, véritable marché, au centre d'un quartier très chic : aristocratie et hôtels particuliers. Le grand-père avait deux principes :

a) Vendre des matières périssables, sinon on a vite fait le tour des clients. C'est pourquoi il n'aimait ni les boîtes à liqueurs, ni les antiquaires.

b) Pour faire fortune, il y a deux méthodes :

1. gagner de l'argent,
2. diminuer les frais généraux.

A cela, il n'y a rien à reprendre : c'est ce qu'on appelle le bon sens français.

Ma grand-mère, qui tenait la caisse, n'a jamais parlé de son mari qu'en disant : « Monsieur Valette ». A table, elle l'appelait « mon petit Jésus ». Ils s'aimaient profondément, fêtèrent leurs noces d'or (50 ans de mariage). Je les soupçonne cependant d'avoir, chacun de son côté, arrangé leur petite vie pour satisfaire certains recoins de l'âme que l'autre risquait de négliger...

En bon coq rapide et affairé, le grand-père la fit cinq fois mère : trois fausses couches, une fille, un garçon. Le garçon, Robert, dit Bob. Mon oncle a eu une grande importance dans ma vie : mettons-le aussi de côté.

On a compris que mon grand-père correspond aux périodes ascendantes des familles. De formation rudimentaire, il n'avait cessé de s'instruire en bon autodidacte, grâce surtout au dictionnaire Larousse et particulièrement aux feuilles roses où l'on pouvait apprendre par cœur un tas de citations latines qu'il était utile, en ce temps-là, de glisser dans les conversations pour avoir l'air cultivé.

Type parfait du petit commerçant de Paris, économe et ambitieux, il se serait saigné pour sa famille. Il l'a d'ailleurs fait. Mais sa famille en devait payer le prix. A table, quel moraliste redoutable ! On avait envie de l'abattre à coups de fusil.

Pour satisfaire son orgueil, il envoya ses enfants dans les écoles les plus huppées. Ma mère fut envoyée au couvent, là où étaient élevées les aristocratiques péronnelles dont les parents, ou plutôt leurs chauffeurs, étaient clients de ce naïf marchand de couleurs. Ma mère eut à expérimenter, hélas ! ce que l'on appelle les différences de classe. La fille de ce petit « bourgeois gentilhomme » eut à subir les pires humiliations de la part de la noblesse et en fut traumatisée pour la vie.

Elle retrouvait la chaleur humaine dans la personne d'une très brave tante, genre anarcho-populo-au-grand-cœur : la tante Adèle qui, dans son franc-parler, la consolait en disant :

— Nous, on descend des croisés... par les fenêtres !

Néanmoins, ma mère reçut une éducation particulièrement raffinée mais, comme elle en avait beaucoup souffert, elle devint le contraire d'une pimbêche. Par exemple, il ne lui serait pas venu à l'idée d'ouvrir un œuf à la coque avec autre chose que le coin d'une fourchette : ni un couteau surtout, ni même une cuillère. Elle savait que l'on sert la salade en ordre inverse, le maître de maison se servant le premier, car avec la salade « la politesse est au fond du plat » (à cause de la sauce). Bien sûr, elle sectionnait tous les fromages avant de les faire passer, etc. Avec elle, le service de table pouvait être réduit à la plus grande simplicité, jamais cependant une faute de ce genre n'aurait été commise. Il y avait surtout chez elle la hantise de ne pas tacher son verre quand elle buvait. Que de gens, en effet, souillent le bord de leurs verres avec le gras de leurs lèvres encore luisantes de nourriture ; c'est à vomir ! J'en ai gardé le même dégoût, je dirais la même obsession et je sais pourquoi. C'est que mon existence tient précisément à un verre sale.

Ma mère était fiancée. Le mariage était conclu. Il y eut un repas. Le fiancé tacha outrageusement son verre. Ma mère rompit le mariage. Sans ce sacré verre sale, elle n'aurait pas connu mon père et je ne serais pas là. Hasard et nécessité !

Mais je suis là. A présent j'ai environ quatre ans. A cet âge, on peut entrer dans la réalité de l'existence. Les souvenirs sont « en direct ».

Le décor est posé. En Bourgogne : Beauregard, la Saône et Saint-Philibert de Tournus. A Paris : la plaine Monceau, les Batignolles. Chez nous : rue de Courcelles. Chez le grand-père : rue de Lévis. Retiré des affaires, il est à présent rentier. Et du n° 55 il est passé au n° 43. Pas de complication !

La distribution. Une famille composée, côté père, de bourgeois-paysans raffinés, épris de poésie ; côté mère, de petits commerçants aisés, d'essence roturière, mais sensibles aux choses de l'art.

Nous allons maintenant interrompre, comme à la télévision, les explications qui étaient destinées à ceux qui n'avaient pu suivre les épisodes précédents, moi le premier, n'étant pas encore au monde, et permettre enfin aux acteurs d'entrer en scène.

Les premiers pas

A quatre ans, j'étais persuadé que le jour de mon anniversaire, j'allais grandir démesurément dans la nuit, comme Alice au Pays des Merveilles. En fait, mon horizon ne s'élevait guère au-dessus de la hauteur d'une table ; et quand, le 2 août 1914, mon père fut appelé sous les drapeaux, je ne perçus que deux pantalons rouges. Le reste se perdit dans la nuit. C'est mon premier souvenir paternel. Y en a-t-il eu beaucoup d'autres ? Un pauvre, un triste pointillé ! Une nuit, le contact râpeux d'une barbe de tranchée, m'embrassant dans mon petit lit... un passage en permission... Il était venu voir sa chatte : c'est elle qui devait être contente.

Ah si ! 1915. Une expédition formidable, guerrière ! La chatte est partie pour le front, emportant sa nichée. C'est le Nord, à Saint-Mihiel. Le canon gronde. Au loin, la mitraille. On peut imaginer ce qui se passe dans la tête de deux petits garçons, neuf et cinq ans, au milieu de tous ces soldats : ils s'y croient. Notre mère a réussi à surmonter toutes les difficultés, à lever toutes les interdictions, à franchir toutes les barrières. Elle voulait retrouver son homme — son mari — elle n'a pu résister ! Nous sommes logés chez une brave dame qui nous fait d'énormes tartines de confiture de coings. Souvenir ineffaçable, j'en salive encore aujourd'hui. J'adore la confiture de coings. Il n'y a de souvenirs valables que si on les retrouve dans le présent — le temps retrouvé.

Vingt-cinq ans plus tard, en 40, sans le savoir, Madeleine devait accomplir exactement le même exploit pour moi.

A six ans, le drame arrive. La perception du malheur se fait sentir comme une bouche pâteuse, un goût de savon, quelque chose comme le mal au cœur. Nous sommes à Beauregard, le repas se termine. Nos parents se parlent sévèrement. Ils se disputent, c'est sûr. On nous a priés, Max et moi, d'aller jouer dehors. C'est l'été, les fenêtres sont ouvertes. Nous faisons mine de courir autour de la maison mais nous nous arrêtons, « essoufflés », sous les fenêtres pour capter quelques paroles. Nos parents vont se séparer... pourquoi ? Je n'y peux rien comprendre... mais j'ai la sensation que les murs de notre maison s'écroulent. Mon cœur se fend en deux. Je cours me cacher dans le massif de buis, pour pleurer. Est-ce que je comprends pourquoi je pleure ? Parfois les larmes viennent avant la peine.

La chatte a dû faire des bêtises. Et mon père ne plaisante pas avec les sentiments.

Il repart. La guerre continue.

Il est brancardier en première ligne. Ma mère tient la pharmacie. J'y joue avec les étiquettes, avec le pain azyme des cachets, avec les petites portes battantes qui divisent en deux l'aire des clients et les comptoirs de préparation.

Odeur des pharmacies ! C'est toute mon enfance. Là encore, le souvenir est présent. Autres souvenirs d'odeurs : la toile cirée de la cuisine dans une petite maison de Poissy qu'a louée le grand-père. Odeur des grands champs de choux sur la plaine de Poissy, où l'on part chasser la perdrix. A ces odeurs s'associent les disputes des hommes déjà vieux qui s'envoient encore des chaises à la figure à propos de l'affaire Dreyfus. Les femmes replient leurs jupes sur les enfants et tout le monde grimpe se réfugier dans les chambres, pendant que les barbus s'insultent.

Trop jeune pour Sedan et trop vieux pour la Marne,

mon grand-père est devenu un patriote exaspérant.

Dans une école privée, pour apprendre à lire, je me perds dans la chevelure rousse d'une petite fille, ma voisine. J'aime l'odeur de ses cheveux ; alors je l'aime. Je me sens câlin, j'ai six ans.

J'ai, paraît-il, dit un jour : « Dans mon cœur on est serré comme dans le métro. » Ma mère fond de bonheur devant « sa petite fille » de chat. La chatte et son chaton deviennent complices dans la tendresse. Max, lui, devient sérieux. Il joue à remplacer le père. Il a douze ans. Moi, j'apprends à jouer tout seul, sous les tables. Je prends le goût des « petites cabanes ».

Printemps 18 — mon père va nous inoculer le sens des prémonitions. Il a été muté à l'hôpital du Havre, caserne Kléber. Il sent venir la mort, il veut revoir ses enfants. On nous expédie en pension. Je suis logé chez une dame, Mme Cauvin. Je couche dans sa chambre. Elle est veuve. Le soir, sous la lumière terrifiante de la lampe à pétrole, elle monte en chemise de nuit sur son lit et parle à son mari... un portrait suspendu là, au mur, en militaire ! Hallucinations ! Je me cache sous la couverture. Non loin de moi, un perroquet a, lui aussi, sa couverture, mais le matin, quand on lui redonne le jour, il se met à crier :

— Jean-Louis, à l'école. Vite, vite, vite, vite !

Puis il joue à la revue, se balançant d'une patte sur l'autre : Ran plan plan, plan plan, plan plan...

J'ai peur et je suis fasciné en même temps par l'insolite.

Régulièrement, une infirmière vient nous chercher et nous emmène à la caserne. Un gigantesque double portail de fer, dans la fente duquel apparaît à présent une silhouette mince, bleu horizon, jeune encore mais aux cheveux blancs : mon père. Nous jouons avec les soldats. Nous attendons des heures dans les longues salles rangées de lits blancs (on dirait des dunes, lit-on dans Jarry [1]). Lieux lugubres, mortuaires, d'où l'affection paternelle coule comme du goutte à goutte.

L'été arrive ; il nous emmène en permission à Beauregard. Maman n'est pas là. Pour la première fois, je crois, il me parle en petit homme. J'espère que, moi aussi, je le prends au sérieux. Il sort des bonnes bouteilles de la cave. Il nous apprend le goût du vin. On visite les vignes. On fait les vendanges. Quand la nuit est venue, blottis contre lui, nous nous étendons sur le mur de cette terrasse où je ne m'étends jamais aujourd'hui sans frémir. Il nous parle des étoiles, de la vie, de l'amour, de sa mort prochaine... de notre mère qu'il aime. Il y a deux vers de lui qui me restent en mémoire :

> *Mon cœur est un vieillard assis sur la colline*
> *Regardant le chemin qu'il vient de parcourir...*

C'est lui en ce moment : il a quarante-deux ans. Nuits de Beauregard de mes huit ans !

---

1. « Sengle », dans *Les Jours et les Nuits*.

Nous revenons à Paris. Une réconciliation entre Marcelle et lui s'amorce. Hélas ! nous ne le reverrons plus.

Comme brancardier, il repart soigner les blessés, mais surtout les soldats atteints de la grippe espagnole. Il s'agissait tout simplement du typhus. Il le contracta et fut emporté en quarante-huit heures. Par dérision, quand il s'écroula, il était en permission de vingt-quatre heures. C'est pourquoi, administrativement, ma mère n'a jamais été veuve de guerre. Elle n'a pas eu droit à la pension.

> Point de départ, sans doute, de mon goût pour l'absurde, de ma vénération pour Kafka et de mon mépris pour l'administration.

Jules Barrault mourut le 16 octobre 1918. A ce moment-là, j'allais à l'école communale rue Ampère. Ma mère se souvenait de son couvent de riches, mon père était socialiste, et mon grand-père était économe.

Trois semaines plus tard éclata la délivrance de l'armistice. Ce 11 novembre nous étions en classe, et la joie de tous fut d'autant plus grande que l'instituteur était un ancien combattant réformé pour blessure grave. Il marchait avec une canne.

Quelle ne fut pas sa surprise de découvrir au milieu de l'allégresse générale, du chahut autorisé au nom de la Victoire de la Justice de Dieu, dans un coin, un enfant qui pleurait. Quelle ne fut pas ensuite sa sainte indignation, laquelle le conduisit à me foutre une telle râclée qu'il me cassa sa canne sur le dos. Je revins à la maison le corps tuméfié. La chatte sortit ses griffes. Le lendemain, nous nous trouvions tous réunis dans le bureau du directeur. L'instituteur ne nia rien. En conséquence, ma mère envoya une formidable paire de gifles à un ancien combattant, décoré de la croix de guerre ! Que voulez-vous, en me rossant, n'avait-il pas insulté les morts ?

> Dans la mesure où ce que nous vivons dans l'enfance forge pour toujours notre caractère, ce fait est sans doute une des sources des démêlés que j'ai eus par la suite avec les militaires, — sans oublier l'affaire des *Paravents* de Jean Genet.

Chaque fois que, dans le monde, des vivants organisent une guerre, pour moi ils insultent les morts et mon père. Chaque fois que les anciens combattants s'énervent autour de leurs trophées, je les vois prêts à me casser leur canne sur le dos et j'aperçois ma mère qui les gifle, en plein ciel de gloire, dans un bruit de claquement de drapeaux. Un chien qu'on a battu ne l'oublie jamais.

Deux ans après, ma mère se remariait avec un ami d'enfance : Louis Martin, jeune officier de réserve encore chaud de tous ses combats à la tête de chars d'assaut. Elégant, de bonne famille, décorateur, aquarelliste, et, je suppose, appréciable insecte mâle. Il avait une trentaine d'années. Elle taquinait le piano — lui, caressait le violon. Leur idylle s'étoffa aux airs de Saint-Saëns, de Chopin et de Massenet. Max était jaloux ; il était devenu de plus en plus « le père ». Chaque fois que les deux amants voulaient sortir, une angine soudaine le terrassait. Ma mère retirait son chapeau et passait la soirée autour du thermomètre. Louis se rongeait les lèvres. Moi je me réfugiais sous la table, m'imaginant sous une tente en plein Sahara en conversation avec quelque chef bédouin. J'avais vu le film avec Rudolph Valentino : *Le Fils du Cheik*.

Quand ils se marièrent, Max ne voulut pas assister à la cérémonie. Moi, je leur donnai ma bénédiction. Du moment que ma mère baignait dans l'amour, j'étais content. Pourtant, un enfant qui perd son père à huit ans risque de mourir orphelin. J'ai passé ma vie à rechercher le Père : dans Dullin, dans Claudel, dans Rabelais, aujourd'hui même chez mes cadets.

> L'orphelin n'arrive pas à devenir un vrai adulte. Pour ce qui est de la fameuse querelle du Père et du Fils, du célèbre conflit de générations, que Freud me pardonne encore, je n'aurai pour ma part connu que l'amertume de la frustration. Lors de notre première visite aux Etats-Unis, à l'issue d'une conférence faite dans une université — Princeton, je crois — un étudiant vint à moi et me dit à brûle-pourpoint :
> — Je hais mon père, que dois-je faire ?
> — Vous haïssez votre père ?
> — Oui...
> — Vraiment ?
> — Oui.
> — Alors, tuez-le !
> La conversation s'en tint là.
> « Tout le monde ne peut pas être orphelin », disait Jules Renard. Le sens que je donne à cette phrase est : « Tout le monde ne peut pas avoir la nostalgie d'un père. » Pour la vie un coin de notre être souffrira de solitude, craintif et angoissé.

Ma mère, Louis Martin, mon frère enfin apprivoisé et moi formâmes rapidement une équipe de quatre bons copains. Certains soirs, on jouait au poker... Quand j'avais du jeu, le sang me montait au front et jusqu'aux oreilles. Quand je n'en avais pas, je pâlissais, les yeux hébétés. Eux, qui voyaient si clair dans mon jeu, se tordaient, et moi, ne comprenant pas comment ils savaient tout, j'enrageais.

J'ai toujours été mauvais joueur. Quand tout va bien, je vais le chanter sur les toits et j'éveille la jalousie. Quand ça va mal, je deviens mauvais.

D'autres soirs, on nous emmenait au cinéma. J'étais terrifié par les films muets qui ne montraient que des voleurs courant sur les toits ou pénétrant par les fenêtres après avoir rampé le long des gouttières. La peur est entrée en moi et ne m'a plus lâché. Aujourd'hui encore, j'ai peur du noir comme un enfant. Mon imagination vagabonde construit un univers terrifiant. Quand je nage, l'eau est remplie de monstres. Quand je marche dans la nuit, ils m'épient derrière chaque objet. Mon poil se hérisse. Ma colonne vertébrale se glace de frayeur. Si, en traversant la rue, je pense que l'autobus aurait pu m'écraser, la scène aussitôt devient réelle, mes jambes flageolent d'émotion et je dois m'appuyer quelque part, contre un mur, pour retrouver mon équilibre. Souvent un cri s'échappe de ma gorge, c'est que machinalement mon esprit vient d'imaginer quelque horreur. Je fus quelque temps somnambule. Puberté, disait-on. Peur de la mort surtout : je m'empêchais de m'endormir de crainte de ne pas me réveiller.

Le dimanche matin, grasse matinée dans l'énorme lit de ma mère. Mon frère Max me taquinait. J'étais son souffre-douleur. Il m'étouffait sous les draps. J'en suis resté claustrophobe pour la vie et l'ascenseur pour moi est un martyre [1]. Max était aussi mon protecteur ; il ne fallait pas qu'on touche à un seul de mes cheveux. J'étais sa chose, son jouet, sa « nénette ».

Oui, quatre copains charmants mais peu sûrs d'eux-mêmes. Louis, parti jeune pour quatre ans de guerre, n'avait pratiquement jamais travaillé. Il avait eu une jeunesse dorée, faisant du cheval et sortant beaucoup. Il était plus à l'aise avec des gants qu'avec un marteau. Maman était faible et amoureuse. Ce gentil monde n'avait pas d'argent ou le laissait péricliter. Mon frère, très sensible, avait des ennuis à l'école... Il fallait une autorité. Commence alors le règne de mon grand-père (1920-1928).

---

1. *Fait divers inventé par mon double* : Un monsieur, apprenant qu'un jour on l'enfermerait dans une boîte et qu'on fixerait le couvercle avec des clous, est mort de saisissement.

Enfance, adolescence

Depuis la disparition brutale de mon père, la vie avait changé. La pharmacie fut liquidée, la rue de Courcelles abandonnée. Comme de la limaille de fer aimantée, la famille s'aggloméra autour du père Valette. Il tenait les cordons de la bourse. Il avait un immeuble au coin de la rue de Lévis (son fief) et de la rue de la Terrasse. Il y installa fille, enfants et second mari — vitupérant, faisant la morale à tout le monde, tout en épaulant tout le monde. Tout le monde le trouvait insupportable, mais ce même tout le monde était bien content de manger à son râtelier.

A mon avis, il ne fut impardonnable qu'une seule fois. Bob, son fils, avait été grièvement blessé en août 1918 par une balle qui lui avait traversé les deux cuisses. Trois mois d'hôpital et c'est l'armistice. Il revient au nid paternel soutenu par deux béquilles. Il venait de passer quatre ans comme fantassin dans les tranchées, « parmi les poux, dans l'urine et la boue ». Son père l'accueille en lui disant :

— Mon petit garçon, ce n'est pas tout, ça. A présent tu es un homme, il faut que tu gagnes ta vie. Je te donne huit jours pour trouver une situation, dans huit jours tu n'habiteras plus ici.

Bob répondit :

— Non, pas huit jours, tout de suite !

Demi-tour sur ses béquilles, et le voilà parti !

Pour la première fois dans l'histoire, les civils avaient eu peur. A cause des avions et de la grosse Bertha. Ils se vengeaient.

On inaugurait les monuments aux morts. On inventait le soldat inconnu. On parlementait. On défilait. On faisait de grands discours. On se gonflait dans la victoire. Et on renvoyait Clemenceau dans ses foyers. C'est pour mon oncle et pour tant d'autres dans son cas que j'appris très jeune ces vers de Georges Chennevières :

Vieillards boiteux ! Bourreaux sanglants et sans merci !
Oh ! vous qui vous vengiez de votre âge sur nous,
Qui, redoutant la Mort et courbés devant elle
Lui montriez du doigt des victimes plus belles...
Je ne vous en veux pas d'avoir été des lâches
Ni de vous être tus quand il fallait parler,

> *Mais bien d'avoir parlé quand il fallait vous taire ;*
> *D'avoir, sur ceux auxquels vous deviez le silence,*
> *Jeté vos oraisons et vos condoléances*
> *Qui les assassinaient une seconde fois...*

Bob pardonna à son père ; c'était un type épatant. Mais il ne se remit jamais complètement de sa jeunesse sacrifiée. On parle toujours de ceux qui sont morts, de ceux qui ont été physiquement blessés (il en était). On parle trop rarement de ceux dont la vitalité a été sciée par cette horrible guerre ; de ceux qui ont gardé au cours d'une très lente agonie le regard des naufragés, de ceux qui « radotaient » Verdun et les Eparges, de ceux dont la curiosité de vivre et l'enthousiasme avaient fait place au cynisme et à l'amertume, et qui en sont morts lentement.

Barbusse, avec *le Feu,* essaya de servir la Justice. Un coup de chapeau lui fut donné et la politesse était faite. L'animalité humaine se précipitait dans la bonne vie ! Les soirées joyeuses, les propos graveleux, récits de guerre et nettoyeurs de tranchées, sensualité. On confondait puissance du sexe et portée des fusils. « Mon petit gars, tant que tu n'auras pas eu ta première chaude-pisse, tu ne seras pas un homme ! » Moi, j'écoutais tout ça, les yeux écarquillés, ça m'a marqué, mais dans le sens inverse.

Et le progrès galopait : les voitures à « différentiel », les ondes hertziennes, les premiers postes à galène, la T.S.F., l'art nègre, l'arrivée du jazz, le ragtime. A quinze ans, j'étais imbattable au charleston. Le fou volant Lindberg. Mais aussi Nungesser et Coli.

> *Qu'est-ce qu'un homme mort et qui est là pour se souvenir de nous ?* (Claudel, *Tête d'or*).

J'assistai au tourbillon de l'après-guerre.

Bob avait trouvé une situation aux Halles, comme grossiste en fleurs provenant d'Angleterre et de Hollande. Il travaillait dès cinq heures du matin. Il était toujours exténué. Après l'injustice paternelle, il avait été consolé par une jeune modèle de Montmartre dont il avait fait sa maîtresse. Il fallut deux ans pour faire accepter au grand-père qu'avec une « maîtresse » on pouvait se marier (on se croirait reporté dans la nuit des temps !). Adrienne, qui avait l'attrait de *la Bohémienne* de Frans Hals (au musée du Louvre) était donc entrée dans la famille, creusant un fossé entre modernisme et tradition !

Chaque année, après avoir touché les loyers du terme du 15 janvier, grand-père et grand-mère, en bons propriétaires, partaient pour Nice. On chargeait une énorme malle de cuir noir sur un taxi — un de ces taxis qui avaient gagné la bataille de la Marne. Ils ne revenaient que trois mois plus tard pour toucher les loyers du terme du 15 avril.

Dans l'intervalle, nous recevions une lettre qui nous disait que « Mémée » avait allumé sa cigarette, grâce à une loupe, aux rayons du soleil ; puis un paquet de bonbons à l'occasion du Carnaval. De vrais petits rentiers, comme on en rencontre encore aujourd'hui sur la promenade des Anglais.

J'avais traversé en trois ans les six classes de l'école communale car j'étais très bon élève et l'on m'avait fait entrer au collège Chaptal. Pas au lycée, surtout pas au lycée Carnot ! C'eût été trop chic, trop snob, pas pour nous !

Ma mère avait le souvenir coriace. Chaptal était un collège laïc, « peuple », et on y apprenait les sciences et les langues vivantes. Ayant épuisé sans doute les feuilles roses du Petit Larousse, mon grand-père, qui rêvait pour moi d'un commerce, prétendait que le grec et le latin étaient parfaitement inutiles. Moi, je voulais bien tout ce qu'on voulait. Du moment que j'allais à l'école, je gobais tout ce qu'on me présentait. J'étais au reste d'une crédulité à toute épreuve. Je croyais par exemple que Napoléon III avait gagné la bataille de « Plébiscite », genre Austerlitz ou Marengo. Les adultes se moquaient de moi. Après tout, ce n'était pas si bête.

Encore un coup du sort : Louis Martin tombe malade. Il lui faut le grand air. On pense à Beauregard. Les voilà tous trois partis : lui, maman et Max, dans la maison paternelle. Le retour à la terre ! Cinq hectares de vignes, une ou deux vaches, un cheval et la chèvre... on peut vivre.

Bob prend possession de l'appartement de la rue de la Terrasse (ça l'arrange car les affaires sont dures), à la condition qu'il me couche et m'assure le dîner. Je déjeunerai chez les grands-parents. Tout ça, bien sûr, par décision du roi Valette. Voilà ma mère au loin ! Moi, entre mon oncle et mon grand-père. Entre le chat et le perroquet, tous cette fois dans la même cage. J'ai quatorze ans.

Si ma mère, sans que je l'aie su, avait rêvé de théâtre (elle avait une vénération pour Réjane, en qui elle se retrouvait), Bob ne pensait qu'à la peinture — comme pastelliste, il avait un vrai talent. Me voici désormais et secrètement aux prises avec deux vocations. Profitons-en pour brosser quelques tableaux, voire des portraits : cela nous changera d'une chronologie qui pourrait devenir fastidieuse.

2

Les études.

L'école, pour moi, fut le plus beau des jeux. Je cachais mes maladies pour pouvoir y aller. Je n'ai jamais très bien compris pourquoi les gens qui se congestionnent autour d'une table de bridge, louchent des heures durant sur des mots croisés, se braquent sur un échiquier comme s'il en allait de leur vie, pourquoi ces gens prennent tout à coup un air dégoûté, supérieur et méprisant quand on parle d'analyse grammaticale, de problèmes de géométrie, de table de logarithmes ou de questions d'histoire : le jeu est le même et n'est pas plus fatigant.

Ah ! parlez-moi d'aller courir dans une forêt, de pêcher des écrevisses tout en embrassant les filles, mais pour ce qu'il est convenu d'appeler « des jeux », moi je préfère l'école.

Mon frère, lui, attachait trop d'importance à la personnalité du professeur et c'est parce qu'il allait retrouver l'un d'eux l'année suivante qu'il préféra arrêter ses études. Moi, les professeurs, je les trouvais plutôt marrants ! L'un avait une grande barbe, l'autre une betterave à la place du nez, celui-ci zozotait, celui-là, en mathématiques, nous faisait faire de la gymnastique pour nous apprendre les « facteurs communs » et les « produits remarquables ».

Les profs ! Pas plus responsables à mes yeux que ces insectes qui transportent le pollen des fleurs ! Parmi eux, il y en avait quelques-uns d'intelligents. D'autres, de vrais crétins. Comme partout — notamment chez les élèves. Il suffit de très peu de monde pour avoir devant soi les différents échantillons de l'humanité. Ça se voit tout de suite dans les yeux.

Non, le professeur n'a aucune importance. Comme dans les boîtes de nuit où le client est prié d'apporter sa gaieté, l'intérêt des études se trouve dans l'étudiant. Comme l'intérêt du maître se trouve dans le disciple. Cela dit pour la jeunesse actuelle qui — comme elle devrait le reconnaître — cherche quelquefois, pas toujours mais quelquefois, un alibi pour se dérober.

Je me passionnais particulièrement pour les maths et il m'est arrivé de trouver la solution de certains problèmes grâce aux rêves. J'aimais surtout la géométrie dans l'espace. Reconstituer sur trois dimensions l'objet dont on n'a que la projection à plat, passer de l'ombre portée à la « chose » qui tourne dans la lumière, c'est, oh mais oui ! c'est exactement comme de prendre un texte imprimé sur du papier et d'en faire un spectacle. Cette poésie de l'espace me tentait. Mais je ne savais pas encore que c'est ça, le théâtre !

Les études ? C'est, comme dit Valéry :

Barboter dans ce qu'on ignore au moyen de ce que l'on sait.

et il ajoute : « C'est divin ! » Je suis bien de son avis.

Je ne crois pourtant pas avoir été le fort-en-thème abruti. C'est le contraire. J'étais tellement heureux d'aller en classe que j'étais excité comme une puce. Je chahutais, je faisais le singe, je faisais rire les copains. J'étais électrique. Je perdais parfois mon prix d'excellence pour cause de dissipation. Je passais des heures dans le couloir, chassé par le professeur ; et ma joie était d'aller chiper le balai des femmes de ménage, de le poser contre la porte, de faire du bruit jusqu'à ce que le professeur exaspéré se précipite, ouvre la porte... et reçoive le balai sur la tête. Quant aux surveillants, ces « pauvres types », ces « minables », qui étaient chargés de nous maintenir comprimés par la discipline, entre les classes, nous les maltraitions comme des sagouins. Je ne me doutais pas qu'un jour... enfin, n'anticipons pas ! Quand je vois mon petit caniche secouer ma pantoufle dans une rage hystérique simulée, cela me rappelle ce temps-là.

J'étais un peu en avance sur les autres, et surtout je grandissais peu (j'avais des végétations), j'étais donc le plus petit. Les grands me bousculaient, je me débattais comme un diable, rageant — comme avec mon frère.

J'avais arrêté une méthode pour apprendre mes leçons. Je jouais au professeur.

— Untel, venez réciter votre leçon... Pourquoi rougissez-vous ?

— Monsieur, je ne l'ai pas apprise !

— Très bien, vous aurez zéro. (Bien sûr, j'avais choisi le camarade de classe qui m'était le moins sympathique.)

J'apprenais alors deux lignes.

— Untel, venez réciter votre leçon... C'est tout ce que vous savez, deux lignes ?

— Monsieur, je n'ai pas eu le temps. Ma mère...

— Suffit. Vous copierez trois fois...

Encore deux lignes, et ainsi de suite. Et quand je savais la leçon comme un rasoir :

— Barrault, mon petit, récitez-moi votre leçon. (Je me la récitais à haute voix.) C'est bien, élève Barrault, vous aurez dix.

J'avais inventé une philosophie : l'harmonisme, selon quoi « le dessin de la trajectoire de la vie doit faire, le jour de la mort, une jolie courbe ». Je ne réfute pas, aujourd'hui, ce sillage esthétique !

Le grand-père.

Pour le déjeuner, j'étais à sa gauche et il me surveillait de près. Au-dessus de nous, au centre : une grosse suspension. Jamais de beurre sur la table. Une fois par an, des huîtres (portugaises) pour Noël, après la messe de minuit. Du poulet, très très rarement. Ma grand-mère, à la fin d'un plat, repoussait ses déchets sur le bord de son assiette sale, choisissait un morceau qu'elle mettait dans cette assiette et sonnait. La bonne arrivait.

— Voici pour vous, ma fille.

— Merci, Madame.

Et la bonne emportait l'assiette, les déchets et sa pâtée. Je trouvais ça affreux. C'était donc ça la vie entre les humains ? Pourtant ma grand-mère était la bonté même ! Je n'y comprenais rien. Les coutumes de la civilisation, sans doute...

Le jeudi, mon grand-père me donnait dix francs.

— Qu'en vas-tu faire ?

— Je ne sais pas. En profiter, non ?

— Petit imbécile, moi, à ton âge, quand ma mère me donnait vingt sous, j'en rapportais quarante à la fin de la semaine. J'avais acheté des bonbons et les avais revendus. Tu n'arriveras jamais dans la vie.

Aussi, un beau jour, après m'avoir remis les dix francs habituels :

— Qu'en vas-tu faire ? Tu ne sais toujours pas ?

— Si, je sais.

— Enfin !

— Je vais te les rendre, car tu m'embêtes.

C'est la première fois que j'ai été traité d'anarchiste. Ce ne devait pas être la dernière.

Cela dit, dès qu'on avait le dos tourné, il ne tarissait pas d'éloges sur nous. Nous étions des parangons, des nec plus ultra, etc. Tout ce qu'il faisait et ce qu'il disait était *pour notre bien*. Et je crois, en fin de compte, qu'il avait raison. Aujourd'hui les parents n'osent plus broncher. On a dit tant de mal d'eux, les pauvres, ils font des complexes ! Alors les enfants ne rencontrent plus que du vide. Allez donc jouer à la pelote sans un mur !

Quand mon grand-père nous avait trop engueulés, on entendait une voix douce :

— Mon petit Jésus, tes amis t'attendent.

Il se levait, allait se laver les dents, s'arrosait de parfum fort et filait rejoindre des amis pour une partie de cartes.

Il croyait se rendre utile en s'occupant des pupilles de la Nation. Ceux-ci le retenaient parfois jusqu'à deux heures du matin. Ma grand-mère n'était pas dupe ! On rapportait dans la famille qu'un jour il avait été éjecté dans la rue en caleçon... par le mari ! Il avait alors près de quatre-vingts ans. Ou bien ce sont des racontars, ou alors l'avenir est à nous !

Parfois aussi, à table, il chantait. Tous les airs de *la Vie parisienne* d'Offenbach, c'est lui qui me les a appris. Il allait au théâtre Moncey parce qu'on y pouvait fumer et lire son journal. Ah ! c'était un client ! Il faisait des kilomètres pour ramener un kilo de pommes parce qu'elles étaient deux sous moins chères. Un jour, il a rapporté deux douzaines de cols qu'il n'a jamais pu mettre, trop petits ! mais ils étaient si bon marché... A la fin de sa vie, il passait ses après-midi au cimetière du Père Lachaise. Comme on s'en étonnait, il répliqua en souriant aux dieux : « C'est là que j'ai tous mes amis, maintenant ! »

Au milieu de ce tourbillon, ma grand-mère avait construit son domaine. Après le repas, elle se retirait dans sa chambre, mettait un tablier, deux doigts de gant au pouce et à l'index, posait ses pieds sur un petit banc, prenait un cendrier qu'elle tenait légèrement sur sa poitrine et, comme une petite locomotive, fumait trois cigarettes de suite. La fumée était à peine aspirée qu'elle la rejetait en faisant des ronds. Quel silence, quel calme, quelle douceur affectueuse dans cette chambre !... on se trouvait dans l'œil du typhon.

Quand ma grand-mère mourut, j'assistai à une scène mémorable : mon grand-père, terrassé par le chagrin, s'évanouissait. On le ranimait. Presque dément, il parlait à son épouse comme si elle était encore en vie. La chère femme reposait à présent parmi les fleurs dans la chambre à côté. Arrivent les pompes funèbres. Les réflexes conditionnés du père Valette fonctionnent.

— Entrez, messieurs, entrez, soyez les bienvenus.

— Nous venons pour le cercueil.

— Ah ! le cercueil. Ma chère femme...

Il s'évanouit, on le ranime.

— Quel prix, votre cercueil ?

— Chêne ?

— Non. Sapin. Et les poignées ? Les vis sont comprises dans le prix ? ... Non ? Si, vis comprises.

— Bien, monsieur, alors, vis comprises. Et pour le nom ?

— Son nom ? Mon bébé chéri ! Ah !

Il s'évanouit, on le ranime.

— Ne gravez pas Valette, c'est trop long, mais Briy, son nom de jeune fille, cela fera trois lettres de moins... Oui, Briy, Briy, ma petite femme ! Ah !

Il s'évanouit, on le ranime.

— Dites-moi, il y a la plaque et les vis, mais la pose est naturellement comprise ?

— Ah, non, monsieur !

— Eh bien, vous mettrez pose comprise, ou je m'adresse ailleurs.

— Bien, monsieur.

Tout fut passé au crible. A la fin, il les raccompagne jusqu'à la porte :

— Au revoir, messieurs. Ne vous donnez pas la peine, je vais la fermer.

Les voilà partis. Il se retourne vers moi et, se frottant les mains :

— Tu vois, petit imbécile, aujourd'hui j'ai gagné 1 500 francs.

Et il est allé s'évanouir de nouveau sur le corps raidi de sa femme.

Plus tard, quand je lui ai présenté Madeleine (celle-ci avait beau être sociétaire de la Comédie-Française, c'était tout de même une actrice), j'appréhendais sa réaction. Il la scrute, la jauge, l'évalue, puis me dit de le suivre dans une pièce voisine. Je m'exécute, plutôt anxieux. Il baisse la voix pour ne pas être entendu et me dit :

— Ne fais jamais de mal à cette femme-là, entends-tu ? Tu as tiré le gros lot !

C'était un bon maquignon d'êtres.

Il n'avait jamais été malade, jamais été chez le dentiste. Ses dents étaient pareilles à deux colliers de perles, toutes rondes, un peu jaunes, c'est tout.

Il prenait des tubs à l'eau froide, se lavait au savon de Marseille, puis s'aspergeait de parfum sucré. Il ne connut le thermomètre que peu de temps avant sa mort. Il prit cela pour un outrage. Il avait une telle conscience de sa santé qu'il demanda, peu avant de rendre l'âme :

— Vous ne connaissez personne qui serait intéressé par ma carcasse ? Il y a tant de gens malades ! C'est du gâchis que de laisser pourrir une machine pareille.

Assez sur lui pour le moment. Je le retrouverai encore sur ma route. Parfois, quand je suis « soupe au lait » ou que j'examine les comptes de la Compagnie dans mon « carnet de blanchisseuse », mon double me chuchote : « Ne fais pas le père Valette ! » Mon grand-père ne s'effacera jamais tout à fait.

L'oncle Bob.

Chez mon oncle, le soir, j'étais aux antipodes. Là, tout était lâché, sans contrôle, genre « artiste », plutôt bohème. Mon oncle ne vivait pas la vie qu'il aurait aimé avoir — comme d'ailleurs tant d'autres gens. Cela me frappa profondément. C'est pourquoi j'ai vécu la vie que je voulais. Le grand-père était ce qu'il était ; tel qu'il était, il s'assumait. Pas mon oncle : il vivait dans la nostalgie d'une autre existence. Il s'y était d'ailleurs résigné avec sourire et philosophie ; il n'importunait personne ; au contraire, il était bon, charmant et gai.

Traumatisé par cette guerre qui avait brisé sa jeunesse, il vivait d'un côté et rêvait de l'autre. Le matin, dès cinq heures, il allait vendre ses fleurs sur le carreau des Halles ; il en revenait exténué, puis ne parlait que de peinture. Le soir, il fallait le porter dans son lit, tombant de sommeil. « Adrienne par les bras et Jean-Louis par les pieds », murmurait-il dans un sourire, les yeux mi-clos.

Adrienne, sa femme, avait un beau corps de modèle, elle était nonchalante, on aurait dit une espèce de créole, teint mat, paupières épaisses, bouche luisante abandonnée, regard lourd qui sentait le lit. Le corsage négligemment ouvert laissait entrevoir deux globes de très bonne tenue, peau fine, « mouche au rosier » ni trop rose ni trop brun. Les reins étaient bien cambrés, les jambes étaient longues, il y en avait toujours une qui traînait. Elle s'affalait dans les fauteuils, aspirant la fumée de sa cigarette de tabac noir avec le même recueillement, le même dialogue intérieur qu'elle aurait eu en fumant du haschisch. Le bras gauche, ouvert et pendant, tenait à son extrémité un verre de vin rouge. Elle n'était pas provocante : elle se trouvait là dans la position où le hasard l'avait jetée.

A la fin du dîner, si mon oncle en trouvait la force, on ouvrait le dictionnaire et, pendant une demi-heure, on piquait des mots au hasard, on découvrait leur véritable sens et leur étymologie, cela nous renvoyait à d'autres mots. C'était un jeu passionnant, le jeu du mot « juste », à quoi je joue encore.

Mon oncle m'achetait des livres. Il me faisait aimer les maîtres du Louvre, les impressionnistes et les cubistes. Il m'aura ouvert à la peinture, à la poésie, d'Apollon à Dionysos. Son père m'apportait la Réalité — lui le Rêve. Il me restait à découvrir que l'art est un rêve où il ne faut pas rêver, et que tout est réel, même le rêve.

Bob s'amusait parfois de moi. Le jeudi, jour de congé à l'école, il me retrouvait le soir, plongeant ses yeux noirs dans mes yeux.

— Qu'est-ce que tu as fait aujourd'hui ?

— J'ai été au bois de Boulogne jouer au football.

— Tu en es bien sûr ?

Son regard prenait l'intensité d'un inquisiteur. Je commençais à rougir.

— Euh... oui !

— Quelqu'un pourtant t'a vu à quatre heures place Pigalle. Ne dis pas non !

Je devenais violet. Mon front se couvrait de sueur. Je ne savais plus que répondre. Je ne savais même plus qui j'étais. Tout devenait flou. Un brouillard me couvrait les yeux. Alors un grand éclat de rire réajustait la vie dans ses contours réels et je voyais, plus net, le visage de mon oncle s'approchant pour m'embrasser.

— Tu ne comprends donc pas, nigaud, que je voulais te taquiner !

> Jeux dangereux pour un enfant : j'en ai contracté le complexe de culpabilité. Qu'apparaisse un gendarme, un C.R.S., un douanier, j'ai aussitôt la tête du coupable. Et ces messieurs ne s'y trompent pas. Si je discute, je crois toujours que c'est l'autre qui a raison. Il me faut atteindre le point d'indignation et de révolte pour bondir en disant : « Mais bon Dieu de nom de Dieu ! Non, non ! C'est lui qui se trompe ! » Que de fois j'ai été bluffé !
> Sans le savoir, mon oncle m'ouvrait le monde de Kafka.

Point n'est besoin de préciser que j'étais complètement livré à moi-même. J'échappais au contrôle du grand-père et Bob répugnait à me contrôler. Quelle chance que les études aient été ma passion !

A midi : « l'ordre dans la répression ». Le soir : « la vie à vau l'eau ». D'un côté la dictature paternelle, de l'autre l'enfance attardée. Et là-bas, à Tournus, dans la maison de mes aïeux, mes trois zèbres de Parisiens qui jouaient aux cultivateurs, galopant de tous côtés comme un troupeau sans berger.

Le dimanche, nous allions par le train dans la vallée de Chevreuse où Bob avait acheté une minuscule maison. De la gare où nous descendions, une diligence à impériale nous emmenait jusqu'à un hameau : Les Mousseaux. L'endroit était fréquenté par des artistes : acteurs, peintres, écrivains. J'avais lié connaissance avec un homme au regard aigu, à la trogne de trappeur. Il m'intriguait et me racontait des histoires fantastiques. Il était manchot. Nous grimpions tous deux sur l'impériale, je m'asseyais sur ses genoux et tandis que les chevaux trottaient sous le ciel nuancé d'Ile-de-France, il me transportait par ses récits dans les forêts de l'Orénoque ou au fin fond du Far-West. Ce monsieur était le poète Blaise Cendrars. Brusquement il disparaissait, puis on le revoyait deux mois plus tard passer en trombe au volant d'une énorme Hispano-Suiza, un crochet au volant à la place du bras qui manquait. Une autre fois, on se retrouvait tous deux bien sagement sur l'impériale. Faire fortune et tout gaspiller était sa respiration. C'est Cendrars qui m'a donné le goût de l'aventure, la joie de « bourlinguer ».

— Pour tout ce que tu feras, je te souhaite la pointe du crayon dans l'œil, m'a-t-il dit un jour. (Je commençais à dessiner...)

Il aimait Raymone, délicieuse actrice de chez Louis Jouvet. La peinture, le théâtre : deux tentations qui désormais planaient sur mes études...

A cette époque, je fis encore une étonnante rencontre : franche, innocente, « copain », directe, sans flatterie, sans détours, exigeante, fidèle, savoureuse, drôle, joueuse, tendre, chaude et dévouée : *le chien,* cet homme au long museau ! Elle s'appelait Malines, un berger belge superbe, malinoise primée. Poil fauve, masque de velours noir, oreilles perpendiculaires, pattes fines, elle n'aboyait jamais mais faisait un détour et sautait à la nuque. Elle faisait de moi ce qu'elle voulait. N'est-ce pas Beaumarchais qui avait fait graver sur le collier de son chien : « Monsieur de Beaumarchais m'appartient » ? Rien n'est plus vrai. Depuis ce temps-là, je suis « chien ». Je ne peux pas vivre sans chien à côté de moi.

Et le soir, seul dans mon lit, sans quitter du coin de l'œil la mort imaginaire qui me filait comme un policier, je devais me demander : serai-je peintre ? ou comédien ? ou... j'avais une troisième tentation : celle-là, je l'avais contractée à Tournus.

Beauregard.

Chaque été, pendant les vacances, tout le monde se regroupait à Beauregard. La maison était assez grande. Par ailleurs, la famille manquait de moyens. Il y eut même des invités payants.

Plus il y avait de monde, plus j'étais content. Ma nature craintive a besoin de société et je ne peux retrouver la solitude que dans le monde.

> *Celui qui ne sait pas peupler sa solitude, ne sait pas non plus être seul dans une foule affairée* (Baudelaire).

Je fus très vite attiré par la vie quotidienne du paysan, singulièrement celle du vigneron. Ma joie était d'aller garder les bêtes avec les bergers. J'étais sale et j'avais des poux (j'en ai encore la tête qui me gratte) — un vrai petit cul-terreux. Et tandis que mon frère, plus raffiné que moi, progressait au tennis et poursuivait ses premières filles, que parents et amis conversaient avec civilité sur la terrasse, j'allais rejoindre mes petits camarades au milieu de leurs troupeaux.

J'aimais traire les vaches. Je luttais avec les chevreaux — les chevreaux, beaux comme des bas-reliefs. Nous jouions dans les buissons, nous roulant dans l'herbe et la bouse de vache. Un jour, je ressentis un phénomène bizarre. Nous étions en train de jouer au gendarme et au voleur, je m'étais caché avec une petite fille dans une haie. Elle avait un rhume et tenait dans sa main un mouchoir mouillé. Le gendarme s'approche. Je prends peur. Je serre la main, le mouchoir, et soudain je reçois une décharge dans le ventre. Pourquoi l'humidité onctueuse du mouchoir m'avait-elle provoqué « mal au cœur » entre les jambes ? Sur le coup, j'ai trouvé ça plutôt bizarre, puis je n'y fis plus attention. Plus tard, je compris que les adultes appellent ça l'instinct sexuel, — ce que les psychanalystes hument avec délectation.

C'est surtout la vie du vigneron qui devait me captiver. Aimer, c'est devenir l'autre. Le phénomène de l'amour existe, à mon avis, au sein même d'un métier. Le guide devient la montagne, le marin devient la mer, le vigneron devient sa vigne. Appelons ça le *sixième sens,* qui est celui de l'artisan ou de l'artiste, c'est la même chose. Ce sens qui vous met en communication avec l'incommunicable, ce sens avec lequel aucun ordinateur ne peut rivaliser. Ce sens qui vous fait dire : « C'est comme ça et pas autrement », sans qu'on puisse expliquer pourquoi.

J'ai vu des jardiniers, avec un sécateur, sculpter littéralement un arbre. Depuis, l'arbre en croissant a gardé cette beauté. Quand j'observe aujourd'hui un arboriculteur autour de son poirier, son sécateur court, s'arrête, hésite, renifle et choisit, tandis qu'à l'autre bout un œil s'allume, se ferme, frise, s'intensifie et que, tout près de là, une bouche envoie des petits murmures, des petits hoquets, des petits gémissements. C'est le *sixième sens* qui grésille. Le vigneron l'a toute l'année pour chaque étape de la vigne : la taille, les gourmands, le traitement, la vendange, la cuvée et, toujours en accord avec la lune, ce lent travail, patiemment attentif, de l'alchimiste au fond des caves emmaillotées de toiles d'araignées.

A quinze ans, j'étais capable de mener ma journée de vigneron.

J'appris à tailler, à piocher, à rabattre, à nouer. Une année, comme j'avais bien travaillé au collège, on me demanda ce que je désirais en guise de récompense :

— Faire un stage dans une ferme.

Un peu surpris, pas spécialement ravis, mes parents trouvèrent une ferme près de Cluny qui accepta de me prendre. Je menais les vaches au taureau. J'étrillais les chevaux, nettoyais les écuries. A l'aube, on me réveillait avec un verre de marc. Nous fîmes les moissons. Je m'esquintais à monter à l'échelle, portant sur le dos des sacs de cent kilos. C'était beaucoup trop lourd pour moi et les gros paysans rigolaient. Mais j'étais trop fier pour céder, et, d'épuisement, j'en fientais dans ma culotte.

Je revins chez nous pour les vendanges. Je n'aurais pas voulu manquer ça ! C'était le moment sacré de l'année. Je suis entré pour la première fois dans une cuve, tout nu, à l'âge de cinq ans.

Les vendanges ont lieu fin septembre, trois mois, dit-on, après la floraison des lys. En septembre, ce n'est plus l'été et ce n'est pas encore l'automne. Dans le rythme de la vie, j'aime les temps de l'ambiguïté. Cela ne vient-il pas de cette co-existence avec la mort, de cette co-naissance ? J'aime les estuaires, j'aime l'heure « entre chien et loup » où le jour vient de disparaître et ce n'est pas encore la nuit, où la nuit touche à sa fin et ce n'est pas encore le jour. L'heure de Hamlet et de Roméo. L'heure de Shakespeare. L'heure du poète. La vie est un estuaire qui s'écoule dans la mort : la communion des saints.

Septembre est un mois merveilleux. Certes, les jours déjà raccourcissent, les premiers froids se font sentir, les brouillards en longues traînées circulent dans les vallées engourdies. Mais les pierres sont encore chaudes de l'été, la peau des hommes est encore bronzée, les poumons sont rajeunis, les fruits sont dorés et les raisins sont mûrs. La nature répond au soleil, elle lui rend la politesse. De l'énergie de ses rayons, elle a cuisiné les récoltes.

Parmi celles-ci, surpassant de peu la moisson, trône une divinité, la vendange. C'est elle qui m'a initié à la sensualité de la vie.

Cette nuit, il a dû pleuvoir. Tout est mouillé. On patauge dans la glaise, on avance à pas de ventouse. Les feuilles de vigne sont perlées, les grappes recouvertes de rosée blanche ont des reflets de velours. On a l'onglée. Les vendangeurs vont de flaque en flaque, courbés en deux car, en Bourgogne, les vignes sont courtes et cruelles pour les reins. Un petit soleil rose perce la brume. Tons rompus, dit-on en peinture. Par intervalles, on se relève pour se détendre et bavarder un peu, les ragots circulent entre les rangées.

« Je veux voir vos culs ! » hurlait, jadis, le père Barrault, quand il surveillait ses vendangeurs. Tout le monde replongeait dans les pampres. Aujourd'hui il n'y a plus cette chiourme ; à peine quelques chiens qui jouent aux bergers. Certains se saoulent en gobant des grummes. Rien de plus drôle que d'enivrer une poule ou un chien et d'assister à leurs sauts périlleux.

Pendant la saison des vendanges, les jeunes gens de la plaine viennent se faire embaucher. Ils couchent dans les granges, garçons et filles, cela sent l'aventure, l'escapade, la cuisse, la liberté.

Cette glu qui colle aux souliers, ce sang chaud au bout des doigts que les premières gelées attisent, cette odeur de fermentation des bennes de raisins qui commencent à travailler, les chants le soir autour du feu, ces moutons que l'on fait rôtir, tout cela transfigure le travail en fête et l'existence en désir. Alors il y a des mandolines, on danse, on se bat à coups de couteaux. Dans les grandes cuves, les grappes macèrent. Pendant cinq ou six jours, les hommes ôtent leurs vêtements et pénètrent dedans, pour piétiner les grains.

Je me revois, enfant, dansant d'un pied sur l'autre en me tenant au rebord de cet immense tonneau de chêne, dressé comme un autel. Ma mère veillait sur moi avec une bougie témoin. Car les émanations des gaz qui s'échappent de la fermentation sont asphyxiantes et chaque année l'on comptait des morts. Si la couche de gaz carbonique s'élève, la bougie s'éteint. On chasse le gaz avec des linges.

Plus tard, quand je fus jeune homme, ma mère ne me surveillait plus — et je m'enfonçais plus gravement dans la mélasse de la vendange. Cela gratte à la cheville, puis aux genoux, puis le ventre est raboté, chaude mixture de pépins et de grappes qui vous égratigne depuis les parties jusqu'à la poitrine, une ceinture mouillée, râpeuse... les pieds au fond nagent dans le jus, dans le sang. On en ressort poisseux et ivre des vapeurs éthyliques. On se sent viril, plein, sensuel, prêt à tout. On ne pense plus.

Tant que la récolte fermente, la porte du cuvage est interdite aux femmes — à cause des menstrues, néfastes, paraît-il, au sourd travail du vin. Au bout du cinquième jour, le maître vigneron, toutes les heures, goûte la cuve — le *sixième sens* fonctionne. Et tout à coup la cloche ! Le moment est venu de tirer le vin nouveau. Il coule avec sa mousse, son odeur pique le nez et aussi l'imagination.

Le reste va au pressoir et tout le monde s'y met, autour de la « cadenche » (longue barre de fer qui sert à tourner autour de la grande vis graisseuse, au rythme de son clapet). Cela devient de plus en plus dur ; l'homme qui, à la fin, réussira à manœuvrer seul la « cadenche », aura droit de choisir sa fille.

Plus tard, j'ai retrouvé cette impression chaude, poisseuse et enivrante de la cuve... mais j'étais dans un lit. C'est pourtant la vendange qui m'a révélé en premier le mystère de Bacchus. Je suis demeuré fidèle à ce rite païen jusqu'à l'âge de vingt-quatre ans. Mais, encore aujourd'hui, quand vient la fin septembre, je sens vibrer en moi l'appel de la vendange comme d'autres entendent l'appel de la forêt.

Ce jeune homme de dix-sept ans qui vient de passer ses bachots sciences-langues, de maths et de philosophie, où en est-il au juste ? Il a poussé de tous les côtés, comme une plante sauvage non taillée. Qui sera son jardinier ? A-t-il conscience de ce qu'il veut ? Quels sont ses désirs secrets ?

Autour de moi, ou mieux : en moi, trois injonctions : la nature, la peinture, le théâtre.

J'aime la vie à la campagne, le travail de la terre et l'élixir magique du vin. J'aime Beauregard, sa terrasse, ses tilleuls, sa vie et son grenier où j'ai tant voyagé à travers les vieux objets, les portraits de famille, les tuiles qui manquent, là où les étoiles apparaissent. J'aime les coutumes, les traditions qui sont le cérémonial de la vie. J'aime les bêtes, bien que certaines me fassent peur. Les chevaux, par exemple, qui m'attirent mais m'affolent et s'affolent avec moi. Un peu nerveux et fragile pour un cavalier ! J'ai surtout une sainte horreur des serpents. Davantage, en leur présence, je me conduis comme un oiseau. Avant même que je les aie vus, ils me fascinent. Pourtant, l'air des champs me tente, les rites familiers de la table, les coutumes de la campagne, la fusion avec le soleil, la pluie, le vent.

Comme j'aime les maths et les sciences physiques, je peux faire l'Agro (Institut agronomique, devenir ingénieur des Eaux et Forêts), ou Maisons-Alfort (l'Ecole des vétérinaires). J'y pense. Oui ! Ingénieur des Eaux et Forêts m'irait assez, car je pourrais, en inspectant les bois, faire de l'aquarelle à la lisière de quelque clairière : j'aime la peinture. Louis Martin en fait et surtout mon oncle. Je m'y risque quelquefois et ça marche bien. Nous travaillons sur le motif. Je réussis mieux le portrait, et même la caricature. J'ai le sens du trait, « la pointe du crayon dans l'œil ». Mes dessins font penser à Sem. J'aime Forain, ses légendes mordantes. Surtout Daumier. Déjà l'observation humaine — quel paysage qu'un visage !

— Mais il faudra gagner ta vie !
— Pourquoi ne ferait-il pas le professorat de dessin ?
Ma mère a réponse à tout.

J'aime Van Gogh, sa vie dramatique. Quand je pense à lui,
je me tâte l'oreille. Elle est encore là, mais je me la couperais volontiers pour devenir comme lui un héros. J'aime les héros. J'aime
surtout, surtout le théâtre. Je me déguise, je me maquille. J'apprends des monologues. J'invente des sujets. Je me joue des scènes
entières.

Pour égayer un peu ses soirées d'hiver (alors que je vis à Chaptal,
à Paris), ma mère, à Tournus, adhère à une société qui organise des
spectacles. Un vieux comédien, Jacques Jacquier, qui a joué avec
Sylvain, anime ces représentations. Marcelle a retrouvé l'atmosphère
de la société d'amateurs du Vésinet. Elle joue la comédie, elle est
heureuse. Louis l'accompagne. Max s'y est mis aussi. Il est très bien,
a une jolie voix de ténor, son jeu est fin. Le théâtre est pour ma mère
ce qu'est une envie pour une femme enceinte. Qui va en hériter ?
Max ou moi ? Pour l'instant, Max, sans contredit. De nous deux,
c'est lui l'artiste.

Avec mes fermiers, mes vendanges et mes prix de mathématiques,
on ne m'imagine guère « faire le pitre ». D'ailleurs, ici, le grand-
père intervient par un « non » catégorique, quel que soit l'individu.
Avoir un maquereau, un chenapan, un voyou dans la famille, il ne
remettrait plus les pieds ici ! Si cela reste au niveau d'un jeu de
société, va pour la distraction, mais il faut rester sérieux.

Les peintres sont des miséreux ; les acteurs des incapables.

Le théâtre devient très vite un secret, que j'assimile au monde
des mauvais garçons. Je me mets à aimer François Villon. J'offre
pourtant des représentations à mes parents et à leurs amis. Mais
tous les enfants le font.

Mon premier succès est le songe d'Athalie. Jacques Jacquier,
le vieux professionnel, m'encourage. « Je devrais persévérer. » J'apprends l'acte V du *Roi s'amuse* (Victor Hugo), où Triboulet, le bouffon, croit avoir assassiné le Roi alors que c'était sa fille, si je me sou-
viens bien ! Le cadavre est dans un sac. Je n'ai pas de sac, mais j'ai
mon chien : Culot, fils de Malines. Un Malinois superbe qui est la
coqueluche du voisinage. Tandis que je débite mes alexandrins, il
se tient sur le dos, je lui tire une patte, puis l'autre, je frappe sur sa
poitrine, il se pourlèche de volupté : nous jouons ensemble. Culot !
mon frère aux oreilles dressées.

Vers l'âge de mes seize ans, Raymone, femme de Cendrars, a voulu me présenter à Jouvet. J'ai refusé. Jouvet me faisait peur, je n'ai pas osé. Puis, le théâtre, c'est brûlant comme l'enfer. Je suis trop sage pour un vaurien ! Et pourtant, cela me tente. Il y a aussi le cinéma. Ah ! changer de peau, devenir Autre !

Et puis, j'ai une vague impression que mes goûts ont changé. La rhétorique et la philo m'ont marqué. J'aime à présent la poésie, la littérature, le jeu des idées. Je sais, Paul Valéry qui est en ce moment le grand homme, aime autant le nombre que la lettre, mais je me mets à regretter de n'avoir pas fait de latin. Je le regretterai toute ma vie, et je trouve ridicule cette guerre que l'on fait à ces langues « mortes », ne serait-ce que pour la connaissance des racines qui ont formé la plupart de nos mots. Quand il n'y aurait dans les écoles qu'une classe de racines grecques, latines, germaniques, arabes, etc., à partir de quoi s'organise notre langue maternelle, ce ne serait pas si mal et nous aiderait à comprendre ce que nous lisons et à nous exprimer avec plus de justesse. Et le jeu serait passionnant.

Bref, entre ces aspirations, je reste hésitant et craintif. Je ne perdrai jamais ce défaut. Disons à ma décharge qu'il y a eu conseil de famille, que le grand-père Valette a parlé, qu'il est seul à décider, que c'est lui qui paie mes études et mon entretien. C'est déjà beau qu'il ait renoncé à me placer dans le commerce de denrées périssables et qu'il m'ait autorisé à retourner encore un an à Chaptal pour faire « mathématiques spéciales ».

A ce caractère hésitant et peureux, défaut que je reconnais, j'apporte une compensation : je suis entêté et j'aime cueillir les fruits quand ils sont mûrs. Par manque de caractère peut-être, j'aime obéir, mais c'est fou comme je suis maniaque et obstiné quant au choix des ordres que j'ai à recevoir. Pour le reste c'est l'indifférence, alors je deviens mou. J'aime le conseil de Polonius : « Prends l'avis de chacun et réserve ton jugement. » J'aime également, et je trouve capital, le sens du Destin selon Eschyle. Notre Destin est la résultante de trois forces :
— L'héritage moral du *passé* (code génétique).
— Le tracé de l'*avenir* (conséquence théorique de ce code génétique rencontrant les événements qui nous attendent).
— L'opportunité du hasard dans le *présent*, autrement dit : la faculté de choisir, entre plusieurs solutions, sur l'instant même, mais rapidement, grâce au sixième sens.
Cette possibilité du CHOIX, je l'appelle la *liberté*. Notre vie ne suit pas un chemin mais se trouve à tout moment à un carrefour où nous devons choisir. Nous sommes loin du « fa-

tum » de Sophocle. Par conséquent, dans une certaine mesure, nous pouvons orienter notre Destin. Notre Destin, nous le fabriquons en partie et nous en sommes responsables. C'est pourquoi, malgré l'opinion des plus grands penseurs, je m'entête dans l'amour de la liberté. C'est pourquoi aussi je suis à l'affût de l'inattendu. J'aime observer le hasard. C'est pourquoi, enfin, il m'est arrivé souvent d'attacher de l'intérêt à n'importe quoi, qui en apparence n'en valait pas la peine, me demandant si, là-dessous, il n'y aurait pas une petite étincelle tout à fait inutile pour les autres mais, pour moi, révélatrice. Tout est signe. Or on ne peut faire de signe qu'à un autre. Si l'on signifie, c'est pour quelqu'un d'autre. Pour être, il faut être deux. Et pour que ces deux communiquent par des signes, il faut que l'un et l'autre s'ouvrent. C'est compliqué et difficile, cela retarde les décisions.

Il n'y a que les êtres bornés qui savent ce qu'ils veulent, réactionnaires ou propagandistes. Ils obéissent à eux-mêmes, mais ils ne savent pas écouter. La peur et l'hésitation sont moins des défauts que des inconvénients. Je les retrouverai dans Hamlet, dans Mesa, dans le Béranger de Ionesco. Ce sont également les héros de Shakespeare, Henry VI, Macbeth, Richard II : les héros de l'hésitation.

Une fois de plus, je quitte Beauregard pour Paris, laissant maman. Elle est devenue de plus en plus bohème. Du moment que Louis continue de lui bien faire l'amour, le reste n'a aucune importance. Toujours la cigarette au bec, elle préside à la vie de la maison. Chats, poules, lapins, chiens et chèvres vivent en communauté. Elle fait une seule pâtée pour tous : un plein tub, dans la cuisine. Elle a réussi la tentative manquée de l'arrière-grand-mère : oiseaux et chats vivent en harmonie. Je revois encore cette mêlée de becs qui picorent, de langues qui lapent, de lapins qui vibrent des narines, de chèvres qui hument, sous la surveillance de Culot le chien policier, qui règle la circulation. Quand il estime que l'un a pris sa part, il montre les crocs et fait fuir le gourmand. Puis, quand tout le monde est parti, il absorbe les restes en trois lampées. Un vrai pélican.

Pour la petite histoire (il n'y aurait pas de confession complète sans un couplet sexuel), c'est à seize ans et demi que j'ai connu la femme. La première fois, je me suis évanoui d'émotion aux côtés de ces seins nus et de ce ventre offert. Le lendemain, je me suis rattrapé. Selon la tradition, c'était une amie de ma mère. Tout me paraît normal de ce côté-là. Le seul point à remarquer : je lui suis resté fidèle quatre années, car je l'aimais.

De retour à Chaptal, en première année d'X (le collège était réputé pour préparer Polytechnique et les grandes écoles), je fus enthousiasmé d'apprendre que deux et deux ne faisaient plus quatre, et je compris mieux Valéry.

Les mathématiques débouchent sur la poésie autant que la littérature. Mais mes démons me travaillaient. Mon grand-père n'eut pas la patience de me nourrir encore un an. Il me coupa les vivres à la fin du deuxième trimestre, m'intimant désormais de gagner ma vie. J'avais dix-huit ans. Grâces lui soient rendues : cela me permit de « déquaniller », de m'envoler du nid et d'essayer mes ailes.

Et il est parti, laissant les figures de famille (Tête d'or).

Le canard s'envole

Les oiseaux qui vont partir tracent de grands ronds dans le ciel avant de choisir leur cap. J'en décrivis trois, toujours sans le savoir, avant de filer vers le théâtre de l'Atelier : apprenti-comptable, vendeur de fleurs aux Halles, surveillant à Chaptal, autrement dit « pion ».

Chacune de ces expériences fut enrichissante et m'a marqué pour toujours. Passons-les rapidement en revue.

Comptable.

Que peut imaginer un jeune homme qui rêve de Van Gogh et dont le grand-père a été marchand de couleurs ? De se faire embaucher chez un fabricant de peinture ! Ainsi, ce qui peut paraître absolument dément de la part d'un garçon qui préparait sans difficulté une « grande école » se trouve être d'une logique serrée, qui ne laisse rien au hasard, bref, d'un cartésianisme bien français.

Je fus engagé comme apprenti-comptable par la maison Lefranc, rue de la Ville-l'Evêque, près de la Madeleine (je parle du théâtre où se produisait Sacha Guitry). J'eus, grâce à mon chef de service, l'occasion de pénétrer très tôt dans l'univers de Kafka.

Au centre de la pièce, deux bureaux se faisaient face. La porte s'ouvrait violemment. Le chef de service arrivait en trombe. Si la fenêtre était ouverte, il allait vite la fermer. Si elle était fermée, il l'ouvrait avec la précipitation de quelqu'un qui étouffe. Puis il s'asseyait devant moi. Le téléphone sonne, le chef de service décroche, se lève pour saluer le client qui est à l'autre bout du fil, il fait des courbettes, des sourires charmeurs. C'est une commande. Il me fait signe de noter sous sa dictée.

— Parfait, monsieur, rien de plus facile...

(Sa main est tendue vers moi.)

— Oh ! oui, dans les huit jours, certainement. Vous notez bien ?

(Je ne sais que répondre... il ne dit rien !)

— Entendu, monsieur !

(Il claque les talons.)

— Merci, monsieur ! Au revoir, monsieur ! A votre service, monsieur ! Vous pouvez compter sur moi.

(Il raccroche enfin.)

— Vous avez bien noté ?

— Mais vous ne m'avez rien dit.

Et je me faisais engueuler. Dès lors, le chef de service m'obligea à me tenir debout derrière lui afin de répondre avec plus de célérité dans le cas où il aurait besoin de mes services. Pendant des heures, par-dessus son épaule, je le voyais gratter du papier, moi debout, vidé de ma substance, derrière lui. Au bout de quelques jours, je sortis un livre d'anglais de ma poche. En attendant qu'il me réquisitionne jusqu'à l'âme, du moins perdrais-je moins mon temps. Soudain il se retourne. Il a senti dans l'air une chose insolite.

— Que faites-vous ?

— J'apprends l'anglais, en attendant que vous me donniez quelque chose à faire.

— Je ne vous ai pas tout entier. Vous devez être à ma disposition. Rangez ce livre !

A ce rythme, au bout de trois mois, je pus avoir recours à « l'opportunité du hasard » selon Eschyle. Il m'avait envoyé boulevard Magenta pour faire recharger son appareil photo. Ses vacances approchaient. Je m'acquitte de ma commission, mais je dis au photographe :

— Pourrais-je téléphoner ?

— Certainement.

J'appelle mon chef de service. J'imagine que, pour moi, il ne se met pas au garde-à-vous, mais reste collé à sa chaise, ce qui ne l'empêche pas d'entendre ceci :

— Monsieur, votre appareil est chargé, mais vous voudrez bien venir le chercher vous-même, car je ne reviendrai plus chez vous. Prévenez la direction. Et je vous dis merde...

Et je suis parti sur les routes, sans même aller chercher ma paye. La route m'est un grand refuge. Chaque fois que j'entre en conflit sérieux, au lieu de m'accrocher, je fuis. Est-ce couardise ? Peut-être. Mais j'y trouve une explication plus profonde. Si l'on veut à la fois respecter le point de vue des autres et rester en accord avec soi-même, quoi faire d'autre ?

Je tiens cela d'un autre arrière-grand-père (le Lorrain) qui, lorsqu'une discussion survenait à la table familiale, s'essuyait la bouche, roulait sa serviette, repoussait sa chaise et sortait sans avoir dit mot, plongeant ainsi la famille dans la stupéfaction.

Et puis, il y a dans le fait de s'en aller une position corporelle assez significative : on montre son cul.

Aujourd'hui : merci à ce chef de service qui est venu enrichir ma documentation relative à ce monde inépuisable et inextricable qui s'appelle la bureaucratie... « Cet éternel croupion », dit Michelet.

Les Halles.

J'avais la nostalgie des études, mais je voulais gagner ma vie, ne fût-ce que par amour-propre, pour défier mon grand-père. Je ne me voyais pas revenir à la maison, l'oreille basse.

— Le matin, tu viendras avec moi vendre des fleurs aux Halles, me proposa mon oncle. Tu tiendras les comptes et le soir, tu téléphoneras aux clients... le reste du temps, tu feras de la peinture et tes études.

Je dis oui sans réfléchir. J'aimais l'atmosphère qui entourait mon oncle, j'acceptai les Halles et m'inscrivis à l'école du Louvre.

. Pendant toute une saison, je précédai le jour sur le carreau des Halles et je vendis mes fleurs entre les pavillons des fromages et celui des poissons. A midi : expéditions en province et les comptes. Libre l'après-midi, et le soir au téléphone jusqu'à plus de dix heures pour prendre les commandes du lendemain. Réveil à quatre heures du matin. Malgré le manque de sommeil, l'air des Halles me fit du bien. Je me développai, et, surtout, j'appris à dormir n'importe où, habitude que j'ai gardée.

La vie des Halles m'a donné le goût du *surmenage*. Pour la première fois, je me frottais aux êtres humains. Un conseil : ne vous endormez jamais, debout, sur la plate-forme d'un autobus. Au lieu de rencontrer des regards de pitié, vous serez criblé de coups d'œil hostiles, de réflexions de haine :

— Si c'est pas malheureux ! Sûr, il est saoul, débauché ou drogué.

— C'est exact, je suis tout cela ; mais par fatigue.
Les cons !

Le milieu des Halles était merveilleux. J'y ai découvert mes premiers artistes. J'y ai retrouvé le sixième sens. Par exemple, celui du vendeur. C'est tout un art que de faire mûrir un client récalcitrant. J'eus l'occasion, au comptoir des cafés, arpentant les trottoirs, piétinant entre les caisses, d'assister à des joutes savoureuses entre le besoin de vendre et l'aventure d'acheter. De véritables sketches : les Halles, mon premier théâtre.

Le ventre de Paris : toute l'humanité y grouillait, depuis les clochards qui gobaient les œufs cassés dans les ruisseaux, jusqu'aux noceurs qui se faisaient « bonne bouche » avec une soupe à l'oignon. Les forts des Halles : protecteurs du faible et rescousse des révolutions. Les mandataires qui faisaient leur entrée. Je revois Mme Valentin, fleuriste de l'avenue Victor-Hugo, sortant de sa voiture de luxe, son chauffeur, casquette à la main, et elle en sabots et petite robe de satinette plissée. L'après-midi, étant libres, ils allaient jouer aux courses parmi les plus grandes familles de turfistes.

Les Halles de Paris ! Ma jeunesse : l'église Saint-Eustache où Molière fut baptisé et Marivaux enterré. La fontaine des Innocents. Paris-Histoire... voilà trois heures que nous sommes là, dans les cris, la boue, les embarras de voitures, les odeurs mélangées, les rats qui restent accrochés par les dents aux quartiers de bœuf, déjà la constellation des réverbères pâlit, car la nuit peu à peu devient blanche ; les pieds ont froid, on a la goutte au nez. Deux fleuristes se disputent la seule douzaine de roses, les seules exceptionnelles qui restent sur le marché ! Je tiens mon bouquet comme une lance...

Je suis heureux de vivre, d'apprendre... pour agir et comprendre.

Le pion.

Cette vie originale des Halles, agréablement hors du commun, cette espèce de jouissance que procure l'intoxication du surmenage avaient beau me plaire, mes études en pâtissaient. Je sentais que je travaillais mal, un peu comme quand on rêve. Quand le sommeil n'est pas suffisant, les rêves débordent sur l'état de veille. Ce n'est pas désagréable, mais c'est fumeux, ça ne se fixe pas. Il fallait donc que ça change.

Chaptal, sur ma demande, accepta que je réintègre ses murs... comme pion. J'y avais vécu huit ans comme élève ; me voilà revenu de l'autre côté de la barrière ; autre leçon d'humanité. Toute la cruauté et la promiscuité du monde en miniature.

Un enfant seul est adorable ; en groupe, on ne sait lequel empoigner pour taper sur l'autre. Au début, j'avais plutôt envie de jouer avec eux, c'est normal, j'avais dix-neuf ans ! Mais comme ils en profitaient, les petits salauds ! Je n'avais aucune autorité. Ou bien je les traitais comme de jeunes frères, ou bien je les insultais.

Je n'ai d'ailleurs pas changé. Je n'ai jamais réussi à me faire craindre. Pour cela, il faut garder ses distances, je m'y ennuie. Les femmes, secrétaires, techniciennes ou actrices m'émeuvent. Je les cajole, je les embrasse. Les hommes, je les traite en camarades, je plaisante avec eux, je raconte des blagues, des histoires d'étudiants, de carabins. Tous sont mes camarades. Ils m'appellent tous par mon prénom. J'en suis ravi.

Mais quand je me fâche, je retrouve le côté soupe-au-lait de mon grand-père. La rage des hommes qui se sentent petits. Je les traite de tous les noms, terminant sur : « Non, vous aurez beau faire, vous ne ferez pas de moi un directeur ! Vous n'aimez que l'autorité, le schlague, en réalité vous avez des natures d'esclaves, vous ne méritez pas de manger. » Irrités au début, ils finissent par se tordre de rire et me consoler.

Les enfants, eux, me faisaient damner. Ah ! j'étais bien puni de mes chahuts de potache ! Max Lejeune, un collègue, avait, lui, de l'autorité. Jamais un mot plus haut que l'autre ; personne n'aurait osé broncher. Il est devenu député, puis ministre. Socialiste, il l'était déjà, nous nous liâmes d'amitié et je l'accompagnai dans les meetings politiques où il faisait ses premières armes, se congestionnant à la tribune tandis que je faisais sa caricature et celle de ses amis et adversaires.

Les jours de congé, il y avait toujours quelques gosses qui traînaient dans les cours, abandonnés par leurs parents, comme des chiens qu'on lâche sur les routes. Un père, un jour, demanda à me voir pour me dire tout le mal qu'il pensait de son enfant. Le gosse pouvait avoir douze ans.

— Battez-le, monsieur ! Battez-le ! conclut l'homme en nous quittant tous les deux.

Il y avait aussi les enfants pervers.

C'est le soir, pendant l'étude. Un enfant pleurniche sur son banc. Je l'appelle et le questionne.

— J'arrive pas à faire mon problème.

— Montre-le-moi.

Je lis l'énoncé.

— Mais il est impossible, ton problème !

— Vous trouvez ? C'est ce qu'il me semblait.

Et il regagne sa place en reniflant sa morve.

Le lendemain, je suis appelé chez le surveillant général. Confronté avec le professeur. L'enfant est là. Dispute. On m'engueule.

— D'après l'énoncé que j'ai lu, ce problème était impossible.

On s'explique. On est sur le point de s'apercevoir que le gosse, volontairement, avait falsifié l'énoncé, quand, sur un ton diabolique, il nous coupe la parole :

— Comment voulez-vous qu'on fasse vos problèmes quand vous n'êtes même pas d'accord !

Et il s'enfuit en hurlant de joie.

Le dortoir — je viens d'éteindre. Tous les gosses sont énervés. Des rires, des messes basses, des coups de poing étouffés, des courses pieds nus dans la nuit. L'atmosphère est hystérique. De rage, je rallume. Deux enfants se sont rejoints. Ils ont dans les quatorze ans. Ce sont deux jumeaux.

— Que faites-vous là ?

— On aime bien dormir ensemble.

— Bon ! Mais alors, silence tout le monde !

Je retourne me coucher. J'éteins. Et toute la chambrée, moi en tête, comme autant d' « innocents », nous nous endormons, bercés par les gémissements des deux jumeaux qui se caressent... Fond du gouffre !

J'étais au pair. J'étais donc nourri et logé mais ne touchais aucune rémunération. Il m'est arrivé de rester trois semaines de suite avec cinq sous. A part un timbre-poste, on ne pouvait rien acheter avec ça. Cela ne cassait pas notre joie. Le couloir de nos chambres était aussi bruyant que la cour des élèves en récréation. N'étions-nous pas nous-mêmes des gosses ? Je faisais le portrait de mes camarades. Je leur jouais la comédie, me maquillais, me déguisais, imitais les supérieurs.

Nous avions confectionné un ballon avec des vieux journaux et nous jouions sur le boulevard. Si l'un de nous avait gagné quelque argent, nous descendions jusqu'à la rue Notre-Dame-des-Champs, boire du vin de Samos. Je me fis de bons camarades, et même un ami véritable, Guy Tosi, qui préparait une agrégation d'italien. Nous connûmes quelques années plus tard ce sentiment parfait qui, je crois, n'appartient qu'aux hommes. L'amitié pure et totale. J'y reviendrai.

J'allais au Louvre, toujours à pied. Un jour, touché par un petit garçon qui se morfondait tout seul, le jeudi, alors que tous les autres étaient chez leurs parents, je l'emmenai au musée, et tandis que j'étudiais les tableaux, il patinait sur les parquets cirés. En revenant, je lui offris une glace à la terrasse de la brasserie de l'Univers. Je ne savais pas qu'en face, au Théâtre Français, il y avait une lauréate du conservatoire qui débutait et s'appelait Madeleine Renaud. Alors quoi ! Le sixième sens ? Il nous en faudrait un septième ! un huitième ! une infinité d'autres... nous sommes des pauvres.

Quelqu'un m'avait vu avec l'enfant. Le lendemain, je faillis être flanqué à la porte. La direction m'avait pris pour un satyre. Depuis, la suspicion m'écœure. Les gens vous prêtent les idées qu'ils ont, c'est comme s'ils collaient sur votre peau leur peau visqueuse.

Mes études à l'école du Louvre se passaient bien. En matière d'Histoire de l'art, je fis bientôt la différence entre les deux mots. Tel professeur s'en tenait à l'Histoire et nous apprenions les démêlés que Velasquez avait eus avec son logeur, sans jamais voir un de ses tableaux. Je m'enfuyais. Tel autre au contraire nous initiait à l'alchimie de l'Art. C'est ainsi que Robert Rey nous fit pénétrer dans le monde des impressionnistes. C'était passionnant. Robert Rey, je devais le retrouver. Mais comment aurais-je pu le savoir ?

Toutes mes tentatives concernant la peinture échouaient : au concours de la Galerie des beaux-arts, on en reçut quatre et j'étais cinquième. Je me présentai à un professeur célèbre : Devambez. Il regarda à peine mes portraits, car je n'avais pas fait, auparavant, trois années d'académie. De ce côté-là, la vie me résistait.

Je m'apprêtais à préparer le concours d'architecture quand, à tout hasard, j'envoyai une lettre à Charles Dullin, le célèbre Volpone que j'avais admiré au théâtre de l'Atelier. Cette fois la vie me happa.

Au moment où je revois ces minutes de ma vie, il me revient à l'esprit cette magnifique phrase de Claudel :

> *Cet énorme Passé qui nous pousse en avant avec une puissance irrésistible*
> *Et devant nous, cet énorme Avenir qui nous aspire avec une puissance irrésistible* (Partage de Midi).

Tous mes essais en peinture rencontraient des difficultés ; la première et seule fois que je fis une tentative en direction du théâtre, je fus littéralement « aspiré ».

Mon destin m'attendait-il au coin de la rue ? Que s'était-il passé en moi ? En savais-je plus sur le théâtre ? Certainement pas. J'y étais allé peut-être une dizaine de fois dans ma vie.

En 1915, on m'avait emmené au Châtelet voir une pièce patriotique, *les Exploits d'une petite Française*, jouée par une enfant : Gaby Morlay. J'étais allé deux fois au Français : *Hernani* avec Albert Lambert et Madeleine Roch. Je les avais trouvés ridicules. En tombant ils soulevaient la poussière et pendant longtemps, pour rigoler, je hurlais : « Vous êtes mon lion superbe et généreux », suivi du claquement de dents des « grandes émotions ». En revanche, j'avais été frappé et enthousiasmé par De Feraudy et Fresnay dans *les Grands Garçons* de Géraldy ; par la présentation moderne et la présence de deux irrésistibles créatures : Marie Bell et Madeleine Renaud (là encore, aucun pressentiment. Ah ! quel sauvage !) dans *A quoi rêvent les jeunes filles*. La mise en scène était de Charles Granval — je ne le sus que plus tard. *Le Gland et la Citrouille* dit par un certain Pierre Bertin, m'avait bien plu.

Puis j'étais tombé amoureux de Valentine Tessier dans *Siegfried* et *Amphytrion 38*, chez Jouvet, à la Comédie des Champs-Elysées.

Ah ! si ! Avant, ma mère, qui adorait Gémier, m'avait emmené voir *29° à l'ombre* et *l'Avare*. Mais Gémier s'était fait remplacer ce soir-là dans le rôle d'Harpagon par un jeune espoir : Charles Dullin. Enfin, *l'Acheteuse*, à l'Œuvre, par Mme Simone. Tel était en gros mon bagage théâtral.

Pas de quoi percevoir les injonctions d'une vocation. Celle-ci ne pouvait donc venir que de l'intérieur. Désir de changer de peau, de ressentir ce que sentaient les autres. Devenir l'Autre. N'est-ce pas ainsi que j'ai défini l'Amour ? Mais en étais-je vraiment conscient ? Certainement pas. De tout ce que j'avais reçu jusque-là, surtout au cours de ces trois années de liberté totale, ce que j'aimais surtout, c'était d'avoir pu me mêler au reste de l'humanité.

> Dans un atelier, aux prises avec moi-même, n'aurais-je pas été pris de panique ? N'oublions pas, chez moi, la peur. Peur de l'inconnu, peur du noir, peur de la mort, peur de la solitude que je ne peux supporter que parmi les autres. Seul, ma solitude se peuple de cauchemars.
> Ici, je donne volontiers la parole aux analystes : qu'ils extrapolent.

Peu à peu, ma passion pour le théâtre s'était accentuée. Les uns avaient beau m'avertir sur cette vie dangereuse, déréglée, anormale ; certains, même, me prédirent une vie immorale ; de plus en plus, j'étais prêt à courir le risque de devenir « mauvais garçon ».

En face de Chaptal, au théâtre des Arts, j'avais vu également les Pitoëff : *les Criminels, la Charrette de pommes*. Ces artistes-là aussi me plaisaient. Je les sentais poètes.

J'avais même fait de la figuration dans une pièce policière, aux côtés d'une vedette du Grand-Guignol : Maxa. Découvrir le « pion », sur la scène du théâtre d'en face, en train de faire de la « frime[1] », vous imaginez l'effet ! Une fois de plus, j'avais été menacé de renvoi.

J'aime mieux renoncer à essayer d'y voir clair. J'avais de plus en plus envie de faire du théâtre, ça c'est sûr, net et définitif. J'en avais une envie forcenée. Gentil ou mauvais garçon, saint ou voyou, peu importe, c'était devenu un besoin aveugle et sourd. Je voulais du théâtre, « à la désespérée ».

Toute ma vie, j'ai d'ailleurs agi ainsi, « à la désespérée ». Quand on a retourné toutes les questions, examiné toutes les bonnes raisons de ne pas faire quelque chose et que, malgré tous les arguments de la sagesse, on veut tout de même faire cette chose, c'est alors qu'on agit « à la désespérée ». André Gide avait une définition intéressante du péché : « Le péché est la chose qu'on ne peut pas ne pas faire. » Je désirais le théâtre comme un péché.

La différence entre une nature intellectuelle et une nature artiste, c'est que cette dernière agit d'abord par besoin, ce n'est qu'ensuite qu'elle essaie de comprendre son action ; tandis que l'intellectuel, lui, pense d'abord, puis, en raison de ses conclusions, décide de ses conduites.

On m'a souvent demandé, depuis, ce que représentait pour moi le théâtre. Mes explications ne tarissent pas. A cette époque, je n'aurais su que répondre : une envie.

La vocation, c'est tout simplement le désir. J'avais donc, « à la désespérée », envoyé une lettre à Dullin. Une lettre banale :

21 janvier 1931

Monsieur,

Je suis étudiant, 20 ans, élève à l'école du Louvre et pour faire de la peinture, je suis surveillant au collège Chaptal où j'ai fait mes études secondaires.

Mais sur les conseils généralement répétés de ceux qui m'entourent et d'après mon goût depuis longtemps marqué au fond de moi-même pour le théâtre (ou le cinéma), je serais heureux d'avoir l'avis, si cela était possible, d'une personne éminemment compétente... A ce sujet, puis-je vous demander de m'accorder une petite entrevue ? Espérant vivement une réponse favorable, si cela toutefois ne vous importune pas trop, veuillez accepter, Monsieur, l'expression de ma profonde et respectueuse admiration !

---

1. Faire de la « frime » : être figurant.

Quelques jours plus tard, je reçus de son secrétariat une convocation. Il me proposait une audition. Dans certaines circonstances, le Présent, par une espèce de prémonition, fixe pour toujours chaque instant vécu.

J'aimais beaucoup la peinture, pourtant je ne me rappelle rien de ma visite à Devambez. Par contre, je me rappelle tous les détails de mon trajet du boulevard des Batignolles au théâtre de l'Atelier. Mon subconscient réalisait sans doute ce « quelque chose » qui se passait et l'a gravé avec soin pour ma mémoire à venir. J'avais emprunté à mon entourage manteau ceintré, gants et chapeau. Dullin eût bien préféré me découvrir tel que j'étais ! Mais j'avais eu le réflexe des fiancés qui vont demander la main de leur future !

J'avais repassé deux scènes : *Britannicus* (Narcisse et Néron) et *les Femmes savantes* (scène de Chrysale) et tandis que je me faufilais à travers la foule, place Clichy, places Blanche et Pigalle, j'égrenais mes alexandrins.

La rue Dancourt est rude, on en a le souffle coupé. Le jour baisse. Avec son portail en bois, sa cour et son auvent, l'Atelier, au milieu de ses arbres, a l'air d'une ferme de campagne.

Mme Vernie, la gardienne, me demande d'attendre un instant. Je ne sais plus où est mon cœur, quelque part vers les oreilles, car ça bat et ça bourdonne. C'est à moi : un escalier qui pourrait conduire dans un grenier à foin et je me trouve en face de « Lui ».

Comme il est courbé, Dullin me regarde « en dessous », mais son œil est perçant. Attentif ? C'est peu dire. Il scrute avec une curiosité avide mais affable. Sa voix mince est souriante, mais ses lèvres se retroussent un peu comme quand mon chien montre les crocs.

— Qu'allez-vous me dire ?

— *Néron* et *Les Femmes savantes*.

— Avez-vous amené une réplique avec vous ? Enfin, quelqu'un qui puisse vous donner la réplique ?

— Non, je ne savais pas... j'ai tout appris.

Il sourit. Mon ignorance sûrement le touche...

— Eh bien, dites-moi le tout.

Il se tapit dans un fauteuil placé contre le mur où s'ouvre la fenêtre, dans le coin. Je joue donc, en somme, pour la fenêtre. Les vers fusent, je fais des bonds de chèvre quand je change de personnage, m'adressant à l'ombre que je viens de quitter. Tour à tour le « monstre naissant » et le « perfide conseiller », puis tour à tour chaque femme savante qui harcèle Chrysale, autant dire mon grand-père.

Tandis que je me livre à cet homme que j'ai choisi et qui a obéi pour décider de ma vie, je distingue, par la fenêtre, deux silhouettes dans l'hôtel d'en face, un hôtel à la journée. Un couple. Ils ne m'entendent pas, mais ils me voient gesticuler. Or ils ne voient pas Dullin. Ils me pointent du doigt. Ils se parlent à l'oreille. Ils rigolent. « Je dois être cinglé. » Je débite mes tirades devant une pantomime, de fenêtre à fenêtre, à travers les pavés de la rue d'Orsel.

Et c'est toute ma vie qui est en train de se jouer ! Plus tard, dans *le Procès* de Kafka, Joseph K. aperçoit les mêmes voisins d'en face qui commentent par gestes le moment de son arrestation...

Mon numéro terminé, Dullin susurre :

— Vous voulez vraiment faire du théâtre ?

— Oui, monsieur.

— C'est grave !... Etes-vous prêt à crever de faim ?

— Oui, monsieur.

— Avez-vous des moyens d'existence ?

— Non, monsieur.

— C'est que l'école est payante !

— Ah !...

— Ecoutez. Mais ne le dites à personne...

Et là, je l'entends pour la première fois geindre de cette façon bien à lui :

— A personne ! Sinon !... Enfin, je vous prends gratuitement. Mais surtout n'en dites rien. Personne ne voudrait plus payer.

— Merci, monsieur.

Je suivis des cours pendant quelques mois. Chaptal me ficha à la porte. Mon grand-père me gratifia, cette fois, d'une officielle malédiction : « La malédiction paternelle », tableau de Greuze, peintre né à Tournus, dont une reproduction pendait à un mur de Beauregard. Et le 8 septembre 1931, le jour de mes vingt et un ans, je débutai à l'Atelier dans un domestique de Volpone.

Je naissais pour la deuxième fois.

Première pause

De nos naissances.

« On ne meurt qu'une fois. » C'est faux. On meurt et on naît tous les jours, à chaque instant. Et c'est de ces révolutions intérieures, continuelles, que se nourrit jour après jour cette population qui nous anime. Mais il y a certains moments plus importants que d'autres.

L'enfant né de sa mère *est*. Après cette souffrance, horrible j'imagine, de la rupture du cordon ombilical, alors que tout le système sanguin se met en branle, que les poumons commencent à fonctionner, que la bouche se met à pomper le vide, l'Etre est en soi tout un Monde. Hors de lui, il n'y a rien. Il dort, il mange, il boit, accroché au globe maternel, sourcils froncés, poings serrés, tapant des pieds comme un vieillard en colère. Il est entier, seul et unique. Il est le centre de son propre système solaire qui se développe et s'étend, propageant sa circonférence.

Mais au bout de quelque temps, les yeux s'ouvrent, les oreilles entendent, les membres découvrent leurs limites et, un beau jour, cet être unique fait une étonnante découverte. Surprise ! Il y en avait d'Autres ! Il était donc vu, épié ? Il prend conscience de la pesée des autres, il réalise qu'il ne pourra plus leur échapper et qu'avec eux, désormais, il faudra composer. Alors a lieu un nouveau bouleversement organique, aussi terrifiant que le moment de l'accouchement. L'être originel se dédouble.

Les biologistes nous apprennent que la passion, pour une cellule, c'est de devenir *deux* cellules, par instinct de conservation sans doute.

Notre premier acte de conservation, en fonction de la présence des autres, est de devenir, nous aussi, *deux* : « soi » et « notre personnage ». Pour garantir la vie du Soi, le Personnage sera chargé des relations avec les autres. Soi, ou l'Etre fondamental, va s'abriter derrière le bouclier du Personnage, être social que l'on projette pour les autres. Contre, ou en harmonie avec eux. Ce moment de la vie est digne d'être appelé une seconde naissance.

Observez un petit enfant qui se croit seul. Son comportement est simple et spontané. Mais dès l'instant qu'il vous découvre, il dirige ce comportement. Tout être conscient d'être vu a recours à « la comédie ». Particulièrement les petites filles, plus précoces que les garçons. Ce double jeu justifie à lui seul l'existence du théâtre. Sur la scène : tous les « soi » ; dans la salle : tous les « autres ».

En débutant, le jour de mes vingt et un ans, au théâtre de l'Atelier, j'officialisais ma vie en face à face avec les Autres. Faire du théâtre, c'est chercher la confirmation de soi à travers les personnages qu'on joue.

Dans la vie, savons-nous vraiment qui nous sommes ? Monter sur scène, il se peut qu'on fasse cela pour se perdre. Mais, à l'inverse de ce que l'on imaginait, il se peut aussi qu'on se trouve. Pourquoi, à force d'être les Autres, ne prendrait-on pas un peu plus conscience de « soi » ?

Au reste, ce qui se passe dans la vie n'est pas si différent de ce qui se passe sur une scène. Examinons le Personnage. S'il sert à nous protéger, il peut aussi être un piège. A force de vouloir paraître, on peut, sans le vouloir, cesser d'être ; on peut perdre sa substance. En se frottant à l'environnement, il arrive que le Personnage se prend peu à peu au sérieux et, se retournant sur son « soi », c'est-à-dire sur son enfance primordiale, il se dévore progressivement. C'est le risque que courent les adultes et c'est l'enjeu de la jeunesse.

La jeunesse est un combat au terme duquel l'homme peut perdre son enfance. Que de gens dans la rue circulent, se croyant vivants, alors qu'ils ne sont plus que leurs personnages, c'est-à-dire une armure vide comme dans les vieux châteaux hantés. Autre image : une langouste creuse qui avance, par petits bonds, sur la queue. Où est passée la vie ? Elle a été mangée. Les êtres se sont rongés eux-mêmes. Ce ne sont plus que des morts qui marchent : le colonel, le professeur, l'homme d'affaires, le militant, M. le maire, M. le président, le responsable de l'Etat, le commerçant, l'instituteur, le représentant syndical.

Ceux, au contraire, qui ont gagné la bataille de l'enfance, il est facile de les déceler à un certain brillant de l'œil. Qu'ils aient vingt ou quatre-vingt-dix ans, dans leur regard brille la petite étoile.

J'entrevois donc quatre étapes possibles dans la vie : *l'enfance*, qui est le produit de la matrice maternelle ; *l'infantilisme*, pour ceux qui se sont dérobés au combat et se sont arrêtés en route ; *l'adulte*, pour ceux qui sont morts au combat ; ceux, enfin, qui ont pu passer au travers et qui ont su atteindre le monde de *l'éternelle enfance* — éternellement vierges, curieux, étonnés, émerveillés. Cette enfance avec laquelle la mort qui, après tout, n'est pas le loup-garou, mais qui est à la vie ce que l'ombre est à la lumière, se verra dans l'obligation de composer.

Tout cela pour constater que les gens vous regardent avec un « air-qui-en-a-deux ». Il y a le corps et il y a les yeux. Dans les photos de police, je suis toujours frappé qu'il suffise de cacher les yeux avec une bande noire pour qu'on ne puisse plus reconnaître la personne. C'est que par les trous des orbites se dissimule l'être primordial. Nous habitons un corps comme une maison. Nous fermons les paupières comme on baisse un store. Les rouvrant, on est à la fenêtre. Je bloque mes lèvres ? La porte cochère est fermée. Dans le verger de mes oreilles, on écoute à travers les murs. Mes narines sont deux cheminées. Dans notre carcasse d'os et de sang, nous pouvons soutenir un siège. Et pourtant, il suffirait, avec une simple fourchette plantée au beau milieu des yeux, d'extraire de nous l'animal intérieur, comme on le fait d'un escargot. C'est pour se dissimuler que tant de gens portent des lunettes noires.

Soi et le Personnage, le Personnage et Soi, aux prises avec les Autres et s'entremêlant tous deux.

Faire du théâtre, c'est exorciser les démons de notre Personnage. Pourrais-je dire : si j'ai fait du théâtre, c'était pour m'éviter de jouer la comédie dans la vie ?

Bien sûr, il y a le narcissisme et l'exhibitionnisme. Ce côté-là, nous l'aborderons, mais dans une autre pause. A moins que je ne laisse ce chapitre aux spécialistes.

Repartons : j'avais choisi Dullin, il m'a reçu dans son Atelier. Avant de me livrer à lui, je voudrais ajouter encore quelques mots sur le problème des influences.

Des influences.

Combien de gens se ferment pour ne pas être influencés ! Voilà la véritable peur ! peur, non des autres, mais de soi-même. Peur de perdre son « moi ». Je crois humblement qu'ils se trompent.

L'influence, c'est une rencontre. On ne peut être influencé que par ce qu'on possède déjà en soi. Mieux qu'une rencontre, une reconnaissance. C'est la révélation accélérée de notre propre personnalité grâce à l'expérience d'un autre.

Nous ne pourrions être influencés par quelque chose qui nous serait étranger. Les influences sont les effets du hasard qui nous révèlent à nous-mêmes. Nous portions la chose en nous, mais à l'état embryonnaire. Nous la rencontrons aboutie. Quel bond en avant ! Il faut être bien prétentieux pour ne pas en profiter. Nos aînés ne procédaient pas autrement : Rabelais, La Fontaine, Molière ; tous trois, cependant, étaient des libertaires.

La vie ? c'est trente mille jours, avec beaucoup de chance. La vie est courte et la connaissance est l'infini. Il n'y a donc pas de temps à perdre et si quelqu'un m'aide à rencontrer ce que je pressentais vaguement, je gagne du temps pour autre chose que je désire. Ne manquons pas les raccourcis.

Les influences précisent nos contours. Elles ne sont jamais que le résultat de notre choix et de nos capacités.

Dis-moi qui t'influence, je te dirai qui tu es.

Les portes de l'Atelier me sont ouvertes. Dullin va me transplanter. Commence la saison des *greffes* : j'en aurai reçu trois — Dullin et le Cartel, les surréalistes, la Comédie-Française.

L'Atelier

Kierkegaard — est-ce dans son journal ? — divise en quatre temps le rythme des cycles humains. Le temps esthétique, le temps éthique, le temps de l'absurde (ou de l'humour) et le temps du sacré.

D'un coup d'œil rapide, je propose :

1972 : aujourd'hui, nous nous trouvons entre l'absurde et le sacré.

1945 : l'après-guerre aura été le temps éthique.

1931 : était une sorte d'âge d'or esthétique.

Chaque temps est vénéré et servi comme une religion. Cet âge d'or avait ses prophètes, ses apôtres, ses grands prêtres.

Les prophètes : Stanislavsky, Gordon Craig, Jacques Copeau. *Ma vie dans l'Art, l'Art du théâtre*, étaient nos Ecritures. Le Vieux Colombier, notre première église. Il y avait aussi Max Reinhardt, Appia, Piscator, Taïroff. Il y avait surtout Meyerhold.

En France, *les apôtres* se comptaient quatre :

— Louis Jouvet, l' « Ingénieur » — de la machinerie de Sabattini aux moindres recoins de Molière, il connaissait tous les boulons, les roulements à billes, les nœuds marins et les lampes à mercure. La mécanique théâtrale ne le trouvait jamais en défaut. Il était du XVIIe siècle.

— Gaston Baty était l' « Ensemblier ». La scène du théâtre Montparnasse, toute de noir habillée, ressemblait au soufflet des appareils de photographie que l'on voit sur les vieilles gravures. Baty portait un chapeau à large bord et, autour du cou, une lavallière. En pressant sur sa poire magique, il faisait des miracles dignes de Méliès ou de Nadar. Son théâtre était le seul où les changements de décors ne faisaient pas de bruit. Il aurait pu vivre au siècle de Flaubert.

— Pitoëff assumait la poésie du théâtre nomade. « Pierrot lunaire », « John-a-dream », dit Hamlet. Il semblait avoir aboli la pesanteur. Au hasard de ses déplacements, il essaimait enfants et rêves. Son accent même était ailé : Tchekhov, Bernard Shaw et Pirandello. En réalité, un « strolling player » élisabéthain. A ses débuts, comme tous les autres, il avait été combattu par Antoine, le grand prêtre de la « tranche de vie ». Celui-ci, au comble de l'ir-ritation, lui avait demandé un soir : « Où avez-vous vu une chambre qui n'ait pas de plafond ? » « Mais... au théâtre, monsieur », avait-il répondu.

— Enfin, il y avait Charles Dullin. Je l'appellerai le « Jardinier ». Il sentait le fond de teint des baladins de tous les âges.

Ce mouvement théâtral, le Cartel, fruit du mouvement du Vieux Colombier de Jacques Copeau, était fondé sur la poésie essentielle. Il avait redonné au théâtre sa place honorable dans la société des Arts. Il avait recousu le Rêve à la Réalité. Il était à la fois d'avant-garde et traditionnel, occidental et universel. Combattant le théâ-tre « des mains dans les poches [1] » du Boulevard, il avait retrouvé les ramifications qui le reliaient aux grandes traditions : au théâtre anti-que, à la commedia dell'arte, aux grands moments espagnols, élisa-béthains, aux mystères du Moyen Age et également au théâtre exemplaire d'Extrême-Orient.

Jetés dans une autre vie (par mon sens de la caricature qui est en réalité un art noble), Copeau — le Patron — eût très bien fait au Vatican en cardinal, teinté légèrement d'époque Renaissance ; Jouvet, à la N.A.S.A., eût apporté des modifications au L.E.M. ; Baty, avec une douceur mystérieuse, eût été un initié de société secrète ; et Pitoëff pouvait parfaitement basculer dans le ciel d'un tableau de Chagall.

Quant à Charles Dullin, je le vois mi-cow-boy, mi-gangster. Celui qui, au long du film, passe pour le traître et qui, au dénouement, révèle son grand cœur.

Dullin, mon maître.

Dullin était de famille savoyarde. Né à Yenne, au pied de cette montagne qui surplombe le lac du Bourget et qui s'appelle « la Dent de Chat ». Son père, avoué ou notaire ou juge de paix, s'identifiait avec le cheval qu'il montait et sur lequel il parcourait villages et vallées. En France, quand on porte un toast au cours d'un banquet de campagne, on proclame :

> *A nos chevaux !*
> *A nos femmes !*
> *Et à ceux qui les montent !*

1. L'expression est de Paul Mounet.

3

Charles Dullin, qui était le dernier né, n'a jamais su exactement
s'il était le dix-huitième ou le vingt et unième enfant de la même
mère. Les mauvaises langues laissaient entendre que, dans la région,
il y en avait eu beaucoup d'autres. Jacques Dullin, le père, avait le
couteau de la justice bien placé.

Les frères aînés de Dullin étaient de grands gaillards osseux, de
vrais montagnards. Et Charles avait une morphologie d'homme de
grande taille — les jambes trop longues pour le tronc. Ce n'est
qu'à partir des vertèbres supérieures que son corps se recroquevil-
lait, comme sous un poids, le poids de tous ces enfants que la
phénoménale matrice maternelle avait dû supporter. Mais, en même
temps, en terminant sa tâche, la mère avait déposé en lui le meilleur.

Pour équilibrer les excès de son tempérament d'étalon, la Nature
avait donné au père de Dullin un étrange frère : Joseph-Elisabeth.
Celui-ci, à l'instar d'un de ses frères aînés, avait décidé, vers 1840,
d'aller chercher fortune aux Indes. L'expédition n'avait pas dépassé
Marseille dont il avait trouvé la bonne vie assez repoussante et il
était revenu au gîte familial pour n'en plus jamais ressortir. Il ne se
promenait que la nuit, s'enfermant dans la journée. Il avait une belle
voix de tête, mais dans les chansons qu'il chantait, il supprimait
tous les mots qui avaient trait à l'amour.

> *Plaisir... hum hum... ne dure qu'un instant*
> *Chagrin... hum hum... dure toute la vie !*

En vérité, il était hermaphrodite ; mais c'est lui qui initia Dullin
au monde de la Poésie — sa culture était sans limites. Quand il
mourut, il demanda un verre de vin blanc et sa pipe. Il vida son
verre, aspira une bonne bouffée puis rendit le dernier soupir. Comme
le grand-père Barrault, il « cassa sa pipe » en artiste.

Tout le monde, au pied de la montagne, vivait au « Chatelard »,
vieille demeure dont certains chicots de pierre dataient du XIVe siècle. Citadelle paysanne flanquée de quatre tours et ornée d'un bla-
son que Dullin, avec un ami, quand la maison plus tard fut vendue,
fit rouler dans le vallon après avoir tracé sur le mur ce graffiti :
« La résignation est la vertu des lâches. »

Dullin parlait du Chatelard comme d'un monde féérique plein
de sorciers, d'êtres étranges, de contes diaboliques et de magiciens.

> *Ma vocation théâtrale, écrit-il, est faite de toutes ces imagina-*
> *tions qui ont peuplé mon enfance. Elle s'est construite en*
> *dehors de moi, je la dois aux poètes, à mon vieil oncle, à*
> *Philippe, aux chemineaux, à la nature des paysages, à mille*
> *et mille choses étrangères au théâtre.*

N'est-ce pas curieux que j'aie instinctivement été piquer mon maître chez un homme qui avait connu un autre « Beauregard » ? Il y avait, de fait, une étrange parenté entre nous. Pour moi aussi, mon art (s'il est encore permis de nos jours d'utiliser ce mot) est fait de tout ce que nous pouvons récolter en dehors du théâtre. L'art est une manière, une manière de saisir et d'engranger la vie. Comme ces oiseaux qui entassent dans leur nid toutes sortes de brindilles venant d'un peu partout.

Charles Dullin, comme son père, était de la race des chênes, un chêne qui aurait rencontré dans la forêt des obstacles : ceux-ci avaient distordu sa croissance. Noueux, son bois n'en était que plus serré et résistant. De son père il tenait deux particularités : le cheval et ses colères. Nous les appelions ses « foutros ». Et comme l'oiseau qui ramène sa vie dans son nid, il avait fait de l'Atelier un autre Chatelard. Pour moi, ce fut un autre Beauregard. La maison paternelle de mes rêves anticipés. La vie, mon subconscient, au carrefour du Destin, que sais-je, m'avaient fait choisir ce lieu qui peut-être m'attendait.

Dans *le Personnage combattant* de Jean Vauthier, il est dit :

> *C'est pour ça que l'orage m'a obéi quand je l'ai interpellé, il m'a répondu et je l'ai entendu parler.*

Tout est signe. De l'Atelier ou de moi, qui avait été « l'appelant » ? Ai-je donc eu tort de nommer cela une deuxième naissance, et Dullin un second père ?

> Antonin Artaud avait été un moment pensionnaire de Dullin, il en avait fait un court portrait-poème. Je le cite de mémoire, peut-être avec des fautes, mais il me paraît ressemblant :
> *Quand l'évêque mourut*
> *Le diable parut —*
> *Un vieux diable*
> *Qui fréquentait les bordels minces*
> *Où les accordéons évoquent des provinces* [1]...

Dullin, d'abord commis-bonnetier à Lyon, était parti sur les routes comme « poète ». Engagé par un cirque de campagne, il récitait des vers dans la cage aux lions. De vieux lions philosophes, sans doute. Qu'ils fussent de Baudelaire ou de François Villon, je crois

---

1. Dullin avait peur d'Artaud. Il ne savait comment le prendre. Dans une pièce, *Huon de Bordeaux,* Artaud tenait le rôle de Charlemagne. Le voilà qui entre à quatre pattes. Dullin, avec mille précautions, essaie de lui expliquer l'extravagance de son interprétation. « Ah ! si vous travaillez dans la vérité, alors ! » répondit Artaud. Il ne resta pas longtemps...

qu'il trouvait plus simple d'annoncer que ces poèmes étaient de lui. Après tout, il les assumait.

Puis, avec des troupes ambulantes, il était « monté » à Paris. Il s'était familiarisé avec le « mélo » dans les théâtres de la périphérie. La périphérie, à cette époque, c'était le théâtre de Grenelle, le théâtre des Gobelins, le théâtre Montparnasse, le théâtre Montmartre dont il devait faire plus tard l'Atelier. Il avait gardé des « tics » du style mélo qu'il affectionnait particulièrement. Par exemple, quand il jouait, il donnait toujours deux coups de talon en coulisse avant d'entrer en scène. Pour l'acteur, c'est comme le coup de pistolet du « starter » ; pour les spectateurs, cela annonce « l'apparition ».

La vie n'avait pas toujours été facile — un pharmacien de ses amis l'avait nourri un moment à l'absinthe : curieux médicament. Il se produisait dans les boîtes de Montmartre : *le Lapin à Gil,* récitant *la Complainte du pauvre jeune homme,* de Jules Laforgue, *la Ballade des pendus,* etc. Lié plus ou moins à la bande à Bonnot, il passa de la fausse monnaie, reçut un coup de couteau dans le dos au *Rat mort,* place Blanche.

Ce passé qui l'auréolait, on se le transmettait en ne se posant pas de questions sur la véracité des faits, car il lui allait comme un gant.

Passant de la légende à l'histoire, il avait été remarqué par Jacques Copeau et créa le rôle de Smerdiakov dans l'adaptation des *Frères Karamazov,* en 1911. C'est ainsi qu'il était entré au Vieux-Colombier et s'était initié au « théâtre d'Art », en compagnie de son jeune camarade Louis Jouvet, d'une femme merveilleuse, Suzanne Bing, de Valentine Tessier, Decroux, Jean Dasté, sa fille Marie-Hélène, etc.

1917, il s'émancipe.

1923, il crée l'Atelier.

1924, éclatement du Vieux-Colombier. Copeau veut repartir à zéro. Il emmène en Bourgogne ses jeunes élèves, les « copiaux ». Il en résulta une troupe qui me fit grand effet : la Compagnie des Quinze, animée par Michel Saint-Denis et alimentée par un jeune auteur qui est passé très près de la victoire totale : André Obey.

Décidément, cet après-guerre marque le retour aux sources. Tandis que maman se réfugie à Tournus, Copeau à Pernand-Vergelesses, Dullin part à Néronville avec ses jeunes comédiens. Peu après, Dullin trouvait son Chatelard : à Montmartre, place Dancourt.

La première période fut héroïque, pauvre, folle et passionnée.

Son cheval vivait à côté de sa loge. Cocteau y donna son *Antigone,* jouée par une jeune beauté : Genica Athanasiou, qui fut le grand amour d'Artaud. Achard y fit ses débuts : *Voulez-vous jouer avec Moâ* ; son authentique poésie annonçait *Jean de la Lune.*

La troupe se maquillait entre deux boisseaux d'avoine. A leurs pieds, dans la capitale, il y avait, paraît-il, une société, une vie, puis un pays, des continents... Le monde entier aurait pu s'écrouler, personne ne s'en serait aperçu. Ce rêve éveillé dura quelques années. Ce fut aussi le temps des vaches maigres. Le public était fidèle mais clairsemé.

Et *Volpone* arriva. Ce fut la consécration de Paris. Les consommateurs de théâtre à succès prirent exceptionnellement le chemin de l'Atelier. Cette bonne fortune dura deux saisons. Les fidèles perdirent l'habitude de fréquenter, coûte que coûte, leur théâtre, et les consommateurs de Paris attendirent le prochain succès.

C'est dire qu'ensuite il y eut une retombée. Quelques changements dans les effectifs de la troupe, mais l'esprit général avait mûri. L'aventure de l'Atelier entra dans un nouvel âge : plus profond, plus savant, peut-être un peu moins spontané.

C'est à cette époque-là que j'y entre. Moi, je ne m'aperçois de rien. A mon tour, c'est l'aventure, la folie, la jeunesse, la passion : un royaume d'élection dont le roi est de droit divin : Charles Dullin, mon maître.

Pendant les deux premières années, je n'ai pu rencontrer son regard sans trembler, rougir et claquer des dents. J'ai toujours eu — et j'ai encore — besoin d'admirer, d'aimer, de faire confiance.

Je fis une découverte horrible : le trac. En scène, j'avais peur de m'évanouir. La présence du public me terrifiait. Dans *Volpone,* en costume de sbire, je sentais mon corps s'amincir aux dimensions de ma hallebarde, ma perruque reposer sur un manche à balai. La salive se retirait, j'avais la bouche comme une pierre, mon cœur battait la breloque et tout se mettait à tourner... Il y a quarante ans de cela et j'avoue que c'est resté à peu près pareil, je n'ai pas fait beaucoup de progrès. J'ai toujours manqué mes « générales ». Je ne joue convenablement que quand je suis très fatigué... quand je n'ai plus la force d'avoir le trac, comme en rêve.

Le trac, ce n'est pas la peur. C'est l'émoi du rendez-vous, avec la hantise d'être « à la hauteur ». Disons : un complexe de puissance, qui ne pourrait disparaître qu'avec un peu d'indifférence. Il m'est arrivé d'envier les indifférents, pas longtemps bien sûr.

Sous l'empire du trac, on ne sait plus s'il faut manger ou jeûner, se coucher ou marcher, se « chauffer avant » ou dormir. On passe par toutes les maladies : la congestion cérébrale, la crise de foie, la faim, l'envie de vomir, on manque d'air, on a des frissons, des vapeurs... C'est bien simple : « C'est la dernière fois ! »

Heureusement, une fois en scène, après une minute de fuite en avant, l'ivresse commence. Les radars se sont débloqués — les réacteurs fonctionnent. On vole au-dessus des nuages, on s'imagine extralucide. Enfin, quand tout va bien et que le public est « bonne fille » !

Il y avait surtout l'école. Dullin nous faisait faire des improvisations. C'était nouveau à cette époque. Il nous enseignait l'authenticité des sensations : ressentir avant d'exprimer. La naissance de la vie, la découverte de soi, la colère, la joie, la tristesse, et toutes sortes d'animaux — leur ressemblance avec les hommes et réciproquement. J'adorais ces improvisations et j'y réussissais parfois.

Mme Dullin nous apprenait à aimer Claudel : un lointain ambassadeur, poète et dramaturge, auteur de *l'Annonce faite à Marie*.

On travaillait aussi un peu les classiques, on suait à faire de la gymnastique.

Sokoloff, disciple direct de Stanislavsky, nous fit des cours passionnants — enfin, pour moi : n'oublions pas l'esprit d'influence. Il nous faisait observer un objet, d'abord objectivement, ensuite subjectivement. Exemple : une boîte d'allumettes. Premier cas : on l'observe pendant deux à trois minutes, ensuite on doit la décrire de mémoire. Deuxième cas : on devient allumette, comme si c'était une personne. C'est une excellente méthode qui vous fait passer de l'esprit d'analyse à l'autosuggestion.

Les théories de Charles Dullin, il faut le dire, n'étaient pas très arrêtées. Il était trop poète et artiste pour être esclave des idées et il n'avait rien d'un intellectuel. Là encore le jeu de l'influence fonctionna à souhait.

Quand sa bourse était pleine, il prônait les décors ; quand elle était vide, il n'y avait rien de plus vrai que la pureté d'une scène nue. Il pratiquait Stanislavsky et plaidait pour Meyerhold. J'aurais eu un faible pour ce dernier, si je l'avais connu. Rien que cette phrase de lui le donne à penser : « Ce n'est qu'à travers le domaine sportif qu'on peut aborder le domaine théâtral. »

Plus tard, je devais adhérer de tout mon être à cette définition de l'acteur par Artaud : « L'acteur : un athlète affectif. » Là, ma réponse congénitale à l'influence reçue est foudroyante.

70

L'enseignement de Dullin n'était pas cérébral, et c'est pourquoi je l'ai appelé : le Jardinier. Un jardinier d'hommes. Comme au XIVe siècle avait dû l'être, au Japon, le grand maître du Nô : Zeami. Pour dépoter, tailler, rabattre, transplanter en terre de bruyère, greffer, faire éclore « la fleur [1] » d'un garçon ou d'une fille, favoriser les fruits, arroser, secouer, faire épanouir, protéger et torturer un jeune être humain, il n'y avait pas mieux. Tout cela se faisait d'instinct, par osmose, empiriquement, par successions de grandes douleurs et de petits bonheurs.

Dullin, entre autres richesses, possédait la plus rare : une journalière virginité. Chaque matin, il paraissait avoir tout oublié et ressentir la vie pour la première fois. C'est ce que j'ai retenu de plus précieux. Les moments vraiment passionnants étaient les répétitions. Prenant un air de fouine, un ton de vieux madré, promenant ses longs doigts sur son nez, se balançant d'une jambe sur l'autre, il vous disait :

— Tu comprends... ton personnage... il est... allons, voyons... tu vois... surtout à ce moment-là... il va... tu comprends ? eh bien oui... mais alors CARRÉMENT !

Et le miracle, c'est qu'on avait compris ! Il ne nous l'avait pas dit, il nous l'avait *passé*.

Decroux

Dans la troupe de l'Atelier, on trouvait des acteurs de tempéraments fort différents. Tous acquéraient une certaine unité grâce à Dullin, mais certains étaient nonchalants, d'autres aimaient jouer aux cartes ou raconter des souvenirs de tournée, d'autres aimaient leur « chez soi » et d'autres la boisson. Il y avait même un syndicaliste, chose rare à cette époque, en tout cas inimaginable dans cet antre de bohèmes pro-anarchistes. Il est vrai qu'il jouait les capitans !

Il y en avait un qui stylisait son rôle et le jouait presque en dansant. Il s'appelait Etienne Decroux. Lui, avait des idées. Il cherchait des adeptes. Dès sa première tentative, je fus son homme. Enfin, son novice !

Decroux avait fait ses premiers pas au Vieux-Colombier. Sous l'animation de Suzanne Bing, il s'était mis à s'intéresser à l'expression corporelle. Il me donna mes premières leçons. En un rien de

---

1. Ainsi appelle-t-on au Japon les dons innés d'un jeune acteur.

temps nous fûmes de grands amis. J'étais doué. Si le don est quelque chose qui « vous tombe du ciel », qu'on le mérite ou non, je reconnais ce don une seule fois dans ma vie : celui de m'exprimer avec mon corps. C'est pourquoi Decroux s'acharna sur moi, pour moi et plus tard contre moi. Il ne doit pas me pardonner d'avoir négligé des qualités qu'à ses yeux je ne méritais pas.

Bientôt nous fûmes comme deux complices partis à la recherche d'un mime nouveau. Decroux est le chercheur. Il a le génie de la sélection. Il ne laisse rien passer. Devant lui, j'improvisais : lui choisissait, classait, retenait, rejetait. Et nous recommencions. C'est ainsi que la fameuse *marche sur place* nous prit trois semaines à calculer : déséquilibres, contrepoids, respiration, isolement d'énergie... Grâce à lui, je découvrais ce monde infini des muscles du corps humain. Ses nuances. Son alchimie.

Nous commençâmes à codifier un nouveau solfège d'art gestuel. Nous établîmes la différence entre la pantomime muette et le mime silencieux. Ce fut une période géniale et folle. Nous étions devenus nudistes et végétariens. Nudistes par religiosité pour le muscle. Végétariens, je dois dire, un peu par nécessité. Il y a autant de calories dans un paquet de raisins secs ou de figues séchées que dans un beefsteak. Le hareng « Kippers » ne coûtait que 0,95 franc. Nous calculions minutieusement le prix de nos repas en réservant 40 centimes pour le café : 4,40 francs en tout. Nous nous droguions surtout de nos propres corps. Cherchant des équilibres, des ralentis, contraction-décontraction-détente, tirer-pousser : toute la gamme. Nous aurions voulu inventer le masque impersonnel, le masque sans expression. Nous n'y sommes pas parvenus. Nous avions confectionné des mini-slips uniquement pour comprimer le sexe mais sans dissimuler les muscles abdominaux jusqu'à la lisière des poils. Mime objectif — mime subjectif — les murs de l'Atelier étaient secoués par nos bonds. De temps à autre, certains de nos camarades irrités faisaient irruption : ça les empêchait de jouer aux cartes. « Si nous voulions devenir des danseurs, nous n'avions qu'à nous faire voir ailleurs », etc. Au nom du Dieu du théâtre, nous recevions ces outrages avec la patiente ferveur des premiers chrétiens. D'autres « pharisiens » se moquaient de nous avec une condescendance nuancée de mépris. Dullin nous encourageait tout en se mêlant au concert des sceptiques. *Ecce Homo.* Il ne voulait pas de zizanie dans son équipe. Il avait bien d'autres soucis. Au bout de deux ans, nous jouâmes pour lui un combat. Cette fois, il fut converti : deux Français atteignaient, à ses yeux, la perfection technique des acteurs japonais.

Le génie de Decroux est dans sa rigueur. Mais sa rigueur finissait par être oppressante. Elle était drôle aussi parfois. Je me rappelle une exhibition que nous fîmes un soir dans Paris. Au beau milieu de notre numéro, Decroux manque un équilibre. Il s'arrête, s'excuse et recommence à partir du début. Les gens se mettent à rire. Il s'arrête de nouveau, s'avance jusqu'au proscenium et les insulte, leur reprochant d'être si bêtes, de n'avoir aucune idée de ce qu'est la souffrance artistique, etc. Il a fini par ne plus vouloir jouer que devant deux ou trois personnes. Au-delà, disait-il, les gens n'ont plus leur libre arbitre. Il était normal qu'il évoluât vers un mime qu'il dénomma « mime statuaire ».

J'étais d'humeur plus légère : « putassière », me reprochait-il. Je n'aspirais qu'à jouer devant le plus grand nombre et loin de montrer mes fautes, j'essayais de les dissimuler. Plus tard, il devait me frapper de sa malédiction. Ce que je faisais « ne sentait plus le travail ». C'était précisément ce que j'avais recherché : il ne me le pardonnait pas. Je regrette autant que lui que notre union n'ait pu durer.

Nous devions nous retrouver dans la vie à deux ou trois reprises. Ces moments, de nouveau, furent magnifiques ; mais son intransigeance refusait absolument de composer. Elle n'efface pourtant pas le souvenir extraordinaire de ces deux ans passés avec lui, avec sa femme et son tout jeune fils Edouard, qu'il surnomma Maximilien à cause de Robespierre, tous à poil, gambadant dans les couloirs de l'Atelier ! Années de joie absolue. Rires inextinguibles. Rêve réalisé ! Je le revois en train de remercier ma mère de m'avoir mis au monde. Et m'annonçant le pire quelques minutes après.

« Je te considère à peu de chose près comme foutu, devait-il m'écrire enfin. Il importe : 1) que tu déclares que tu as perdu ton temps ; 2) que tu vas changer tes fréquentations de fond en comble ; 3) que tu renonces jusqu'à nouvel ordre à jouer, aussi bien qu'à te préparer au rôle de grand homme, etc. » La lettre est copieuse. C'était comme si, dans son esprit, j'avais signé un pacte avec lui et lui avais abandonné mon âme. Qui avait tort ? Qui avait raison ? Dommage !

Depuis cette époque, mon corps est devenu un visage. Je regarde avec les seins. Je respire au niveau du nombril et ma bouche est à mon sexe. Si je devais représenter cette impression en peinture, je choisirais le tableau de Magritte intitulé, je crois, *le Viol*.

Mon travail à l'Atelier

Je n'ai presque rien joué chez Dullin. Mais tout m'était ʋon pour capter quelque chose. A la moindre occasion je surgissais des eaux comme une carpe, gobant moucheron ou mie de pain.

Après Volpone, je fis « la pluie » dans *Il faut qu'une porte soit ouverte ou fermée* (frotter brosse à chiendent sur revers d'une toile, ou petits pois sur la peau d'un tambour). Dans *la Volupté de l'honneur* (Pirandello), le deuxième acte se termine par l'entrée du notaire, suivi de ses trois clercs. J'étais le troisième. A ce moment-là le rideau tombait. Le public voyait le premier clerc, les jambes du deuxième, jamais le troisième. J'arrivais toujours une fois le rideau baissé. J'en profitai pour travailler l'art du maquillage.

— Puisque de toute façon on ne me verra pas, permettez-vous que je me fasse des têtes différentes tous les soirs ?

Dullin accepta et chaque soir je venais deux heures avant le lever du rideau pour me transformer en vieillard, en joufflu, en squelette, avec force pinceaux, pâte à nez, collodion, etc. Dullin aimait ça.

Je devins pourtant sa tête de Turc et, pendant une certaine période, toute erreur qui était commise m'était imputée. Il y eut même une pétition de mes camarades en ma faveur. On aurait dit qu'il voulait éprouver la résistance d'une chaudière. Un soir, je le rencontre dans la rue et j'ose l'aborder pour lui avouer mon chagrin.

— Tu veux trop bien faire, alors tu fais mal.

Toujours cette indifférence que je n'arrive pas à acquérir.

Je fus régisseur quinze jours : une catastrophe. Si la sonnerie électrique ne marchait pas, je faisais « dring » avec la bouche, et le public se tordait. Je faisais lever le rideau avant la fin de l'entracte.

Pour obtenir un peu de discipline, Dullin délégua Decroux. Il était chargé de « serrer la vis » à tout le monde. Résultat : le lendemain, M. Charles Dullin était au bulletin de service pour être arrivé cinq minutes en retard à la répétition !

Decroux fut remplacé par le délégué syndical, qui, apprenant que je couchais dans le théâtre, voulut m'en empêcher. Dullin, outré, lui dit devant tout le monde qu'il méritait d'être fessé. C'est lui alors qui démissionna. Tel était l'ordre qui régnait à l'Atelier. Le danseur Pomiès, mort prématurément, s'entraînait dans les dessous. Dorcy, dans un coin, travaillait le tambour « en profondeur ». Les chiens aboyaient, le cheval hennissait, les élèves cavalaient dans les escaliers... c'était merveilleux !

A chaque nouvelle pièce, la période de crise arrivait. On passait les nuits à régler les éclairages. J'étais volontaire pour rester figé en tout endroit du plateau afin que Dullin jugeât de l'intensité de chaque projecteur. C'est ainsi que j'ai moi-même appris à éclairer.

Puis venait le désespoir. Les « foutros » de Dullin.

— Je suis déshonoré, c'est bien simple, nous fermons l'Atelier. J'irai travailler de mes mains : je ferai de la synchro !

Au réveillon, nous fêtions la nouvelle année tous ensemble, on repoussait les décors et nous dressions sur scène un banquet. Puis, le vin aidant, nous passions à des jeux, des improvisations. Nous étions deux à imiter Dullin : mon camarade Higonenc et moi. Une fois, devant lui, nous fîmes « Dullin mettant en scène Dullin ». Higonenc faisait Volpone, moi Dullin metteur en scène. Les « Ah, mais, alors CARRÉMENT ! » succédèrent aux « Je suis déshonoré !... »

Dullin reçut cette satire avec beaucoup de joie. Il en pleurait de rire. Quelques jours plus tard : nouvelle pièce, nouveaux désespoirs. Dullin, cette fois, savait que nous allions épier son « foutro ».

— Je sais que je suis ridicule (commença-t-il calmement) quand je me désespère. Il n'empêche... que demain... c'est la faillite... la risée générale dans les journaux... Oh ! cette fois-ci, je ne dirai rien... MAIS JE ME FOUTRAI UNE BALLE DANS LA PEAU !

Rire général. Il est parti prendre l'air sur la place Dancourt en donnant des coups de poing et des coups de pied dans les troncs d'arbres, tout en soufflant des naseaux. En lui il y avait du cheval. Il ruait.

Par ailleurs, je ne l'ai jamais pris en flagrant délit de vulgarité. Les mots grossiers n'ont rien à voir avec les natures vulgaires. Dullin était d'une très grande délicatesse, surtout avec les femmes. Aucun propos gênant. Il indiquait les scènes d'amour avec une sensibilité exquise. Un jour, à une jeune première qui n'avait pas l'air très émue par la scène d'amour qu'elle avait à jouer, il dit :

— C'est curieux, il t'embrasse, tu l'aimes, vous êtes sur un lit, tu lui réponds en le serrant contre toi... et pourtant tu restes sèche... euh... euh... ! (et de sa voix la plus tendrement sous-entendue, et de son regard le plus câlin, il ajouta :) Faut pas être sèche !

Le lit de Volpone

*C'est là qu'il fut au lit
l'esprit plein de projets* (Homère).

Comme je gagnais 15 francs par jour et que nous n'étions pas payés, j'avais renoncé à tout logis et, avec la complicité de mon maître, je couchais au théâtre.

Un soir, après la représentation de *Volpone* (le lit du cinquième acte reste en scène), j'eus l'idée d'aller coucher dans le lit même du personnage...

Tout le monde est parti se coucher, le concierge a fermé ses portes. Je suis seul dans le bâtiment. Je me faufile sur le « plateau », trouve un moignon de bougie chez le régisseur, l'allume, ouvre tous les rideaux du petit lit, car, avec sa sacrée perspective, Barsacq, alors tout jeune décorateur, ne l'a construit que d'un mètre quarante environ. Et m'étends.

Le plateau est là, plongé dans le silence, les cintres surchargés de rideaux. Les éléments de décor ont de ces ombres de fantômes... L'idée me vient d'aller ouvrir le grand rideau de scène. Je veux sentir la présence de la salle. La salle peuplée de fauteuils : tout un public virtuel.

J'ouvre le rideau comme on fait une chose défendue. Je fais quelques pas sur cette scène où, tout à l'heure, j'ai eu si peur... Je reste un instant immobile, debout sur le proscenium. Le *silence* du théâtre m'envahit. J'y suis pris comme par les glaces. Il givre autour de moi et sur moi. Je suis bientôt tout couvert d'une couche de *silence*.

Je vais me blottir dans le lit de Volpone... Je rêve...

Chaque fauteuil, en ce moment même, pourrait avoir sa personnalité ; certains craquent, d'ailleurs. Ils sont comme moi, ils rêvent. Que de choses n'ont-ils pas vues, ces fauteuils ! L'autre jour, en défonçant une des avant-scènes pour ajouter une possibilité d'entrée, on a trouvé entre les boiseries et le mur une lettre d'amour qui datait de 1840.

Vieux théâtre de la périphérie... La vie de tous ces comédiens ambulants que Dullin avait connus. Voici mon rêve d'enfant réalisé : Je vis, je me marie en ce moment même avec la vie de théâtre.

76

Je m'aperçois, au cours de cette nuit d'initiation, que tout le problème du théâtre est de faire vibrer ce *Silence*. Dégeler ce Silence. Remonter le courant. Lorsque le fleuve débouche sur la mer, il meurt ; son estuaire est le lieu de sa maladie... Il s'agit d'aller à contre-courant pour remonter à la source, à la naissance, à l'essence... L'art : défi à la mort...

Ce silence rempli de craquements, dans cet enclos magique où je n'entendais plus que le bruit intérieur de mon corps — mon corps « lumineux », comme dit Pythagore —, ne devait plus jamais me quitter ; je me verrai toujours blotti dans le lit de Volpone, passant ma première nuit d'amour à la source de mon art...

Depuis, j'ai été constamment à la recherche de ce Silence et il m'est arrivé parfois de le retrouver, mais cette fois au milieu d'une scène flamboyante de projecteurs, dans une situation dramatique chauffée à blanc, et devant, ou plutôt parmi mille personnes, mille cœurs humains attentifs, ouverts, partageant le moment présent avec moi.

Je crois bien que l'endroit où j'ai éprouvé le plus intensément cette merveilleuse sensation a été le passage du grand monologue de Hamlet, « Etre ou ne pas être ».

Lorsque mille cœurs battent au même rythme et que le mien bat au rythme du leur ; lorsque le rythme de mon cœur s'accorde avec le rythme de ces autres cœurs ; lorsqu'à nous tous nous ne faisons plus qu'un : je peux dire que je connais l'amour humain, l'amour de tout un groupe d'humains, l'amour entre humains. Et de même qu'il nous arrive, dans l'amour, à certains sommets, de vouloir retarder l'instant de la merveilleuse déchirure, il m'arrive aussi de vouloir retarder cet instant. Je me tais ; je ne respire plus ; nous tous, nous ne respirons plus. Nous palpitons dans l'immobile ; nous retrouvons ce silence exceptionnel, ce *silence-en-marche* que seule peut procurer la sensation physique du *présent*.

L'armée

Ce début d'initiation devait, hélas ! être interrompu par mon service militaire. Faisant partie du recrutement de Mâcon, je fus enrôlé comme conducteur de deuxième classe au « 8ᵉ train hippo », à Dijon, en compagnie des jeunes vignerons de la région.

Première erreur : j'avais emporté avec moi Lautréamont et

Rimbaud. Ce ne fut pas la seule. Pour me punir, on me tondit le crâne. Depuis ce jour, mes cheveux frisent, par révolte. Année banale en fait, qui pour moi fut atroce. La chasteté volontaire (je me voulais fidèle), le café à haute dose, mes lectures peu appropriées, une imagination romantique débordante me précipitaient dans les pires extravagances. Et plus que tout cela : la bêtise et la crasse physique et morale me rendaient enragé.

— Certificat d'études ?

— Non, mais...

— Pas l'savoir ! On vous pose une question. Savez-vous c'que c'est qu'une question ? Certificat d'études ?

— Non, mais...

— Ta gueule. Examen des illettrés.

— Mais, mon adjudant...

— Au suivant, il est vraiment trop con.

Le lendemain, je me retrouve sur un banc avec les « illettrés » ; un lieutenant, qui remarque mon écriture, me permet de m'en aller.

Si j'ai monté un spectacle Jarry l'année dernière, c'est un peu en souvenir de « ça » :

Soldats !
N'oubliez pas que vous êtes militaires
Et que les militaires font les meilleurs soldats...
Pour avancer sur le chemin de l'honneur et de la victoire
Vous portez le poids du corps sur la jambe droite
Et partez vitement du pied gauche.

Au réfectoire, avec la grande louche, on pêchait dans la soupe une vieille serpillère, toute graisseuse de vaisselle sale ; ou bien dans les choux-fleurs on sectionnait une grosse chenille, elle aussi bouillie, dont la liqueur blanchâtre se répandait dans la gamelle. On assommait à coups de casque un homme qui venait, par dégoût, d'avaler dix pernods d'affilée. Il était devenu fou.

Tant qu'on n'a pas été soldat, on n'est pas un homme.

Ah, c'est donc ça que vous appelez des hommes ? L'âcre atmosphère de la chambrée, odeur des pieds, haleines fétides, queues mal lavées, vert-de-gris sous les aisselles, concours de masturbation à qui éjaculera le plus loin, c'est ça l'école de la vie ? Une humanité de porcs, oui !

Certains officiers essayaient de m'apprivoiser :

— Voyons, au théâtre, vous avez l'habitude de vivre en troupe !

— Mon colonel, je ne vous force pas à faire de la figuration au Châtelet !

Quand j'avais quelques heures de liberté, je courais dans la campagne et, torse nu, je me précipitais dans les ronces pour me faire saigner ; j'étais déchaîné. Mon comportement passa de l'autre côté de la normale, je ne fis d'ailleurs rien pour le retenir. J'avais ma petite idée. Le médecin de l'infirmerie finit par me donner trois semaines de convalescence pour « insuffisance mentale ». C'était toujours ça de pris. Mais il fallut revenir.

Je n'avais pas cessé de correspondre avec Tosi, mon collègue de Chaptal qui était devenu professeur d'italien à Nîmes. Je fis une escapade et partis le rejoindre trois jours. Cette courte désertion n'eut pas de trop fâcheuses conséquences. J'avais bien arrangé mon coup.

Nous déambulâmes dans les garrigues, les monuments antiques ; en Arles, nous lisions du Théocrite parmi les sarcophages du jardin des Alyscamps. Avec Guy Tosi, notre accord était singulier. Si je voulais dessiner l'image de nous deux, à cette époque, je tracerais deux parallèles. Nos sensations étaient les mêmes au même instant. Nous marchions côte à côte et nous nous arrêtions ensemble. Nous parlions en même temps, surpris par les mêmes choses. Notre amitié était totale, sans arrière-pensée. Cas surprenant, exceptionnel : pendant cette courte période, nos constructions cellulaires devaient se trouver en phase. Comme deux bolides qui ont chacun leur orbite distincte et qui, soudain, pendant quelques instants, roulent de front sur la route.

Depuis, la vie nous a séparés ; par intervalles, nous nous sommes revus ; chaque fois, il y eut ce même accord.

A Nîmes, donc, je découvris l'*Ami*. Depuis, j'ai ressenti cette même harmonie avec Labisse dès notre première rencontre ; avec Robert Desnos, dans les rues du Marais ou dans la forêt de Compiègne ; avec André Masson, toujours ; avec Pierre Delbée et deux ou trois autres.

L'Amitié est un phénomène comparable à l'Amour. On ne le forge pas, on le rencontre. Mais alors que ce dernier nous pousse à la fusion, l'amitié a le génie de la communication, de la correspondance. Avec les femmes, cette communication peut exister aussi, mais il est forcé qu'il s'y mêle quelque chose de trouble ; c'est bien naturel. Avec les hommes, tout est extraordinairement limpide : bleu cristallin, sans histoire.

Retour à l'Atelier

Le jour où je fus démobilisé, le cauchemar s'effaça d'un coup. Je revins à l'Atelier, croyant l'avoir quitté la veille. Mais je m'aperçus que j'avais changé. J'avais « grandi ». En une nuit ? Comme Alice au Pays des Merveilles ? Tout ce que j'avais reçu autrefois, en vrac, avait dû se décanter, se classer, je ne sais trop comment, instinctivement. Je me sentais mieux construit, plus dense.

Dullin montait *Richard III*. J'y fis trois petits rôles et il me demanda de régler les batailles. La Compagnie des Quinze, que j'avais tant admirée dans *le Viol de Lucrèce, Noé* et *la Bataille de la Marne,* avait éclaté. André Obey était l'adaptateur de la tragédie de Shakespeare. La fille de Copeau, Marie-Hélène Dasté, jouait Lady Anne et faisait les costumes. Ce fut pour moi une grande rencontre. Maïène (raccourci de Marie-Hélène) était belle, pure et féminine à la fois. Grande et fine statue, mais chaude. A mes yeux, elle devint la figure symbolique de l'âge d'or, à la fois du Cartel et du Vieux-Colombier. J'éprouvais pour elle un mélange d'attrait, de respect et de timidité. « Une sœur pour laquelle je rejetais l'inceste. » Au reste, elle avait sa vie et celle-ci n'était pas de tout repos ! Notre Maïène avait d'autres chats, non à fouetter, mais à soigner...

Richard III fut un grand succès et les recettes, pendant un certain temps, firent oublier la pauvreté du matériel.

Un autre trait de Dullin : il avait l'habitude de se chauffer en coulisse avant de donner ses deux coups de talon et de faire son entrée. S'il devait apparaître en colère, il cherchait querelle à quelqu'un, un régisseur, un figurant, moi si j'étais dans les parages. Un soir, il ne trouve aucune occasion. Il ne m'avait sans doute pas vu. Selon son habitude, il soufflait des naseaux, cherchant une proie, n'importe quoi, et le voilà qui tombe sur le trou d'un rideau. Disons tout de suite que les rideaux avaient des trous partout, de vraies passoires.

— Qui a fait ça ? rugit-il à mi-voix. Ah ! mes rideaux ! Je suis foutu ! Je suis fini, trahi, bafoué. Enfin, qui a déchiré ces rideaux ?

Sa colère montait, montait, il soufflait de plus en plus, puis, cette phrase sublime :

— User une vie pour en arriver là !

Deux coups de talon et le voilà parti dans la lumière des projecteurs !

6 février 1934. Révolution dans Paris. L'Atelier n'a pas fermé ses portes. Dans la salle, il y a dix personnes à peu près. Dullin, en Richard III, de plus en plus courbé, regarde par la fente du rideau et nous l'entendons murmurer :

— Au fond, j'ai plus l'habitude de jouer devant ces salles-là que devant des salles pleines.

Alors il nous réunit et nous recommande de ne penser qu'à ceux qui sont venus, non aux fauteuils vides. Il n'a jamais mieux joué que ce soir-là.

De jour en jour, je me sentais devenir jeune mâle : regards que je voulais profonds, cheveux ébouriffés, accoutrements savamment négligés, démarche d'animal sauvage, tenant du puma et du loup. L'ésotérisme de l'Orient, la jeune littérature américaine, certains écrivains scandinaves me tentaient. J'élargissais mon champ d'influences.

Pour la petite histoire, il faut dire que j'avais un nouvel amour : une jeune fille, canadienne de Toronto. Elle se disait de sang indien. Elle avait en effet les yeux bridés, les pommettes saillantes et les doigts de pieds égaux comme ceux des statuettes. Nous vécûmes ensemble un an. Pour la première fois je dormais dans les bras d'une femme. L'idée du couple me plaisait. Au bout d'un an elle me trahit.

Reproduisons le « décor » de ce drame sentimental. Jacques Copeau, après dix ans de recueillement, avait monté chez Dullin *Comme il vous plaira* de Shakespeare [1].

J'y jouais, comme à l'accoutumée, plusieurs petits rôles. Notamment, à la fin, celui de l'Hymen.

Ma « bien-aimée » avait dû s'absenter en Provence. Nous nous

---

1. C'est lui qui m'éveilla au jeu des échelles. Par exemple : une petite pierre plate de son jardin de Pernand, entourée de quelques brins d'herbe, une fois agrandis, étaient devenus le dispositif qui permettait de mettre en scène la pièce, son palais et sa forêt. Je découvris ainsi combien il est amusant, au théâtre, de jouer avec l'échelle humaine. Tel élément, dans *la Petite Molière* d'Anouilh, qui représentait dans une scène d'extérieur un portail à deux battants, se retournait et représentait la cheminée dans une salle d'auberge, etc.

écrivions quotidiennement. Elle devait revenir un certain jour. Ce jour arrive. Personne ! Le jour suivant, aucune nouvelle. J'étais comme ivre. Le troisième, rien. J'avais des hallucinations. Le cinquième soir, au moment de la représentation, mes camarades chuchotent autour de moi. Et juste au moment des trois coups, l'un d'eux me dit :

— As-tu vu une telle ?

— ...

— Elle est dans la salle, avec son mari.

J'avais bonne mine, en costume d'Hymen ! Malgré l'éblouissement des projecteurs, je l'aperçus effectivement à côté d'un être qui m'apparut comme un affreux métèque, or il était anglais ! N'importe : un immonde métèque ! Mon premier chagrin d'amour.

Plus tard, elle me demanda de l'aider à divorcer. J'acceptai. C'est ainsi que je vins pour la première fois à Londres... pour un constat d'adultère. Mais je revins seul. J'avais été échaudé.

Copeau, c'était le grand patron. Même Dullin tremblait sur scène quand Copeau était dans la salle, comme un chien devant son dresseur. Il avait une façon de vous saisir la nuque et, par des secousses d'affection, de vous faire incliner la tête contre sa poitrine comme pour baiser les pieds du Christ... Ça m'agaçait. Nous avions toutefois de la vénération pour lui. Il semblait posséder les clefs de nos mystères : intelligence, sensibilité, vision.

Quand il m'arriva de l'imiter dans *Jacques le Mélancolique* (« Un *hou* (fou), j'ai vu un *hou* dans la *horêt* », etc.), il le prit beaucoup plus mal que Dullin imité dans *Volpone*. Tous les obstacles auxquels on se heurte au théâtre, il les prenait pour autant d'affronts personnels. Lui faire ça à lui !

L'acteur qui jouait le grand rôle du clown, Pierre de Touche, annonce qu'il doit partir. Copeau n'y croit pas. Les jours passent. L'acteur rappelle qu'il a prévenu depuis longtemps déjà et qu'il doit s'en aller sous deux jours. Rien n'a été prévu. Que faire ? Timidement, j'informe la régie que je sais le rôle par cœur. Des heures passent. Le lendemain, c'est-à-dire la veille de la reprise du rôle, on me dit :

— Le patron veut te parler.

Je vais dans son bureau. Copeau a sa tête de martyr. Comme à l'accoutumée, il roule la langue autour de ses lèvres comme pour les détacher de ses dents, et, d'une voix chaude et triste :

— On me dit que tu sais le rôle ?

— Patron, euh... ! enfin, si je m'y mets toute la nuit, je crois bien que...

Alors, il prend la brochure, me la tend comme on se sépare d'un vieil ami et me dit :

— Tant pis !

Je passai toute la nuit avec Tania Balachova qui me fit répéter mon texte et, le soir suivant, je jouai Touch'stone. Ma partenaire principale était Raymone, femme de Cendrars.

Copeau n'était pas venu assister à la représentation. Avait-ce été pour ne pas m'intimider ? Avait-ce été par mépris ? J'en fus peiné... Et pourtant il m'aima beaucoup et je le lui rendis bien. Copeau était pour nous le Père de tout le théâtre moderne. J'en conclus parfois que, dans la vie, tout est enrichissant, même les fautes psychologiques des « patrons ».

Si j'ai dit que les vertus d'un maître se trouvent surtout dans son disciple, je n'en dois pas moins reconnaître que les maîtres, parfois, ne facilitent pas les choses. L'insolence des élèves découle parfois du mépris supérieur du professeur.

« Il y a deux espèces d'ignorants, dit encore mon ami Jarry, les ignorants ignorants et les ignorants spécialisés, ces derniers s'appellent les savants. »

Entre l'ignorance de l'élève et celle du maître, il n'y a qu'un peu de spécialisation. Autrement dit, ils ne diffèrent que par quelques années. Il n'y a de raison, ni pour l'un ni pour l'autre, de se mépriser. Et, pour l'un comme pour l'autre, il n'y a pas de quoi se vanter. Si l'on enseignait d'abord aux gens le respect humain, les conflits de générations en seraient plus souvent aplanis. Sur ce sujet, une anecdote.

Nous sommes au conservatoire, dans la classe du maître Louis Jouvet. Un jeune élève, du nom de François Périer (un de nos meilleurs acteurs français) donne une scène de *Scapin*. La scène une fois terminée, Jouvet, préparant son effet par un silence doctoral, lui dit avec son accent si personnel : « Mon p'tit bonhomme, si Molière t'a entendu, il a dû se retourner dans sa tombe. »

Périer, vexé, répond : « Eh bien, il doit à présent se retrouver à l'endroit, car il vous a entendu hier soir dans *l'Ecole des femmes*. »

C'est tout le problème. Le mépris engendre l'insolence. Pourquoi ne pas travailler tous ensemble : ignorants, spécialisés ou non ? Et tâcher d'essayer de « comprendre » ? D' « apprendre, apprendre pour agir et comprendre » ?

J'ai parlé de Tania Balachova. C'est elle qui me passa le roman d'un écrivain américain peu connu à cette époque, William Faulkner, *Tandis que j'agonise,* traduction de Maurice Coindreau. Comme j'ai dit, j'étais féru de littérature américaine : Walt Whitman, Thoreau *(Walden ou la vie dans les bois),* Emerson, le Descartes du Nouveau Monde, Poë bien sûr, Melville aussi — j'ai gardé comme une vieille envie le désir d'adapter *Peter and the ambiguities —,* Hemingway et plus tard Caldwell, Steinbeck, Dos Passos...

Faulkner, avec *Tandis que j'agonise,* fut une révélation. Une déchirure, une espèce de vision, une fenêtre qui s'ouvre dans les brouillards de la montagne et découvre tout un horizon [1]. Il me sembla que, grâce à ce sujet, je pourrais rassembler toutes les idées et sensations que j'avais accumulées sur le théâtre.

Fabriquer mon premier objet ! Pendant six mois, je ne travaillai plus à rien d'autre.

« Tandis que j'agonise » ou du « théâtre total »

Sur le plan théâtral, qu'est-ce donc qui me tentait dans ce roman ? Le comportement *silencieux* de ces êtres primitifs. Ils ne parlaient qu'avec eux-mêmes. Je vis là une occasion formidable de satisfaire des envies que je refusais de considérer comme des théories.

Sur le brouillon d'une vieille lettre de mai 1935, on peut lire encore :

> Ce mime, je le crois, ne sent ni la pantomime, ni l'école, ni l'esthétique (ou le tableau vivant, si désagréable) ; il s'efforce d'être purement animal. Par exemple, le visage devient un masque naturel, la concentration étant respiratoire.
> Je ne veux pas exposer en détail les théories, seule la réalisation pratique compte. J'ai travaillé comme je respirais...

et, plus loin :

> Cette pièce n'existe pas comme texte. Elle n'est que si un groupe d'acteurs et un metteur en scène travaillent sur un plateau. C'est du théâtre qui cherche à s'épurer...

1. Je reviendrai plusieurs fois sur cette image. J'y tiens, c'est un de mes leitmotiv.

Pour présenter le spectacle, je déclarai : « Ma seule théorie est de fabriquer un ouvrage que, spectateur, j'aurais eu envie de voir. » Je m'aperçois que, toute ma vie, je n'ai pas agi autrement. On connaît le sujet :

> C'est l'histoire d'une mère qui, malade, veut que son cercueil soit construit sous ses yeux par un de ses enfants, et que ses restes soient conduits sur la charrette familiale, entourés de tous les siens, à la ville, à Jefferson, où ses parents sont enterrés.
>
> Autour de ce sujet central, le père et les cinq enfants réagissent selon leur nature et leurs passions individuelles. L'action se passe de nos jours, parmi les paysans de l'Etat du Mississipi. Saison des chaleurs et des pluies. Vie pénible et pauvreté. Dans cette famille, un « vivant mensonge » : Jewel, fils adultérin de la mère et du Révérend du village. Remords.

Cette action dramatique comprenait environ trente minutes de texte sur deux heures de spectacle. Il s'agissait donc de partir du *Silence* et de vivre dans le *Présent*. Les personnages sont *là* ; ils vivent en ce moment. Ils ne se parlent pas. Ils agissent. Mais ils ne sont pas muets. Le silence n'est pas la surdité. Chaque bruit prend son importance. Personne n'a retiré le son de l'image. C'est du théâtre « parlant », où les gens ne disent rien. Si leur respiration fait du bruit, si leurs pas battent le rythme, c'est bien. Les acteurs assument à la fois les personnages et ce qui les entoure : la rivière, l'incendie, le crissement d'une scie qui effrite le bois. L'acteur : un instrument total. Les personnages ont un comportement social et un comportement fondamental. Ils vivent sur deux plans : l'homme et son double. Chacun a une passion... accrochée à sa ceinture (l'objet signifiant). Le nu est maximum : on n'en cache que ce qui pourrait devenir distrayant.

La mère agonise. Son fils aîné fabrique le cercueil. Les sifflements de la poitrine s'accordent aux crissements de la scie. Tout le reste de la famille comme une énorme méduse se contracte et se détend, de conserve avec la mère et avec le menuisier. Tout le théâtre agonise, rythme de pompe, rythme de poulpe, et tout à coup, en haut d'une respiration : arrêt total. La main de la mère, qui s'était levée comme quand on veut regarder au loin, se rabat lentement dans le silence, comme un niveau d'eau qui baisse... la vie se vide... le mouvement se prolonge sur tout le corps jusqu'à la rigidité cadavérique. Elle est morte.

Alors, naturellement, sans aucune stylisation, elle se lève et se met à parler. Elle le peut car elle est seule maintenant. Elle a « passé » de l'autre côté de la vie. La vie réelle est Silence. La parole n'apparaît qu'au-delà de la réalité.

La passion du bâtard est le cheval. C'est sur son cheval qu'il fait tout le voyage à côté de la charrette qui transporte le cercueil. Etre à la fois homme et cheval me tentait. Encore une fois, je voulais que l'acteur fût un instrument complet, capable de suggérer et la bête et le cavalier et les deux traversant un gué ou poursuivis par des busards. Interpréter à la fois l'Etre et l'Espace.

Cet espace magique de la scène m'était apparu comme un monde de poésie charnelle. Il ne devait plus me lâcher. J'y reviendrai.

Je travaillai donc le cheval. Le matin, sur le proscenium, devant le rideau baissé, je pouvais m'exercer car la salle était allumée par les femmes de ménage qui nettoyaient rangs et fauteuils. Chacun vivait de son côté, comme les personnages du roman. Je ne faisais pas attention à elles. Mais, au bout de quelques jours, l'une d'elles se met à me regarder fixement, les mains croisées sur son balai :

— Hep, jeune homme !

Je m'arrête.

— Je voudrais bien savoir ce que vous faites, comme ça, tous les matins, sur ce cheval !

Le plus bel encouragement que j'ai reçu de ma vie.

J'avais entraîné avec moi une douzaine de camarades. Quand l'un se retirait, effrayé, j'en attirais un autre. Cela se produisait souvent. Malgré ces désertions, j'avançais comme un somnambule.

Les éditeurs ne m'avaient pas autorisé à me servir du titre du roman. J'appelai donc cette « action dramatique » : *Autour d'une mère*.

Depuis quelque temps, je fréquentais Saint-Germain-des-Prés. En dehors de l'Atelier, j'avais joué avec Marcel Herrand et Jean Marchat (Le Rideau de Paris). On ne dira jamais assez les qualités d'esprit, de goût et de courage qui animaient Marchat et Marcel Herrand. Ils furent de très grande importance durant cette période d'entre-deux-guerres et contribuèrent beaucoup à la vie exceptionnelle que connut alors Paris. Sous leur direction, j'avais créé le rôle du Soldat dans *Histoire du soldat* de Ramuz, musique de Stravinsky, dirigée par Desormières. Puis *l'Enfant prodigue* de Gide. Puis *le Coup de Trafalgar* de Vitrac.

J'avais fait la connaissance de Robert Desnos. *Aux Deux Magots* ou *Chez Lipp,* je côtoyais Léon-Paul Fargue, André Breton, Georges

Bataille, René Daumal. Il y avait André Malraux qui était lecteur à la N.R.F., Labisse, Balthus ; André Derain avait fait mon portrait. Il m'appelait son « petit ciseleur florentin ». Il y avait aussi Antonin Artaud que j'observais de loin, intimidé. Je passais mes nuits à danser à la *Cabane cubaine* — Eliseo Grenet, Tata Nacho, Alejo Carpentier... — ou bien au *Bal Nègre* de la rue Blomet. J'ai toujours aimé danser, j'aime être bête. Le corps cassé en deux par les biguines, les rumbas ou les congas, je ramenais à l'aube une fille, « en camarade ». Aucun doute, je m'émancipais.

Quand les amis se passèrent de bouche à oreille que je préparais un spectacle de mon cru qui s'appellerait *Autour d'une mère,* le bruit courut rapidement que ce serait « autour d'une m..de ». Bref, je faisais connaissance avec Paris.

Les Halles m'avaient appris le *surmenage,* l'Atelier la *gymnastique.* Ces « Parisiens de la Nuit » ne connaissaient ni l'un ni l'autre. Moi, je continuais ma marche, aspiré par ma passion. Aveugle et sourd, possédé, d'une authentique naïveté.

Après les représentations du soir, j'allais souvent avec Maïène partager un concombre salé dans quelque petit bistrot russe et je lui développais mes idées, mes convictions, mes conceptions, mes inquiétudes, mes rêves. Elle écoutait si gentiment. A travers elle, j'imaginais mon spectateur idéal. « Je sais que je plais à ceux à qui je dois plaire », dit Antigone.

Les répétitions avançaient. Ceux de mes camarades qui avaient résisté paraissaient tout acquis. Certains acceptaient même de jouer sous leur nom, Jean Dasté en tête. Les autres, plus prudents, prenaient des pseudonymes. Labisse m'aidait pour le dispositif et les morceaux de costumes. Tata Nacho, compositeur mexicain, composait les chants (à cinq parties). Pas d'instruments. Juste un tam-tam. André Frank assurait l'administration, avec Max mon frère. Une embarcation de fortune.

La saison de l'Atelier était terminée. J'avais loué à Dullin son théâtre. Comme ses finances étaient serrées, son administrateur ne me fit pas de cadeau. L'entreprise était donc plutôt folle.

Nous répétions maintenant sur scène. Le jour de la première approchait. De temps en temps, nous entendions le vieux bois des cintres craquer curieusement. C'était Dullin, intrigué, qui s'était faufilé et qui, du haut des cordages, nous observait. Un théâtre ressemble à un navire. Les nœuds sont des nœuds marins. Les rideaux flottent comme des voiles. Beaucoup de marins deviennent cintriers. Chaque soir, on « appareille » !

Deux jours avant le lancement, le drame arrive. Panique chez les comédiens. Mutinerie à bord. L'actrice qui interprétait « la mère » tombe malade. En fait, elle s'enfuit. Je ne la revis jamais.

— On passera tout de même !

— Mais comment ? Tu deviens fou ! C'est le rôle principal.

Les nerfs craquent. Les moqueries qui couvent dans Paris détériorent le moral de la troupe. Il vaut mieux renoncer. Même pas retarder, renoncer.

— Eh bien, je jouerai tout seul !

— Joue tout seul, tu nous énerves. Nous t'avions fait confiance, nous avons eu tort. Et puis ce passage-ci... Et puis cet endroit-là... Nous ne voulons pas nous ridiculiser. En tout cas, ce n'est plus possible d'être prêts dans deux jours. Il n'y a plus de personnage central.

— Une idée ! Je ferai la mère.

— Et Jewel ?

Je jouais déjà le bâtard, toujours sur mon cheval.

— Je ferai les deux !

— Fou, fou à lier ! Il y a des moments où vous êtes ensemble !

— Je vous demande vingt-quatre heures. J'ai des idées qui me viennent. Demain, à la même heure, je vous jouerai les nouvelles scènes, et ensuite vous ferez ce que vous voulez.

— Bon, donnons-lui vingt-quatre heures.

Mon idée, inspirée par la nécessité, était de transfigurer la mère jusqu'à lui conférer la dimension d'un totem. J'avais construit un masque en grillage de garde-manger avec des boutons d'acier pour les yeux. C'est ce qui se rapprochait le plus d'un masque impersonnel. La mère avait une énorme perruque noire qui lui coulait sur les reins. La jupe était faite de lamelles de deux couleurs. Pour bien marquer le coup, je me mis torse nu. En changeant trois scènes, je pouvais interpréter les deux rôles.

Le lendemain, 4 juin, devant mes camarades, je passai un véritable examen. Ils furent convaincus ; j'avais réussi, du moins auprès d'eux ! Nous répétâmes jusqu'à la dernière minute.

Le rideau se levait à 9 heures. Avant de nous séparer, je leur dis : « S'il y a trop de chahut, surveillez-moi. Je vous dirai ce qu'il faut faire. » J'étais dans un état second.

Resté seul sur la scène, une silhouette m'apparaît : c'est Dullin.

— Je n'assisterai pas ce soir à ta représentation. C'est complètement dément. Tout ce que je déteste. A côté de ça, Artaud c'est du boulevard ! On croirait des singes dans un zoo. Et ce père, c'est un vrai gâteux.

— Bien sûr, il a cinquante ans !

Insolence, conflit de générations... Il remonta dans sa loge, traînant ses bras derrière son dos. Moi, j'avais atteint le stade de l'insensibilité. On aurait pu m'enfoncer des épées à travers le corps, je crois bien que je n'aurais même pas saigné.

L'heure de la représentation arrive. De l'autre côté du rideau, tout Paris est monté à Montmartre pour la curée. « Le travail de " Baba ", on ne va pas manquer ça ! » (Baba est le surnom qu'ils m'avaient donné.) C'est la houle des grandes catastrophes qui met tout Paris en joie ! Le rideau se lève. On nous découvre tous à poil, sexe à peine caché. Depuis, on a fait mieux : Living Theater, *O Calcutta*, partout s'exhibe le nu de service. Rappelons-nous qu'il y a de cela trente-sept ans !

Tempête de rires et de cris d'animaux. N'importe, on joue. Mes camarades m'épient du coin de l'œil. On continue. Le public se calme, semble se résigner. La salle est comme de l'eau stagnante. Parfois, plus de vingt minutes de silence. Sans autre bruit que celui de la plante des pieds sur le sol et la forge des respirations. Les pompiers dans leur coin n'en croient pas leurs oreilles.

La scène du dressage du cheval par Jewel arrive. Ça chauffe ! ça chauffe ! La scène dure une dizaine de minutes. J'ai ma femme de ménage dans les muscles. C'est gagné ! Les voilà qui marchent et qui marchent d'autant mieux qu'ils étaient venus là pour « chiner » (comme dit Feydeau).

Et c'est l'agonie de la mère, la traversée de la rivière, les contrepoints de l'incendie. La scène sexuelle de Dewey Dell. La folie du petit Vardaman. Fin. Sifflets. Triomphe. Il s'est tout de même passé quelque chose.

>	*Put that in your pipe and smoke it,* dit le proverbe anglais.

La salle se dispersa. Les camarades sortirent avec leurs amis. Un homme m'attendait, c'était Antonin Artaud. Nous descendîmes tous deux sur le boulevard Rochechouart et nous partîmes ensemble sur deux chevaux imaginaires, galopant jusqu'à la place Blanche. Puis il disparut brusquement. Il était ivre d'enthousiasme. Il devait écrire plus tard un article qui parut dans *le Théâtre et son Double* : mon meilleur certificat de travail.

J'habitais, depuis mon retour de l'armée, un atelier au Bateau-Lavoir, d'illustre mémoire : Max Jacob, Picasso, toute la bande désormais historique. Labisse, qui avait l'atelier à côté, était lui-même parti avec des copains. Je remontai jusque dans mon antre, seul, fourbu et perdu, heureux et triste tout à la fois. Je lavai, avec religiosité, ce corps de jeune cheval, gagnai ma soupente et m'abattis sur mon lit. Je venais à peine de glisser dans le sommeil quand j'entendis frapper quelques petits coups. Ma porte n'était jamais fermée.

— Entrez !

Qui était-ce ? Une jeune fille, belle comme le jour. Elle avait assisté à la soirée. Elle avait été heureuse. Elle venait me le dire et... s'offrir, si ça devait me faire plaisir.

Ce véritable manifeste personnel fut joué quatre fois en public, devant une assemblée restreinte. Cependant, je suis stupéfait de rencontrer aujourd'hui tant de gens qui ont vu *Tandis que j'agonise* ; il en va comme de ces petits vignobles de Bourgogne dont il est toujours étonnant de voir combien on a tiré de bouteilles de bon vin !

Ses vertus devaient être magiques ; mais il était loin de faire l'unanimité. Un soir, un spectateur se pencha vers sa femme et lui dit : « Si j'avais su que c'était si bête, j'aurais amené les enfants. »

Par contre, dans les milieux artistiques et intellectuels de Paris, ce fut une révélation. Jouvet et ceux de sa compagnie me firent demander de jouer pour eux en matinée. Une matinée supplémentaire fut décidée pour les quelques amis du métier : Michel Simon, entre autres, dont le fils Michel François jouait dans la pièce, une cinquantaine d'acteurs, d'auteurs et d'artistes... Voilà Jouvet qui débarque à l'Atelier. Dullin, surpris, croit qu'il vient le voir.

— Non, ce n'est pas pour toi que je viens. Il paraît que tu as un petit gars qui a fait quelque chose de pas mal, nous lui avons demandé de jouer pour nous...

Après la représentation, Jouvet me dit :

— Je vois la distance qui sépare deux générations. Tout ce que, au temps du Vieux-Colombier, nous formulions dons nos têtes, vous l'avez à présent dans le sang. La digestion se fait.

Avec *Tandis que j'agonise*, je faisais mon entrée dans la vie théâtrale de Paris. Je connus mieux Roger Blin, Jacques Prévert, le Groupe d'Octobre. Les surréalistes m'adoptèrent. Marc Allégret, ami d'André Gide, me fit faire le mois suivant mon premier film, *les Beaux Jours,* ce qui me permit de payer quelques dettes. Le long échange entre théâtre et cinéma commençait.

Durant l'été, à Beauregard, je reçus de Dullin la lettre suivante :

26 juillet (1935)

Mon cher Barrault,

Il faut que tu me répondes par courrier à ces deux questions :
Quand seras-tu de retour à Paris ?
As-tu l'intention bien sincère de revenir à l'Atelier la saison
prochaine ?
Je te répondrai aussitôt après en te disant mes projets.
En hâte et bien cordialement à toi,

Charles Dullin.

Lettre profondément humaine, qui me mettait au pied du mur.
Je fis le saut et quittai l'Atelier. Volontairement : contre mon goût.

Pour lutter contre ma nature craintive, je me mets souvent, par
la seule volonté de mon double, dans des situations où je suis bien
forcé de me « dépatouiller ». Je mis quatre mois à m'en remettre.
Dullin, trois ans à me le pardonner.

Dans une note personnelle, j'écrivis à ce moment-là :

J'ai quitté l'Atelier il y a quatre mois. Mon esprit en a été
déchiré un certain temps ; c'est « ma bête » qui m'a poussé.
J'ai quitté l'Atelier et en même temps, je m'en aperçois maintenant que j'y réfléchis, car je n'ai aucunement réfléchi pour
faire cela, j'ai quitté tout ce qui avait causé l'Atelier — génération précédente, théories, etc., temps de paix.
Que voulait donc « ma bête » ? Ce n'est qu'après quatre mois
que je crois le comprendre. Je le comprends parce que depuis
quatre mois, je me suis aperçu que le mouvement de la vie
actuelle, aujourd'hui, n'a aucun rapport avec le mouvement
dans lequel je vivais. Ce mouvement existe-t-il vraiment ? Est-il
simplement en moi ? Je n'en sais rien. Je ne veux pas le savoir.
Ce que je sais, c'est que ce mouvement est celui que réclamait
« ma bête » et elle vit plus heureuse à présent. Je refuse de me
juger, je reconnais que tout a été dit, mais justement, c'est à
ce moment-là que la vie commence. Parce que tout a été déjà
dit, devrai-je vivre comme une image, par cœur ? Etre jeune,
c'est commencer à vivre, eh bien j'ai la physique conviction que
je commence la vie. J'ai été porté trois ans dans le ventre de
l'Atelier, au mois de juin je me suis accouché ; le travail que
j'ai donné en juin dernier a coupé le cordon ombilical. Je suis
né. Et j'ai crié. Et j'ai crié. Et la vie a surgi devant moi.
Son mouvement m'est révélé. Je n'y comprends absolument rien.
Je le reçois.

Je dévalai donc la butte Montmartre, le cœur triste, l'âme désemparée, obéissant à cette injonction intérieure, à « ma bête », et j'allai dans Paris me fixer à Saint-Germain-des-Prés : au Grenier des Grands-Augustins. Quittant la tour d'ivoire d'un âge d'or esthétique, je fonçais tête baissée dans la société des humains.

J'ai l'impression qu'en choisissant le théâtre, je me suis inscrit à l'Ecole de la Vie. J'ai d'abord pris conscience de l'Individu, le « Soi ». Puis j'ai découvert les « Autres », à la fois nourriture et pesée. Puis j'ai trouvé l'endroit où tout le monde se réunit pour poser un tas de questions : un théâtre.

Le soir, quand le soleil est couché et que la nuit permet de mieux sentir les choses : les petits effritements du Présent, le bruissement souterrain du Silence, les hommes se rassemblent en un lieu fermé. Sur scène sont sélectionnés les prototypes d'individus humains : c'est la troupe. Dans la salle, au coude à coude, une collectivité enroulée comme les spirales d'une bobine magnétique représente l'Humanité : c'est le Public. Le jeu de « Soi et les Autres ». L'un et l'infini, face à face. Par paradoxe, l'impression de pluralité se trouve sur scène à cause de chaque individu qui représente un monde en soi, tandis que l'impression d'unité est dans la salle puisqu'il y a fusion de tous les Autres en un seul corps.

L'invention de la représentation théâtrale part de ce sujet primordial. Or, il s'agit incontestablement d'un *jeu*. Pourquoi ?

La vie humaine est théoriquement explicable grâce à la science, sauf en cinq points mystérieux par lesquels se sont faufilées les religions et les philosophies :
— la naissance
— la mort
— le dédoublement de l'Etre
— la conscience
— le langage.

De ces cinq mystères, je ne puis dire quel est le premier. Peut-être, en définitive, le miracle du langage, qui aurait engendré la conscience, laquelle, découvrant qu'avant de naître on était quoi ? mais qu'il faut mourir... pour où ? divise par réflexe notre Etre en deux. La conscience, avant tout, a le sens de la mort.

La vie est une mise à mort. Dès lors, on cherche la clef des mystères, on risque des explications.

Si les progrès de la science avancent de façon continue sur le chemin de la connaissance, dès qu'on en arrive aux mystères, il faut bien procéder par « *sauts* ».

Tant que Claudel explore les régions les plus secrètes de l'âme humaine, il nous découvre des trésors extraordinaires, il touche au cœur de l'homme et de la femme : « Un seul cœur pour être deux. » Mais quand il dit : « La femme est le chemin qui mène à Dieu », il a recours à un « saut ». La personnalisation de Dieu est le « saut » suprême. Je ne dis pas qu'il soit mauvais...

Quand Teilhard de Chardin décrit la matière, c'est magnifique ; quand il lui accorde une conscience, il fait déjà intervenir un peu d'imagination, mais c'est encore possible. Entre les trois forces qui assument notre vie :

— l'invariance ou besoin de conservation.

— le désir de plus grande énergie : le « plus-être »

— et l'esprit de sélection ou la liberté dans le choix,

il se peut que le « plus-être » soit supérieur au désordre, à l'entropie, et que la matière, finalement, soit une aventure perfectible. Nous continuons donc de le suivre quand il atteint le point *Oméga*. Mais quand il annonce que cet Oméga est le Christ, il fait lui aussi un « saut ». Je ne dis pas qu'il se trompe...

Pareillement, celui qui affirme qu'après la mort il n'y a rien. Pour savoir ce que c'est que « rien », il faut recourir à un « saut [1] ».

L'être humain est donc un animal étrange qui a été gratifié d'une conscience qui le dédouble. Il vit et se voit vivre. Il existe et se sait mourir. Il assiste à sa propre vie. Il est à la fois acteur et spectateur. Il a un pied sur la scène et un pied dans la salle.

Au fond : il se sent seul et périssable.

Etrange funambule en déséquilibre sur son fil, il sait qu'il doit avancer et il sait également qu'au moment le plus inattendu, le fil va s'interrompre. Et ce sera la chute : en haut pour les croyants, en bas pour les « mécréants ». Ainsi naît l'angoisse. Petite note au début, légère et ténue, qui ne fait que grossir au rythme de nos pulsations, devient bourdonnement atroce à mesure que le temps s'écoule et que le ruban diminue, et nous ferait comme un

---

1. Pour le savant biologiste la mort n'existe pas. C'est exact, soit. Mais pour le « commun des mortels » il faut avouer que le « toujours vivant » Acide Désoxyribo Nucléique n'a pas le charme de la vie humaine... Je ne suis pas anthropocentriste pour cela !

rien éclater la cervelle si l'on n'avait recours à des conduites extrêmes : l'agression ou la fuite.

Le défi à la mort ou la pirouette.

L'action en prise directe ou l'action par l'absurde.

La tragédie ou la comédie.

> *De quelque part sur moi que je tourne les yeux*
> *Je ne vois que malheurs qui condamnent les Dieux...*
> ...
> *Oui, je te loue, ô Ciel, de ta persévérance...* (Racine).

Attaquons la mort, bille en tête ! Ou bien faisons comme Ménandre : « *Ma joie m'empêche de savoir où je suis.* » Ou comme Molière : rions-en !

Qu'il s'agisse de tragédie ou de comédie, la source est la même : la *solitude* et l'*angoisse* font naître le théâtre en nous. C'est le jeu de la mise à mort.

Mais pourquoi « jouer » avec ce qui paraît si sérieux ? La mort est la conséquence des erreurs que commet la cellule vivante. Moins il y aura d'erreurs, plus la mort reculera. Tout doit donc être *utilitaire*. Manger, dormir, procréer, et travailler, pour pouvoir dormir, procréer et manger. Et... jouer ? Nouveau mystère ! Or tout le monde joue. Les animaux eux-mêmes jouent. Ils se souviennent et ils fabulent. Ils connaissent l'imagination. Le jeu est donc utilitaire ? Que fait le chien avec une balle ? Il l'a vue, il tourne autour, il se tapit et l'observe, s'approche en rampant puis il bondit dessus. Elle était devenue ennemie ; il l'attaque, il la blesse ; après des bonds démesurés, il est vainqueur. Il se livre alors à une danse victorieuse. La victoire une fois consommée, il va l'enterrer... jusqu'à la prochaine fois.

Qu'a fait le chien ? Pas autre chose que ce que font les militaires en temps de paix. Il a fait des manœuvres. Il s'est entraîné au combat. Le jeu, c'est l'entraînement à vivre.

C'est ce que font les gens dans une salle de théâtre. Ils recréent la mort, le danger, les crimes, les maladies, l'angoisse, la solitude, l'horreur, mais « blanchis ». Ils se font inoculer la mort à l'état de vaccin. Sur scène on installe la peste et l'on fait crever le bubon de toutes nos forces noires. Cela nous purifie et l'on repart nettoyés et fortifiés.

C'est en quoi le drame individuel devient d'utilité publique. En s'assumant soi-même, on assume les Autres. Et l'on s'aperçoit peu à peu que « Soi » et les « Autres » ne formaient pas du tout deux mondes séparés : tout se tient. Nouvelle découverte !

Tout être vivant n'est pas une existence isolée, comme sous une cloche de verre, mais un foyer incandescent qui fait corps avec l'environnement à la fois de l'Espace et du Temps.

Une telle concentration n'est pas simple : elle dépasse les limites du raisonnement ; elle doit être sensorielle. La situation est bien trop compliquée pour l'intelligence habituelle. Par exemple : les trois termes « Passé — Présent — Futur » ne forment pas une ligne droite avec le passé derrière et le futur devant, mais une série de cercles dont le Présent est le centre, comme si par deux courants inverses, les ondes circulaires du futur convergeaient vers le centre, et les ondes circulaires du passé se propageaient vers l'extérieur, créant des remous infinis. Et comme ce centre, lui, se déplace dans le temps selon une trajectoire rectiligne [1], à chaque instant « présent », le personnage rencontre devant lui des vagues de « passé » heurtées par des vagues de « futur ». C'est la grande *soupe de l'existence* dont le théâtre est le reflet.

Quand un homme, encombré de son « ça », de son « moi » et de son « sur-moi », se déplace sur la scène de la vie, sa « situation » est la même. Il n'est pas seul ni isolé. Il appartient au grand corps commun. L'homme est un foyer magnétique qui se meut dans l'espace.

Ce que j'ai donc vécu jusqu'ici, je le rencontrerai encore sur ma route. Mon passé est devant moi. Avec le manifeste de *Tandis que j'agonise,* il s'est produit une déchirure à travers laquelle je découvre un monde poétique qui va s'imposer à moi pour la vie. Désormais je lui appartiens, je n'en pourrai sortir, je serai son esclave, il exigera de moi servitude et don tout entier.

Mais, en même temps, comme je ne suis pas un être isolé, que je fais corps avec les Autres, je dois composer avec la vie. Je connais désormais le but de mon voyage mais ma barque fait partie de la mer. J'ai entrevu la perfection, je sais bien ce qu'il faudrait faire, mais pour le faire il faut survivre et pour survivre il faut flotter, louvoyer, ruser, se dérober, trahir. C'est cela : vivre.

> *Manié, berné, bercé, brossé, crossé, culbuté, et la mer, comme elle saute sur nous, la païenne ! Oh ! là là, par ce fou de vent... par ce dur mistral qui herse l'eau cassée. Toute la mer levée sur elle-même, tapante, claquante, ruante dans le soleil, détalant dans la tempête* (Partage de Midi).

Avec *Tandis que j'agonise,* j'ai bu mon premier grand coup de la vie !

---

1. Ou géodésique, pourquoi pas ?

Cette période de l'Atelier m'avait permis de faire connaissance avec l'Homme, individu. L'homme, cet instrument, créant l'art de l'homme ou théâtre.

Le Cartel avait été au théâtre ce que les « Fauves » avaient été à la peinture. J'en avais reçu la greffe esthétique. Mais, dans nos préoccupations, la société n'avait pas sa place. Nous ne tenions pas compte des Autres.

L'artiste poursuivait son rêve ; il obéissait à ses injonctions intérieures, il fabriquait en conséquence ses objets, autrement dit son œuvre. Après quoi venait qui voulait.

Le théâtre était exclusivement un art poétique, « La Poésie de l'Espace par le moyen de l'Etre humain ».

Mais il n'était pas question des Autres. Au fond, même si je ne m'en rends pas compte, c'est pour ça que je m'arrache à l'Atelier. Dullin, c'est *l'Homme*. J'ai à présent besoin de me mêler *aux Hommes*. De l'individu, je désire passer à la société.

Grâce à mon premier manifeste, les Surréalistes m'ont tendu la main. Je me livre à leur mouvement et j'épouserai leur Révolte.

Le Grenier
des Grands-Augustins

J'avais trouvé un lieu merveilleux, rue des Grands-Augustins, au 7 ou au 11, en tout cas deux bons chiffres. Vieil immeuble du XVIe siècle qui, le soir, était complètement vide. On y accédait par quelques marches au fond d'une cour bosselée de vieux pavés. A ce rez-de-chaussée surélevé siégeait le Syndicat des huissiers. Au-dessus, il y avait une industrie de tissage avec de vieux métiers très beaux. J'avais loué le dernier étage. Trois pièces bizarres avec de magnifiques poutres apparentes.

La première avait quatorze mètres sur huit. J'en fis mon atelier de travail et nous y donnâmes des représentations. (Il devait devenir, plus tard, l'atelier de Picasso.) La deuxième pièce, de quinze mètres sur quatre, devint à la fois dortoir, salle à manger, toilettes, fourre-tout : la salle commune. Je revois une étiquette : « Le lavabo doit rester bo. » La troisième, de huit mètres sur quatre, je me la réservai pour moi. Mais souvent, quand je rentrais tard dans la nuit, je trouvais des gens dans mon lit.

Je fondai une « compagnie » : le Grenier des Augustins. Jean Dasté, au début, s'y était associé, il reprit vite sa liberté ; il eut raison car j'étais loin d'être mûr. Il me fallait encore beaucoup vivre.

Saint-Germain-des-Prés fut mon nouveau village. Le mouvement surréaliste, ma nouvelle croyance. Comme pour le mouvement du Cartel, j'y pénétrais sur le tard. La scission avait déjà eu lieu. La Révolution surréaliste s'était divisée en trois branches, comme une cellule vivante qui n'arriverait plus à coordonner ses trois forces. André Breton, avec une rigueur obstinée, s'acharnait à conserver la pureté du mouvement. Il acceptait de s'allier avec la politique de gauche, tout en gardant lucidité et libre arbitre. Aragon, Eluard, voulant passer à l'action et à l'efficacité, avaient choisi d'entrer dans un « Ordre » et s'étaient convertis au communisme, donc à la politique. Ceux qui ne voulaient plus suivre ni Breton, ni les autres, avaient repris leur liberté : Robert Desnos, André Masson, Artaud, Balthus, Jacques Prévert, etc. — les libertaires. D'instinct, je me ralliai à ces derniers.

J'étais très neuf alors, très primitif, je n'avais pas assez de connaissances spéciales pour devenir un intellectuel ; beaucoup de choses devaient me passer au-dessus de la tête. D'ailleurs, on ne me demandait pas de comprendre. J'étais conquis, c'était suffisant. Au reste, tout cela n'était pas tellement clair. A la papauté de Breton, au schisme communiste d'Aragon, à la dispersion des individualistes, on pouvait ajouter une quatrième veine ; celle qui venait du mouvement Dada : Tristan Tzara, Dr Fraenkel, etc. Tout le monde se mélangeait. Breton et Georges Bataille me demandèrent l'hospitalité au Grenier pour y tenir leurs assemblées. C'est ainsi que, le 21 janvier 1936, eut lieu une grave cérémonie pleine d'humour noir à propos de la décollation de Louis XVI. L'humour ? C'est du sérieux qui ne se prend pas au sérieux pour ne pas devenir trop sérieux.

C'est ainsi également que nous étudiâmes le livre du procureur de la République, Brisset, qui, par la simple décortication des mots, fait remonter l'origine de l'homme à la grenouille. « Je m'examine... je me sexe à mine... je me sexe à la main », et ainsi de suite. Plus cela durait et plus cela devenait insupportable, plus c'était ce qu'il fallait. Sous ces canulars pleins de talent, l'enseignement était d'importance.

Jusqu'ici je m'étais frotté à des hommes qui, ne rencontrant pas l'adhésion de la société dite des « honnêtes gens », s'étaient contentés de lui tourner le dos. Chaque camp vivait de son côté. « Il n'y a pas un temps pour la forme et un temps pour le fond », disait Valéry. On se bornait pourtant à jouer avec les formes sans penser véritablement à changer le fond. C'est pourquoi j'ai nommé cette période une période esthétique. Les mauvais garçons de Montmartre étaient au fond bons gars. Ils n'avaient aucun sens du social, et ça ne les intéressait pas.

Seul Gémier, fondateur de théâtre national populaire, en avait eu un pressentiment. Pour les autres, la société était comme une citadelle sinistre mais bien établie. Pour les Surréalistes, en revanche, la citadelle est lézardée, il faut faire sauter et la forme et le fond. La société établie était attaquée à la fois sur le plan de l'individu et sur celui de la collectivité. Par Freud et par Karl Marx. Pour Freud : libération des instincts ; pour Marx : libération de l'Homme. Du coup, l'esthétique elle-même était remise en question.

Nous n'aurons point tout démoli si nous ne démolissons même les ruines, dit le Père Ubu.

Cette révolution m'apparut comme une extraordinaire entreprise de nettoyage, à commencer par le cerveau. Ecriture automatique, rêves éveillés, hallucinations. Faire « sauter la baraque » des Autres ne suffit plus, le vrai courage consiste à faire sauter sa baraque personnelle.

> *Avant de refaire le monde, refais-toi toi-même.*
> *Tout être humain est un poète qui s'ignore.*
> (Slogans que l'on retrouvera en Mai 1968.)

Bientôt, à l'influence de Freud et de Marx, s'ajouta l'attrait de l'Orient. C'était normal, fatal, logique : cartésien. Freud tuait le père de famille. Marx tuait le Père collectif. Les philosophes, de leur côté, descendaient en flèche le Super-Père. Ce fut le célèbre « Dieu est mort ». Mais Dieu-le-Père étant trucidé, le sens métaphysique que chacun porte en soi, ce goût de pénétrer dans les mystères de l'existence n'ayant pas disparu pour autant, on fit appel à la sagesse orientale.

> *Vous qui savez comment on se retourne dans sa pensée et comment l'esprit peut se sauver de lui-même, vous qui êtes intérieurs à vous-mêmes, vous dont l'esprit n'est plus sur le plan de la chair... jetez à l'eau tous ces* Blancs *qui arrivent avec leurs têtes petites et leurs esprits bien conduits... Sauvez-nous de la pourriture de la Raison... L'Europe logique écrase l'esprit... Sauvez-nous de ces larves. Inventez-nous de nouvelles maisons* (Révolution surréaliste, n° 3, 1925).

La Bagavat-Gida, le Yoga tantrique, le Hatha Yoga, les Upanishads, Milarepa mais aussi « les vers dorés » de Pythagore et *Ma vie* de Trotsky deviennent mes lectures préférées. Je me revois avec Robert Desnos, salle Susset, près du métro Jaurès, pendant des réunions trotskystes. Sur mes numéros de mime, Desnos improvisait des poèmes ; sur ses poèmes j'improvisais du mime. Desnos possédait le génie de la pensée automatique, il était le plus doué de tous pour le rêve éveillé.

Etais-je conscient de la gravité de tout cela ? Je ne le crois pas. Ce que je retiens de cette période qui dura deux saisons, c'est l'effervescence, l'insouciance et la liberté totale de mes comportements. Ces comportements étaient nettement délibérés. J'entendais bien que cela dût se passer ainsi. L'anarchie est une noblesse. Elle consiste en la responsabilité entière et absolue de soi-même. Rien à voir avec les « terroristes ».

Au Grenier, la porte n'était jamais fermée, venait y habiter qui voulait. J'en laissais l'entretien à mes camarades. Nous avions installé des lits dans tous les coins. Une république idéale. Une fois par semaine, nous organisions un pique-nique. Chacun apportait ce qu'il voulait. Les filles de notre groupe confectionnaient un plat. Je revois une énorme bassine remplie de calamars. L'imagination des convives n'était pas toujours éveillée et il nous arrivait parfois quarante camemberts — que nous nous efforcions d'épuiser durant le reste de la semaine.

Etant ces soirs-là cinquante à soixante, nous improvisions une représentation. J'aimais improviser du mime sur un disque de Varèse : *Ionisation*. Gilles Margaritis s'exerçait pour ses numéros de Chesterfolies. L'harmonium de Caccia, c'est le mien. J'adorais l'esprit de Gilles Margaritis. La fine mélancolie de son âme de clown.

Sylvain Itkine travaillait au Grenier pour sa troupe : « le Diable écarlate ». Il y préparait *Pasiphaé* de Montherlant et *Ubu enchaîné* de Jarry.

J'avais demandé à Prévert d'adapter, de Cervantès, *le Pays des merveilles*. Deux bateleurs présentent un spectacle qui ne peut être vu que par des « honnêtes gens ». En fait on ne montre rien, mais pour paraître honnête, tout le monde « voit » quelque chose. Le sujet était du gâteau pour l'auteur du dîner de têtes.

Tchimoukov, responsable du groupe Octobre, venait aussi. Le groupe Octobre venait de remporter le prix de l'Olympiade à Moscou. Le type même de la jeune compagnie révolutionnaire qu'affectionnait Jacques Prévert.

Sylvain Itkine devait mourir sous la torture à Lyon pendant la guerre. C'était un homme parfait. Passionné, volontaire, mordant, avec un sourire et un regard d'enfant.

Nous avions aussi quelques camarades qui appartenaient à la F.A.I. (Fédération anarchiste internationale). Des princes, des chevaliers. Pendant la guerre d'Espagne, ils se sont fait massacrer, surtout par les communistes.

Joseph Kosma, compositeur tzigane, nous écrivait de merveilleuses chansons sur des poèmes de Prévert. Nous cherchions un enfant. Itkine m'en indique un qui traîne dans un quartier populaire de Paris, il doit avoir dans les huit ans, ne craint que deux espèces d'animaux : les flics et les chiens. Ce petit s'appelait Mouloudji. Il trouve son lit au Grenier. Le premier soir, il venait de se coucher mais nous l'entendions remuer.

— Tu ne dors pas ?

— Non, je me berce.

Effectivement, il se balançait de droite et de gauche. Il s'enroulait dans le sommeil.

— Je me suis toujours bercé...

Il avait une voix ravissante, et quand il chantait avec le sourire *Ah! comme elle est triste notre enfance,* de Jacques Prévert et Kosma, nous ressentions un petit pincement.

Et puis il y avait Baquet : premier prix de violoncelle, clown acrobate, acteur et moniteur de ski. Pris en main, nous aurions pu faire à nous tous une excellente troupe de *commedia dell'arte.* Seulement, voilà, nous ne voulions pas être pris en main.

Prévert écrivait ses poèmes sur des bouts de papier, il ne lui serait pas venu un instant à l'idée de les rassembler pour en faire un livre. La générosité anarchiste était la règle... une règle virtuelle, plutôt une évidence. Il y avait avant tout à respecter la joie de vivre.

Tant de liberté devait détériorer certains moments. Par exemple les pique-niques. Au début, nous étions entre nous. Puis nous invitâmes des amis. Les amis en amenèrent d'autres. Les premiers, lassés, ne vinrent plus. Finalement, je ne reconnaissais plus personne. Je compris la situation quand un jour, rue de Rennes, un homme vint à moi pour me serrer la main en me disant :

— Vous ne me remettez pas ? Nous avons passé la soirée ensemble avant-hier chez Barrault.

Je me suis toujours demandé qui, dans son esprit, pouvait bien être Barrault.

Artaud

Nous nous voyions presque quotidiennement. Parfois nous échangions une rose. Il me demandait de l'imiter. Je m'exécutais. Au début il souriait, attentif aux moindres détails, il approuvait, puis s'énervait, puis, excité, il se mettait à hurler : « On m'a vvvolé ma pppersonnalité, on m'a vvvolé ma pppersonnalité ! » Et il s'enfuyait en courant. Lui avais-je fait du mal ? Non. Car dans l'escalier je l'entendais éclater de rire. Nous n'étions dupes ni l'un ni l'autre. J'aurai connu Artaud humainement, non sur le plan livresque.

Tout être doué d'une imagination fertile « passe de l'autre côté ». Il *sort de son propre cercle,* mais il en est conscient. Et cela lui permet de revenir, de rentrer en lui. Artaud n'arrêtait pas de se quitter. Tant qu'il gardait sa lucidité, il était fantastique. Royal. Prodigieux dans ses visions. Drôle dans ses reparties. Il était tout huilé d'humour. Mais quand, sous l'effet de la drogue ou de la souffrance, ses échappées le submergeaient, la machine se mettait à grincer, c'était pénible, douloureux. On souffrait pour lui. Son corps était raidi, retourné comme quelqu'un qui se déforme sous la torture. Ses dents s'usaient à se manger les lèvres. Sa boîte crânienne se développait outre mesure comme sous la poussée du cerveau. Ses orbites apparaissaient d'autant plus grandes que le regard portait loin — comme un laser. Il avait été particulièrement beau mais son feu intérieur le calcinait. La fréquence des vibrations de son diaphragme faisait taper sa voix sur les régions frontales les plus avancées de ses résonateurs. Sa voix était à la fois rauque et haute. Un enfant incendié par lui-même. Car nous eûmes des joies d'enfants.

Une fois, dans Passy, la mère d'une jeune et belle actrice de notre connaissance nous invita à dîner. C'était une bourgeoise fortunée, soucieuse pour sa fille, je pense, de montrer une attitude éclairée vis-à-vis de notre communauté théâtrale. Artaud prit ses bonnes intentions au pied de la lettre, comme nul n'aurait pu le faire. Au milieu du repas, il se déshabilla jusqu'à la ceinture, m'invita à suivre son exemple et donna une démonstration d'exercices de yoga, puis resta à moitié nu devant son élégante hôtesse, laquelle ne trouva pas de meilleur hommage à rendre à cette si « délicieuse représentation » que de se demander à haute voix comment la Comédie-Française ne l'avait pas encore découvert. Là-dessus, Artaud frappa des petits coups de sa cuiller à dessert sur le crâne de la dame et lui fit retentir aux oreilles cette exclamation, de sa bizarre voix métallique : « Madame, vous m'énervez ! »

Parfois il ne se rendait pas compte de l'intensité de sa voix. Pour l'aider à monter *la Conquête du Mexique,* Jean-Marie Conty, « fan » d'Artaud, avait, un autre soir, organisé un dîner avec de possibles donateurs. Tout ce beau monde avait répondu à l'aimable invitation, surtout pour approcher Artaud. Au salon, notre poète rageait ferme. A mon oreille il hurlait, croyant parler à voix basse, tout ce qu'il pensait de l'honorable société. Les propos n'étaient pas amènes, c'est le moins qu'on puisse dire. Enfin, il réclame le silence et éructe :

— Si j'ai accepté de me faire ch..r avec vous tous, c'est pour que vous puissiez rendre au théâtre et aux hommes un peu de cet argent que vous extorquez aux pauvres gens, etc.

Enfin, quelque chose de cette veine.

La soirée tourna court et *la Conquête du Mexique* ne fut pas montée. C'est lui qui alla au Mexique pour recouvrer la santé grâce aux cérémonies magiques de la danse du peyotl. Ne m'avait-il pas dit, après la sublime défaite des *Cenci* :

— La tragédie sur scène ne me suffit plus, je vais la transporter dans ma vie.

Il devait tenir parole. Il aura fait de lui-même un théâtre, un théâtre qui ne triche pas.

C'est en dévalant de Passy, à pied, jusqu'à Saint-Germain-des-Prés, qu'il me fit jurer de ne jamais prendre de drogue. Entre la drogue et Artaud, il y avait un cadavre : lui-même. Il a dit une phrase qui me bouleverse :

J'ai, pour me guérir du jugement des Autres, toute la distance qui me sépare de moi.

Son extralucidité. Sans doute se savait-il malade. Certainement, depuis le plus jeune âge, ses souffrances organiques étaient-elles atroces. Pour les adoucir, il prenait de la drogue. Mais il savait que sous l'empire de la drogue il perdait sa vitalité. Il suppliait qu'on le désintoxique. Ses lettres en font foi. Au bout de quelques jours, à la torture, il implorait de nouveau un peu de drogue. N'importe quoi, selon le niveau de sa bourse, selon la générosité de ses vrais amis. Opium, cocaïne, haschisch, héroïne, valériane, laudanum, n'importe, un peu de cette « saloperie ».

Comme De Quincey, c'est parce qu'il était malade qu'il se droguait, non parce qu'il se droguait qu'il devint malade.

Celui qui, aujourd'hui, prend de la drogue pour avoir le génie d'Artaud, commet un contresens. Il en est de même de l'alcool. Les poètes qui boivent, j'en connais, le font par désespoir ; parce que la peur de vivre les étrangle, parce qu'ils veulent se supprimer : conduite extrême. Ils savent bien qu'à ces moments-là ils ne sont plus rien. C'est précisément ce qu'ils veulent. Ce n'est pas pour réaliser leurs rêves et mieux écrire. Toujours le contresens.

Il partit donc pour le Mexique afin de *guérir* une fois de plus... Quand je le revis, il ne pouvait plus revenir dans son cercle. Il repartit pour l'Irlande. Il revint avec la canne de saint Patrick. Il me la présenta également comme la canne de Lao-Tseu. Il assumait sa propre tragédie.

Mon dernier souvenir de lui : place Dauphine, *Chez Jean,* petit restaurant. Il me lisait le manuscrit des *Taharumaras*. Puis : *Correspondance de Rodez* [1]. Puis, la distance augmenta entre nous. Chez lui : un destin de crucifié. Chez moi, je ne sais, le désir de vivre, de remplir mon propre destin, dégoût surtout de le voir

_____
1. Rassemblée par André Frank et éditée chez Gallimard.

utilisé par certains intellectuels à des fins que je trouvais sordides. Il y eut notamment une certaine séance au Vieux-Colombier, à laquelle je ne voulus pas assister. Elle fut affreuse, inutile, honteuse. On montrait la bête curieuse, pas pour lui, pour s'en servir. Tristesse et dégoût !

Pourtant, à Sarah-Bernhardt, en juin 46, il y eut, paraît-il, une séance en sa faveur. Mon nom est sur le programme. Donc un acte de solidarité... Je devrais en être content, pourtant je ne me rappelle rien. Je ne devais pas être à Paris... enfin, je ne sais plus. Abîmes du cœur humain...

Que m'avait-il révélé ? Avec lui, ce fut la métaphysique du théâtre qui m'entra dans la peau.

Jusqu'alors, grâce à l'enseignement de l'Atelier, à la nuit de Volpone et à ces deux années passées avec Decroux, j'avais fait connaissance avec la physique du corps humain. Il était clair, pour moi, que l'art du théâtre consistait à recréer la vie, observée sous l'angle du Silence et du Présent, par le moyen de l'Etre humain.

L'homme, cet instrument. Mais ces conceptions, concernant cet instrument, étaient toutes scientifiques.

Les approches orientales que j'avais tentées par mes lectures, sur les conseils d'Artaud, m'avaient fait pressentir d'autres horizons que ceux, très clairs, de la matière charnelle. L'irradiation de notre être de chair porte bien plus loin que les contours de notre épiderme. Les ressources infinies de la contraction musculaire et de la respiration font de l'homme une pile magnétique. Au reste, il serait trop simpliste de séparer l'influence de Dullin, de Decroux, de celle d'Artaud. Il n'y eut pas succession d'influences, cela travaillait en moi simultanément. Au Grenier, je me rapprochais instinctivement d'Artaud, voilà tout.

Bien qu'il éprouvât, de par sa santé fragile, des difficultés à concrétiser ses idées, son apport fut beaucoup plus du domaine technique que du domaine intellectuel. Et si nous nous rapprochâmes à ce point pendant cette courte période, c'est qu'à son tour il avait découvert en moi un tas de sensations qu'il partageait d'avance. Je le rassurais peut-être par mes réactions spontanées. Dans notre âme, le feu et le rire faisaient bon ménage [1]. Passion et humour : cet alliage fut de tout temps le fond de ma nature. Ce l'est encore. Eschyle et Feydeau. Et parmi beaucoup de devises que

---

1. Le théâtre Alfred Jarry renonce à énumérer toutes les influences fragmentaires qu'il put subir : Théâtre élisabéthain, Tchékhov, Strinberg, Feydeau... (Arthaud).

j'ai adoptées au cours de ma vie, il en est une qui reste ferme :

Se passionner pour tout et ne tenir à rien.

Cette passion fut donc la mécanique humaine, la pulsation de la vie et les vertus de leur magie.

Quand Artaud m'enseignait le ternaire de la Kabbale, j'étais intrigué, aimanté. J'aurais pu m'en servir le lendemain pour « surprendre les foules ». Je le dis à mon actif : je n'eus pas ce snobisme. Le mot « Kabbale » me restait étranger : « trop fort pour moi ». En revanche, le phénomène du ternaire entrait en moi en pleine poitrine et je m'y reconnaissais. C'est ainsi qu'Artaud me passait une clef. A moi d'en trouver la serrure.

Qu'il s'agisse de Dullin, qu'il s'agisse de Decroux, qu'il s'agisse d'Artaud, qu'il s'agisse surtout de mes expériences personnelles et de mon imagination, je voudrais en quelques pages vous faire visiter ce monde dans lequel je me mis à vivre alors et qui continue d'être le mien.

Alchimie du corps humain [1]

> *Ah ! mon père et ma mère, que je vous veux de mal* (M. Jourdain, *le Bourgeois gentilhomme*).

Imaginez plutôt un laboratoire d'alchimiste.

Mes instruments : les éléments du corps humain. Ma prospective : la vie au Présent. Terrain de base : le Silence. Allons-y !

La vie en marche : tous les présents qui se succèdent comme autant de morts successives jusqu'à la mutation finale. Le devenir :

> *On ne se baigne jamais dans la même eau* (Héraclite).

On connaît ça de toute éternité : l'Espace est *mouvement*. Au cours de cette lente et irrésistible marche, les molécules se rencontrent, se frottent, s'affrontent ou s'associent : toutes les poussières de la vie, jouant entre elles, ne cessent d'établir des *échanges*. Et tout cela se fait en accord avec un certain *rythme* : le « tempo » de la gravitation universelle.

Pour transformer toutes ces vibrations insaisissables qui constituent à elles seules le Présent en un objet concret et palpable, il

---

1. Le lecteur peut très bien passer ce développement, s'il le trouve un peu austère, et revenir à la vie du Grenier, page 111.

me faut un instrument qui puisse reproduire, à l'état naturel :

le mouvement
l'échange
le rythme

Suivez-moi et touchez-moi ça. Remarquez cette *colonne verté-brale*, souple comme un fouet ; n'est-elle pas le *mouvement* même ? La flexibilité du serpent ! Notez ce soufflet de forge : l'*appareil respiratoire*, qui ne cesse d'établir et d'entretenir une double circulation entre l'être et l'univers, entre l'extérieur et soi. N'est-ce pas le siège des *échanges* ? Et entendez le tam-tam de ce sorcier : le *cœur*, qui bat un coup bref, un coup long. L'iambe, comme vous dites. N'est-il pas en accord avec le rythme universel ? Dans la vie nous battons l'iambe.

Observons de plus près la respiration : la poitrine se dilate, elle *reçoit* l'air. Elle se contracte : elle renvoie l'air, elle *donne*. Elle peut aussi se crisper : elle *retient*, elle suspend la circulation des échanges. Appelons cela *rétention*. Voilà le ternaire primitif de la vie : Recevoir, Donner, Retenir. Le ternaire de la respiration est : Inspiration, Expiration, Rétention. Pour l'instant nous ne pensons pas ; d'ailleurs nous ne « penserons » jamais.

Mais la sensualité de la vie nous fait aisément comprendre que :

Recevoir est le temps féminin
Donner est le temps masculin
Retenir est le temps neutre.

Voilà le ternaire kabbalistique !

Bien entendu, il ne s'agit pas de femmes ni d'hommes. Quel que soit notre sexe, nous sommes tous composés du ternaire de la vie. La dose varie selon les sexes, et chez l'artiste tout est brouillé.

Tout ternaire a six composantes :

Neutre - masculin - féminin
Neutre - féminin - masculin
Masculin - féminin - neutre
Masculin - neutre - féminin
Féminin - neutre - masculin
Féminin - masculin - neutre

Vous me demandez où je veux en venir ? Appliquons ce raisonnement à la peinture. Le ternaire est :

jaune   bleu   rouge
neutre   *masculin*   *féminin*

les trois couleurs fondamentales.

Avec le jeu des composantes, vous ajoutez :

jaune et bleu = *vert*
bleu et rouge = *violet*
rouge et jaune = *orange*

les couleurs complémentaires.

Par le jeu de ces six couleurs, vous pouvez obtenir une infinité de tons rompus.

De même, par le jeu du ternaire de la respiration, vous pouvez obtenir une infinité d'états respiratoires.

En quoi cela est-il intéressant ? De même que l'Etre est double, il y a deux sortes de respirations. La respiration inconsciente qui assure la vie biologique, le « soi » ; la respiration consciente, celle du Personnage, qui établit le contact avec les Autres. La nature des respirations conscientes peut changer la nature des respirations inconscientes. Nous appellerons cela : être dans un certain état. Dans la vie, cela se fait d'une façon naturelle. Mais si nous pouvons disposer d'une alchimie respiratoire, nous pouvons arriver à nous mettre dans des états déterminés. Cette recréation artificielle de ce qui se passe naturellement dans la vie, c'est *l'art de la respiration*. Vous sentez bien que nous nous approchons de la science du comportement humain, c'est-à-dire du théâtre.

Avant d'aller plus loin, notons une nouvelle observation que la peinture, une fois encore, peut mettre en évidence. Aux six couleurs (trois fondamentales, trois complémentaires), il faut ajouter deux influences : le blanc et le noir. La lumière et son ombre. De même, aux combinaisons respiratoires, ajoutons deux influences, deux courants, deux influx, selon que, dans l'action, l'individu pèse sur l'Extérieur (influx actif) ou que l'Extérieur pèse sur l'individu (influx passif). Ce sont précisément ces deux influx qui permettent *l'infinité* des tons rompus ou des états. Je sais qu'il est difficile de pénétrer dans ces perceptions par la seule lecture, mais le théâtre est avant tout : « travaux pratiques de la vie ».

Un exemple : malgré moi, contre ma volonté, l'extérieur m'impose une inspiration. Celle-ci est donc « passive ». J'absorbe par force de l'air qui ne me convient pas. Ce pourrait tout aussi bien être une idée, ou la lecture de ce texte agaçant. N'en pouvant plus, je rassemble ma volonté et, de toute mon énergie, je renvoie, par une expiration « active », ce que l'on voulait m'imposer. Puis je me ferme. Mais bientôt, sous peine d'asphyxie, l'air pénètre de nouveau, contre ma volonté, etc. Si je me livre à ce rythme respiratoire pendant deux ou trois minutes, je vais connaître *réel-*

lement, jusque dans ma respiration inconsciente, *l'état de colère.*

Si, au contraire, j'expire d'une façon passive, je me précipite, pour survivre, sur une inspiration pour laquelle j'ai rassemblé toutes mes forces ; en haut de mon inspiration « active », je veux garder cette nourriture inestimable et je me ferme. Mais bientôt, n'ayant pas assez de force pour garder ce peu de vie, je dois obéir à une nouvelle expiration passive, etc. Si je me livre pendant deux ou trois minutes à ce rythme respiratoire, je vais connaître *réellement,* jusque dans ma respiration inconsciente, *l'état de faiblesse, de maladie, puis de mort.*

Laissons cet échantillon *d'alchimie respiratoire* et passons au geste. La colonne vertébrale, à l'aide du buste, du cou, de la tête et des membres, commande et dessine nos gestes. Même ternaire :

Tirer	pousser	rétention	
recevoir	donner	retenir	
féminin	*masculin*	*neutre*	*(Kabbale).*

Mêmes combinaisons. Mêmes influx : actif et passif. Même infinité de tons rompus. Autrement dit : même richesse de langage.

> *Tout ce qui n'est point prose est vers,*
> *tout ce qui n'est point vers est prose*
> (Maître de philosophie, *le Bourgeois gentilhomme*).

Ainsi, ayant pris soin de ne pas encore faire appel aux idées, nous savons que le corps humain possède physiquement un langage respiratoire et un langage gestuel. Le langage gestuel a lui aussi sa grammaire enfantine : le sujet, le verbe, le complément. Cela s'appelle en mime : l'attitude, le mouvement, l'indication. Quant au verbe, il est le résultat combiné d'une contraction musculaire et d'une respiration. La fréquence plus ou moins rapide des contractions de mon diaphragme envoie de l'air dans la cavité plus ou moins modelée de ma bouche : les voyelles prennent forme. Au passage, par les contractions musculaires de mes lèvres ou de ma langue, je *sculpte* les consonnes. La syllabe est créée et le mot apparaît. Le mot est comme un petit sachet dans lequel je renferme une image ou une idée. Nous le faisons partir dans l'air comme un obus, il éclate et l'idée ou l'image sont parachutées comme une retombée radio-active sur les épaules des gens. Le verbe est originellement une pantomime buccale. Il n'y a donc pas solution de continuité entre un geste et un mot ; tous deux sont physiquement de même fabrication : résultat d'une contraction musculaire et d'une respiration. Magie de la vie ; religion, c'est-à-dire sensation physique extrême.

Quand, deux ans plus tard, Claudel me définit *le mot : une bouchée intelligible,* vous comprendrez avec quel élan je me rapprochai de lui.

Notre corps renferme en gros quatre centres énergétiques : la tête, le ventre, le sexe et les nerfs [1]. Le plus souvent, un de ces centres, dominant les trois autres, assume notre comportement. Il agit particulièrement sur la fréquence des vibrations du diaphragme. Le souffle de la respiration vient alors taper sur des points différents de cette cavité complexe : bouche — nez — résonateurs frontaux. Le son de la voyelle trouve sa particularité. Le centre viscéral envoie le son sur la lèvre inférieure ; le centre sexuel, dans la gorge ; le centre cervical ou intellectuel frappe le palais et le centre nerveux atteint les résonateurs du nez et du front. Ainsi la voix n'est pas un simple instrument de musique mais un orchestre. Le ventre utilise les trombones ; le sexe, les violons ; la tête, les bois et cuivres, et les nerfs les trompettes aiguës, les piccolos ou les scies musicales.

Il est rare qu'on dise « Je vous aime » avec une sonorité d'adjudant. Il est rare que l'adjudant ordonne « Garde à vous ! » d'une voix de gorge comme quand on dit « Je t'aime ». Et si votre voisine vous susurre d'une voix ovarienne : « Voulez-vous me servir du vin ? », vous pouvez risquer votre genou, elle est sensible à votre présence. Ce décalage entre ce qu'on dit officiellement et la voix qui nous vient pour envoyer ce qu'on dit, donne du relief à nos conduites.

Dans *Phèdre,* Hippolyte parle à Aricie de « raisons d'Etat » avec une voix de gorge, parce qu'il aime Aricie et que sa présence le bouleverse. Il est « sans voix ». La diction, au théâtre, est l'art de se déplacer la voix. La voix d'Artaud mettait au jour ses nerfs.

Objectivité-Subjectivité

Nous regardons avec nos yeux. Nous voyons avec la poitrine. C'est la différence qui existe entre analyse et synthèse. La concentration subjective est respiratoire. Si je suis attentif à ce que vous dites, mais que mon être est attiré par ma voisine, ma tête sera tournée vers vous et ma poitrine vers cette voisine ! L'axe du corps est en torsade.

---

1. Toujours le ternaire de Platon, plus le sommet du tétraèdre : volume composé de 4 triangles.

Une autre clef : *le sens de la cruauté,* selon Artaud. Du moins ce que j'en ai compris. La cruauté c'est la vie. Ce n'est pas un goût, c'est une constatation. Là où il y a le plus de vie, il y a le plus de cruauté. De là à rechercher la cruauté, il n'y a qu'un pas. Mais cela n'a rien à voir ni avec le sadisme, ni avec le masochisme qui sont des « ratés » de la vie. Comme pour la drogue, il faut se méfier des contresens. « Prière ne pas rechercher cruauté gratuite au nom d'Antonin Artaud. »

La loi primordiale de la nature est la loi d'agressivité : c'est une loi créatrice. Attaquer pour aller plus loin. Or les hommes pèchent par contresens : ils ont inventé l'agressivité destructrice. Ce n'est plus une libération des instincts, c'est une maladie. L'homme a perdu le sens de sa survie. La notion de « pulsion de mort » selon Freud me paraît aujourd'hui dépassée, grâce aux progrès de la biologie.

Dans une conférence qu'il fit au Mexique, Artaud parla de mon travail. J'en cite quelques lignes pour montrer à quel point nous étions d'accord :

> Ce théâtre dans l'espace est plus qu'un théâtre social. C'est le théâtre de la révolte humaine qui n'accepte pas la loi du Destin, c'est un théâtre rempli de cris qui ne sont pas de peur mais de rage, et encore plus que de rage, du sentiment de la valeur de la vie.
>
> C'est un théâtre qui sait pleurer, mais qui a une conscience énorme du rire, et qui sait qu'il y a dans le rire une idée pure, une idée bienfaisante et pure des forces éternelles de la vie.

Artaud, avant que je ne le connaisse, avait créé, au théâtre de Grenelle, le théâtre Alfred-Jarry.

Jarry : le clown ruisselant de larmes.

Artaud : le rictus du rire sur un visage de crucifié.

Artaud : le Van Gogh du théâtre moderne.

Revenons à la vie du Grenier. Decroux avait un peu raison : je me dispersais. Au lieu de persévérer dans les galeries souterraines de la recherche théâtrale, je répondais à toutes les sollicitations de la vie. Ma conjonction astrale est, paraît-il, Mercure-Vénus. Elle n'a rien de saturnien. Je n'y peux rien. Libertaire, jetant ma gourme, je vivais « en pomme d'arrosoir ». D'une part, la Révolution espagnole qui venait de se déclencher échauffait les esprits. D'autre part, le cinéma me faisait des propositions. Contrairement à ce qu'on a cru, j'ai toujours aimé participer à des films. Je n'y ai rencontré que des gens charmants ; j'y ai connu de vrais amis. L'existence qu'on y a est pleine de fantaisie : hors des horaires de bureau, comme aux Halles. Enfin, j'avais compris qu'en mariant cinéma et théâtre, je pourrais accomplir ma vie. Marc Allégret m'engagea de nouveau pour un rôle dans *Sous les yeux d'Occident* : celui d'un terroriste.

Côté théâtre : si je m'y prenais encore mal, j'entretenais le secret désir de former une compagnie. Je *voulais* être, un jour ou l'autre, responsable d'un groupe humain. C'était ma volonté, mon but, mon voyage, ma traversée : le destin que je m'étais tracé. Mais j'étais seul et jeté dans la société. Quand on est en pleine mer, que faire d'autre que de « négocier » les vagues ? J'admire les gens qui vont tout droit ; ils ont sans doute les moyens de commander les éléments. Passant le tiers de mon temps dans les studios, un autre tiers à vivre sans réfléchir, je consacrais le dernier tiers à *mon* théâtre.

> J'ai déjà dit que je suis craintif, disons-le : peureux. Je sens qu'au fil de ces introspections, je reconnaîtrai de plus en plus cette peur. Je finis par me demander si la peur ne se trouve pas à la source de la vie, avant même la loi d'agression. Quand la cellule veut devenir deux cellules, n'est-ce pas parce qu'elle a peur de ne plus être cellule du tout ? Si la nature a découvert l'agression, n'est-ce pas par peur de cesser d'être ? Celui qui n'a pas peur, est-il vraiment vivant ?
>
> Plus tard, je m'en souviens maintenant, le Dr Schweitzer, qui m'honora d'une amitié touchante, devait me révéler que la peur *règne* sur la vie. Avoir peur, quand on y songe... il y a de quoi, avouons-le !

Quant à mes belles idées de théâtre, par crainte que leur vérité ne fût toute relative, j'en cherchais des vérifications. Chez les antiques Grecs ? C'était tentant mais difficile. Chez les classiques français ? Dangereux. Je voulais bien vérifier mes idées mais à la condition de découvrir de bonnes raisons de continuer à y croire. Certains surréalistes comme Georges Bataille aimaient Corneille. Je me sentais plutôt attiré par Racine. Claudel ? connaissais mal. Artaud avait bien monté jadis un acte de *Partage de Midi* dont on se passait le manuscrit sous le manteau. N'avait-il pas déclaré : « L'acte que vous venez d'entendre est de Paul Claudel, poète, ambassadeur et *traître*. » Desnos n'avait-il pas répondu à la question : « Qui est à votre avis le meilleur poète français vivant ? — C'est Claudel, nom de Dieu ! »

Dans mon entourage, tout le monde bouffait du curé. Cela ne me faisait ni chaud ni froid. André Masson qui, aux approches de la guerre civile, avait ramené d'Espagne sa femme et ses deux bébés,

Diego et Luis, me dit : « Puisque tu aimes Cervantès, tu devrais relire *Numance.* » Je reçus aussitôt l'étincelle. Masson avait vu juste. J'avais trouvé mon classique marginal. Sur le plan de la société, j'apportais ma contribution aux républicains espagnols, l'individu était respecté, la liberté glorifiée. Sur le plan de la métaphysique du théâtre, je pénétrais dans le fantastique, la mort, le sang, la famine, la fureur, la rage. Chant, mime, danse, réalité, surréalité. *Le fleuve, le feu, la magie. Mon théâtre total.* Je m'y jetais à corps perdu. *Numance* : la vérification qui devait me permettre d'aller plus loin.

André Masson, acceptant de m'épauler, me promit sa collaboration pour les costumes et les décors. Pour la musique, on verrait. J'étais pris, comme on dit qu'une chienne est prise. Pour une chienne, la gestation dure soixante-cinq jours, pour une jument, onze mois. Pour un artiste, qui peut le dire ?... avec son ternaire en spirale qui tourne à toute vitesse comme une toupie : féminin, neutre, masculin...

Ici se greffe une autre affaire. *Sous les yeux d'Occident* passait sur les écrans. Jean-Benoît Lévy, connu pour son fameux film *la Maternelle*, me remarqua. Il adorait Madeleine Renaud et préparait pour elle un nouveau film : *Hélène.* Tous deux cherchaient un jeune premier. Madeleine Renaud voulait Claude Dauphin. Elle avait bien raison. Il avait tout pour plaire : la finesse, le talent, l'intelligence, l'esprit et le charme physique.

— J'ai pourtant découvert un jeune homme que je voudrais vous présenter. Il n'est pas beau, mais il a un regard et un sourire.

— Ce n'est pas si mal en effet. Quand pourrais-je le rencontrer ?

— Je vais vous l'envoyer. Mais je vous préviens, il est sauvage et il est sale. Mal rasé... pas de cravate...

— Dites-lui qu'il se rase, qu'il se lave, surtout qu'il ne me morde pas...

Jean-Benoît Lévy me cherche partout. J'étais à l'Alpe d'Huez avec mes copains révolutionnaires. Les trotskystes aimaient déjà les vacances de neige. Nous étions à l'avant-garde en tout et partout. Même à ski ! C'était l'éclosion du Front populaire. Nous allions dire des poèmes dans les usines. Les ouvriers de chez Renault, les vendeuses des grands magasins découvraient Jacques Prévert, Paul Eluard, Louis Aragon. Les premiers campings apparaissaient, le tandem était mis à la mode. Les boutiques du *Printemps* lançaient les premières petites robes imprimées, prêt-à-porter avant la lettre. Les filles étaient belles à croquer. Les peuples s'émancipaient. Léon Blum, que j'admirais presque autant que Trotsky, inventait, en prophète, le ministère des Loisirs. Le monde des humains entrevoyait le droit de vivre. Période extraordinaire que les « honnêtes gens » ne devaient pas pardonner ! Le droit à la vie ? Dans la liberté et le respect humain ? Tout, mais pas ça ! Plutôt la guerre ! Ils y mirent trois ans. Trois ans de sursis...

Mais revenons à notre affaire.

Madeleine

Il est de mon devoir de dire que Madeleine désapprouve ce récit de ma vie qui est en grande partie le récit de la nôtre. Cela la gêne. Je la comprends d'autant mieux que cela me gêne aussi. Cependant, quand nous nous voyons sur l'écran, nous ne nous voyons plus nous-mêmes. Si j'assiste à la projection d'un film auquel j'ai participé, je ne pense jamais « je », je pense « il ».

Finalement, je suis moins gêné qu'elle, 1) parce qu'en écrivant je suis dans l'action ; 2) parce que j'écris le récit d'un « autre ». Mon double sans doute m'y aide. Et puis, ce sont des faits ! Pourquoi ne pas accepter de les rapporter ?

J'étais ravi par la proposition de J.-B. Lévy. Le rôle était important et j'avais une totale admiration pour Madeleine Renaud. Je l'avais vue dans *la Maternelle*. Elle venait d'obtenir le grand prix du Cinéma pour son interprétation dans *Maria Chapdelaine*. Elle était vraiment la grande vedette et, de plus, une des reines du Théâtre français. Par bonheur, mes camarades poètes et anarchistes manifestaient pour elle la même admiration. Dans mon clan, elle faisait l'unanimité. Faite de toute humanité, elle était pour nous la véritable artiste.

J'allai donc me présenter à elle. Elle habitait dans Passy un superbe hôtel particulier, décoré de capitons roses et de verroterie modern style. Je m'étais rasé, sans plus. Pour le reste, n'écoutez pas les mauvaises langues : je n'étais pas si sale. Et, bien qu'intimidé, j'entendais bien ne pas renoncer à mes allures de « puma ».

L'entretien fut charmant. Elle me demanda ce que je pensais de la décoration de son salon. Je lui répondis « franchement » que je détestais ça. Je lui glissai en passant quelques citations livresques, ce fut son tour de se moquer gentiment. Elle était le charme même, avec son sourire de Reims, ses grands yeux noisette à lourdes paupières. Je tombai surtout en arrêt devant ses avant-bras qui me parurent appétissants comme deux petits pains chauds.

Sur le pas de la porte, en me reconduisant, elle me dit :

— Jean-Benoît Lévy voudrait que je fonce un peu la couleur de mes cheveux. Qu'en pensez-vous ?

— Comme futur amant, vos cheveux me plaisent tels qu'ils sont !

Il s'agissait bien entendu du rôle... mais j'aime bien glisser des bêtises. Il y avait peut-être aussi un petit coup de charme... Les femmes aiment chez les hommes une pointe d'insolence. Il y a deux façons de les honorer : les respecter et leur manquer de respect.

Nous tournions à Joinville. J'avais acheté ma première voiture : une vieille Citroën. Madeleine, elle, arrivait comme un bolide au volant de sa Talbot décapotable. Il faisait beau, c'était juillet. Elle me présenta à son premier mari, Charles Granval, que j'admirais déjà et qui me plut énormément. Il était comme moi de la race des « anarchos inoffensifs ». Le jour du tournage de la grande scène d'amour, on nous fit prendre notre repas, à deux, dans un petit salon particulier, devant une bouteille de champagne afin de nous mettre en condition. Entre les plans, je lui dis que je n'aimais au fond que la vie du couple, que je voulais avoir une compagnie, être metteur en scène, assumer une responsabilité humaine, etc. Et tout en lui exposant mes idées qu'elle trouvait trop intellectuelles, je ne cessais de regarder fixement ses deux petits avant-bras.

Elle s'amusait sûrement de moi. Elle était coquette, un peu allumeuse, elle connaissait le poids de ses yeux voluptueux. Le regard qui va un peu plus loin qu'il ne faudrait et qui, du coup, gonfle les lèvres.

Somme toute, il ne se passait rien d'extraordinaire. C'était la vie de cinéma, sa poésie. Il est normal que l'on courtise sa partenaire quand les personnages doivent s'aimer et il est bon que la partenaire se laisse courtiser. Or, dans le film, je l'aimais jusqu'au suicide.

Après trois semaines de studio, équipe et comédiens partirent « en extérieurs ». A Grenoble, hôtel Lesdiguières. Madeleine en profita pour faire une petite virée dans le Midi. On ne pouvait rien refuser à la vedette. J'en profitai pour passer par Tournus. J'ai gardé une photo prise lors de cette visite, au moment où je dis à ma mère (je me rappelle très bien cet instant — le subconscient l'a gravé en moi avec une prescience exquise) :

— Je te ramènerai Madeleine.

Pressentiment ? Amour, venant du fond des âges, qui se répand en secret jusque dans les recoins les plus profonds ? Vantardise ?

Pari ? Que sais-je ? En tout cas, désir aigu. Ma « bête » le voulait. Madeleine, si elle avait su ça, en aurait bien ri. C'est d'ailleurs ce que fit ma mère.

Quand on fait bouillir de l'eau, la casserole se met à chanter, puis l'eau frise assez longtemps et tout à coup, en gros bouillons, l'eau se métamorphose en vapeur. Jusqu'alors, au studio, nous avions chanté, légèrement frisé, avouons-le. Dans les montagnes du Dauphiné, ce fut la métamorphose.

Durant les scènes de baisers parmi les fleurs des champs, alors que la caméra était arrêtée depuis longtemps, nous, nous continuions, ayant oublié tout le monde. Gentiment, les techniciens nous tapaient sur l'épaule... pour nous faire revenir à eux. Et nous restions persuadés que personne ne se rendait compte de rien ! Nous étions devenus irresponsables. Un jour, pourtant, je fus extra-lucide.

Tandis que l'équipe préparait le plan suivant, je fis ma déclaration, avec l'insensibilité des grands moments de l'existence : une déclaration de notaire. Nous étions au milieu d'un pré.

— Il y a en vous l'Etre fondamental qui est celui qui correspond au mien. Pour la vie, je vais vous prendre et vous porterai dans ma poche. Votre vie actuelle est glorieuse mais factice. Au fond, vous n'êtes pas heureuse. Votre âme est grise. Moi non plus, ma vie n'est pas bien ajustée. Il n'y a que vous qui puissiez me faire aboutir. Nous nous ferons éclore tous deux, et nos âmes seront lumineuses !

Toujours cette déchirure de la brume en montagne que l'on nomme « fenêtre » et à travers laquelle on découvre ces horizons qu'on espérait : non plus la vue, mais la vision ! J'étais on ne peut plus sincère, on ne peut plus convaincu de ce que mon Etre disait à son Etre, à travers moi, à travers nous deux.

Mesa, je suis Ysé, c'est moi.

Il s'agit bien de se séduire ! Il s'agit bien de s'entremêler dans un lit, si merveilleux que ce puisse être ! non ! non ! c'était bien plus que cela ! Cela venait de beaucoup plus loin, cela devait aller encore plus loin. Il n'y a plus ni futur ni passé, il y a le Présent éternel. De deux moitiés d'Etre, il s'agit d'en faire un. Le couple !

— Je vous ai rencontrée, maintenant je vous re-connais.

— Hep ! vous venez ? C'est à vous ! On va tourner.

Nous enfourchâmes alors notre tandem, le véhicule à la mode du Front populaire que la production nous avait alloué. J'emportais Madeleine dans mes reins. Nous donnions sans le savoir les premiers coups de pédale d'une randonnée qui dure encore : trente-cinq ans de tournants, de montées, de coups de freins, à travers vents, fleuves, mers, ciels d'orage, terres, et « tout autour du monde »...

Nous revînmes par Tournus. « Ma bête » avait eu raison. Puis Madeleine rentra dans sa famille. De Charles Granval, elle avait un petit garçon: Jean-Pierre. Sa vie, au reste, était assez compliquée... Quelques semaines plus tard, parmi les miens, je fêtai mes vingt-six ans.

Trois années de lumière

Pour les gens, Madeleine et moi venions de deux antipodes. J'étais un jeune anarchiste, sans doute « communiste », un voyou débraillé, ébouriffé, sans « moralité ». J'appartenais à la petite bourgeoisie roturière, faussement paysanne. J'avais été élevé, dans mon art, par les « fauves ». Jamais un acteur du Français, par exemple, n'aurait à cette époque eu l'idée d'aller voir les spectacles de Dullin. Jamais, de notre côté, nous n'aurions eu l'idée de nous présenter au concours du Conservatoire. (D'ailleurs j'aurais sûrement été recalé, comme le fut Jouvet.)

La vie de Madeleine, au contraire, avait été claire et droite. Jeune fille, à Royan, elle avait dit une fable lors d'une fête de charité. Par hasard, de Féraudy était là, il avait conseillé à la « maman » de lui faire faire du théâtre. La « maman » avait accepté à la condition qu'elle fît le Conservatoire et qu'elle entrât à la Comédie-Française... « Surtout pas à l'Odéon, car il faudrait traverser la Seine ! » (Plus tard, à cause de moi, Madeleine a désobéi à sa mère. On sait ce qu'il lui en a coûté !) La jeune fille était donc entrée première au Conservatoire, elle en était sortie avec son premier prix et elle était entrée à la Comédie-Française. Il y a, chez Madeleine, un côté éternelle lauréate. Un Etre qui part au quart de tour. L'ingénue traversait la vie avec une grâce invincible : un bulldozer de fraîcheur naïve. Ça, c'est pour l'apparence.

Cependant, la vérité, sans changer les faits, sonne autrement. Née dans la bonne bourgeoisie, bien ancrée à Passy, elle est de pur sang d'Ile-de-France. Son père, ingénieur de l'Ecole centrale, esprit brillant, associé à Georges Claude pour la découverte de l'air liquide, meurt quand elle a deux ans. La voilà frustrée du Père, comme moi. Sa mère, toute jeune encore, devient la sœur aînée de ses deux filles,

117

comme ma mère vis-à-vis de Max et de moi. Et comme pour mon grand-père, c'est sa grand-mère qui règne. Sa mère, comme la mienne, ne pense qu'à l'amour. Elle avait d'ailleurs un charme inouï : Sourire sensuel, yeux frisés jusqu'à l'indiscrétion, dents éclatantes. Quelle séduisante personne !

Madeleine n'a qu'une idée : être libre. Petite fille, elle confectionnait des chapeaux pour gagner son indépendance. N'avais-je pas été de même ? Elève remarquée au Conservatoire, elle joue « d'avance » au Français. De Max la baptise « belle en cuisses ». Sur qui jette-t-elle son dévolu dans cette « Maison » très officielle ? Sur le seul anarchiste d'avant-garde : Charles Granval, beaucoup plus âgé qu'elle. Sans moralité lui aussi : « les renseignements qu'on a pris ne sont pas bons ! »

Pourtant, à dix-huit ans, notre douce ingénue fiche le camp et épouse, sans le consentement maternel, cet individu « dangereux ». Des camarades leur prêtent une paire de draps.

Petite enfant, quand on exigeait d'elle l'obéissance, elle avait coutume de dire : « Moi, je voudrais bien, mais c'est mon âme qui ne veut pas ! » Madeleine aussi a sa « bête ».

Elle est rieuse, elle fait des gaffes, elle est étourdie, flirteuse, mais sa volonté est de fer. C'est un vrai petit soldat. Comme moi, moi comme elle : elle veut tout et ne tient à rien.

Elle veut gagner sa vie. Elle a choisi son Père, tout comme j'avais choisi Dullin. Elle l'a choisi aux antipodes ; et elle en a fait son mari.

Je crois que, dans les amours profondes, il se mêle toujours une pointe d'inceste. Père ou mère, frère ou sœur, fille ou enfant. Combien de femmes à la campagne appellent leur mari « mon fils ». « Mon fi-fi, Figaro », dit Suzanne dans Beaumarchais. Et cela n'a rien d'anormal. Personne n'a le complexe d'Œdipe pour ça ! Pardon à Freud une fois encore. Nous formons tous un corps commun.

Sans Granval, elle serait d'avance bonne comédienne. Sous son influence, elle devient artiste. Elle se révèle bohème. Cependant, sans père, elle sait ce qu'il en coûte de conquérir sa liberté au milieu des autres. Elle aime la fantaisie, mais elle ne veut pas perdre ses bases. C'est un arbre, depuis les racines jusqu'aux fleurs.

Ainsi, contre les apparences, il était possible que, nous rencontrant, nous finissions à un moment donné par nous reconnaître. Pour moi, si j'avais été femme, j'aurais voulu être Madeleine. Et... ah ! je trouve la vie bien curieuse ! Voyez cette sociétaire de la Comédie-Française, dans son hôtel particulier de Passy, elle rencontre une espèce de garçon hirsute qui fréquente la jeunesse de

Saint-Germain-des-Prés. Leur formation professionnelle vient des coins les plus opposés : la tradition et le fauvisme. Entre ces deux camps « ennemis », le théâtre dit de Boulevard est toujours prospère dans Paris. A sa tête : Edouard Bourdet. Deux mois après notre aventure, Jean Zay, un des plus grands ministres que la vie culturelle de la France aura connu, fait entrer à la Comédie-Française Bourdet et les « fauves » : Jouvet, Dullin, Baty [1]. La vie professionnelle de Madeleine prend un nouveau tournant ! Comme si, en dot, j'apportais à Madeleine mes maîtres du Cartel. Elle, en échange, me fait connaître, au sein même de la tradition, le seul fauve, un homme libre et révolté : Granval. Echanges et reconnaissance. Et je suis sûr que, sur le moment, sa création de Jacqueline, du *Chandelier*, dans la mise en scène de Baty, inaugurant les grands changements du Français, fut plus importante à ses yeux que notre idylle.

Les trois années qui devaient suivre furent trois années de lumière, autant pour nous deux que partout dans Paris. Trois années dilatées, effervescentes. La renaissance de la Comédie-Française. La consécration du Cartel. Les grandes œuvres de Giraudoux, Jules Romains, Salacrou, Cocteau. Les décors de Christian Bérard. Les soirées d'intelligence : je pense à François Mauriac, au professeur Mondor, à Paul Morand. J'en oublie, qu'on me pardonne. Les films de Prévert et Carné, de Jean Renoir, de Grémillon. La peinture, à son apogée. La récolte des surréalistes. L'apparition de Sartre. L'émancipation sociale. Paris, capitale spirituelle du Monde. Les gens les plus disparates acceptaient de se fréquenter. Personne n'était alors replié sur soi-même... Quand une péniche avance sur l'eau, celle-ci, avant d'être fendue se soulève comme un sexe qui se gonfle : il semble qu'à l'approche des épreuves de la guerre, la vie grossissait elle aussi.

Pour Madeleine, j'avais quitté le Grenier. C'est Picasso qui le reprit. C'est là qu'il peignit *Guernica*. J'avais loué un studio place Dauphine (au 11, toujours un bon numéro). Nous ne vivions pas ensemble. Elle se méfiait. Je n'eus plus qu'une idée : lui prouver ma valeur. Bien sûr, je jouais au théâtre : *Un homme comme les autres*, de Salacrou. *Le Misanthrope*, avec Alice Cocéa. Je devenais vedette de cinéma : *le Puritain, Drôle de drame*. Mais ma valeur, pour moi, c'était de réussir *Numance*.

> *Pour le plus grand amour pour elle*
> (comme dit un poème de Desnos).

1. Trois ans plus tard : Jacques Copeau lui-même.

Je fonçai tête baissée dans ce nouveau défi. Tout l'argent des films y passa. D'instinct, je choisis un théâtre plus grand que l'Atelier. La dimension qui me convient est de mille places environ. Je ne sais pourquoi, c'est comme ça.

Je passai contrat avec M. Paston, directeur du théâtre Antoine, pour quinze jours, entre deux séries d'une opérette marseillaise d'Allibert. Cette fois-ci, mes camarades me firent confiance et il n'y eut pas de défection. Roger Blin était de la partie. Alejo Carpentier, écrivain et musicologue cubain, m'aida à choisir et à arranger la musique. Un grand musicologue, Wolff, qui avait une discothèque extraordinaire, nous procura des enregistrements très rares. Il devait être massacré, plus tard, par les nazis : il était juif. André Masson tenait parole. Mme Karinska, première costumière de Paris, avait accepté de fabriquer les costumes. La fièvre des répétitions montait. Madeleine était un peu surprise, déçue et touchée à la fois, de vivre une aventure amoureuse avec un tel forcené qui venait s'abattre auprès d'elle sur le lit du petit studio. Desnos, en frère d'élection, suivait les répétitions. Le jour de la livraison des costumes arrive. Mme Karinska exige que je la paie comptant. Je n'ai plus d'argent. Si je ne paie pas immédiatement, elle va remporter ses costumes. Je ne sais plus que faire. Desnos est là. Il dit :

— Je vais faire une course. Madame, soyez gentille, attendez au moins mon retour.

Deux heures passent. Il revient, me prend à part et me tend l'argent qu'elle me réclamait. Il était allé demander deux mois d'avance sur sa propre paye à l'endroit où il travaillait !

Gide définit l'ami : « Celui avec qui on accepte de faire un mauvais coup. » Depuis le geste de Desnos, pour moi, l'ami, c'est celui qui accepte de se gêner pour vous. C'est encore plus rare.

Mme Karinska fut payée. *Numance* passa à l'heure dite. Ce fut un événement. Paris s'y précipita. A la dernière représentation, le comptoir du contrôle (ce que nous appelons « la boîte à sel »), malgré les renforts de police, se retrouva dans la rue, sur le trottoir. J'avais réussi mon cadeau. Je savais que dans son milieu, peuplé de « messieurs éminents », beaucoup critiquaient Madeleine, courtoisement, de manifester un penchant pour ce « jeune révolté ». En réponse, je leur envoyais *Numance* dans les dents.

Je quittai la place Dauphine et me rapprochai d'elle. A Auteuil, au hameau Boulainvilliers ; Granval vint habiter un moment avec moi. Notre existence s'entremêlait de plus en plus. Je connus une autre bohème. Celle-là était dorée. Que m'importait de me ruiner si je satisfaisais un rêve ? Un nouveau film et le tour était joué.

Picasso dit en substance : « J'aime vivre pauvre... avec beaucoup d'argent. » Ce n'était pas à ce point-là, mais nous vivions en insouciants. Que Madeleine n'eût pas à jouer pendant trois jours, nous passions ces trois jours sur les routes, nous arrêtant dans les auberges.

A Saint-Tropez, j'allais planter ma tente sous les pins et j'esquintais la Talbot dans les sentiers rocailleux. A cette époque, à Pampelonne, on pouvait circuler tout nus sur les quatre kilomètres de plage, sans rencontrer personne.

Nous fîmes connaissance avec l'île du Levant, nudistes et végétariens. Toute l'île pour nous. L'armée n'y était pas encore, on pouvait vivre ! Quand le désir nous étreignait, il suffisait de s'écarter de deux mètres pour « communier » dans les fourrés. Sur quatorze kilomètres, il y avait peut-être cent nudistes ! On mangeait des noisettes comme les écureuils, on partageait le miel avec les abeilles [1], on se lavait à des sources dans le maquis. Nous dégustions notre jeunesse.

Je rêvais d'autres spectacles. Avec Masson, je découvrais Kafka. Avec Granval, nous aimions Jules Laforgue. Avec Desnos, les romanciers américains. Darius Milhaud, autre véritable ami, m'avait fait goûter Knut Hamsun. Mais il avait provoqué, à propos de *Numance*, un autre événement. Ce devait devenir un événement de taille : il m'avait fait rencontrer Claudel. Déjà, après *Tandis que j'agonise*, il avait essayé de me présenter à lui. Claudel était encore en exercice à Bruxelles. Monsieur l'Ambassadeur devait faire une conférence à Paris. Tout avait été combiné :

« Retrouve-moi là-bas, je tâcherai de te présenter. »

Quelle perspective ! quelle porte ouverte à mon imagination ambitieuse ! Je m'y rendis. Il était bien là, à l'autre bout de la salle, sur l'estrade, tout rond dans sa solide ossature. Le débit régulier et définitif de ses mots me martelait la poitrine et je sentais monter comme une rougeur, un flot insurmontable de timidité. La salle était pleine. Il me semblait y voir beaucoup de dames... cela m'agaçait. Qu'avait à faire Claudel avec des dames ! Pourrions-nous à la fin franchir ce mur de chapeaux ? La séance se termine — applaudissements nourris —, les « élus » se précipitent pour le féliciter. Je me mets dans le sillage de Darius Milhaud... Je voyais dans le groupe compact s'avancer Claudel d'un pas diplomatique, pas trop rapide pour rester aimable, pas trop lent non plus pour en

---

1. Une fois, comme l'une d'elles tournait autour de mon visage, j'agitai le bras. Madeleine me dit : « Ne bouge pas comme ça, elle croit que tu veux jouer. »

finir bientôt : la bonne allure d'un professionnel. Il avança ainsi vers nous, le groupe se resserra davantage, tout ce monde se mit à grouiller dans un bruit de volière. Les réponses de Claudel me parvenaient vaguement comme une ponctuation de basson, il passa... Mes yeux, un instant, durent lui lancer quelques éclairs d'appel, un juvénile S.O.S... qu'il ne vit pas. Il disparut — c'était fini. Darius n'avait pas pu me présenter... D'ailleurs, m'aurait-elle vu, cette masse roulante ? « Marteau-pilon pour dames à chapeaux ! »...

J'étais vexé de m'être laissé entraîner à vouloir être présenté à ce bloc officiel, chez qui ne frémissait, me semblait-il, aucune humanité.

Deux ans plus tard, Claudel prend sa retraite. Il revient à Paris. Darius Milhaud voit *Numance* et loue deux places pour le Maître. Claudel reçoit un coup. Il revient plusieurs fois, puis m'invite chez lui, rue Jean-Goujon, en tête-à-tête. La partie n'était plus la même !

Encore une visite que mon subconscient a gravée pour le reste de ma vie. Entrevue mémorable pour moi, au cours de laquelle, pour emprunter son langage, nous fîmes co-naissance, re-connaissance plutôt : oui, nous nous re-connûmes.

A propos de *Numance*, nous nous rencontrâmes sur la vertu du geste, sur les ressources du corps, sur la plastique du verbe, sur l'importance des consonnes, sur la méfiance des voyelles qu'on étire toujours trop, sur la prosodie du langage parlé, sur les longues et les brèves, sur l'iambe et l'anapeste, sur l'art de la respiration. Il me parla du théâtre japonais, m'encouragea, alla jusqu'à me dire : « Quel dommage que nous ne nous soyons pas rencontrés quarante ans plus tôt ! »

En repartant, j'exultais. Il venait de m'octroyer le plus formidable des coups de manivelle. A travers ma timidité vite disparue, j'avais vu un homme simple, qui savait parler comme un véritable fabricant de théâtre, un artiste insatisfait lui aussi : un camarade de mon âge, accroché comme moi à ces problèmes si préoccupants. Et il me distribuait toutes ses trouvailles, ses observations, ses idées. Bref, un authentique passionné. Il devait avoir soixante-neuf ans, moi vingt-sept. Cette communion immédiate entre nous deux m'émerveillait et me donnait l'envie de dire merci à toutes choses : à Dieu, à la vie, au premier passant dans la rue.

Dullin avait également vu et aimé *Numance*. Il m'avait alors pardonné. Je repris l'habitude de le revoir. Madeleine restait protégée par le bastion de son hôtel particulier. La nuit, je traçais des « huit » dans la rue en attendant le signal lumineux de la fenêtre de la salle de bains. Alors je franchissais le portail. Au moindre détail insolite, je m'évanouissais de jalousie. Madeleine jubilait. Elle frétillait comme un poisson dans l'eau.

Un beau jour, elle me téléphone :

— Peux-tu venir maintenant ?

— Tout de suite ?

— Oui.

J'arrive. Elle est avec des messieurs. Elle quitte son hôtel, elle a vendu ses meubles : capitons roses et verroterie. Nous partirons ensemble. Elle change sa vie. Elle sera dans ma poche. « Mon enfant du fond des âges » avait mis près de deux ans à répondre à mon appel de la prairie du Dauphiné. Et elle répondait totalement : en se donnant tout entière.

Le soir, nous nous installâmes au Trianon, à Versailles. C'est là que je commençai à adapter *la Faim* de Knut Hamsun. Le cadre n'a rien à voir avec le monde intérieur qui nous habite !

J'avais, depuis quelque temps, acheté une superbe petite roulotte danoise que je traînais avec un « Roadster » Ford, genre tout-terrain. On aurait dit un wagon miniature en acajou. Quelle ne fut pas la surprise du personnel de l'hôtel Trianon : grooms, maîtres d'hôtel, portiers, réceptionnistes, de me voir m'arrêter devant l'entrée principale avec ma roulotte et d'emporter ma « sociétaire », comme un romanichel procéderait à un enlèvement !

Nous allâmes jusqu'en Normandie, entre Honfleur et Villerville, où Madeleine avait installé sa nichée : mari, enfant, personnel et autres « parents » plus ou moins éloignés. J'installai ma roulotte dans une prairie voisine à vingt mètres de la mer.

Et je continuai à travailler sur *la Faim*. J'en lus le premier acte un soir à Charles, à Madeleine et au petit Jean-Pierre. Ce n'était que rythme et contrepoints. Jean-Pierre baptisa cette sorte de théâtre : le *théâtre ta-ga-dag*. Ça m'est resté.

Notre vie avançait à pas de géant. En septembre 1938, nous louons à Boulogne une demeure moderne, avec jardin et petite maison de gardien. J'habiterai la petite maison. Madeleine et Jean-Pierre, la maison principale, au milieu des fleurs et des pins.

Mes films se succèdent, je deviens un vrai petit Belmondo, après avoir lancé la mode des chevelures mal coiffées. Mon grand-père, qui m'a pardonné lui aussi, me dit :

— Dans ton cinéma, ils n'ont pas uniquement besoin de gamins comme toi, il leur faut parfois des vieillards. Moi, je pourrais très bien tourner comme tout le monde. Pourquoi ne me fais-tu pas faire un peu de cinéma ?

Il était, comme il aimait à le dire, dans sa quatre-vingt-troisième année. Ses rentes stagnaient, son fils faisait de mauvaises affaires, je leur versais de petites pensions. J'étais heureux.

Dullin me propose de partager l'Atelier. Pour sa part, il lui semble en avoir épuisé toutes les ressources. Il aspire à de plus grands cadres. Il pense au théâtre de Paris, celui de Réjane. Ou au théâtre Sarah-Bernhardt. Je serai son dauphin. Nous nous entendons en tous points. Je vais revenir à l'Atelier pour la création de *la Terre est ronde*, de Salacrou : automne 38. J'assurerai la deuxième moitié de la saison : mars 39. Je monterai le *Hamlet* de Jules Laforgue, mise en scène de Charles Granval, et *la Faim* d'après Knut Hamsun. Et, dès l'automne 39, je reprendrai l'Atelier, tandis que Dullin s'installera au théâtre de Réjane.

Moi, à la tête de l'Atelier ! ! ! J'étais l'élu de Dullin, mais lui était bien chaviré :

— Dans quel esprit le reprendras-tu ?

— Dans l'esprit qu'il avait avant *Volpone*.

Ce fut comme si je lui avais flanqué un coup de couteau en plein cœur. Il me regarda de son œil incisif, se retrancha dans le silence, puis j'entendis sa voix flûtée me dire :

— Je crois... je crois au fond que tu as raison... J'aurais dû quitter l'Atelier à ce moment-là.

La jeunesse est généreuse mais cruelle.

La Terre est ronde fut un grand succès.

Le personnage de Hamlet me hantait, mais je craignais de l'aborder. Le *Hamlet* de Laforgue était une bonne approche. C'est un *Hamlet* écrit, non par Shakespeare, mais par un autre Hamlet. Granval en avait fait une excellente adaptation. Musique de scène de Darius Milhaud.

> *Ophélie, pauvre Lee, Lee*
> *C'était ma p'tite amie d'enfance*
> *Je l'aimais, c'est évident*
> *Ça tombait sous les sens* [1].

et ce distique :

> *Ma rare faculté d'assimilation*
> *Contrariera le cours de ma vocation...*

Charles me livra quelques clefs, concernant la technique de l'acteur, que je n'ai jamais oubliées. Il était l'homme qui connaissait le mieux les ressorts du corps humain.

La Faim, costumes et éléments d'André Masson, musique de

---

1. L'amour de J. Laforgue, si ma mémoire est bonne, s'appelait miss Lee.

Marcel Delannoy, fut une nouvelle victoire. Dans ce spectacle, j'expérimentais beaucoup de pointes nouvelles : jeu entre l'acteur et les éclairages (montée d'un escalier), scènes simultanées, scènes de fatrasies : mots qui n'ont pas de sens mais dont la sonorité reproduit plastiquement conversation et situation. Texte parlé auquel répondait un chant à bouche fermée. Battements de cœur, bourdonnements d'oreilles, effets musicaux, « physiologiques » si je peux dire, et, surtout : l'homme et son double. Roger Blin était le double. Je faisais l'homme : Tangen. Nous jouions vraiment le drame à deux.

Si *Tandis que j'agonise* n'avait eu que quatre représentations, si *Numance* n'en avait eu que quinze (mais ce fut ma faute : on me proposa de prolonger, je refusai — « je n'étais pas un commerçant ! »), *Hamlet* et *la Faim* dépassèrent les soixante-dix représentations.

Le mois de mai 1939 venait d'éclater avec tous ses bourgeons. Depuis *Hélène* et notre rencontre, nous venions de passer, Madeleine et moi, je le redis, trois années de lumière faites de jeunesse, de passion amoureuse, de réussites professionnelles, d'émancipation, d'insouciance, de liberté et d'imagination. En France et dans Paris, malgré Munich, tout allait à peu près de même. Avec Desnos et sa femme Youki, nous faisions de folles randonnées dans la forêt de Compiègne. Avec Labisse, nous nous égarions la nuit dans les bouges de Paris. Etait-ce pressentiment ? Nous mangions notre « blé en herbe ». Notre ivresse fut cassée par deux fois : par la mort de ma mère et par la mobilisation.

Mort de ma mère

En janvier 1939 (avais-je fait un surcroît d'efforts en jouant Alceste, ou en déplaçant ma roulotte, ou en m'exerçant trop au mime ?) je fus opéré d'une première hernie. Je profitai du repos forcé pour relire tout Montaigne. Le professeur Mondor s'était chargé de l'opération. Homme particulièrement érudit, spécialiste de Mallarmé, esprit fin et original, il me rendait visite, beaucoup plus pour parler littérature que pour vérifier mes agrafes. Ce genre de chirurgie ne l'intéressait guère. Son génie, c'était le diagnostic.

Un jour, ma mère était venue à la clinique passer quelques instants à mon chevet. Depuis quelque temps, elle souffrait du ventre.

Mondor me visite pour la forme, je fais les présentations. Celles-ci sont rapides, car les chirurgiens concentrent leurs consultations dans le minimum de temps. Soudain, comme il partait, il se retourne sur le seuil de la porte, comme un chien en arrêt.

— Puisque je suis là, si la maman veut que je l'examine, je le ferai volontiers.

On ne lui avait rien demandé. On s'en serait bien gardé. Déjà, pour moi, ses soins étaient amicaux.

— Puisque le professeur te le propose, maman, profites-en.

Quelques heures plus tard, il téléphonait à Madeleine : il avait décelé, à l'endroit du foie, le « glaçon ». Ma mère avait un cancer généralisé et ne serait plus là dans six mois. Le sixième sens avait fonctionné chez le professeur Mondor. Comme un sourcier, il avait vu « au travers ».

Tout fut fait, bien sûr, pour provoquer le miracle. Ma mère, un peu pharmacienne par sa vie passée, avait, hélas ! parfaitement compris. Je suivis trois jours de suite son agonie. C'était en juin. Je ne la quittais pas des yeux et, de temps en temps, je gobais dans un compotier une cerise. Je voulais arracher à la mort chaque minute qui lui restait à vivre. On fit venir mon grand-père, après lui avoir expliqué. Peut-être voudrait-il la revoir une dernière fois ? Il s'habilla de noir, déjà prêt pour l'enterrement. Il avait l'air d'un pauvre vieil animal perdu. Quand elle le reconnut, elle leva brusquement son bras devant son visage comme pour se protéger. Un « bébé chéri » humide entre sa barbiche et sa moustache qui se raréfiaient avec l'âge, et il partit. Ces adieux de la fille et du père s'arrêtèrent là. Mystérieux règlement de comptes ! Ma mère, transformée, nous rassembla et nous dirigea seconde après seconde.

— Ouvrez cette armoire. Derrière cette pile de linge, il y a un flacon : c'est de l'eau bénite. A côté : du buis que j'ai rapporté de Tournus (elle habitait un petit atelier à Montmartre). Posez le tout ici. Allez me chercher un prêtre.

— Voyons, maman, c'est ridicule.

— Mes enfants, c'est déjà assez difficile de mourir, vous n'allez pas me compliquer les choses. Je veux un prêtre. Où est Martin ? (Louis Martin, son second mari.)

— Il est étendu là-haut. Il dort.

— Laissez-le. Et le prêtre ?

— Il vient. Tu n'auras rien à lui dire.

— Pas grand-chose... Si... fait un peu de mal à ton père. Mais il m'a déjà pardonné.

(Nous retrouvions son sourire espiègle.)

La souffrance, par intervalles, était atroce. On avait envie, à certains moments, de l'assommer à coups de marteau ou de la piquer pour qu'elle ne souffre plus.

Le prêtre arrive. Ils restent seuls. Elle se confesse et reçoit l'extrême-onction. Comment ? Ma délicieuse chatte de mère, ma petite sœur, mon enfant était si pieuse ? A Dieu, elle allait bientôt dire :

Mesa, je suis Ysé, c'est moi ?

Le prêtre s'en va. Nous revenons. Nous la retrouvons apaisée. Le regard calme.

— Le prêtre a été gentil ?

— Un jeune crétin ! Mais ça n'a aucune importance. *Mes enfants, si vous saviez ce qu'on est bien ! C'est merveilleux.*

Ce furent ses dernières paroles. Elle n'a plus eu un instant de souffrance. Sa petite forge respiratoire s'est mise à se rythmer comme les machines d'un bateau parti pour un long voyage. Cela dura encore un jour et deux nuits. Je ne prenais plus rien, j'étais accroché au souffle maternel, comme jadis à ses seins pleins de lait. De temps à autre, elle rouvrait les yeux qui brillaient comme deux bleuets, elle souriait, puis repartait dans son voyage... A l'aube du deuxième jour, elle rendit le dernier soupir. Un soupir de soulagement. C'était le 14 juin 1939. Elle fut enterrée au Père-Lachaise, dans le caveau de famille. La messe de Paris fut froide et décevante.

Madeleine et moi, pendant l'été, nous fîmes un pèlerinage aux gorges de Chouvigny (Auvergne ou Bourbonnais ?), berceau de la famille maternelle où le vieux curé me donna une photo de ma mère à l'âge de quinze ans. Je lui demandai une messe sincère pour effacer celle de Paris. Avec l'aide de sa servante, il nous emmena jusqu'aux vraies régions du sacré, de la prière : un rite aussi fort, aussi primitif que si nous avions été en pleine forêt tropicale au milieu d'un tas de sorciers. Il n'y a que le rythme qui peut nous faire partir — je pense aux transes de l'âme :

.... *corps de Jésus*
.... *corps de Jésus*
.... *corps de Jésus*

Cette fois, ma mère était reçue.

Nous devions ensuite rendre notre première visite à Paul Claudel, dans son château de Brangues (Isère). Nous fîmes un petit détour en montagne par le col de la Madeleine — c'était la moindre des choses.

Claudel, Mme Claudel, leurs enfants et leurs petits-enfants nous accueillirent dans ce gros château aux tilleuls centenaires. Ce n'est pas moi qui allais voir Claudel, c'est lui qui voulait voir Madeleine. Il était question que la Comédie-Française montât *l'Annonce faite à Marie* et l'on pensait à Madeleine pour le rôle de Violaine. J'en profitai pour lui demander sans ambages *Tête d'or, Partage de Midi* et *le Soulier de satin.*

— Pourquoi ce choix ? me demanda-t-il.

— Parce que *Tête d'or* est votre sève, *Partage* est votre épreuve, et *le Soulier* votre somme.

Il refusa, mais je l'avais secoué.

Sans le savoir, toujours sans le savoir, je déposais là une graine qui devait éclore quatre ans plus tard ; comme, dans les bonnes pièces, on dépose, avant de terminer un acte, le « suspens » qui servira à rendre intéressant l'acte suivant.

Nous revînmes en Normandie. Je retrouvai ma roulotte et commençai à m'attaquer au *Procès* de Kafka. Pour un nouveau théâtre *ta-ga-dag.* Après Faulkner, Cervantès, Knut Hamsun, j'avais choisi Kafka. Ma route était bien tracée.

C'est avec André Masson que j'avais eu mon dernier entretien sur Kafka. Depuis Munich, tout le monde craignait la guerre et, si celle-ci devait arriver, nous étions bien d'accord que tout devrait changer, qu'en tout cas, quels que soient les camps, nous ne serions reconnus par aucun. Ni par la droite, ni par la gauche. Nous serions de tous côtés considérés comme coupables et proscrits. C'est en entrevoyant cet avenir que je pénétrai dans l'univers de Kafka...

Cependant, nous étions encore « en vacances ». Un certain après-midi d'août, j'étais allé pêcher la truite le long de la rivière Saint-Georges. Le soleil baissait. La fraîcheur commençait à tomber. Je revenais allégrement sur la route. En passant devant la petite mairie de Pennedepie (à cinq kilomètres de Honfleur), je remarquai quelques personnes qui contemplaient un colleur d'affiches :

MOBILISATION GÉNÉRALE

Ceux dont la carte portait le n° 6 devaient rejoindre les drapeaux le 31 août. C'était mon numéro, celui des « ouvriers spécialisés ». En quoi, je me le demande ?

Dans mon ventre, dans mon cœur, dans ma tête, dans mon âme, dans mon double, je sentis quelque chose se décrocher. Une pierre qui tombe, puis deux, puis trois, un éboulement. Ma vie se cassait. Mon amour. Mon métier. Mes espoirs. Mes joies. MADELEINE, MA VIE. Subitement, je n'étais plus pressé : je finis ma route à petits pas lents qui tendaient vers zéro.

Après des adieux déchirants, où nos yeux pleurèrent l'un dans l'autre, Madeleine me conduisit jusqu'à la gare de Trouville. Puis elle revint dans la maison d'été où sa grand-mère de quatre-vingt-six ans marmonna dans son râtelier :

— Quel dommage que tu aies aimé ce garçon ! Sans lui, nous n'aurions aucun soldat dans la famille, nous serions bien tranquilles !

Elle était de la même génération que mon grand-père, qui mijotait à Paris, crevant la gouvernante qui avait remplacé ma grand-mère défunte cinq ans auparavant.

Pause forcée

Drôle de guerre.

Sur les coupes géologiques, on relève souvent des veines qui, circulant entre deux couches de terrain, sont brusquement interrompues par un bouleversement sismique, puis, réapparaissant plus loin, continuent leur cheminement.

En 1939, de par ma formation, individuelle avec l'Atelier, sociale avec le mouvement surréaliste, de par mes premiers essais — *Tandis que j'agonise, Numance* et *la Faim* — qui m'avaient placé dans le peloton de tête de l'avant-garde, de par une certaine renommée que m'apportait le cinéma, de par ce formidable coup d'*être* que m'avait donné Madeleine, de par Artaud, de par Claudel, Gide, Desnos, Prévert, André Masson, Labisse, les anarchistes, les trotzkystes, toutes sortes d'artistes et poètes surréalistes, et, par-dessus tout, de par l'amour de la Vie, j'étais prêt à assumer ma modeste part dans la révolution humaine de demain.

Les trois axes qui nous animaient :
— Freud ou la libération des instincts,
— Marx ou la libération de l'Homme,
— L'Orient ou la refonte de l'esprit occidental,
apparaissaient comme autant de veines qui furent brutalement interrompues par le bouleversement mondial de la guerre.

Ce n'est qu'une vingtaine d'années plus tard qu'on les voit réapparaître, cheminant entre les deux couches du capitalisme et du socialisme, principalement dans les mouvements beatniks et hippies, puis dans les soulèvements de Mai 68, chez ceux qui se réclament d'ailleurs encore aujourd'hui de cette époque marquée par le surréalisme. Il n'y eut donc pas véritablement de virage historique, mais coup d'arrêt volontairement donné par les « Puissants » pour enrayer et détruire une révolution universelle qui s'amorçait. C'est ce côté *calculé* du coup de frein qui donna à cette « drôle de guerre » son côté *faux*, ridicule : un vrai gâchis. « La Fête » était soudain interdite par les maîtres internationaux.

Qui a fabriqué Hitler ? Qui a envoyé, juste un an auparavant, Pétain comme ambassadeur en Espagne ? Qui a fait sortir de prison politique cette estafette à qui l'on confie les papiers secrets de la Vᵉ armée, avant qu'elle n'aille rejoindre l'escadrille du général Duseigneur ? Qui vient d'imprimer dans *Fortune* que les U.S.A. n'interviendront dans la guerre que lorsque les armements fournis par eux seront économiquement amortis ? Qui fait atterrir, sur le ventre, des avions français sur les points stratégiques, afin que lesdits points soient bombardés un quart d'heure après ? Le pilote sortait indemne de sa carlingue et demandait avec arrogance qu'on le rapatrie immédiatement ! Toute l'affaire était grenouillée. Ce n'était pas une guerre, c'était une machination. Aussi, le soir, après la soupe, quand la radio du bistrot retransmettait avec l'accent du Vaucluse les discours de Daladier :

> Maring's della meer
> Avyateures dell'l'aair
> Paysaing's den'no cammpagn' !

un « Merde » collectif et retentissant accueillait le discours du président du Conseil. Nos « braves » soldats, « les mieux équipés du monde », fermaient le poste et retournaient à leur mélancolie. Allez donc faire la guerre avec ça ! Et qui avait mis la patrie en danger ? Pourquoi ces hommes, comme par enchantement, auraient-ils été moins courageux que ceux de 14-18 ? Parce qu'on les trompait. Mascarade ! Foutaise ! Scandale !

Je revois ce cheval de réquisition se suicider dans un galop désespéré en se fracassant la tête contre un mur. Je revois surtout ce paysan qui menait son cheval aux armées — sinistre dialogue ! Tout le long du chemin, marchant à son côté, il lui parlait dans l'œil. Puis s'arrêtait et, devant lui, le front contre son long museau, lui parlait de face et il pleurait, il pleurait à gros bouillons.

J'avais rejoint Dijon.

— Vous avez la lettre G.

— Ah ? Et alors ?

— C'est pas là !

On ne savait pas quoi faire de nous. A croire que les casernes n'avaient pas été prévenues. On mit trois jours à nous regrouper. J'allais par réflexe à la gare, comme un chien qui a perdu son maître, dans l'espoir — sans y croire — que Madeleine allait descendre d'un wagon de voyageurs. Nous, nous appartenions déjà aux trains de marchandises !

Une colonne de camions fut formée, on nous y entassa et nous partîmes vers l'Est, pour une direction inconnue. Des C.R.S. nous encadraient. Par ironie, la dernière voiture était une camionnette réquisitionnée sur le dos de laquelle la réclame suivante était peinte : « Où courent-ils ? A la Grande Boucherie. »

Pendant les haltes, en pleine campagne, je cueillais quelques fleurs et j'interpellais les officiers :

— Mon lieutenant, j'ai la fleur, mais on ne m'a pas donné de fusil.

— Foutez-nous la paix !

J'avais le poil à l'envers !

En arrivant près de Strasbourg, nous croisâmes les premières charrettes d'évacués : meubles, matelas, ustensiles de cuisine, bicyclettes d'enfants et quelques animaux utiles. Nous découvrions les premiers chiens errants que leurs maîtres avaient abandonnés. Les premiers cadavres de chiens pendus aussi ! Dingsheim, un peu au nord, surplombait le Rhin. A côté de nous : un bataillon de chasseurs alpins. Sur l'autre rive, les Allemands, croyant s'adresser aux enfants de la région, avaient déroulé une banderole : « Alsaciens, ne tirez pas sur vos frères. » Les chasseurs avaient répondu par une autre banderole : « On s'en fout, on est du Midi. » Je ne parle pas des Sénégalais effrayés qu'on poussait en première ligne, bourrés de coups de poing dans la gueule par des officiers d'active « qui en voulaient ».

Pour utiliser mes « spécialités », on me faisait faire le ménage du bureau des officiers. Ceux-là étaient aussi « d'active », c'est-à-dire que cette vie était leur métier.

Tandis que je balayais :

— Eh bien, l'artiste ! Ça change du cinéma !

— J'aime mieux être nettoyeur de parquets que nettoyeur de tranchées.

— Qu'est-ce que tu dis ?

— *Tu* as très bien entendu. Je vous prierais, mon lieutenant, de respecter le règlement et de ne pas tutoyer les hommes.

Je ne fis pas long feu dans les bureaux. D'autant que j'étais marqué d'une croix, comme antimilitariste. On me colla une « fourragère » et trois chevaux. Cette fois, il me fallut plaider, non pour moi, mais pour les animaux.

— Mon adjudant, ces bêtes vont mourir, je ne sais pas distinguer la tête de la queue.

L'adjudant fut pris de pitié pour la race chevaline. Je devins fossoyeur. Puisque je ne savais pas servir les animaux vivants, je pouvais m'en occuper une fois morts. J'entends encore ce bruit de tambour quand les pelletées de terre tombent sur les ventres gonflés. Chiens, chats, chevaux, bétail, tout y passa.

Toujours à cause de la Bourgogne, je faisais partie d'une compagnie de paysans : ceux-ci se mutinèrent. Ils firent la grève de la faim tant que les chevaux n'auraient pas une ration suffisante. Il fallut augmenter les rations d'avoine pour obtenir que les hommes mangent. Braves gens qui me réconciliaient un instant avec l'existence !

J'ai connu des Alsaciens merveilleux. Hospitaliers, graves, résignés. Je me rappelle un certain déjeuner où je fus pris d'une telle émotion que je ne pus avaler une miette. J'avais beau serrer les dents, mes larmes n'arrêtaient pas de couler. Heureusement, je tournais le dos à la fenêtre et ils me voyaient à contre-jour. Ils parlaient difficilement le français mais le parlaient très justement. Par affection, je leur offris *Sylvie* de Gérard de Nerval, « pure langue française ». Je les aimais.

Tout ce qui était humain était bouleversant. Tout ce qui était militaire était révoltant : la Bêtise (restons polis).

Le 3 septembre, la guerre est officiellement déclarée. Plus d'espoir. Ma vie retombe comme du sable au fond de l'eau. Je deviens limon. En huit jours, je suis réduit à zéro. Dans le corps, le sang fait son petit bruit de silence, il va taper jusqu'au bout des doigts, mes tempes vont et viennent comme des ouïes : avoir le « bourdon », le mot est très exact. Quand on a le cafard, ça bourdonne dans la poitrine, dans la tête, on a l'impression que ça bourdonne partout.

Par brimade, on m'a encore changé de compagnie. Plus je descends, plus je rencontre de gars gentils. Nous sommes à présent à Reipertswiller, près de Bitche, dans l'Alsace bossue. Région vallonnée, magnifique. Dans les prés fleurissent les colchiques : comme il y a trois ans, dans le Dauphiné, quand Madeleine et moi nous nous aimions en pleine nature ! 8 septembre. J'ai vingt-neuf ans.

J'ai trouvé un truc. Je suis volontaire pour les pluches. En général, les hommes se sentent humiliés d'éplucher les patates et de récurer les gamelles graisseuses. Mais plus je me retrouverai au bas de l'échelle, mieux je serai en accord avec la situation et avec moi-même. Au rapport, le matin :

— Conducteur Barrault ?

— Aux cuisines !

— Ah ! oui ! C'est le gars des pluches.

Un petit friselis de rires parcourt les rangs.

Un autre truc : je suis volontaire pour aller traire les vaches abandonnées. Une vache qui n'est pas traite a la fièvre. Son lait

133

caille. Elle en meurt. Il y en a beaucoup d'abandonnées. Alors, au milieu des champs, nous nous mettons à trois. L'un tient la tête, l'autre maintient la bête par la queue, le troisième malaxe les pis. Le lait caillé est presque aussi dur que du beurre. La pauvre bête saigne. Elle souffle, donne des coups de pieds. Enfin, après beaucoup de patience, le lait frais se met à couler. Nous venons de redécouvrir l'Amitié. C'est le seul moment où la vie retrouve un sens. La tendresse que m'a passée ma mère...

Le 19 août précédent, pour nos trois ans d'amour, Madeleine m'avait offert un stylo et j'avais décidé d'écrire le journal de *notre* vie. Des notes prises dans mes carnets, je peux recopier aujourd'hui ceci :

> *9 heures et demie.* Je suis sur la colline : guetteur. Je suis chargé de guetter les avions qui peuvent passer et « s'ils jettent quelque chose » (projectiles, tracts ou ballonnets), je dois siffler. Alors la garde en bas doit m'entendre. Le factionnaire doit prévenir le chef de poste — qui doit prévenir le trompette. Le trompette doit alors courir jusqu'à la maison où habite le lieutenant, à l'autre bout du hameau, et lui dire : « qu'un avion a jeté quelque chose (projectile, tract ou ballonnet), que j'ai sifflé, que le factionnaire a entendu, qu'il a prévenu le chef de poste qui l'a envoyé ici et que le voici ». Alors seulement le lieutenant, après avoir mûrement réfléchi, et dit sans doute comme le maréchal Foch : « De quoi s'agit-il ? », décide s'il convient de sonner l'alerte.
>
> Comme l'avion doit se trouver alors à cent kilomètres de là, tout doit probablement rentrer dans l'ordre.

Nous voici maintenant dans un autre village : Soucht, toujours dans cette Alsace vallonnée, non loin de Bitche. Je sombre dans l'abrutissement. Je me surprends à suivre pendant toute une matinée la tragédie d'un jeune garçon boucher égorgeant un cochon. Spectacle extraordinaire : théâtre de la cruauté. Le cochon ligoté. L'enfant qui essayait de lui casser le crâne avec une masse. Le cochon qui hurlait comme un être humain : « Ou-là ! ou-là ! mais qu'est-ce que je vous ai fait ? » Et le sang qui giclait, l'apprenti en fourrait partout. Que de boudin perdu ! Le gâchis, je vous dis.

Heureusement que la radio réclamait des « ballons pour nos soldats ». L'armée s'enlisait dans l'inaction et l'ennui. Une autre note :

9 heures du matin. On ne fait rien, rien, rien. Journée de septembre dans le brouillard long à percer. L'ennui ronronne doucement, comme une source régulière. L'ennui est parti pour un long moment. Il sait sans doute qu'il durera longtemps. Il tourne à son petit rythme régulier et terrible.

Il y avait bien des forteresses « imprenables », mais elles étaient tournées dans le mauvais sens. Elles avaient été construites par les Allemands après 1870, du temps où l'Alsace n'était plus en France. Dérision !

16 octobre — anniversaire de la mort de mon père (il y a vingt et un ans !). Ce jour-là, utilisant toujours mes « spécialités », on m'avait chargé de procéder à une distribution de tabac dans la salle commune d'une petite ferme. La fille de la maison me dit :
— Y'a quelqu'un qui vous demande...
Reportons-nous à mon carnet :

Je réponds : « Bon », et me dirige lentement, mollement, « cafardement », comme à mon habitude, pour voir ce quelqu'un qui me demande...
!!!!????!!!!! ... c'était Madeleine, mon petit numéro de Madeleine. Mon Etre, mon amour, mon âme bien-aimée. Madeleine en petit manteau bleu, petit chapeau bleu avec petite plume en bataille, qui, rouge d'émotion, me souriait, comme une petite fille qui « vient d'en faire une bien bonne ». Coup dans ma tête. Ce n'est pas vrai. Je deviens fou. Ce ne peut être elle. Mais jouons le jeu : « Qu'est-ce que tu fais là, toi ? Non !!! mais qu'est-ce que tu fais là ? »
Mon bras la touche à l'épaule pour *voir* : ça résiste, ma main ne passe pas au travers. Elle n'est pas transparente. C'est elle. Elle est venue jusqu'ici. Elle est là. Mes jambes flageolent. La sueur me vient. Je suffoque. Ma voix s'enfonce dans mes profondeurs *(sic)*. C'est fini, je ne peux plus parler. Je tourne en rond. Piétine... comme quelqu'un qui ne veut pas tomber.

Je m'étais arrangé, dans une sorte de grenier, une espèce de chambre avec un lit haut, surmonté d'un énorme édredon qui perdait ses plumes. On y accédait par une échelle.

Elle reconnaît tout ce que je lui ai décrit dans mes lettres. Nous grimpons l'échelle. Entrons dans la « chambre ». On s'enlace. On est seuls. On s'embrasse. On pleure tous deux. On retrouve la bouche aimée. L'infini des mondes... on pleure doucement de joie et d'émotion.

Avec la complicité de tous, camarades, fermiers, et même du lieutenant, nous restâmes deux jours sous les plumes de l'édredon. Comme par hasard, les bruits d'une vraie guerre se firent entendre. Une offensive des Allemands, annonçait-on. « Une note des généraux Gamelin et George a rappelé celle de Joffre pour la Marne. » Ce n'étaient sans doute que les 121 coups de canons que méritait la venue de Madeleine. J'étais pourtant inquiet pour elle. Il lui fallait refaire les six cents kilomètres sous la pluie, dans les convois et la boue...

> Et, ce matin, elle est partie à 8 heures avec un nouvel itinéraire que je lui ai fait. Elle est partie. Crise de larmes, nerfs défaillants, chagrin criant sa détresse. Moi, je serrais les dents. Elle est partie, ma douce, ma courageuse... adorée, admirée, vénérée, ma femme passionnante, ma vie d'élection. Je l'ai vue s'enfoncer dans la brume, lentement, pas pressée, prudente parce que je lui avais dit de bien faire attention. Oh ! quelle cruauté de séparer les êtres qui s'aiment, quelle injustice. Quelle horreur. Maintenant je fonds en larmes. Jusqu'ici j'ai résisté. Je n'en peux plus, le cœur se fend. Ça ruisselle sur mon visage. Et pourtant, je m'étais rué tout de suite après son départ auprès de mes camarades. Je ne pouvais dire un mot mais je comptais sur l'amour-propre pour m'empêcher de pleurer. Maintenant, c'est l'effondrement.

Madeleine, sans le savoir, venait de revivre ce que ma mère avait vécu vingt-cinq ans auparavant, en 1915, en allant retrouver mon père à Saint-Mihiel.

. . . .

Ces confidences m'égarent. Je ne tiens pas parole. J'avais promis de ne choisir parmi mes souvenirs que ceux qui m'avaient modelé, ou ceux que les autres pouvaient adapter à eux-mêmes, ceux qui, enfin, risquaient de m'être utiles pour l'avenir. Je trébuche dans le « privé ». Toute cette période de guerre est, au contraire, du temps perdu, pour vous, pour moi, pour la vie. Le vide !

Je voudrais à présent survoler les quelques mois qui suivirent et rappeler uniquement les faits qui m'ont marqué.

Une occasion de retrouver l'amitié : J'apprends que Desnos est, avec son régiment, à trente kilomètres de là. J'emprunte un vélo et me voilà parti. Parmi les camions embourbés, les bois à demi dénudés et prenant pour l'hiver leur poil de sanglier, je me mets à hurler : « Je vole vers l'Ami. »

Nous nous retrouvons. Deux immenses prairies transformées en marécages par la pluie. Un chemin de traverse, et, au centre, un bosquet de peupliers protégeant un petit pont. Pendant des heures, nous avons parlé. Profondément et simplement. Desnos était un *homme*, un être humain complet. Pour la première fois, peut-être, je prenais conscience du soutien qu'il était pour moi. Il savait assumer les autres et lui-même. Il était nettement dédoublé, maître et ami de son Double. Origine paysanne, petite-bourgeoisie, révolté dans l'équilibre : tout ce que je voulais demeurer.

Il fallut nous séparer. Nous le fîmes dans un sourire mutuel. Quel échange, à ce moment-là ! Quelle communication humaine ! Nous n'étions pas dupes de ce qui nous attendait, je parle pour nous tous. Le reste était si imbécile, si faux : comme des dés pipés.

A Noël, j'eus quelques jours de permission. J'en profitai pour donner à la Radio le premier acte de *Tête d'or*, avec une musique de Honegger. Une graine, mise en terre, qui devait ressortir vingt ans plus tard.

Retour à la stagnation d'une jeunesse en uniforme qui s'enlisait dans l'abandon ; deux mois passèrent.

Une lueur : Jean-Pierre, le petit garçon de Madeleine, m'écrit :

> Mon Jean-Louis,
>
> Je t'écris simplement pour te dire que maman t'adore. J'en suis fort heureux parce que je t'aime comme un second papa. Je disais hier soir à maman : « Pourquoi ne t'es-tu pas mariée avec Jean-Louis ? » Elle m'a dit qu'elle n'osait pas te le proposer et m'a dit que tu avais peur que je sois trop petit et que je ne vous comprenne. Jean-Louis, je serai fou de joie de voir votre union et de voir maman protégée par un homme que tout le monde aime. Sois prudent et reviens-nous vite. Je t'embrasse tendrement.

Surmontant mon émotion, je réponds à mon Jean-Pierre, j'écris une lettre à Charles, en argot (par masculine pudeur), dans laquelle je lui demande la main de sa première « daronne ». Quelques jours après, j'ai sa réponse, en argot à son tour. Il est d'accord pour le « maridage », mais il me conseille plutôt sa seconde, la première n'étant pas Madeleine...

Subitement, je fus muté au troisième génie de Suippes — Champagne pouilleuse. Je n'y comprenais plus rien. Après toutes sortes de gares de triage où nous étions parqués comme des bestiaux, avec les haut-parleurs qui nasillaient : « Convoyeurs, mettez les chaînes ! », je rejoins Suippes. Quelle n'est pas ma surprise de retrouver Labisse, de rencontrer les peintres Brianchon, Legueult, Launoy, des sculpteurs : Damboise, Colamarini, des graveurs comme Lemagny, le décorateur Pierre Delbée qui devait devenir un de mes plus chers amis, des prix de Rome de musique : une véritable académie surréaliste sortant d'un collège de pataphysique. Je faisais partie d'une compagnie de camouflage, la compagnie F 1 (qui fut baptisée à juste titre la compagnie « fantôme »). Je passais de l'anéantissement à l'absurde. C'est mon professeur de l'école du Louvre, Robert Rey, qui avait fait le coup. Il s'était souvenu de *la Faim* et s'appuyait sur des « règlements ». Je redevenais donc « peintre ». L'absurde, je vous dis !

La France continuait de moisir derrière la ligne Maginot. Nous, nous vivions comme dans un rêve digne d'Alphonse Allais et de Jarry. Insensé ! Je peignis « sur le motif » le moulin de Valmy ! Redérision ! Je montais la garde devant les « feuillées » tout en relisant *Roméo et Juliette*. La seule chose pour laquelle je tins bon, ce fut de refuser de monter des spectacles. M'installer dans cette imposture ? Non ! La mauvaise farce se suffisait à elle-même.

Il y avait aussi pas mal d'architectes. On nous fit « cogiter » sur des problèmes de camouflage. Je me rappelle un projet qui consistait à protéger Paris en détournant le cours de la Seine par le moyen des arroseuses municipales qui répandraient des bulles de savon. La nuit, les avions seraient trompés par les reflets ! Je n'invente rien.

Au printemps 40, nous allâmes nous « camoufler » dans les bois de Villers-Cotterêts, puis nous fûmes chargés de protéger le château d'Ermenonville. C'était plus près de Paris... Quand la grande offensive de mai fut déclenchée, la honte commença à nous monter aux joues. Nous avions bonne mine, à rôder parmi les cygnes des étangs, autour de la tombe de Jean-Jacques Rousseau. Je relisais les *Rêveries d'un promeneur solitaire*, j'avais appris à chercher des morilles, je m'enfonçais dans les forêts. Je revois encore le corps d'un cerf qu'un putois avait tanné : tout l'intérieur était vidé, bien propre, il n'y avait plus que les os, les dents et la peau. Le putois en avait fait sa maison. L'animal complet était vidé de sa substance. Pourquoi est-ce qu'à ce moment-là je me pris d'amour charnel, végétal, animal, pour mon Pays ? « Amour-passion, non amour-bonbon », est-il noté dans mes carnets. Trente ans de fausse éducation civique furent effacés par ce spectacle. Cela ne me réconcilia d'ailleurs pas avec l'armée.

La Cinquième colonne battait son plein. Devant les grilles d'Ermenonville, montant la garde, il m'est arrivé d'indiquer le chemin à de faux généraux (déjà Baptiste dans *les Enfants du paradis*). Les parachutistes pleuvaient. Les feux s'allumaient en forêt. On courait les éteindre à coups de pelles. Et quand on rencontrait de bizarres cyclistes avec des mitraillettes au bras, on les laissait passer distraitement, car, de toute la section, seul le sergent avait un revolver. Mais il n'était pas chargé, faute de munitions. Grâce à Dieu ! Nous aurions tous été massacrés !

L'exode arriva.

Notre compagnie était tellement « fantôme » que l'état-major l'oublia. Déjà on entendait les tanks de l'autre camp...

Signe de la vie.

Nous sommes le 11 juin. J'apprends qu'une compagnie d'aviation part pour Chartres et passe par Paris. Tant pis, je pars. Je veux revoir Madeleine et lui dire de s'en aller. Il n'est plus question de désertion. Ma compagnie elle-même va foutre le camp demain vers le sud, entremêlée dans les longues files de civils qui marchent sur les routes comme des troupeaux effarouchés. Je me glisse dans un camion et me cache sous une bâche. Notre mariage, consenti par Jean-Pierre, est affiché à la mairie de Billancourt pour le 14 juin. Ce sera le jour anniversaire de la mort de maman. Je ne l'ai pas fait exprès ; c'est pourtant bien. Elle aurait été tellement consentante. Elle adorait Madeleine. Elle lui avait remis sa bague de fiançailles.

Les Allemands déferlent sur Paris. C'est partout la débandade.

Sur la route, d'immenses nappes de fumée noire forment un brouillard épais, insolite. A sept heures du matin, le camion entre dans Paris. A sept heures et demie, il me dépose dans Boulogne, il viendra me rechercher le plus tôt possible, puis il regagnera Chartres. D'ailleurs, pourra-t-il revenir ? On parle de déclarer Paris ville ouverte. Donc vide de tout soldat.

J'arrive chez nous. Madeleine a quitté la maison il y a à peine une heure, emmenant Blanche et Ya-Ya, les deux femmes qui nous aidaient à vivre, et le chat. Dans leur précipitation, elles ont laissé une fenêtre ouverte. Elles sont parties sur ordre de la Comédie-Française qui a joué hier pour la dernière fois *On ne saurait penser à tout* de Musset. Œuvre de circonstance !

Me voici seul, désemparé, déserteur. Où est Madeleine ? En direction de la Creuse où sont repliées sa mère et sa grand-mère ? Ou en direction de la Bretagne, où s'est réfugié Granval avec Jean-Pierre ? Je circule dans notre maison abandonnée : nos livres, nos tableaux, notre bonheur. Emporter quoi ? La vie est brisée, peut-être pour vingt-cinq ans ! Je prends des notes dans mon carnet ; le seul souvenir valable à emporter est une fleur du jardin que je cueille et glisse entre deux feuillets. Le chagrin rend sentimental. Dans deux jours, ce sera le premier anniversaire de la mort de ma mère, où peut bien se trouver son mari Louis Martin ? Elle repose en ce moment dans sa tombe à l'autre bout de Paris, au nord-est, cimetière du Père-Lachaise. Personne ne pourra y aller. Moi, je suis retenu ici, attendant le retour du camion. Au moins, elle n'aura pas connu cette horreur !...

Les heures s'égrènent. Vais-je me remettre en civil ? Non ! Voici le camion. « Vite, glisse-toi sous la bâche ! On a failli ne pas pouvoir passer. Il faut atteindre Chartres au plus tôt. » Nous sommes pour ainsi dire déjà sur la route, à la bonne sortie de Paris, au sud-ouest, à deux pas de la porte de Saint-Cloud. Cependant, enfoui sous ma bâche, je sens encore les secousses du pavé de Paris. Vingt minutes passent. Le camion s'arrête. Où peut-on bien être ? Je risque un œil... Nous sommes devant le Père-Lachaise ! Exactement devant la petite porte par laquelle on se rend sur notre tombe !

— Les gars ! une seconde, je vous en prie.

Je bondis. Dans mon carnet, j'ai une fleur. Ma mère sera quand même fleurie. Les morts sont-ils à ce point « actifs » ? (Le chauffeur du camion avait fait ce détour pour porter une lettre à la femme d'un copain !)

Nous repartons, ce coup-là vers le sud-ouest, et nous retraversons Paris. Les routes sont encombrées, on nous détourne, nous voilà vers Fontainebleau, Montargis : sud-est. Qui vient de nous doubler ? Mais c'est la voiture de mon capitaine ! Il m'a aperçu. Il freine. Je dis au camion de stopper. Tant pis, je suis pris.

— Que faites-vous là ?

— Je... m'étais perdu.

— C'est bien, montez !

Me voilà dans la voiture, sur la banquette arrière, le capitaine devant. Je me sens penaud, « comme un enfant qu'on ramène au bercail ». Espérant amadouer un peu l'officier, je risque cette réflexion. Il me répond :

— Vous ne pouvez pas mieux dire !

Nous arrivons à Châtillon-Coligny, près de la Loire. Que vois-je ? Madeleine, au milieu de ma compagnie. La colonne de la compagnie avait été détournée, Madeleine avait été détournée, mon camion avait été détourné, et nous nous retrouvions tous ensemble !

Comme nous devions nous marier le lendemain, 14 juin, le capi-

taine eut droit de remplacer le maire. Nous fîmes ouvrir une bijou-
terie. Le bijoutier n'avait qu'une paire d'alliances d'un mariage qui
ne s'était pas fait. Les deux alliances, par hasard, nous allaient et, le
jour anniversaire de la mort de ma mère, laquelle avait eu sa petite
fleur, Madeleine et moi nous échangeâmes deux alliances qui portent
la date de mai 1937 ! Dieu connaît l'humour et l'absurde !

Madeleine voulait aller dans la Creuse, voir sa mère ; puis en
Bretagne retrouver son fils. Elle avait ma voiture, une Citroën trac-
tion avant, plus pratique ; aucune carte que le bout de son nez pour
suivre le soleil. Nous nous séparâmes et restâmes sans nouvelles
l'un de l'autre jusqu'à la fin juillet. Dure épreuve. Mais la vie nous
avait fait signe.

Cette randonnée, commencée en Alsace, se termina dans un petit
village du Sud, à Miramont-de-Quercy. J'avais parcouru toute la
France en un mois — un des mois de juin les plus ensoleillés que
j'aie vus — juin : le mois plein de l'année.

Ces vallonnements de France qui sont plus beaux que tout.

Je crus naître une nouvelle fois, mais cette fois dans la détresse.
Jusque-là, je me sentais de la terre de Beauregard ; après cette rude
épreuve, je me sentis fait de la terre de France. Comme une pomme
se sent pommier.

— Un peu tard ! diront les uns.

— Tu ramollis ! diront les autres.

— La mère Patrie ? Complexe d'Œdipe ! dirait le psychanalyste.

— Très pure Jocaste ! murmure Jarry.

L'armistice fut signé. Pétain fit le don de sa personne dans l'honneur et la dignité. De Gaulle lança son appel. La ligne de démarcation passait par Tournus. La France fut coupée en deux dans tous
les sens du mot.

Madeleine me paraissait au bout du monde. Je n'attendis plus
que le moment où je serais démobilisé. Il fallut moisir plus d'un
mois. J'étais écartelé entre le désespoir et le désir de renaître. Servir, non avec toutes ces « conneries », mais avec la Foi qui m'ani-
mait.

La région du Quercy est splendide et d'un caractère très particulier. Un jour, avec le peintre André Marchand, nous nous prome-
nions dans une vallée et approchions d'une maison en ruines. Elle
était de toute beauté, une vieille gentilhommière délabrée. La
nature y avait repris ses droits. Les murs étaient transpercés par les
arbres. Par les toits explosaient les feuillages. Tout autour, des sour-

ces coulaient avec un petit bruit de fraîcheur. A l'intérieur, les restes des boiseries étaient raffinés, les parquets vermoulus étaient « riches ». Emus par ces lambeaux d'humanité que la nature envahissait, mordait, torturait, nous gardions le silence, retenions nos respirations, par respect et un peu par angoisse.

Soudain, de l'étage supérieur, nous entendîmes des pas. *On* descendait l'escalier. L'atmosphère était telle que l'apparition d'un fantôme nous aurait semblé évidente. Mon cœur battait. La « présence » devait être âgée car elle descendait lentement, claudiquant de marche en marche. La chaleur de l'été vibrait à travers ce mélange de feuilles et de pierres, l'eau des sources chantait comme une âme. Le « propriétaire » approchait. Il nous apparut au tournant de l'escalier... C'était un magnifique canard de barbarie, aux coloris étincelants. Que faisait cet être dans cet endroit perdu ? Il nous fixa avec intensité, d'un œil assez réprobateur. Il agita un peu la tête en signe de dénégation. Ayant compris, nous partîmes lentement à reculons, « désolés d'avoir dérangé ». C'était l'âme de la France en ruines...

Sitôt démobilisé, j'échoue à Toulouse. Je ne sais où aller. Dans la rue, je rencontre un acteur de vague connaissance. Il me prend en main aussitôt, comme dans les histoires fantastiques ; je le suis comme on obéit à un nouveau destin. Il m'emmène dans une maison. La porte s'ouvre. Une dame m'accueille. Présentations :

— Madame Martin. Je vous attendais. Vous avez la chambre de mon fils.

Il y a des moments où l'on ne sait plus très bien où l'on est.

Comme à Dijon, un an auparavant, j'allais passer tout mon temps à la gare, guettant, sans oser y croire, l'arrivée de Madeleine. J'avais enfin eu de ses nouvelles. Elle était en Bretagne. Je l'attendis jusqu'à la folie. Puis, voulant renaître à mon pays comme à une matrice ancestrale, je me rendis à la bibliothèque municipale et me plongeai dans l'histoire de France. Ma tête, mon cœur, mon ventre, avaient choisi Villon, la *Chanson de Roland* et *Saint Louis*.

Je me sentais convalescent, sortant de quelque affreuse maladie. Ces onze mois de cauchemar, en vérité, m'avaient changé et en même temps mon Double les effaçait. C'était hier que je revenais de pêcher la truite en Normandie et que j'avais vu cette affiche... Depuis hier, tant d'événements superposés ! A présent je voulais agir. Mais pour agir il faut comprendre et pour comprendre il faut apprendre. Je voulais tout recommencer à zéro. Retourner à l'Ecole.

D'un côté, il y avait *mon* pays et sa ruine. De l'autre, le grouillement des Français qui s'accusaient les uns les autres. De Gaulle était condamné à mort par Pétain le « traître », lequel nous faisait entendre que tout cela était notre faute. Sartre, pour réagir contre cette fausse accusation, en écrivit *les Mouches*. De fait, on pouvait lire dans un journal :

> *Il y a eu le 6 février 1934, puis un essai manqué en 37 (répression du Front populaire), enfin cette guerre vient de percer l'abcès qu'il y avait eu en France...*

On ne cachait plus le coup monté !

Pour moi, c'était avant tout l'Esprit qu'il fallait sauver :

> Retour à l'intuition intellectuelle. Réforme de l'Occident. Retrouver, par un néo-christianisme aidé par l'Orient, les lois universelles et, cette fois, les assumer nous-mêmes (note de carnet).

Par-dessus cette faillite générale, il y avait l'occupation allemande, dictatoriale, antisémite, les premiers camps de concentration. L'esprit, autant que la guérilla armée, devait s'organiser dans la clandestinité. Donc, plus question de travailler ouvertement à des *Numance*, à la tête de l'Atelier.

Je pensais m'établir à Aix-en-Provence, si je réussissais à y entraîner Madeleine... Je me soignais la tête en remplissant mes petits carnets :

> Avant-hier, nous étions allés à la tombée de la nuit dans une petite église merveilleuse de simplicité, de gaieté et d'amour, jouer de l'harmonium. Le curé, un brave vieil homme capable d'allumer sa pipe à la flamme du Saint-Sacrement, tant il vit familièrement avec Dieu, nous a reçus franchement. Comme on lui demandait d'éteindre l'électricité pour mieux recevoir l'atmosphère du lieu, après une minute d'hésitation, il alla allumer un cierge, éteignit tout, puis alla prier... lui aussi. Minute intense. A l'harmonium : Marcel Landowsky.

Je me sentais écartelé entre Madeleine sans qui je ne pouvais plus vivre, un besoin forcené d'agir en accord avec mes pensées, et un avenir totalement inconnu...

Le destin m'attendait dans un couloir de la bibliothèque municipale. Entre deux lectures de *Saint Louis*, voilà que je rencontre le trésorier du Théâtre-Français :

— Vous êtes donc à Toulouse ?

— Eh oui, c'est là que j'ai échoué.

— Jacques Copeau vous cherche partout.

Jacques Copeau avait fait lui aussi le don de sa personne et avait accepté l'administration générale de la Comédie-Française. Il fut moins docile que Pétain et cela ne dura pas longtemps.

On a tendance à oublier l'état d'esprit dans lequel les Français se trouvaient en juin 40. La rapidité des événements, le caractère bizarre du conflit avaient plongé le pays dans une espèce de détresse hébétée. On ne comprenait pas. Le geste de Pétain fut reçu au début avec sincérité. Ne parlons pas de la « vision » à long terme du général De Gaulle. Nous nous étions sentis trahis de tous côtés. L'Angleterre à Dunkerque avait eu des réflexes de conservation légitimes mais brutaux. L'Amérique n'avait pas encore, sans doute, amorti ses livraisons d'armements. L'Italie avait été ignoble. La Russie, aux côtés de l'Allemagne, avait dévoré la Pologne. Le monde se réjouissait secrètement de la chute de l'Empire français. Quand deux loups se battent, celui qui est blessé se couche et présente sa carotide. Ce n'est pas par lâcheté mais par tactique. Ce geste produit un réflexe d'inhibition chez le vainqueur qui cesse le carnage et s'en éloigne après avoir levé la patte contre un arbre pour marquer sa supériorité. L'armistice, c'était le coup de la carotide offerte : mais les hommes sont bien plus cruels que les loups. Les Allemands, hélas, ne rentreraient pas chez eux. Sans songer à rien retirer au courage de ceux qui gagnèrent l'Amérique ou Londres, il faut constater que le peuple français devait survivre, le plus noblement possible, et c'était tout. Tous n'y réussirent pas mais beaucoup furent de vrais héros. *Invictis victi victuri* [1].

Revenons à Toulouse :

— Jacques Copeau me demande ?

— Oui. Il m'a fait parvenir un télégramme à votre sujet. Il veut vous engager au Français.

Le trésorier obtint mon *ausweis*. Je franchis la ligne de démarcation à Vierzon. Je voyais mes premiers Allemands dans leurs uniformes verts, bottés et casqués.

Le 16 août 40, je signai mon engagement pour un an. Copeau m'avait dit :

— Je veux que tu apportes un « sang neuf ».

Je retournais « à l'Ecole ». De plus, à l'école de Jacques Copeau, le créateur du Vieux-Colombier, l'instigateur de tout le mouvement théâtral moderne. J'allais vivre avec Madeleine. Tout ce à quoi, dans cette détresse, mon Etre aspirait à présent.

---

1. A ceux qui sont vainqueurs les vaincus disent qu'ils seront vainqueurs à leur tour.

La Comédie-Française

Paris 1940. Deux modes de vie. D'un côté : des automobiles, des uniformes et des « privilégiés ». De l'autre côté : métro, vélo, boulot.

Nous avions vendu nos voitures, la roulotte était partie depuis longtemps. Le couvre-feu était à 22 heures ou 22 h 30, je ne me rappelle plus très bien. La situation fut rapidement très claire. Desnos et Jeanson firent un essai loyal en écrivant au journal *Aujourd'hui* un article qu'ils intitulèrent « La Revanche des médiocres ». Ce fut leur dernier article. La preuve était donc faite : il n'était plus question de continuer à travailler au *Procès* de Kafka !

Quand on rabat un arbre, il se fortifie en racines. Après le « fauvisme » de l'Atelier, après l'émancipation du surréalisme, j'étais prêt à recevoir la greffe classique du Français.

Pour beaucoup de mes camarades, je trahissais. Pour certains, j'avais en fait la terreur de cette liberté qu'ailleurs je proclamais. Une forme de lâcheté, quoi ! un manque de caractère.

D'abord, ils oubliaient Madeleine. L'amour, c'est l'amour. Pardessus l'art, il y a la religiosité de la vie, sans quoi l'art n'existerait pas. Après un an de séparation qui m'avait été intolérable, nous allions pouvoir vivre ensemble, ne faire qu'*un*. Je me suis suffisamment expliqué sur ma conception du couple ou de l'Etre unique. Nous allions jouer ensemble, partager les mêmes soucis, les mêmes épreuves, les mêmes espoirs, le même Destin.

> *Etions deux et n'avions qu'un cœur.*

Par ailleurs, comme au moment de *Numance*, je cherchais des « vérifications ».

Ma nature craintive, d'orphelin peut-être, m'a souvent donné un complexe d'infériorité. Est-ce que les bêtes de la forêt sont lâches quand elles sont craintives ? Est-ce que le loup qui dresse les oreilles et recourbe la queue, est-ce que le puma qui se cache dans un fourré manquent de caractère ?

145

Bien que la vision poétique que j'avais de mon art se fût approfondie au cours de ces onze mois de réflexion forcée, je pressentais mes manques. C'est vrai, je voulais tout recommencer, repartir à zéro. Quelle plus belle école, après Dullin, Decroux et Artaud, que cette « Maison de théâtre » dont la date de naissance remontait à 1680 ? Plus vieille encore que nos vignes de Beauregard ! J'aime la vie et c'est dans la vie que je veux puiser la substance de cet art.

Je n'aime ni les idées qui s'annulent les unes les autres, ni le jeu de la politique qui ne sert qu'à quelques-uns. J'ai le cœur à gauche, c'est tout. Et la vie, je le répète, est une trinité — appelez cela trinité chrétienne ou ternaire de la Kabbale, ou, si vous êtes biologiste : l'invariance, la téléonomie et la sélection. Pour moi, la vie est l'équilibre obtenu par le roulement sur elles-mêmes de trois forces : le besoin, le désir et la liberté. Trois injonctions permanentes qui grouillent dans notre Etre. Déséquilibrés, le besoin devient égoïsme, le désir devient agitation, la liberté devient licence. Autrement dit : l'excès à droite, l'excès à gauche et la désertion. Ni les uns ni les autres ne sont la *vie*.

Après le déracinement provoqué par cette catastrophe mondiale, j'éprouvais le besoin de me replanter. Trahir ? Trahir qui ? Les idées ? Les politiques ? Laissons-les se trahir elles-mêmes. Travaillons à fournir de la vie. Aussi bien est-ce un chemin très valable pour atteindre les objectifs fixés par ces idées et par les politiques. Que de fois ai-je pu vérifier, depuis, l'efficacité de ce chemin ! Surtout quand, avant tout, il mène à *l'homme*.

Le désir ? Il s'était aiguisé. Je voulais de plus en plus voir clair dans mon métier, jusqu'à l'évidence. Toujours le sixième sens. Il existe dans la philosophie Zen un petit livre dont je ne m'éloigne jamais : *le Tir à l'arc dans la chevalerie Zen*. Un bon tireur ne peut atteindre la cible que si, au lieu de viser « cérébralement », il *devient* l'arc, s'identifie avec lui ; que si tout son corps se tend et que sa respiration devient flèche. Alors, même dans la nuit, il atteindra la cible. C'est toute la différence qui existe entre l'esprit spéculatif ou de rendement et la vocation d'un métier. L'un nous entraîne vers la société de consommation, l'autre vers un monde civilisé. Donne tout afin de tout recevoir. Tu ne seras « payé » que si, dans ton esprit, tu étais prêt à travailler pour rien. On dit : être payé de retour. Avant de *profiter* du retour, il faut *offrir* l'aller. La loi de l'échange a besoin d'être amorcée par un acte d'offrande. L'art du théâtre s'était en moi confirmé : « La poésie de l'espace par le moyen de l'être humain. »

Avant de pouvoir aller plus loin, je voulais chercher certaines vérifications dans les classiques. Déjà, Proust, quand il décrivait les acteurs qui entouraient la Berma (Sarah Bernhardt), avait écrit :

> *Le geste de ces artistes disait à leurs bras, à leur peplum : Soyez majestueux. Mais les membres insoumis laissaient se pavaner entre l'épaule et le coude un biceps qui ne savait rien du rôle.*

Encore une petite clef ramassée sur ma route et qui me convenait à merveille.

En outre, je n'avais plus aucun entraînement. Comme un accidenté, je devais passer par une période de rééducation, c'était là *le besoin.* Enfin, intervenait ma nature génétique : ma fibre paysanne m'a donné le goût du « professionnel ».

Et puis, après tout, il arrive dans les romans d'aventures que les coureurs de grands chemins se réfugient dans les couvents, surtout dans ceux où vit une « sœur Madeleine » !

Quant à *la liberté* ? Nous en reparlerons souvent. Avec l'âge, elle me hante de plus en plus. Toutes les philosophies et les psychanalyses ne m'en ont pas ôté le goût. Disons pour le moment que la liberté, pour moi, c'est la faculté d'être constamment en accord avec soi-même. C'est également la faculté de choisir ses contraintes. En acceptant de me remettre en question sur la scène du Français, j'étais profondément en accord avec moi-même et je choisissais mes contraintes. Au demeurant, cela ne m'empêcha pas de vivre la vie de Paris et les épreuves de l'occupation. Sur le plan de l'amitié, je dédie cette période à Robert Desnos : nous nous rapprochâmes de plus en plus.

Peut-être ai-je déjà dit que j'aime la cérémonie de la table. Le repas est pour moi une sorte de rite qui relève du sacré : encore un héritage de mes ancêtres. J'aime les coutumes et l'on en trouve beaucoup dans la vie quotidienne du théâtre. Celles du Français me plurent aussitôt. Quand je gravissais l'escalier qui menait au niveau de la scène, je ne manquais jamais de faire une courte station devant le buste de Molière, de le toucher du bout des doigts ou de lui déposer un petit bouquet de violettes.

Je respectai le protocole en me présentant au doyen. J'ignorais qu'il fallait également se présenter à la doyenne (en dehors de

147

toute courtoisie que l'on doit au sexe féminin). Elle me le fit sentir...

Le protocole allait même un peu loin. Les pensionnaires n'étaient qu'à l'année. Les sociétaires étaient à vie. Ces derniers avaient droit à l'ascenseur, pas les autres. Cela ne dura d'ailleurs pas longtemps.

Les intrigues étaient célèbres. On avait coutume de dire que « la Société des Comédiens français était une grande famille... comme les Atrides » ! J'y ai pourtant connu de grandes camaraderies. Il est vrai que certains ne s'adressaient pas la parole. Mais, une fois en scène, tout le monde se réconciliait. J'appelle ça la loi du cirque : la fraternité dans le combat. Pour comprendre les divergences régulières dont souffrent les Comédiens français, il ne faut pas oublier leurs origines : fruit de la fusion de la troupe de Molière [1] et de celle de l'hôtel de Bourgogne, ils ont un « code génétique » bifilaire. Tantôt c'est le style « jeune compagnie de campagne » qui prime, tantôt il y a crise de noblesse, de solennité. Rares sont les moments où l'altitude est suffisante pour mettre tout le monde d'accord.

Jusqu'en 1914, l'or valait son poids, il n'y avait ni cinéma, ni radio, ni télévision, et l'art dramatique n'avait pas d'autres branches que celle du théâtre : la Société des Comédiens français équilibrait d'elle-même son budget. Après la première guerre mondiale, l'Etat dut la renflouer chaque année. Elle devint minoritaire. Plus le Français avait besoin de l'Etat, plus les intrigues politiques s'infiltraient et détérioraient le système. C'est le drame de la « Maison ».

Plus tard, quand je fus sociétaire, je devais déposer un rapport dans lequel je préconisais ceci : la Société des Comédiens français ne retrouverait son équilibre qu'en rassemblant dans une même activité toutes les branches de l'art dramatique : théâtre, cinéma, radio, télévision. C'est encore aujourd'hui ma conviction. Surtout avec le développement des « cassettes » et les perspectives de l'enregistrement sur vidéogrammes. Je crois d'ailleurs que l'actuelle Comédie-Française s'y prépare.

---

1. Molière, mort en 1673, n'a jamais appartenu au « Français », créé en 1680, mais c'est à Molière que l'on doit cette communauté théâtrale. En quoi il est « le Patron ».

Le Cid et Hamlet

Je fis mes débuts dans *le Cid*. Ce fut une catastrophe. J'étais bien trop « léger », j'entends comme catégorie de boxeur. *Le Cid* de Corneille n'est pas le torero espagnol de Guilhem de Castro, que protège le surnaturel. C'est un bœuf normand. Entre Marie Bell, magnifique Chimène, et Jean Hervé, le vieux Don Diègue, fort comme un Turc, j'avais l'air d'un criquet. Jean Hervé, qui rageait de ne plus jouer Rodrigue, me secouait comme un prunier. Vraiment, il n'avait pas besoin de son fils pour estourbir le Comte [1].

« Ce coup d'essai n'est pas un coup de maître », écrivit mon vieux camarade André Frank qui avait lutté à mes côtés, jadis, dans *Tandis que j'agonise*. Copeau eut l'idée de fixer la première du *Cid* au 11 novembre, anniversaire de l'armistice de 1918. Pour les Allemands, ce n'était pas le bon. Avec la complicité des étudiants, cela tourna en véritable manifestation patriotique. Copeau fut renvoyé dans ses foyers. Son courage était exemplaire.

Mes seconds débuts dans *Hamlet* furent plus heureux. Cette fois, il s'agissait de celui de Shakespeare. Granval avait bien voulu me mettre en scène et me faire travailler. Le rôle était de « mon poids ». L'angoisse, la fragilité, le dédoublement, l'humour noir, l'esprit libertaire, tous ces traits me permettaient de m'en sentir proche. Je le dansais toutefois un peu trop. J'ai toujours aimé « danser » mes rôles. C'est « ma pire complaisance », comme dit Delacroix. Mais cela me fait tant plaisir, sur le moment !

> *Je tire tant de joie directement de mon travail, que je ne peux me formaliser si les gens n'aiment pas ce que je fais* (J.-S. Bach).

Citation dangereuse qui m'a souvent servi d'excuse aux fautes que je commettais voluptueusement.

J'avais trente ans. J'ai joué *Hamlet* pendant plus de vingt-cinq ans. Il est mon ami, mon frère. J'en ai tenté l'ascension par toutes les faces, mais il est inaccessible. Je l'entrevois comme la cristallisation suprême de ma nature : le héros de l'hésitation supérieure. Mais il me file entre les doigts :

> *Like a camel, like a weasel, like a whale !*

1. Il fallut attendre dix ans pour que Gérard Philipe triomphe de ce problème.

Pour Rosencrantz et Guildenstern, j'étais allé chercher deux jeunes élèves du Conservatoire, marqués autant pour le physique que pour le talent par la baguette magique du théâtre : Jean Desailly et Jacques Dacqmine. Ils devaient devenir deux piliers de notre Compagnie. Grâce à *Hamlet*, je me fis admettre dans la « profession ».

Ce fut Marie Bell qui me procura la plus belle occasion de recevoir la greffe de l'art classique. Elle voulait depuis longtemps jouer *Phèdre* : déjà, du temps d'Edouard Bourdet, Jean Hugo avait dessiné la maquette du décor. Elle demanda à Jean-Louis Vaudoyer, le nouvel administrateur, de m'en confier la mise en scène. Que l'on confiât une mise en scène aussi importante à un jeune pensionnaire était une nouveauté devant laquelle J.-L. Vaudoyer, homme courtois et cultivé, ne recula pas. Ce fut pour moi un enrichissement capital. Là, je pouvais mettre mes convictions à l'épreuve : elles en sortirent renforcées.

Phèdre

Dans *Mon cœur mis à nu,* Baudelaire dit :

> *Ce que j'ai toujours trouvé de plus beau dans un théâtre, dans mon enfance, et encore maintenant, c'est le lustre, un bel objet lumineux, cristallin, compliqué, circulaire et symétrique...*

Dans le temple du théâtre classique, *Phèdre* tient la place du *lustre*. Mahelot, le décorateur du temps, précise : « La scène est un palais voûté, une chaise pour commencer. » J'appliquai l'indication à la lettre. Après la première confession de Phèdre, la confidente enlevait la chaise. La tragédie se jouait debout. Les hommes étaient pieds nus. Les costumes : de style crétois. Le soleil, de l'aube à la nuit, suivait sa trajectoire. J'ai écrit tout un livre sur *Phèdre*.

Qu'il s'agisse de l'aventure poétique de Racine, comparable à la *Saison en Enfer* de Rimbaud,

qu'il s'agisse du récitatif qui est un élargissement lyrique de l'âme : une extralucidité onirique,

qu'il s'agisse des combinaisons rythmiques très riches de l'alexandrin ; de la métrique de la langue française parlée ; des gammes de respirations,

qu'il s'agisse de la cristallisation des gestes en fonction de la cristallisation du verbe prosodique, qu'il s'agisse des déplacements de la voix,

qu'il s'agisse de la tragédie qui apparaît au moment où l'instinct de conservation est dépassé,

qu'il s'agisse de ce défi à la mort qui exige une super-vitalité,

qu'il s'agisse enfin du recours au rythme pour surpasser l'atmosphère du drame,

avec *Phèdre,* je retrouvais de façon éclatante l'application de tout ce que j'avais jusqu'alors pensé de l'art dramatique : utilisation de la respiration, le rêve éveillé, la plastique buccale, l'art gestuel, le rythme, etc.

L'étude de *Phèdre* devait me marquer pour toujours : élixir alchimique des secrets de notre art. Quintessence de la Poésie théâtrale : Amour, haine, agressivité, théâtre de la cruauté. Racine m'apparut comme le plus musicien des poètes français. Je fis une étude des mouvements symphoniques de *Phèdre.* J'en décomposai la métrique comme pour une tragédie grecque. Je l'étudiai tellement que je pus un jour, dans un couvent de dominicains, en faire lecture sans recourir au texte. Les 1654 vers me sortaient de la peau.

Je revins de cette plongée plus convaincu que jamais.

Jean-Paul Sartre

Avec la réussite de *Hamlet* et l'expérience révélatrice de *Phèdre,* j'avais retrouvé ma force et, avec elle, mes démons. L'angoisse reparut. Les troubles me rongèrent de nouveau. « Ma bête » entendait l'appel de la forêt. Madeleine qui, toute notre vie, aura été la compréhension même, me laissait souffrir en proie à toutes sortes de tourments.

J'avais fait la connaissance de Jean-Paul Sartre. *La Nausée, le Mur,* dès leur publication, m'avaient enthousiasmé. Nous nous voyions très fréquemment. Son influence sur moi fut grande, mais j'en retiens surtout ces quatre points :

1. Les émotions sont des conduites.

2. Le théâtre est l'art de la justice.

3. Les rapports de « Soi » et des « Autres » constituent le drame essentiel de l'existence.

4. L'homme, à un moment donné, quelle que soit sa vie, est *libre.*

Je vérifiais dans sa philosophie existentialiste le troisième élément du ternaire de la vie : la liberté dans le choix — élément que Jacques Monod, dans son livre *le Hasard et la Nécessité,* confirme sur le plan biologique, et qui m'avait déjà frappé dans le ternaire du Destin selon Eschyle.

Eschyle, Sartre, Jacques Monod : ce sont des références ! Et quelle vérification de mes pressentiments de jeune homme ! Pour ceux qui contesteraient encore le droit à la liberté, je hasarderai ceci : la liberté, tenant compte de la mémoire, n'est-elle pas sœur de l'imagination ? La faculté de jongler *à sa guise* avec les perceptions passées en vue des rencontres futures ?

Sur la liberté.

Je regrette que Sartre n'ait jamais traité le sujet qu'il avait élaboré et intitulé *le Pari*. Un couple de personnes « déplacées » moisit dans une salle d'attente de gare. La femme est enceinte. L'homme veut la faire avorter. Elle résiste.

Lui : Si l'enfant doit avoir la vie que nous avons, autant le supprimer tout de suite !

Elle : Je parie qu'il s'en sortira.

Ils se disputent. Coup de tonnerre. Un personnage surnaturel apparaît en même temps que tout un décor en alvéoles, rappelant un peu les « mansions » du Moyen Age. Le destin de l'enfant est prêt. Sa vie est devant nous, avec les personnages qu'il doit rencontrer. Lui seul n'est pas là. L'existence qui l'attend sera atroce. Il mourra fusillé. Noir. Le personnage surnaturel disparaît.

Les parents, restés seuls, connaissent à présent le sort de leur enfant. Cette vie lamentable donne raison au père : « A quoi bon vivre ça ? » Mais la jeune mère s'obstine : « Je parie qu'il s'en tirera. » « Mais puisque rien ne peut être changé ! » « Il s'en tirera, je te dis. » « Eh bien, fais-le, ton gosse ! »

Deuxième partie : Les « mansions » se rallument. La même vie et les mêmes personnages sont là. Cette fois, *lui* est là aussi. Il ne change rien aux *faits* de sa vie, mais, par son comportement, il les transforme, les transfigure. Il finira comme il était prédit : fusillé. Or cette vie, au lieu d'être sordide, il l'a rendue magnifique. Grâce au sens de la liberté.

Des émotions.

Je recommande l'étude remarquable de Sartre sur la phénoménologie des émotions. Succinctement : les émotions ne sont pas des états qui viennent s'ajouter gratuitement à nos comportements, les émotions sont des *conduites.*

Je pensais déjà que tout est utilitaire, même le jeu. Sartre apportait à cette opinion une confirmation qui s'étendait même aux émotions. L'émotion est une conduite extrême, de dernier ressort, un cas-limite du comportement. Si quelqu'un m'est hostile, je gonfle ma poitrine, je grossis ma voix, je me mets « *en colère* ». En fait, je me fais plus fort que je ne suis. J'ai recours à une conduite « magique ». Si quelqu'un est dangereux, je m'évanouis : je me fais disparaître *par peur,* ou bien je sifflote et je transforme artificiellement le danger en plaisanterie. Si je suis dépressif, je détourne la tête contre la surface grise d'un mur, j'oublie, je supprime la situation, *par tristesse,* etc.

Quand Théramène raconte la mort d'Hippolyte, son récit se veut d'autant plus long que tant qu'il parle de lui, Hippolyte vit encore. Le récit de Théramène retarde la mort d'Hippolyte. L'invention des récitatifs en tragédie résulte d'une conduite émotionnelle, conduite extrême au cours de laquelle on se remet magiquement en communication avec le sujet.

L'invention de la représentation dramatique — autrement dit : l'art du théâtre — est due à une conduite collective émotionnelle qui consiste à se rassembler en un lieu pour combattre les sensations de solitude et d'angoisse et pour « représenter » — c'est-à-dire revivre d'une façon supportable — les grands problèmes de la vie, singulièrement les rapports constants que nous entretenons individuellement avec les « autres ».

Théâtre : art de « soi » et des « autres ». Art de justice.

Sur ce troisième point, Sartre m'apportait ses lumières. Ses analyses étaient d'une intelligence éclatante. Elles précisaient et renforçaient mes convictions [1] et il en fut de même à propos de la notion de *théâtre : art de justice.* Pour moi, elle dépassa rapidement la justice des Idées, celle des camps politiques, pour atteindre la « justice biologique » de la vie — autrement dit : la justesse.

Les démesures, les passions, les questions de droit, égoïstement défendues, déséquilibrent la vie qui roule sur elle-même. Les hommes qui ont sacrifié une bonne partie de leurs instincts au profit d'une intelligence discutable ne cessent de fausser, de détraquer la

1. Précédemment exposées.

mécanique de la vie. Ils confondent trop souvent la fonction, le jugement de valeur et la connaissance.

C'est en confrontant dans un lieu déterminé (la scène) toutes ces démesures, ces passions, ces prétentions au droit, que les hommes « règlent leurs comptes ». Il en résulte, quand le jeu est honnêtement mené, un nettoyage collectif, un repassage de tous les mauvais plis, un *réajustement* de la balance : un acte de Justice. Nous découvrons là l'utilité sociale du théâtre. Le théâtre devient un art d'intérêt public.

Un spectateur, un jour, avait écrit à Dullin : « Une bonne pièce est une pièce qui va quelque part. » Ce « quelque part » est, me semble-t-il, ce terrain où l'on règle les comptes et où *la vie rend la justice* ; encore une fois : rétablit la justesse de la mécanique.

Dans notre condition précaire d'êtres vivants, plus ou moins étranges mais tous condamnés à la destruction, ce qui est *juste,* c'est ce qui soutient la vie, ce qui est *injuste,* c'est ce qui la détériore. Le théâtre est le jeu, c'est-à-dire l'entraînement physique le plus apte à montrer ce qui est juste et ce qui est injuste, ce qui soutient et ce qui détériore. Il peut dès alors être considéré comme la véritable science du comportement humain.

Le sociétariat

La vie professionnelle au Français, ces débuts convenables grâce à Shakespeare, la confirmation de toutes mes convictions grâce à Racine et à Sartre, m'avaient rendu la santé. Ma foi n'était plus fumeuse, elle était à présent concrète. Les ramifications si disparates de ma formation convergeaient en un même chemin, large, clair et dense : le théâtre complet, le théâtre total, le théâtre art de l'*homme*. Ma devise devint : « Sur l'homme, par l'homme, pour l'homme. » Et, du même coup, mes démons se réveillèrent : avoir un théâtre, être responsable d'une troupe !

Je n'étais pas malheureux au Français, je l'ai dit : j'aime l'artisanat. Mais j'étais inassouvi. Je ne travaillais pas assez.

Sartre avait écrit *les Mouches.* Il me proposait d'en assurer la mise en scène. J'avais *le Soulier de satin* dans la tête, et Sartre l'admirait beaucoup. Il m'en récitait des vers, celui-ci notamment :

Eh quoi, il ne connaîtra point ce goût que j'ai ?

Jouvet était parti en Amérique du Sud. Pierre Renoir gardait l'Athénée sans savoir qu'y faire. Je demandai à Renoir de nous accueillir à l'Athénée. Sartre avait trouvé un commanditaire qui s'appelait Néron ! Tout le monde était donc d'accord pour l'Athénée, pour *le Soulier de satin* et pour *les Mouches*. Mais les Comédiens français, de leur côté, me proposaient le sociétariat. N'oublions pas l'occupation qui, malgré notre égoïsme passionnel (les artistes ont l'irresponsabilité des possédés), nous conditionnait salement. J'étais une fois de plus écartelé. Alternativement forcené, craintif, révolté et hésitant. De plus, mon choix ne portait que sur des choses importantes. Au Français, j'étais le plus possible à l'abri des occupants et de leurs correspondants politiques nationaux (c'étaient les plus dangereux). Hors du Français, je risquais de ne pouvoir mener jusqu'au bout « notre action ». Cependant, il y avait Sartre, *les Mouches, le Soulier,* tout ce qui m'attirait.

Ici la chronologie se perd. J'eus un accrochage avec Sartre à propos de la distribution des *Mouches* et de nos méthodes de travail. Son comportement fut courtois mais sans concession. Les capitaux de Néron perdirent du poids. Le projet *Athénée* s'écroula. J'étais atteint. Cependant, il me semble que je continuai à refuser le sociétariat. Cela signifiait donc : partir tout de même. *Volontairement,* m'éloigner de Madeleine, alors que la vie nous avait miraculeusement réunis. Il y avait dans cette décision quelque chose « d'attentatoire » (mot dont André Gide, avec son regard diabolique, aimait à se gargariser). Cependant, mes démons ne cessaient de me harceler. Avec Jean-Marie Conty, Roger Blin et quelques autres amis (Rouleau, Bertheau, Jean Servais, je ne me rappelle plus très bien), nous avions créé l'E.P.J.D. (Education par le jeu dramatique). Cela consistait à aller dans les écoles, à entrer en contact avec les élèves, à leur faire faire des improvisations bien orientées grâce auxquelles, à l'occasion, nous pouvions avoir une action antigouvernementale. Une sorte d'esprit de résistance auprès des jeunes. Oh, bien modeste, mais qui pouvait avoir des suites.

Rester au Français, c'était me confiner dans une citadelle esthétique. Sortir du Français, c'était entrer dans la mêlée sociale, des idées et de la politique. Desnos, qui me connaissait bien, me déconseillait la mêlée :

1. Je n'y connaissais rien (c'était vrai).

2. Au fond, je n'aimais pas ça (vrai aussi, mais il y avait peut-être d'autres chemins ?).

3. Faisant de plus en plus de cinéma, ma tête était trop connue. Je pourrais devenir dangereux pour les autres.

J'étais tout de même tenté. Tiraillé entre tant de choses « capi-

155

tales », je me trouvais fort malheureux. Les comités de fin d'année arrivèrent. Il fallait se décider.

— Acceptez-vous le sociétariat ? me demanda un jour André Brunot, notre doyen. Nous devons examiner votre cas cet après-midi.

— Non, répondis-je, les larmes aux yeux.

C'était fini. Je quitterais la Comédie-Française. J'aurais plus de mal à vivre étroitement avec Madeleine. Je repartirais pour un monde inconnu ou avec lequel je n'étais pas toujours d'accord dans les domaines qui m'étaient familiers. Qui me poussait à agir ainsi ? L'opinion de mes amis ? La convention non conformiste ? Une envie véritable ? La peur de me lier pour toujours ? N'oublions pas aussi que le sociétariat correspondait à des sortes de « vœux » : je m'engageais à vie, je n'aurais jamais le droit de m'en aller. Le comité pouvait simplement me mettre à la retraite au bout de vingt ans !

Tandis que l'on tablait sur mon cas dans la salle du comité (Madeleine en faisait partie, étant devenue la doyenne [1]), j'avais rejoint un ami à la brasserie de l'Univers. Nous envisageâmes l'avenir. Soudain, d'une manière fulgurante, celui-ci m'apparut si amateur, si peu professionnel, si artificiel, intellectuel et naïvement prétentieux (comme tout esprit « amateur »), que je fus saisi de panique. Prétextant n'importe quoi, je quittai mon ami, traversai la place en courant, me présentai aux huissiers, fis passer à l'administrateur un mot dans lequel j'acceptais le sociétariat. Peut-être était-ce à présent trop tard ?

Cinq minutes s'écoulent. La porte s'ouvre. Les membres du comité, en dépit de la coutume, veulent recevoir leur nouvel associé. J'entre. Mon émotion est grande. Mes camarades aussi ont les yeux humides. Effusions qui, dans tout autre « comité d'administration », auraient pu paraître déplacées mais qui, dans une société de comédiens, devenaient naturelles puisque notre condition est de vivre en écorchés. Brusquement je recule, le dos au mur, et leur montrant le poing, je crie :

— Attention, à partir d'aujourd'hui, je vais vous en faire baver !

Exclamations joyeuses. Rires affectueux. Je sors et tout rentre dans l'ordre. La date ? Disons : fin 42.

Moi qui avais rêvé d'avoir un théâtre et une troupe, je venais d'opter pour la Comédie-Française. Est-ce à dire que j'en voulais faire *mon* théâtre et de l'illustre compagnie *ma* troupe ? Sincèrement, je ne le crois pas. A la réflexion, il me semble qu'il y a en moi

---

1. Les doyens sont les plus anciens sociétaires, non les plus âgés !

un mélange d'artisan, d'anarchiste et de dominicain. Par mes origines paysannes, j'aime à savoir « où je mets les pieds ». Je suis porté vers le « métier », vers la technique. Par le choix de mes conduites, j'aime sauvegarder ma liberté jusqu'à en paraître libertaire. Par angoisse de la mort, j'ai la boulimie de la connaissance et du « plus être », le sens du don de soi : « Tout donner et tout recevoir » (*le Personnage combattant,* Jean Vauthier) — « Tout connaître afin d'être tout connu » (*Partage de Midi,* Paul Claudel).

Encore le ternaire : besoin, liberté, désir.

Le dominicain venait de prendre le dessus. Le dominicain et aussi l'artisan.

Cette fois, ma « trahison », dans l'esprit de mes amis, fut consommée. Sartre, à qui j'avais demandé un ultime conseil — nous étions restés bons amis —, m'avait répondu :

> Je pense qu'un homme comme vous, qui a au moins une idée neuve par jour, était fait pour essayer du neuf dans toutes les directions, devait être son propre maître et n'engager à chaque fois que lui-même. Je me permets de vous faire part de ces réserves, parce que vous avez eu la gentillesse de me demander mon avis. Vous me parlez aussi de lutte et de combat, mais je ne vois pas tant l'œuvre d'art comme un combat que comme une réalisation. J'ai peur qu'il ne vous faille beaucoup combattre pour réaliser peu.

Dullin, quant à lui, m'écrivit :

> Relis l'adorable fable de La Fontaine *le Loup et le Chien,* et me connaissant, tu comprendras toute ma pensée. La forme de théâtre que j'ai toujours défendue est peut-être la plus proche de toutes celles que devrait défendre « le Français », et cependant elle en est la plus éloignée du fait des contraintes imposées par de fausses traditions et un conformisme *d'état.* Il est très bien, à ton âge, en pleine force, de porter la lutte dans la citadelle même. Mais chaque concession que tu seras obligé de faire se retournera contre toi, bien plus durement que dans ton propre théâtre, à moins que ton ambition ne se tourne uniquement vers ton métier d'acteur que, évidemment, tu peux exercer avec un maximum de sécurité. Bon travail et bonne chance, mon cher Barrault.

Dullin avait bien compris : je désirais porter la lutte « dans la citadelle même ». Encore fallait-il maintenant le prouver.

Il me restait Claudel. L'homme qui, en son temps, avait également « trahi les poètes sans poches », parce qu'il voulait crier avec Tête d'Or :

157

Faire, faire faire. Qui me donnera la force de faire ?

Je me demande aujourd'hui si le Claudel que je portais déjà en moi ne m'avait pas secrètement influencé — bien malgré lui, car il vivait en zone libre et nous avions peu de contacts directs. Mais n'y avait-il pas en lui aussi de l'artisan, de l'anarchiste et du dominicain ?

Je me demande également si, à ce moment-là, je ne cherchais pas, à travers son œuvre, congénitalement, un *nouveau père*.

En tout cas, mon honneur se trouvait engagé. Il serait défendu par *le Soulier de satin*. Sur ce point, Desnos, mon Boileau, mon Pylade, mon ami, mon frère, mon défenseur, m'encourageait totalement.

Le Soulier de satin

L'historique du *Soulier de satin* est suffisamment connu. En fait, comme l'aurige qui conduit plusieurs chevaux à la fois, nous agissons en simultanéité. Dès 1941, j'avais relancé Claudel. Il m'avait répondu : « Quel bonheur et comme je serais heureux de travailler avec vous ! » Mais *Tête d'or* lui donnait la « chair de poule ». *Le Soulier de satin* ? Quel travail ! Ne pourrions-nous pas commencer par *Christophe Colomb* ?

Moi, je voulais *tout* d'un seul coup, et je m'obstinai sur *le Soulier de satin*. Desnos, dans la coulisse, m'encourageait. D'un côté, au moment du projet de l'Athénée, Sartre était d'accord, de l'autre, J.-L. Vaudoyer voulait bien faire du « forcing » sur les Comédiens français. Le camp des « modernes » était enthousiaste. L'autre, plus réticent...

Tandis que je poursuivais mes efforts pour faire admettre *le Soulier,* je passais par toutes les affres que je viens de décrire. Un voyage à Brangues, avec un *ausweis* pour franchir la ligne de démarcation (ô ironie, c'était Tournus !), cinq jours passés avec le Maître à tout décortiquer, comme deux enfants, avaient suffi : je repartais avec une lettre d'assentiment dans laquelle le poète nous autorisait à donner *le Soulier de satin* en deux soirées de trois heures.

Peu de temps auparavant, à Marseille, j'avais « essayé » la pièce à la radio : quatre émissions d'une heure et demie pour chaque journée. C'est là qu'avec Madeleine nous avions rencontré Gide qui allait se réfugier en Tunisie, et c'est à ce moment-là que je l'avais décidé à terminer la traduction de *Hamlet* commencée vingt ans avant. Voici ce que, dans son *Journal,* Gide note à propos de cette rencontre :

5 mai 1942

> *Je les ai revus tous deux, la veille de mon départ ; déjeunant tous trois, invité par eux à un fort bon restaurant sur la place où vient commencer la large avenue du Prado. Barrault m'invite instamment à achever pour lui ma traduction de* Hamlet *; et je lui fais si grande confiance que je voudrais aussitôt me mettre au travail. J'apprends avec un vif plaisir qu'il est intimement lié avec Sartre.*

Je rapportais donc, victorieux, la lettre d'acceptation de Claudel. Je repasse par Tournus. Les Allemands nous fouillent. On trouve ma lettre. On la déchire en petits morceaux que l'on jette dans le couloir. Le train repart. Tout en maugréant, avec ce calme insolite qu'on peut rencontrer chez un fou, je ramasse les bouts de papier : il n'en manque pas un seul. C'est aujourd'hui une relique.

Il me restait à persuader le comité de lecture. Deux séances sont prévues. Comme je veux non seulement lire la pièce mais la jouer pour expliquer la mise en scène, je demande une dérogation : cela ne se passera pas dans la salle du comité, autour du tapis vert traditionnel, mais au foyer des artistes. Les sociétaires me passent cette fantaisie. Et voilà que, pour lire, je retire ma veste ! Jamais les murs de la docte maison n'avaient assisté à pareille audace. Trois heures de lecture pour cette première soirée : cette partie de la pièce est reçue à l'unanimité, moins une voix (celle d'un sublime acteur qui fut formidable dans *le Soulier,* mais qui avoua n'y comprendre absolument rien).

La moitié de mon *Soulier* était admise. L'autre moitié, quelques jours plus tard, fut refusée. Il fallait tout recommencer. Avant de retourner à Brangues, j'obtins du comité l'admission d'avance en échange d'une réduction du tout à une seule soirée de cinq heures. Cinq heures ! Jamais vu ça ! et en pleine occupation, avec le couvre-feu à dix heures trente. Fou ! Nous commencerons à cinq heures trente.

Le comité, toutefois, accepte le projet. Le vote est décisif. Je repars pour Brangues. Escale à Lyon. Puis, à l'aube, le tortillard pour Morestel. Puis une marche de six kilomètres, plein d'espoir et d'appréhension. Mon éternel sac sur le dos, je scandais mes pas sur cette route riante qui serpente à travers les quinconces de peupliers, les jeunes avoines et les herbages. Au rythme de la marche, mon esprit s'enivrait, je parlais tout haut, je riais, les larmes me venaient aux yeux de sentir à ce point, dans mes veines et tout près de moi, la Vie. J'ai une nature fondante : c'est comme ça. Un *Soulier de satin,* irréel encore, voltigeait autour de moi comme une mouette escorte un bateau, un bateau ivre, et « je devins un opéra fabuleux [1] ».

Au bout d'une petite route de terre : la grille ; derrière elle, encadré par une nef de platanes, le gros château et, tapi dedans, le Maître. Il se laissa persuader. Il n'y avait plus qu'à passer à l'action. Ce ne fut pas facile ! Un seul point clair : l'acceptation, sans réserve, pour la musique, de Honegger. Quel homme délicieux ! Ce fut le début d'une longue et fraternelle collaboration. Pour les décors et les costumes, Claudel voulait José-Maria Sert. Moi pas : trop décoratif, trop immédiatement baroque. Il me semblait que la pâte de Rouault correspondait à la bouchée intelligible du verbe de Claudel. Je le proposai. Cette fois, la réaction fut surprenante :

— Je ne veux à aucun prix de ce barbouilleur que j'ai en abomination !

J'avais bien ma petite idée derrière la tête ; mais les Halles m'avaient appris qu'il faut faire mûrir le client avant de lui présenter la marchandise. Nous retournions dans notre tête la liste des peintres. Claudel, dont le côté Turelure faisait parfois penser au père Ubu, me dit :

— Quel dommage que les peintres aient si peu d'imagination ! Regardez Cézanne ! Il n'a jamais peint que des pommes !

De l'humour, il en avait à revendre [2].

Quand il fut « à point », comme un taureau qui a reçu sa décoction de banderilles, je passai à l'estocade et lui fis accepter mon ami Lucien Coutaud.

Pour mener à bien cette aventure, il me fallait non seulement des talents, mais aussi des amis.

Depuis l'adhésion enthousiaste du comité, chaque sociétaire avait repris son rythme de croisière. Par trois fois les répétitions com-

---

1. Rimbaud.
2. Sous l'atelier de Honegger exerçait un médecin spécialisé dans les maladies vénériennes. Un jour, arrivant tous deux sur le palier, Claudel me montre sur la porte la plaque du docteur et récite le vers de Phèdre : « C'est Vénus tout entière à sa proie attachée. » A un concours de l'Ecole des Beaux-Arts, une année, le directeur lui avait proposé de donner le sujet de composition pour le concours de peinture. Il envoya : « Illustrez le célèbre vers de Racine : « Hippolyte étendu sans forme et sans couleur. » Décidément, il aimait *Phèdre*... et le canular.

mencèrent, par trois fois il ne vint personne. J'étais comme Charlie Chaplin devant sa danse des petits pains. Desnos, qui connaissait les hommes, m'avait dit :

— Mets-les dans les frais.

Avec la complicité de Vaudoyer, qui fut admirable de ténacité dans cette action « révolutionnaire », j'avais aussitôt commandé la réalisation de certains décors. Après la troisième tentative de répétition, elle encore manquée, je réclamai non seulement la réunion du comité d'administration, mais que s'y joignissent les principaux interprètes. Séance houleuse, où chacun défendit son propre goût au nom de l'intérêt de la Maison.

— Pourquoi ne pas monter *Bichon* de De Létraz, au lieu de cette bouillie qui n'amènera pas un chat ?

— Si vous renoncez au *Soulier,* je fiche le camp, et je vous préviens, je dirai partout que vous êtes des « crevés » !

— Mais enfin, il y a déjà des décors construits ! (Merci Desnos, tu avais vu juste.)

Heureusement, la majorité fut plus noble. Et l'on décida de monter sérieusement, dans les délais les plus brefs, cette énorme machine de trente-trois tableaux.

Pendant ce temps, Claudel m'écrivait par cartes interzones : « J'aimerais bien avoir de vos nouvelles. Me dirige-t-on une fois de plus vers un ajournement ? »

Il avait connu, peu de temps auparavant, les mêmes déboires avec *l'Annonce faite à Marie.*

De ce jour, les vraies répétitions commencèrent. En général, quand on répète, l'équipe technique se réfugie dans son foyer et les acteurs qui ne sont pas en train de travailler se rassemblent dans le leur pour bavarder. Si, peu à peu, par intérêt ou par curiosité, vous voyez des machinistes, des électriciens ou des acteurs se faufiler dans la salle pour suivre le travail de la répétition, vous avez le droit d'espérer. C'est ce qui advint pour le *Soulier.* L'atmosphère générale laissait apparaître qu'il se passait quelque chose. Le travail devenait passionnant. Les problèmes intérieurs semblaient réglés. Mais il y en avait bien d'autres : le manque de bois, le manque de toile, le manque de tissus... Les journaux de l'occupation nous épiaient avec haine. A cause de ces difficultés, les répétitions étaient parfois interrompues. *Je suis partout,* de sinistre mémoire, avec le sinistre Alain Laubreaux (qui a la mort de Desnos sur la conscience), imprimait :

Ils attendent l'arrivée d'Eisenhower pour présenter leur Soulier.

D'autres insinuaient déjà : heureusement qu'il n'y a pas la paire ! Mon entêtement était celui d'un obsédé.

J'eus un jour une singulière visite. Un officier allemand demandait à me voir : homme « courtois et cultivé ».

— La Kommandantur vous a choisi pour mettre en scène à l'Opéra l'œuvre de Werner Eck (je ne me rappelle plus le nom de l'œuvre).

— Désolé, mais je monte *le Soulier de satin*.

— Si nous retardons *le Soulier* ?

— Mon inspiration sera retardée d'autant.

— Mais nous n'aimons pas Claudel.

— Nous, nous l'aimons. Vous ne pouvez pas nous retirer ça.

— Nous pouvons interdire *le Soulier*.

— Vous le pouvez, mais j'en serai si abattu que je ne pourrai plus rien faire d'autre.

— Vous pourriez aller travailler en Allemagne.

— Oui, ça, vous le pouvez également.

— Mais je ne suis venu que pour me placer sur le plan culturel.

— Je vous en remercie.

Le lendemain, Honegger vient me voir :

— Tu devrais envoyer une lettre aimable à ce monsieur, il t'a défendu. Grâce à lui, tu ne seras pas embarqué.

J'envoyai une lettre polie à cet officier et nous poursuivîmes les répétitions de « mon » *Soulier*.

Le travail avançait. Claudel, dix jours avant la première, fit le voyage à Paris. La première partie durait deux heures trente. Nous jouâmes pour lui. Il était béat devant son œuvre et, avec un sourire de gros bébé, s'exclamait :

— C'est bien simple, c'est génial.

A la pause, il ajouta :

— Eh bien, ils en auront pour leur argent !

Il était ravi.

La deuxième partie, qui durait deux heures, comportait des passages moins réussis. Notamment la grande scène dite du « Château-Arrière » où Rodrigue et Prouhèze se sont enfin rejoints et s'unissent pour l'éternité par un « non » sacramentel, à la place du « oui » du mariage qui ne les aurait unis que sur le plan temporel. Ce tableau représentait pour nous ce qu'en jargon de théâtre nous appelons « un os ». Je n'arrivais pas à bien « placer » la scène, à lui donner son rythme ; nous ne parvenions même pas, avec Marie Bell, à apprendre le texte.

Dans le travail de théâtre, il arrive toujours un moment où la pièce naît et prend vie. A partir de ce moment, elle impose ses volontés à l'auteur, au metteur en scène, aux acteurs. Si on ne l'écoute pas, elle résiste. A ce point d'adhérence, *le Soulier de satin* résistait. J'en avertis Claudel.

— Allez-y, nous verrons bien.

La deuxième partie commence. Elle se déroule bien, mais, une fois arrivés à cette scène, nous trébuchons. Arrêt.

— Vous avez raison, dit Claudel, je n'y comprends plus rien, c'est du charabia.

— Ne croyez-vous pas, Maître, qu'une petite coupure...

— Nous verrons tout à l'heure. Avant d'arracher la dent, il faut essayer de la soigner. Poursuivez...

On enjambe ce tableau récalcitrant et la répétition se termine dans l'émotion irrésistible de l'épilogue : « Délivrance aux âmes captives. » Quand je pense que la France, à ce moment-là... Quelle réplique !

Nous nous retirons, révisons rapidement le déroulement de l'action : « Ce père jésuite du prologue, qui redonne un coup de manivelle à l'intérêt dramatique au milieu de la soirée, quand le bateau heurte l'épave, pourquoi n'interviendrait-il pas une troisième fois ? »

Il n'en fallait pas plus. Claudel s'enfuit.

Le lendemain, à huit heures du matin, coup de téléphone :

— Le Maître a travaillé toute la nuit. Il veut vous voir d'urgence.

Rendez-vous est pris à neuf heures au Français. Il est un peu en retard. Il a égaré sa copie dans le métro, est revenu chez lui, a pris son brouillon et l'apporte. Devant moi, je vois ce vieillard de soixante-seize ans : ses cheveux blancs raréfiés, ses gros yeux bleus remplis de larmes. Quand il parle, sous l'émotion, ses dents mal accrochées font un bruit de claquettes. En réalité, j'ai devant moi un amant de vingt ans !

— Dieu a soufflé sur moi cette nuit, j'ai écrit sous sa dictée. Voici, je vous le donne, cela ne m'appartient pas.

De fait, le brouillon ne comporte presque pas de ratures. Il est visible qu'il a écrit au rythme de la parole car les mots ne sont indiqués que par les premières lettres. J'ai devant moi un cas de pure inspiration. Ce moment, divin, c'est vrai, où l'artiste *assiste* à sa propre injonction, et, grâce à sa totale attention, n'a plus qu'à *obéir*, je dirai même à *copier*. La veille, à la répétition, Claudel avait compris son œuvre : il venait, vingt ans après, d'en refermer la boucle.

Soixante-seize ans ! quelle puissance ! quel cheval entier ! Nous mîmes, Marie Bell et moi, un temps record à nous retrouver à l'unisson : nous nous sentions littéralement aspirés.

Les trois derniers jours se passèrent dans la fièvre : arrivée des décors, raccords des costumes, fautes d'éclairage, encombrement de l'orchestre... Tout le monde se jetait sur la pièce, s'en partageait les morceaux. « C'était trop long ! Il fallait couper ! On n'y comprenait rien ! Nous allions à la catastrophe ! » Les journaux, hostiles à ce soulèvement de l'âme française, nous attendaient au tournant. Cela prenait des allures de bataille spirituelle, d'insurrection nationale. Tous étaient au courant des opinions gaullistes de Claudel. Moi, je me bornais à défendre « ma chose ».

— Ne vous ruez donc pas sur cette bête ! Merde, merde et merde, foutez-moi la paix !

Dans la salle, J.-L. Vaudoyer, enfoui dans son fauteuil, restait imperturbable, protégé par le plaid qui ne le quittait jamais. Madeleine, gênée quand je l'insultais, lui dit :

— Excusez-le, il ne sait plus ce qu'il fait.

— Oh ! tant qu'il ne me battra pas !

Le cher homme ! Sans lui, je me demande si *le Soulier* aurait pu voir le jour...

L'ordre est le plaisir de la raison, mais le désordre est le délice de l'imagination,

est-il dit dans la présentation du *Soulier*. Pour l'ouverture musicale du spectacle, nous avions « manigancé » avec Honegger un savant désordre. Profitant même des consignes de sécurité imposées à cette époque par l'occupation et les bombardements, j'avais décidé de « casser » la musique par une annonce du haut-parleur gémissant : « En cas d'alerte, etc. »

Le jour de la première arrive. La présentation a lieu l'après-midi. Tout, tout, tout Paris est là. A part les dorures, les velours, les statues et la solennité, cela me rappelle *Tandis que j'agonise*. On est venu pour la curée. J'ai mis tout le paquet : le mime (les vagues), le nu (la négresse), la folie. Ordre-désordre, alternativement, à l'avantage non de la raison, mais de l'imagination.

Claudel est au deuxième rang. Juste derrière lui, il y a Valéry. Au pupitre, André Jolivet.

L'orchestre commence à s'accorder. *Exactement,* à la seconde même où le haut-parleur doit dire « En cas d'alerte... », toutes les sirènes de Paris se déclenchent. Il y a une véritable alerte. Ça commence bien ! La salle se lève pour gagner les abris. Mais

Claudel, déjà un peu dur d'oreille, n'a rien entendu. Il se lève, se retourne, agite les bras et hurle :

— Non, non, restez ! Rassurez-vous, c'est réglé comme ça !

Valéry, finalement, réussit à lui faire admettre la réalité de la situation. Au bout de quelques instants, le spectacle put reprendre et ce fut le triomphe. La preuve ? Je ne la fournirai que par cette réflexion d'une personne éminente, à cette époque très écoutée, qui, dans la salle, s'exclama :

— La vache ! Il a gagné !

Ce jour-là, le poète Paul Claudel devint un auteur populaire. Il semblait que les forces vives des Français resurgissaient sur leur scène nationale, à la barbe des Allemands. Tous les « Comédiens français » étaient galvanisés, entraînés par Marie Bell, exceptionnelle de sensualité et de spiritualité. Cela se passait le 23 novembre 1943. L'hiver, nous jouâmes dans le froid (il n'y avait plus de chauffage), parfois par moins deux degrés. Il m'est arrivé de pincer Marie Bell qui, décolletée, était sur le point de s'évanouir. Les spectateurs venaient avec des couvertures et, pour ne pas sortir les mains, applaudissaient avec les pieds.

J'ai appris qu'à Cologne, quelques années plus tard, alors que la ville avait été complètement détruite par cette guerre affreuse, le public allemand avait écouté lui aussi, une fois la paix revenue, dans la misère et le froid, ce même *Soulier de satin* dans sa version allemande, sentant monter en lui les mêmes forces vives qui nous animaient à l'époque. Qui pourrait prétendre que le vrai théâtre ne saurait être utile au rapprochement des hommes ? N'y a-t-il pas quelque chose d'émouvant et d'éclatant dans ces réactions parallèles de deux peuples que les machinations de la politique et de l'argent avaient conduits à la catastrophe, alors que la totalité de leur Etre pouvait battre au même rythme ?

Le 11 décembre 1943, Dullin m'écrivit :

> Cher vieux, cher ami,
>
> Voilà que je ne sais plus t'appeler ! tu es trop émancipé pour que je t'appelle comme autrefois... Je voudrais te voir et te parler du *Soulier de satin*... Je suis sans répit attaché à un travail quotidien assez noir pour l'instant. D'ailleurs, quand je t'ai dit que j'ai été très touché par la réalisation... je t'ai dit l'essentiel, car connaissant l'œuvre, l'aimant, un chant fait dans l'esprit une idée sur sa transposition théâtrale, cela veut dire que tout ce que tu as fait correspond bien à cette idée, à ces images un peu confuses qui suscitaient mon imagination. J'ai donc reçu dans l'estomac tout ton apport, ce bloc, comme un travail de famille ; si je

puis dire, et sans faire de la sensiblerie, j'ai été profondément ému. J'ai reconnu aussi que tu avais eu raison de chercher à créer ton œuvre dans cette maison. Je t'avais désapprouvé lorsque tu t'étais lié par le sociétariat, craignant que tu ne sois perdu pour le théâtre qui cherche ou qui se cherche, et tu viens de donner la preuve du contraire. Il est certain que nulle part on ne pouvait réunir une telle distribution et mettre à la disposition d'une œuvre difficile l'enjeu d'un résultat commercial, des moyens financiers suffisants. Tu as gagné sur tous les tableaux. Souviens-toi seulement qu'au théâtre on n'a jamais gagné et que c'est au moment où on a le plus d'amis qu'on a le plus d'ennemis...

Avais-je été le chien ? Avais-je été le loup ? Disons : le loup dans la bergerie. Pour ce qui était des amis et des ennemis, hélas ! Dullin avait trop d'expérience pour ne pas avoir vu juste.

François Mauriac me confia la mise en scène des *Mal-Aimés.* Ce fut un nouveau succès. Je proposai de monter *Antoine et Cléopâtre,* de Shakespeare, dans la traduction d'André Gide, avec Marie Bell et Clariond dans le rôle des deux principaux protagonistes ; Jean Hugo, comme pour *Phèdre,* fit les décors et les costumes ; Jacques Ibert composa la musique. Je fis revenir Decroux, qui accepta de régler avec moi les combats.

Je demandai aussi que l'on créât dans un plus petit théâtre, le Palais-Royal voisin, par exemple, une jeune Comédie-Française qui serait devenue notre théâtre expérimental. J'entrevoyais ainsi la possibilité de mieux servir le monde poétique qui s'était imposé à moi quelques années auparavant : le théâtre total et la poésie dans l'Espace.

Etais-je en mesure de faire accepter ma vision, contrôlée par mes approches récentes des classiques, dans ce haut lieu de la profession ? Marier l'avant-garde aux coutumes traditionnelles, n'était-ce pas, à travers le temps, retrouver les grandes traditions universelles des Grecs et de l'Extrême-Orient ?

J'admirais l'équipe technique. Je travaillais en parfaite fraternité avec un homme exceptionnel : René Mathis, le directeur de scène.

J'aimais de plus en plus les artisans. Il y en avait de sublimes. Deux anecdotes à ce sujet :

Quand le décor des *Mal-Aimés* fut pour la première fois planté sur scène, je trouvai qu'il tirait un peu trop la pièce de Mauriac vers le théâtre psychologique du XIXe siècle. Il lui ôtait ses échappées tragiques. En d'autres temps, il aurait fallu le repenser et le refaire.

Hélas ! l'époque ne s'y prêtait pas. Pas de bois, pas de toiles, les restrictions limitaient nos possibilités. Je dis au chef machiniste :

— Eh bien, nous allons le placer de travers, cela apportera de l'insolite.

— Mais, monsieur, avec la pente de la scène, le décor se cassera la gueule. Les verticales seront penchées, c'est impossible.

— Si on ne le tourne qu'un peu, les spectateurs ne s'en apercevront pas.

Il me regarde alors fixement et me dit :

— Mais moi, je le verrai, monsieur !

Ce n'était pas le décor que je cassais, c'était sa foi, son métier, sa raison de vivre.

Je réunis alors toute l'équipe pour expliquer la situation et montrer que je respectais l'honneur professionnel du chef. Toutefois, pendant un certain temps, il en resta tout « attiédi ». Belle leçon !

Autre leçon : j'avais été chargé d'organiser une matinée poétique en l'honneur de Jean-Jacques Rousseau. Il fallait un bouquet de fleurs. De préférence, des fleurs des champs. Je les commande au chef accessoiriste. Des jours passent. Tenant compte de la dureté des temps, je prends patience. Toujours pas de fleurs. Rien de tel que des époques pareilles pour faire perdre toute conscience professionnelle aux plus sincères. Pourtant, cela m'étonnait. Toujours pas de bouquet. A la fin, je bondis jusqu'à l'atelier :

— Alors, Grumbert, et ce bouquet ? C'est insensé !

— Monsieur, voyez ! Je suis en train de le finir. Mais j'ai eu un mal de chien à retrouver les fleurs qu'aimait M. Rousseau !

Telle était la Maison de Molière pour laquelle j'avais prononcé mes vœux. Je ne le regrettais pas... Enfin, pas trop. Car j'étais avide de tout. Gallimard m'avait fait parvenir clandestinement le *Caligula* de Camus. Comme j'aurais été heureux de créer la pièce si la Comédie-Française avait eu son théâtre d'essai !

Les Enfants du paradis

Nous continuions à faire du cinéma. Madeleine tournait avec Grémillon. Christian-Jaque m'avait engagé pour une vie de Berlioz, *la Symphonie fantastique*.

C'était l'été 42. Madeleine tournait dans le Midi *Lumière d'été*. Nous avions réussi à descendre, elle, Jean-Pierre et moi, avec nos

167

vélos jusqu'à Saint-Tropez. Toujours à Pampelonne — parmi les vignes — campant dans un petit cabanon. En vacances, c'est moi qui fais le petit déjeuner. Madeleine fut appelée à Nice aux studios de la Victorine où s'était réfugié tout le cinéma français. Madeleine prend donc le train. Me voici seul à Saint-Tropez. Jean-Pierre, grâce à des amis, peut être en de bonnes mains. Il est dix heures du soir, je pense au lendemain matin, à Madeleine qui n'aura pas son petit déjeuner. Je le charge sur mon vélo et roule dans la nuit. Cent vingt kilomètres. Au petit jour, dans le port de Cannes, je vais m'étendre sur le pont d'un bateau. J'arrive au *Négresco,* aussi négligé qu'à l'époque d'*Hélène.* La réception m'indique l'entrée de service. « N'importe. Quand Madeleine Renaud se réveillera, portez-lui ce petit déjeuner et ces fleurs... Dites-lui qu'une personne l'attend en bas. » Je passe sur le reste : c'est notre côté « midinette », romanesque, quoi !

Je reste deux ou trois jours à Nice. Je rencontre Prévert et Carné. Ils étaient en colère. Un producteur venait de leur refuser un scénario. Nous prenons un verre à une terrasse de café de la promenade des Anglais (celle que fréquentait dans le temps mon grand-père). Prévert me dit :

— Tu n'as pas une idée de sujet ?

— Si. Pour le cinéma parlant, tu devrais tourner l'histoire d'un mime ; en opposition avec un acteur parlant. Par exemple : Deburau et Frédérick Lemaître.

Deburau, pour défendre sa femme, avait tué l'agresseur par mégarde d'un coup de canne (il était champion de canne). Tout le Boulevard du crime s'était précipité au procès, non pour le voir acquitter, mais pour entendre le son de sa voix.

Un mime au cinéma parlant ? Le Boulevard du crime ? Tout ça plaît à Prévert.

— Ecris-moi là-dessus quatre ou cinq pages, j'en ferai le scénario et nous essaierons de faire le film.

— Si cela t'excite, je te passe tous les bouquins que je possède.

Prévert, en vrai poète, prit tout ça à son compte et imagina *les Enfants du paradis.* Il y ajouta l'anarchiste Lacenaire qu'interpréta Marcel Herrand. Brasseur fit Frédéric Lemaître. Arletty, Casarès, les deux héroïnes. Pierre Renoir faisait « Chant d'habits ». Decroux, Margaritis, Joseph Kosma, Trauner, les camarades du groupe Octobre : toute notre jeunesse. Le mime, le théâtre et le cinéma se trouvaient pour moi réunis. Cela se passait la même année que *le Soulier de satin* : 1943. Un bon millésime : une vraie synthèse de la vie. Et tout cela pendant l'occupation !

Dans la mesure où notre complexion astrale s'accorde plus ou moins avec certains personnages que l'on interprète, je crois que le plus proche de moi fut Baptiste. Mais si *le Soulier de satin* et *les Enfants du paradis* furent les points culminants de cette singulière époque, le temps des épreuves approchait.

Mort de Desnos

Desnos fut pris par les Allemands et emmené à Compiègne. Il aurait pu s'en tirer, sans la haine de certains Français qui *doivent,* avec les nazis, partager la responsabilité de sa mort. On n'eut plus de nouvelles de lui.

> *Je n'aime plus la rue Saint-Martin*
> *Depuis qu'André Platard l'a quittée...*
> *C'est mon ami, c'est mon copain.*
> *Il a disparu un matin,*
> *Ils l'ont emmené, on ne sait plus rien...*
> *André Platard a quitté la rue Saint-Martin* [1].

Quelqu'un nous apprit qu'il avait soutenu le moral des autres pendant sa dure captivité. Lui qui, comme moi, n'osait traverser une rue de peur de se faire écraser ! On ne connaît vraiment rien des abîmes du cœur humain. Il avait, paraît-il, une étoile au front des suites des coups qu'il avait reçus. En août 1945, je n'y tenais plus, j'essayai de partir à sa recherche, quand nous apprîmes qu'il était mort. On le découvrit d'une curieuse façon.

Au terme des marches d'extermination, la colonne avait échoué quelque part en Autriche ou en Tchécoslovaquie. Il avait vu, en route, abattre un camarade devenu trop malade pour suivre. Ce camarade lui avait confié une boîte qu'il promit de rapporter à sa femme. Desnos avait le sens sacré de l'amitié. Lors de leur libération par les Russes, l'un des soldats vola la boîte. Du coup, Desnos perdit toute volonté. Il avait contracté le typhus. Il agonisait. Deux étudiants tchèques apportaient les derniers soins à ces moribonds. Ils étaient férus de surréalisme, ils avaient lu *Nadja* de Breton. Dans le livre, il y a une page de photos où les surréalistes se sont fait représenter imaginant leur masque de mort.

1. Desnos, *Poèmes de Résistance,* 1942.

Parmi ces masques, on peut voir celui de Desnos. Voyant Desnos mourant sur son lit, les étudiants se rappellent cette photo et vérifient dans *Nadja*. « C'est bien lui ! » Ils retournent à son chevet, se penchent à son oreille et prononcent son nom. Desnos se ranime et murmure : « Mon matin le plus matinal. » Ils firent tout pour le sauver : rien n'y fit.

Quelques mois plus tard, ces deux étudiants me racontèrent tout cela, et, comme je gardais le silence, ils ajoutèrent — comme pour consoler un proche on dit du mort : « Il semblait sourire, il avait l'air de reposer, il était très beau » — eux me dirent : « Il avait un très beau squelette. »

Cruauté de notre temps. Voilà sous quel signe toute une génération fut modelée. Desnos avait quarante-cinq ans. A quelques jours de distance, mon grand-père Valette s'éteignit de vieillesse.

Cependant, il y avait eu le débarquement et les armées alliées avançaient. Nous vécûmes la semaine de la libération de Paris : les cloches carillonnantes de toutes les églises — les voitures blindées du général Leclerc — les filles, à cheval sur les affûts de canon — la descente de De Gaulle, de l'Etoile à la Concorde — la République nous revenait avec une simplicité de sous-préfecture que nous trouvâmes bouleversante.

Mais avec la Libération apparurent les règlements de comptes. Ce fut un moment sordide. Jalousie, délation, arrivisme : c'était affreux, décourageant. Dans l'adversité, tout le monde se regroupe, on s'aime, on se comprend, on s'entraide, on se nourrit de choses profondes. Une fois le danger disparu, on redevient tranchant, âpre, impitoyable, égoïste. Sans parler du ridicule des héros de la dernière heure ! Passons... la France était libérée, enfin !

Libérée et meurtrie. Elle devait se soigner, réfléchir, faire son profit de cette rude épreuve et repartir du bon pied. Comme le fit remarquer De Gaulle : il y a la France et il y a les Français. Chacun, parmi les mieux intentionnés, avait « une certaine idée de la France ». Ce ne fut pas toujours la même, c'est le moins qu'on puisse dire. Quand une meute de chasseurs et de chiens ravagent la forêt, les animaux se terrent dans leurs gîtes. Quand, après le massacre, la meute disparaît à l'horizon, les oreilles se redressent, les museaux se hasardent, on fait trois petits bonds, on s'ébroue, puis tout le monde court se pavaner dans la clairière.

La Comédie-Française a toujours reflété la France du moment. Chacun eut alors « une certaine idée » de « la Maison ». Pas la même. Tandis que la France cherchait sa nouvelle voie et que les Français, de tous côtés, tiraient la sonnette d'alarme, la Comédie-Française se mit à chercher la sienne et l'alarme également fut donnée. Ce qui devait aboutir à une grave crise.

Crise du Français. Notre départ.

Molière, au XVIIᵉ siècle, avait créé une communauté humaine, une véritable république de comédiens. Chacun avait sa part à la fois de responsabilité et de don de soi. Après sa mort, cette société privée de comédiens fut rattachée à la « traditionnelle › compagnie de l'hôtel de Bourgogne ; malgré l'immobilisme de cette dernière, la conception de Molière prévalut. La Société des Comédiens français resta une société privée. Comme, au fil de l'histoire, tout gouvernement, qu'il fût royal, impérial ou républicain, lui demandait par un cahier des charges d'entretenir le répertoire national et de servir la langue française, il était juste qu'elle profitât d'une compensation. Elle jouissait donc d'un local et d'une subvention. Jusqu'à la première guerre mondiale (pardon si je me répète), la société privée équilibrait son budget. La subvention ne servait qu'à l'aider à supporter les charges supplémentaires, autrement dit : sa mission nationale.

Dès 1914, son budget devint déficitaire. L'Etat, dès lors, renfloua chaque année la Société. Dans une civilisation fondée sur la puissance de l'argent, l'indépendance d'esprit est tributaire de l'indépendance économique. Dans la mesure où l'Etat sauvait de la faillite la Société des Comédiens français, celle-ci perdait de son indépendance au profit du ministre de tutelle, représenté par l'administrateur choisi et nommé par lui. Peu à peu, les points de vue divergèrent. La Comédie-Française, dans l'esprit du gouvernement, s'identifia à un théâtre d'Etat. Dans l'esprit de certains sociétaires, elle restait au contraire une compagnie privée. Le mot de Mounet-Sully à l'administrateur Claretie illustre bien cet état d'esprit : à la porte du théâtre, Claretie et le grand sociétaire se rencontrent, l'un et l'autre rivalisent de courtoisie :

— Après vous, mon cher sociétaire.
— Après vous, mon cher administrateur.
— Passez. Je n'en ferai rien.
Mounet-Sully conclut :

171

— Passez, mon cher monsieur. *Vous êtes ici chez moi.*

On ne peut mieux dire et cela se comprend.

Accepter le sociétariat, c'est s'engager à vie, comme dans un monastère. Il faut donc que ce monastère serve une foi, ait une unité d'esprit.

A l'époque où je pris cet engagement, l'esprit de la Comédie-Française était devenu confus. Nous étions encore régis par les statuts dits de Moscou : ils avaient été arrêtés et signés par Napoléon pendant sa malheureuse campagne de Russie ! Du côté des sociétaires — disons : des moines — il y avait ceux qui tenaient à conserver leur indépendance d'esprit : c'étaient les moines militants. D'autres renonçaient aisément à leur indépendance artistique pour se débarrasser de la responsabilité inhérente à toute autonomie : c'étaient les moines fonctionnaires. D'autres enfin, du parti de l'ordre, remettaient leur indépendance à l'autorité d'un seul, en la circonstance l'administrateur, moyennant quelques avancements personnels : c'étaient les moines militaires.

En septembre 1945, le gouvernement décida de refondre les statuts napoléoniens. Il était en effet urgent de repenser la Comédie-Française et de l'adapter aux exigences des temps nouveaux. Le ministre chargé de cette affaire n'oublia qu'une chose : la Société privée des Comédiens français. Depuis Vaudoyer, trois administrateurs s'étaient succédé. André Obey, le quatrième, fut nommé. Le choix était bon : un grand auteur, dans la lignée de Copeau, du Cartel, bon résistant, esprit intègre. Une commission fut formée. Elle comprenait d'éminentes personnalités des arts, des lettres et des affaires, des hauts fonctionnaires. Quant aux représentants de la Société, il n'y en eut pas vraiment. Le ministre nomma lui-même deux sociétaires de « bon esprit » qui acceptèrent volontiers de figurer pendant les séances de la commission. Nous fûmes un certain nombre à protester contre cette manière méprisante de procéder.

Après toutes les vicissitudes de la guerre et ce glissement continuel vers le style « théâtre d'Etat », le Français était devenu un monastère sans Dieu. Qu'on voulût lui donner une nouvelle vocation, c'était parfait ! Encore fallait-il accorder aux futurs « moines » de procéder à une nouvelle prise de voile. Il eût été si facile de demander à la Société des Comédiens français d'élire en toute indépendance ses représentants, lesquels auraient été bien utiles au sein de la commission ! C'est ce que nous demandâmes. C'est ce qui nous fut refusé d'une manière inacceptable : mépris, sourire, agacement. Le ministre nous tança et nous renvoya dans « nos cellules ». Le moine-dissident était né. Nous nous étions engagés à vie, on nous demandait de renouveler nos vœux, nous exigions au moins la possibilité de choisir notre religion.

Le gouvernement prit alors une décision : au terme des travaux de la commission, les nouveaux statuts nous seraient présentés et les portes resteraient ouvertes pendant quinze jours : ceux qui n'étaient pas contents n'auraient qu'à s'en aller. On serait écœuré à moins !

Les « éminentes » personnalités travaillèrent en bonne conscience. Puis elles rentrèrent chez elles pour retrouver leur chère petite vie privée. Les nouveaux statuts furent proclamés. Et tout rentra apparemment dans l'ordre. Le ministre put repartir allégrement à ses préoccupations électorales. Nous fûmes neuf à profiter de la porte ouverte.

Ne regrettons rien :
— la commission crut bien faire
— ceux qui restèrent crurent bien faire
— nous crûmes bien faire en nous retirant.

Une nouvelle fois, mon Destin selon Eschyle était le plus fort. Une nouvelle fois, « j'obéis » à ce Destin. Je venais de vivre six ans à la Comédie-Française, j'en avais reçu la greffe avec foi, avec passion : une greffe bénéfique. J'avais aimé du plus profond de moi-même cette *idée* que je m'étais faite d'une société de comédiens. Je compris qu'il m'en resterait, pour la vie, une marque : comme ces balafres qui rendent les visages plus virils. De cette *vie* jusqu'alors *offerte,* le Destin, mon double et moi-même avions désormais fait le choix. Je repartais sur les grands chemins ; mais, cette fois, il y avait en moi une force nouvelle : sur la croupe de mon cheval, j'emportais Madeleine.

2

Le charme particulier du théâtre est
de vivre avec les coquins parce qu'on est épris de Justice,
de sombrer avec les détraqués afin de conserver la Santé,
de frémir avec les angoissés pour trouver un peu de Bonheur,
de braver constamment la mort car on n'aime que la Vie,
de partir sans relâche, valise à la main, sac au dos,
pour tâcher de comprendre
et de crainte, un jour, d'arriver.

Création
de notre compagnie

Pour la seconde fois, Madeleine m'offrait sa vie. Il ne s'agissait plus, comme en 1937, de « bazarder » son hôtel particulier, de quitter Passy pour vivre une aventure qui, après tout, n'ébranlait pas les assises d'une existence bien solidement établie. Il s'agissait là de rompre avec tout un passé. Jusqu'alors, sa vie s'était déroulée toute droite. Depuis la fable récitée par la petite fille en vacances à Royan, en passant tout naturellement par le Conservatoire, comme une ingénue miraculée, jusqu'à la sociétaire arrivée au sommet de la hiérarchie, Madeleine n'avait eu qu'à répondre à l'existence en l'embellissant de sa chaleur humaine, de son talent et de sa fantaisie.

Et voilà qu'elle cassait tout, une fois encore, pour partir vers l'inconnu. Vingt ans de Comédie-Française ; la sécurité d'être « à vie ». Vingt ans de succès, de confort, de facilités de toutes sortes donnent des habitudes, créent un attachement, suscitent une véritable tendresse pour le cadre qui vous encercle mais vous protège. Plus qu'un cadre : un moule qui vous a façonné. Ces murs du Français étaient les siens, sa loge était la sienne, ses camarades étaient sa famille, ce public si particulier était le sien. Et pourtant, elle casse tout. Pourquoi ? Par-delà tout sentiment, je crois que nous étions fondamentalement d'accord et il me semble que nous nous étions rejoints totalement.

Je revois très bien ce dimanche 9 juin 1946. J'avais joué en matinée le rôle de Moron, dans *la Princesse d'Elide* de Molière. C'était la dernière fois que je posais les pieds sur la scène du Français. J'étais déchiré. Puis nous étions sortis entre les deux rangées de statues qui nous fixaient de leurs yeux blancs. Molière nous regardait partir...

Nous avions rendez-vous au théâtre Marigny pour visiter la scène entre la matinée et la soirée, où se jouait *Arsenic et Vieilles Dentelles*. On entre sur le côté, on descend au niveau de la cave, couloirs étroits et sales. On remonte sur scène. Tout nous paraît gris, pauvre, poussiéreux, inhabité. Nous restons silencieux. Madeleine se met à pleurer sur mon épaule... J'étais certes entêté, mais j'étais malheureux. Je prenais conscience de ma responsabilité. Les portes du Français, ouvertes pendant quinze jours, s'étaient maintenant refermées. Je dois dire qu'André Obey avait facilité ma décision. Il m'avait nettement conseillé de partir. Le fit-il pour mon bien ? Comme, par ailleurs, j'avais appris que beaucoup de camarades ne voulaient pas que le Français devienne « le théâtre de Barrault », j'imaginai sur le moment qu'il m'avait donné ce conseil pour avoir un peu de tranquillité. En fait, j'étais courtoisement mis à la porte. On m'avait fait comprendre... toujours cette semi-obéissance et cette semi-liberté selon le Destin d'Eschyle.

En revanche, l'opinion générale estimait que Madeleine avait tort de me suivre. Le vrai courage fut donc de son côté.

Simone Volterra, à qui son ex-mari Léon Volterra voulait donner le Marigny, avait pris contact avec nous. Après deux ou trois entrevues, nous étions convenus d'un accord de principe. Dans ces cas-là, j'aime à précipiter les choses. Du temps du *Soulier de satin*, Claudel et moi avions choisi pour devise : « Mal mais vite. » Elle est excellente pour qui veut vivre sans perdre son temps, pour qui a conscience de notre condition éphémère et dont la modestie est profonde.

Cependant, le Marigny posait des problèmes. L'accord définitif dépendait de Volterra lui-même, que je n'avais pas rencontré. Ce théâtre me plaisait. D'abord, il me paraissait « rentable ». Nous n'avions pas d'argent et non seulement il ne fallait pas s'endetter, mais il fallait durer. Douze cents places. Pas trop de frais généraux. Le sang de mon grand-père me remontait à la tête. Parmi la population qui m'habite, il y a un petit commerçant. Disons que celui-ci a pas mal de fil à retordre avec d'autres fous qui m'habitent également. Cependant, parmi ces fous, il y en avait un, l'individualiste, qui aimait lui aussi le Marigny : la bâtisse était isolée, ne touchait à rien. Un autre encore — le paysan — approuvait ce choix : le lieu était au milieu des arbres, dans « la nature ». Enfin, le « bourgeois » n'était pas trop mécontent du quartier des Champs-Elysées. Hélas ! à cette époque, toutes ces bonnes raisons, sur le plan strictement professionnel, allaient à l'encontre de la réputation de ce théâtre qui n'avait jamais réussi à trouver son style. Jadis il avait été un « Panorama » : le Panorama Poilpot. Pendant un moment, Offenbach y avait dirigé ses opéras bouffes, mais, depuis, les opérettes n'y faisaient pas long feu. On y présentait rarement du « dramatique ». Bref, beaucoup le considéraient comme un mauvais théâtre, sans atmosphère.

Raimu, avec son accent méridional, disait qu'il ne voudrait jamais « jouer dans la forêt ». Maurice Chevalier l'évitait, et il s'y connaissait ! Quand la décision fut prise, j'eus l'occasion d'avoir avec Jouvet une édifiante conversation :

— J'ai peur pour toi, mon p'tit vieux. Dans ce fichu théâtre, tu vas te casser la gueule. D'abord... avec quoi ouvres-tu ?

— *Hamlet.*

— Ah là là ! *Hamlet* n'a jamais fait un franc. Shakespeare et les Français, tu sais ! Et puis il y a un spectre. Les Parisiens n'aiment pas les spectres. Et ça n'en finit pas !

Il fronce les sourcils, fixe intensément ses pensées, comme quand on vise avec un fusil, et conclut :

— Em...dant ! Quelle traduction ?

— Gide.

— Bon écrivain, mais pas homme de théâtre. Ne fais pas de frais, tu en as pour quinze jours. Et après ?

— *Les Fausses Confidences.*

— Marivaux ! De la dentelle. Je sais que Madeleine y est bonne. Mais c'est du bluet. Tâche de trouver un vieux décor. Et ça ne fait pas la soirée...

— Je complète par une pantomime.

— Ton dada, je sais. Peut-être... grâce aux *Enfants du paradis*... Mais prends garde, les Français et la pantomime... c'est bon pour les Italiens. Avec un peu de chance, tout ça te fait un mois. Après ?

— *Les Nuits de la colère,* de Salacrou.

— Connais pas. Ça traite de quoi ?

— De la période de l'occupation. Les résistants... les collaborateurs...

— Trop tard ou trop tôt. Je te crie casse-cou. Les gens ne pensent qu'à oublier ce cauchemar qu'ils ont vécu. Travail noble, mais sans lendemain. Après ?

— Après ? *Le Procès,* de Kafka.

— Qu'est-ce que c'est que ça ?

J'essaie de lui expliquer. Son visage se rembrunit, car il m'aime bien et il est sincère. Il pose finalement la main sur mon bras.

— Mon p'tit vieux — ce n'est pas pour te décourager — mais tu me parais mal parti. Si un jour tu as besoin d'aide, tu auras toujours ton vieux frère. Un dernier conseil : ne t'engage pas pour longtemps. Attention à la catastrophe.

Mon engagement tirait en longueur. Simone Volterra n'avait pas encore tout pouvoir. Volterra était dans sa propriété du Midi, à Juan-les-Pins. Lui non plus n'aimait pas les spectres. Il était question qu'ils montent, en attendant, une opérette : *Plume au vent*, si ma mémoire est bonne. Pendant ce temps, « mal mais vite », je composai ma compagnie.

Madeleine et moi étions allés, avec Roger Blin, faire une tournée en Suisse, pour jouer *le Cocu magnifique* de Crommelinck. J'avais rencontré à Genève un homme dans la force de l'âge : Léonard Cullotti. Homme de théâtre complet, aussi bien sur le plan technique que sur le plan administratif. Il avait vécu dix-sept ans avec Pitoëff et, depuis la mort de celui-ci en septembre 1939, il avait préféré se retirer... Un caractère pur et intransigeant. Je réussis à le séduire : au fond, il n'aimait vraiment que le théâtre et il devait le prouver. Nous conclûmes : il s'engagea à être notre administrateur. Lui aussi, pour partager notre aventure, cassait une nouvelle fois sa vie. Il revenait à ses premières amours, mais il amenait avec lui « l'ombre de Pitoëff ». Encore une autre et considérable responsabilité ! J'avais également recruté la plupart des acteurs : une véritable compagnie de répertoire car nous voulions, comme au Français, pratiquer l'alternance. Cela ne s'était jamais vu dans aucun théâtre privé.

De grands acteurs chevronnés comme André Brunot, Pierre Renoir, Georges Le Roy, Pierre Bertin, Marthe Régnier. Des camarades en pleine possession de leur métier comme Régis Outin, Beauchamp, Marie-Hélène Dasté, notre Maïène qui elle aussi nous rejoignait. De tout jeunes espoirs comme Jean Desailly, Gabriel Cattand, Jean-Pierre Granval, Simone Valère. Bref, j'avais littéralement mis la charrue avant les bœufs. Pour pallier ces charges très lourdes, j'étais parti pour Bruxelles tourner ce *Cocu magnifique* dont, par chance, on m'avait proposé de faire un film. Une fois de plus j'espérais que l'argent du cinéma nous permettrait de démarrer.

L'été était revenu. De Normandie, Madeleine me téléphonait les nouvelles. Tel jour l'espoir renaissait, tel autre tout était à l'eau ! De retour de Belgique, au lieu de rapporter mon argent, j'avais commandé « à un prix avantageux » (toujours mon grand-père) deux mille mètres de velours écru pour les décors de *Hamlet* et des rouleaux de calicot pour le fond des *Fausses Confidences* et les décors, à l'italienne, de *Baptiste*.

André Masson — au départ comme pour *Numance !* — faisait les maquettes pour Shakespeare, Brianchon celles de Marivaux, Mayo celles de la pantomime, Honegger écrivait la partition pour le prince de Danemark, Kosma, sur le livret de Jacques Prévert, celle de *Baptiste*. Rien que des amis... Et toujours pas de nouvelles !

Madeleine et moi nous nous retrouvions avec tous ces engagements sur les épaules et pratiquement pas de théâtre ! Par ailleurs, la Comédie-Française annonçait l'aménagement de deux grandes salles : la salle Richelieu et la salle de l'Odéon. Dans l'une il y aurait les classiques, dans l'autre les modernes, les essais, les expériences... La force, les moyens, la puissance même ! Madeleine ne quittait pas son sourire de Reims, mais, un matin, elle me confia son inquiétude, et elle eut ce mot terrible et bouleversant :

— Comprends-tu ? Jusqu'ici je n'ai jamais manqué ce que j'entreprends.

Nous étions étendus l'un à côté de l'autre, la fenêtre était ouverte sur la campagne. Juste dans l'axe de notre vue miroitait sous le soleil un superbe poirier.

Un silence...

— Je ne vais tout de même pas rester là, les yeux rivés à ce poirier ! Je vais aller voir Volterra.

— Où ?

— A Juan-les-Pins.

— Quand ?

— Aujourd'hui.

Elle accepta. Je fis le voyage. Volterra me reçut avec gentillesse et franchise. L'accord définitif fut conclu. Nous signerions à son retour de vacances. Je revins.

— C'est fait.

— Vous avez signé ?

— J'ai sa promesse...

— ...?...

Heureusement, Volterra était un homme de parole.

La date d'ouverture fut arrêtée : le 17 octobre. Nous commençâmes à répéter dès la fin août, d'abord dans notre appartement. Nous ne signâmes avec Volterra que le 10 octobre. Sept jours plus tard, la compagnie était publiquement créée avec *Hamlet*. Honegger m'avait présenté, pour tenir les ondes Martenot, un jeune musicien de vingt ans : Pierre Boulez qui, à son tour, m'avait présenté pour tenir la batterie un de ses jeunes camarades : Maurice Jarre.

La semaine suivante, le 24 octobre, nous présentions *les Fausses Confidences* et *Baptiste* (pantomime complète des *Enfants du paradis*). Aux ondes Martenot, toujours : Boulez.

Début décembre, création des *Nuits de la colère* de Salacrou. Décors de Félix Labisse, mon compagnon d'armes de la première heure.

Ces trois spectacles furent présentés « en alternance » jusqu'en avril 47. Nous partîmes faire une petite tournée en Belgique, en Hollande et en Suisse, avec Marivaux et la pantomime. De cette tournée, sur les routes encore défoncées par la guerre, deux souvenirs.

A La Haye, dans la grande salle des chevaliers, devant la reine de Hollande, nous participâmes le 5 mai à la cérémonie de la Libération en disant des poèmes de résistance de nos amis : Robert Desnos, Louis Aragon, Paul Eluard et Jacques Prévert. A Lausanne, nous fêtâmes d'une façon bien émouvante la centième des *Fausses Confidences*. La veille au soir, j'avais présidé l'intronisation de la nouvelle promotion des « Bellettriens » à l'Université. Je revenais tard dans la nuit, légèrement titubant à cause de la quantité de vin blanc absorbé. Quelqu'un m'aborde et me dit : « Ramuz est mort ce soir. » J'aimais beaucoup Ramuz. Je l'avais bien connu au cours d'un film que j'avais tourné en 1937 d'après un de ses romans, *Farinet ou l'Or dans la montagne*. Cela s'était passé près de Sion et c'est de là que j'avais rapporté ce sac de peau qui, depuis, ne m'a jamais quitté. Nous nous étions liés d'amitié, sous le signe également de *l'Histoire du soldat* que j'avais jouée avec Marcel Herrand en 1932... « Ramuz est mort ! »

Le lendemain, à Pully, au bord du lac, nous avions invité nos camarades à partager des filets de perche et du « fendant », excellent vin blanc du pays, sous la tonnelle d'une guinguette. Au-dessus de nous, en haut de la colline, au centre d'un petit village, Ramuz reposait. A la fin du repas, je demande au patron la permission de cueillir quelques roses à sa tonnelle. Sans qu'on me voie partir, je m'éloigne de l'allégresse générale, je grimpe à travers les champs hachurés de vignes, « mes » vignes — car partout dans le monde des vignes seront toujours « mes » vignes — je me présente à la porte de la maison de Ramuz et je lui offre ces quelques fleurs. Il dormait à l'abri de sa chevelure drue et grise. En redescendant vers la joie, je me sentis faire connaissance avec ce singulier mélange de joie et de chagrin, de légèreté et de profondeur, de folie et de sagesse, d'angoisse et d'ivresse, de mort et de vie dont est faite la vie du théâtre.

Ce que, dans les studios de Joinville, alors que nous tournions *Hélène,* j'avais déclaré à Madeleine — mon désir du couple, d'une communauté humaine, de la responsabilité d'un théâtre — était en train de se réaliser. Nous avions fait notre choix, nous avions réussi tant bien que mal à « appareiller » et notre embarcation tenait la mer !

De l'enthousiasme

Claudel écrivit pour nous un texte dont voici un extrait :

> *L'âme humaine est une chose capable de prendre feu, elle n'est même faite que pour ça, et quand la chose se produit et que « l'esprit tombe sur elle », comme on dit, elle ressent une telle joie, il lui est arraché un tel cri... c'est vrai que le mot d'enthousiasme n'est pas autre que celui qu'il fallait ! Encore le feu matériel détruit-il qui l'alimente, alors que ce feu sacré dont je parle et que j'appellerais plutôt une lumière voulante et violente, loin de détruire, elle tire sur nous de toutes parts, et voici de l'inconnu, voici de nouvelles forces qui se lèvent et qui accourent et qui se déploient et qui en tumulte se concertent ! Lucide, agile, l'esprit comme nettoyé sent toutes sortes de moyens épatants venir au secours de l'idée qui lui est venue !... Ce n'est pas le passé qui progresse prudemment... ni le présent... qui pourrait dire ce qu'est le présent, et fixer cet insaisissable ?... C'est l'avenir qui aspire les événements...*
>
> *... Est-ce que notre « job » n'est pas la découverte ? La découverte encore plus que l'invention ? et plutôt qu'inventer, se souvenir ?... Comme, quand on revient dans une ville où l'on a vécu autrefois, mais on a un peu perdu ses repères, le pied alors en sait plus long que les yeux...*

Claudel savait ce qu'était le sixième sens. On s'entendait bien tous les deux...

Pause brève
vingt-cinq ans après

Il faut des hauts et des bas dans la vie,
et les difficultés qui se mêlent aux choses
réveillent les ardeurs, augmentent les
plaisirs (Scapin).

Si Antonin Artaud avait décidé de transporter le théâtre dans sa vie, un théâtre qui ne trichait pas, il me semble aujourd'hui que nous voulions transporter notre vie dans le théâtre, une vie qui elle non plus ne tricherait pas. Ne pas tricher en quoi ? Etait-il possible de vivre sans concessions grâce à son métier ? Etait-il possible de ne rien devoir à personne ? Etait-il possible de connaître le monde par le seul moyen de son travail ?

Je crois que les vingt-cinq ans de notre Compagnie répondent à ces trois questions. Ce quart de siècle de travaux et de traverses est l'histoire toute simple d'un million d'anciens francs. A ce sujet, nous pensons très souvent à nos cadets. Ils ont toutes raisons d'espérer — oui, encore aujourd'hui, malgré la dureté croissante des temps. Il existe toujours une fissure par laquelle on peut passer et arriver à gagner sa vie par un travail heureux.

De Bruxelles, grâce au *Cocu magnifique,* je rapportai donc la valeur d'un million. Nous avions gratté nos fonds de tiroirs ; en tout, en avoir : quinze cent mille francs. *Hamlet* coûtait douze cent mille francs ; *les Fausses Confidences* et *Baptiste,* huit cent mille. En dépenses : deux millions. Il manquait donc cinq cent mille francs. Nous ne trouvâmes personne qui voulût nous les prêter gratuitement. Quant à un mécénat éventuel... pas question ! Et nous connaissions « tout Paris » ! Il fallut emprunter cette somme au taux de l'or. Grâce au succès, un mois après, elle fut remboursée. Notre chance fut de remporter, en deux saisons, six succès de suite : *Hamlet,* Marivaux et *Baptiste, les Nuits de la colère, le Procès* de Kafka, *Amphitryon* et une nouvelle pantomime : *la Fontaine de Jouvence,* enfin *Occupe-toi d'Amélie* de Feydeau. Feydeau, à cette époque, était loin d'être une concession au public !

Faisant pendant au *Procès,* la pièce pouvait faire scandale. Je me rappelle les réticences de nos aînés : heureusement qu'en Gilles Margaritis, j'avais un ardent supporter.

Notre première déclaration fut claire : Notre Compagnie ? *Un théâtre international, section langue française.* Ce que nous voulions ? Grâce à *l'alternance,* constituer un *répertoire.*

De l'alternance.

L'alternance n'est pas seulement source de richesse artistique, mais une manière de défense économique. Pour pouvoir disposer d'une compagnie capable de jouer tout un répertoire, il faut engager des acteurs dont le talent soit varié. Ceux-ci, en se frottant d'un jour à l'autre à différents styles, assouplissent leurs qualités et progressent. La qualité de la compagnie ne cesse de croître. Un acteur jouant un soir un grand rôle acceptera demain d'en jouer un petit. Quand il en joue un grand, il est heureux d'avoir à ses côtés un acteur de talent qui lui donne la réplique dans un petit rôle. Il en résulte, à l'intérieur du groupe, émulation, solidarité et homogénéité. Ainsi le niveau artistique de la compagnie ne cesse de s'élever.

Economiquement, on ne peut pas faire fortune, puisqu'on réinvestit constamment dans de nouvelles productions l'amortissement, voire les bénéfices des productions précédentes. Par ailleurs, on risque moins la faillite. On ne met pas tout dans le même panier. Qu'une nouvelle création soit un échec (cela arrive !), aussitôt elle est épaulée par les anciens succès qui viennent rééquilibrer les recettes. Il y a en effet des pièces saint-bernard — *Volpone* pour Dullin, *Knock* pour Jouvet — et nous en eûmes plusieurs. L'insuccès peut rester à l'affiche encore quelque temps. On le joue d'une manière de plus en plus espacée et, quand il est retiré de l'affiche, tout le monde en a oublié le déplorable effet. La vie sociale du théâtre est aussi capricieuse que les saisons.

A ce sujet, Jouvet, lors de notre fameuse entrevue, m'avait dit des choses profondes, que j'ai pu vérifier bien des fois :

— Tu rencontreras des succès pour des œuvres que tu aimes. Cela te remplira de joie. Tu rencontreras des échecs pour des œuvres dont tu n'étais pas sûr mais qui te tentaient. Cela sera dur mais tes convictions ne seront pas ébranlées. Tu rencontreras aussi des fours retentissants pour des œuvres que tu chérissais et des succès surprenants pour des œuvres qui te laissaient au fond indifférent. Là, tu seras déséquilibré. Enfin, et c'est le pire, à de certaines époques, tu auras beau te décarcasser, tu ne rencontreras rien du tout : le vide. Le néant. L'indifférence générale. C'est là l'angoisse.

— En mathématiques, on appelle cela le phénomène de battement ?

— Oui ! Le moment où le pendule s'immobilise.

C'est en effet le plus terrible.

La loi du cirque.

J'appelle ainsi ce que l'on doit à son métier. Il nous est arrivé de jouer avec un abcès dans la gorge, avec une fièvre telle que, n'entendant plus rien, on suivait le texte de nos partenaires d'après le mouvement de leurs lèvres. J'ai vu Madeleine, tordue de douleur par une crise de foie, entrer fine et gracieuse dans *les Fausses Confidences*. Elle a même joué avec un pied cassé. J'ai vu un de nos acteurs, dont les ligaments du genou étaient déchirés, porté par les camarades en coulisse, tenir sur ses pieds et même marcher en scène, puis retomber aussitôt qu'il atteignait de nouveau la coulisse.

Ce sursaut de volonté peut paraître gratuit pour une chose qui, après tout, « n'est qu'un jeu ». Certains jeunes gens, aujourd'hui, trouvent cela idiot et pèchent par excès contraire : ils ne consentent à jouer que quand ça les amuse. Ils ont un mépris total du public. Ils jouent même de ce mépris pour se faire remarquer et connaître. Pour nous, « la loi du cirque » demeure une loi sacrée.

J'ai dit qu'il n'y a pas d'échange sans un acte préalable d'offrande. Le respect du public est, chez l'acteur, une morale individuelle. Il est le symbole, le comportement signifiant de ce respect humain qui devrait être la première des lois universelles.

Jouvet, à l'époque de la Comédie des Champs-Elysées, avait connu pendant un certain temps l'immobilité du « phénomène de battement ». Tout ce qu'il tentait ne rencontrait que le vide. Il en était fort affecté. Un soir, le régisseur vint le chercher pour commencer la représentation. Il ne s'était même pas préparé.

— Combien sont-ils dans la salle ?

— J'en ai compté sept, patron !

— J'y vais !

Il passe devant le rideau, explique son découragement, demande la permission de rembourser les places et d'annuler la représentation.

— Pas du tout, monsieur ! dit alors une dame au premier rang. J'ai payé ma place, je ne veux pas être remboursée, je vous prie de jouer. (Et, brandissant sa montre), je vous préviens, nous sommes en retard !

Toute la troupe s'exécuta. Jouvet garda une profonde reconnaissance à cette dame.

Bilan.

En vingt-cinq ans, notre Compagnie a produit cent œuvres. Cent œuvres de toutes dimensions, les unes très longues, très lourdes, les autres plus courtes ou plus légères.

Sur ces cent œuvres, il y eut soixante créations. Parmi les quarante autres, on compte vingt-deux classiques (Molière, Shakespeare, Marivaux, Beaumarchais, Eschyle, Lope de Vega, Sénèque, etc.) et dix-huit chefs-d'œuvre modernes : *Intermezzo, Amélie, la Cerisaie, le Bossu, la Vie parisienne*, etc., qui pourraient être considérés comme des sortes de créations.

Le bon équilibre d'un théâtre moderne de répertoire me paraît être le suivant :
— 50 % de créations nouvelles ;
— 25 % de « grandes reprises modernes » ou recréations ;
— 25 % de classiques.

La vitalité d'un théâtre se juge au choix de ses créations. Sa personnalité au choix de ses reprises. Sa qualité profonde à la manière dont il peut répondre aux exigences éternelles des classiques. Toujours le ternaire biologique : Energie — Liberté — Invariance.

Nous fîmes une autre déclaration : ce théâtre *international*, section *langue française*, serait géré comme on gère une ferme : de préférence une ferme modèle. L'atavisme ancestral fonctionnait.

De même qu'une telle ferme comporte des pépinières, des réserves de qualité qui fournissent les greffes et des terrains en plein rendement qui assurent la vie économique de l'entreprise, de même nous aurions un effectif de jeunes qui pourraient se frotter à des « anciens » de qualité afin de remplacer peu à peu ceux qui, pour l'instant en pleine possession de leur art, assureraient le gros du travail. Une société n'est vraiment vivante que lorsqu'elle est faite de trois générations qui s'affrontent librement. De la sève à la sélection. Toujours le ternaire. La pratique nous donna raison. Avant d'avoir des idées et une stratégie politique, soyons *vivants*. Au reste, *la vie* était précisément notre « idée » et notre « stratégie ». C'est pourquoi, aux yeux de certains intellectuels, notre « ligne > n'apparut pas nettement.

Nous voulions construire un théâtre vivant, un théâtre qui respire, qui palpite, qui ait du relief ; le contraire de ces restaurants qui n'ont qu'une spécialité. Nous voulions un théâtre aussi varié, aussi complexe que la vie. Toujours, sans le savoir, le modèle de la cellule vivante nous inspirait. Nous voulions nous frotter à quelques classiques et en même temps les nettoyer. Mon sens de la vérification *(Numance, Phèdre)* trouverait à s'y exercer. Nous voulions, avec la plus grande largesse d'esprit, servir les auteurs modernes : la loi de l'échange. Mais nous voulions aussi poursuivre nos investigations, organiser des expéditions dans des régions inconnues, continuer dans la veine de *Tandis que j'agonise* et de *la Faim.* C'est pourquoi j'avais en tête *le Procès.* C'étaient là nos « propositions >.

Enfin, je ne voulais pas abandonner mes expériences de pantomime.

Ainsi notre « ligne » était-elle une *tresse.* Une tresse de cinq ou six fils, car je dois y ajouter celui des exercices de style, qui nous attirèrent toujours : le vaudeville avec *Amélie*[1], le mélo avec *le Bossu,* l'opérette avec *la Vie parisienne,* la tragédie grecque avec *l'Orestie,* etc. Et tous ces genres avec les mêmes acteurs, pour contribuer sans cesse à mieux les assouplir[2].

Un certain nombre de malentendus étaient donc à prévoir : si, par exemple, je m'entendis fort bien avec Bertold Brecht, que je vis deux ou trois fois au Marigny ou dans sa grange à Berlin-Est, j'allais, d'un autre côté, avoir beaucoup de mal à m'entendre avec les brechtiens qui, eux, ont une « ligne » !

Il y a, au demeurant, deux sortes d'artistes : les artistes à sang chaud, les artistes à sang froid. Les uns ne sont pas meilleurs que les autres. Tout dépend des goûts et des choix instinctifs.

Nous passâmes d'abord un accord avec Simone Volterra pour une saison de six mois. Puis, pour deux saisons de plus. Puis encore pour trois saisons, et ainsi de suite pendant dix ans. Nous avions un contrat de participation. Elle fournissait ce qu'on appelle le théâtre « en

---

1. Le regret de Stanislavsky avait été de ne jamais avoir osé aborder le vaudeville.
2. Il est bon de voir Jean Desailly chanter *La Vie parisienne* et, le lendemain, être Pyrrhus dans *Andromaque.*

ordre de marche » : local, équipe technique et administrative. Nous fournissions le reste : artistes, techniciens directs, administration volante, décors, costumes, musique, accessoires, etc. En plus de Léonard qui supervisait tout, nous eûmes une jeune secrétaire : Marthe, que nous aimâmes comme une fille et qui, au bout de vingt ans de vie commune, mourut d'une maladie atroce à l'âge de trente-huit ans. Elle était belle, elle était franche, elle était compétente. Pour la compagnie, elle aurait été capable de mordre. Léonard aussi, d'ailleurs.

Il y eut Pierre Boulez qui partagea également notre vie pendant vingt ans. Nous le retrouverons, particulièrement au moment de la création du Domaine musical.

Notre siège social resta notre appartement. Il l'est encore. Jamais je n'aurai eu de licence de directeur. La corporation ne m'accorda qu'une licence de « tourneur », c'est-à-dire une *licence de forain*. S'il y avait aujourd'hui un rassemblement général de la profession du spectacle, nous y figurerions avec les gens du cirque, les « gens du voyage ». Cela, très sincèrement, nous remplit de joie : preuve que notre première déclaration correspondait bien à la vérité.

> Français jusque dans la moelle des os, je me suis toujours senti citoyen du monde.
> « Etre français comme on est universel » dit Eluard, et il ajoute :
> « Etre de son temps comme on est d'un parti[1]. »
> J'ai fait entièrement miens ces deux points de vue.

Au terme de notre première année, nous eûmes une récompense morale qui risquait de chatouiller notre vanité : on me proposa de revenir au Français... comme administrateur ! Ce n'aurait pas été une bonne solution. Et puis, c'était trop tard... Notre couple était devenu « théâtre ». Désormais, il valait bien mieux apporter par notre travail un complément à la tâche qu'accomplissait le Français.

La loi du brochet.

Dans *Si le grain ne meurt* (il me semble), André Gide rapporte une loi de la nature qui m'a beaucoup frappé. Quand la faune d'un étang ne compte que des poissons blancs, ceux-ci s'étiolent peu à peu et disparaissent, faute d'*agression*. Mettez-y un brochet qui va

---

1. Page de garde du n° 1 de *L'Eternelle Revue*.

leur « activer la circulation », et tout le monde (sauf quelques victimes !) redevient florissant.

Aidons-nous les uns les autres en devenant, chacun à notre tour, ce brochet l'un pour l'autre. Le « prédateur » comme dit Jacques Monod.

L'émulation, ou *la loi du brochet* [1].

1. Antoine, qui fut un vrai et grand animateur, eut un mot magnifique au moment où le jeune Jacques Copeau créait le Vieux Colombier : « Passez-nous sur le ventre ! » Il savait qu'en Art, comme dans la vie, tout est toujours à recommencer.

L'époque Marigny
1946-1956

Octobre 1946. La France, l'Europe, le monde entier sortent à peine de cette terrible crise de l'espèce humaine. Quelle saignée ! Quels saccages ! Quels tourments pour la conscience ! L'extermination des Juifs, le scandale des étoiles jaunes, honte qui n'épargnera l'honneur d'aucun être humain. Les camps, les fours crématoires, les tortures, Hiroshima, la « coventrisation ». Les raids de bombardiers qui ont supplanté les labours. Toutes ces horreurs rejaillissent sur la vie d'après-guerre. Ajoutons-y les privations, la grande peur de tout un chacun, une vie sourdement traquée et, pour l'avenir, la seule perspective d'un lent et incertain rétablissement. Tout ceci éveille un bizarre appétit, non celui qui témoigne d'une santé épanouie, mais comme une fringale maladive de qui veut à tout prix retrouver des forces.

Au fur et à mesure que je racontais, dans le chapitre précédent, la situation d'une Comédie-Française relativement isolée et garantie par sa tradition séculaire au milieu d'un pays occupé, je me disais : « Avec la distance, nous devons apparaître comme des monstres, uniquement préoccupés par notre métier et apparemment indifférents à ce qui se passait autour de nous. » La vérité me paraît autre. A moins d'être résistant actif, un héros du maquis, à moins d'être passé à Londres ou aux Etats-Unis, d'où certains envoyaient d'ailleurs des conseils plus difficiles à suivre qu'à donner, que devait faire la plus grande partie de ce peuple pris dans la nasse ? La conduite la plus correcte n'était-elle pas précisément de vivre *debout* à l'intérieur même de sa tâche ?

Je ne cherche aucune excuse malgré mon habituel complexe de culpabilité, je pense ici à tout le monde. N'y avait-il pas là un pur cas de « conduite émotionnelle » à continuer d'agir « comme si de rien n'était » ? Sartre, précisément, aimait à rapporter ce fait divers :

Un soir, rentrant des champs, un cultivateur découvre son commis pendu dans la grange. Un suicide. Il agit. Dépend le corps. Tente de le ranimer. Rien n'y fait. Il appelle les voisins. Nouveaux essais, infructueux. On prévient la gendarmerie. Le médecin légiste constate. Le curé s'habille. Le cimetière s'ouvre. Le jour de l'enterrement est fixé. Cérémonie — le hameau suit le cortège, puis chacun rentre chez soi. La page semble être tournée. Le cultivateur reprend ses habitudes, termine son repas. Entre deux gorgées de café, il ouvre le journal et lit : « L'autre jour, en rentrant des champs, le cultivateur Untel a trouvé dans sa grange le corps de son commis, qui venait de se pendre. » A ce moment-là, le cultivateur s'évanouit.

Pendant l'occupation, il n'y avait qu'un recours : *agir*. Agir le plus honnêtement possible, c'est tout. La guerre terminée, allait-on s'évanouir ?

De 1939 à 1946, il n'y avait plus eu de printemps.

La création de notre Compagnie correspondait à un besoin général de renaître. Je m'en aperçois aujourd'hui : notre désir individuel s'accordait, inconsciemment, à ce vaste désir collectif.

Hamlet

Qu'en retenir qui puisse nous servir ?

L'objet autour duquel la tragédie s'organise : *un trône*, le Pouvoir, et Hamlet qui s'assied par terre à côté. Le Prince assume lui-même le rôle du bouffon. Nous retrouverons à chaque instant, dans mes mises en scène, ce que j'appelle *l'objet catalyseur*, l'objet signifiant, générateur, l'objet qui fait jaillir l'étincelle séminale de l'œuvre.

Musique. Mélange d'instruments vivants et d'instruments enregistrés. Vivants comme des acteurs de la pièce : le Martenot et la batterie. Boulez et Jarre jouaient en suivant notre jeu. Dans ce cas-là, l'instrument atteint à son maximum d'humanité. Les trompettes et autres cuivres avaient été enregistrés par les meilleurs solistes. Qualité d'interprétation impossible à obtenir dans une représentation ordinaire. Aucun grand soliste ne pourrait accepter d'être immobilisé quinze minutes sur quatre heures d'horloge pendant des années. Par les instruments vivants, je pouvais poursuivre mes recherches de sonorités organiques : bourdonnements d'oreille, pulsations du cœur, etc.

Le fantastique. La « rampe de lancement » étant, au théâtre, le Silence et la Mort, morts et vivants agissent sur le même plan. Un

« spectre » est simplement un « vivant insolite » ; un vivant n'est qu'un mort qui n'a pas encore atteint le temps de sa mutation. Tous deux vivent de plain-pied. Aucune voix caverneuse « d'opéra », mais une véritable Présence, dont la voix douce entre plus intensément dans l'oreille. Pas de ralenti artificiel mais une démarche pure accordée au synchronisme musculaire.

L'ambiguïté. Je m'en suis déjà expliqué. « L'heure entre chien et loup », l'atmosphère des estuaires... notion de Mort. J'avais rapporté des îles du Danemark ce souvenir : « feuille morte qui flotte sur les eaux. » Le bleu profond et laiteux de la Baltique, le vert-de-gris des toits, le sable des grèves.

Les mouvements symphoniques qui m'avaient déjà frappé dans Racine. Souvent, l'action dramatique d'une œuvre est davantage mise en valeur par le rythme de son orchestration que par des insistances psychologiques, car nous devons nous adresser à la poitrine du public plutôt qu'à sa tête. La respiration reçoit *tout*, la tête n'en perçoit que 15 % (c'était le pourcentage qu'accordait Giraudoux).

Le psychisme de Hamlet. Il reçoit deux coups, comme deux électrochocs :

1. La vision de son père, à laquelle nous assistons.
2. Le naufrage en mer entre le Danemark et l'Angleterre, où Rosencrantz et Guildenstern trouvent la mort, auquel nous n'assistons pas.

Avant le premier coup, nous avons devant nous un Prince normal, de propension mélancolique, dont les larmes sont taries à force de chagrin. Après le deuxième coup, un homme psychiquement nettoyé dans le temps ambigu de la vie à la mort. L' « entre chien et loup » du cimetière et l'objet signifiant : le crâne de Yorrick.

Entre ces deux temps, Hamlet est dédoublé : il est *un autre*. Il n'est jamais aussi lucide qu'au moment où il contrefait la folie. Il n'est jamais autant menacé de ne « pouvoir rentrer dans son cercle » que lorsqu'il est seul avec lui-même.

La chasteté qui n'est pas l'impuissance mais la sensualité sublimée. Ce qui lui permet d'éprouver pour Horatio le sentiment de l'amitié absolue, de se révolter contre la sexualité de sa mère. Le complexe d'Œdipe de Hamlet ? Laissons cela aux psychanalystes ou à la spéculation intellectuelle des spectateurs. Il n'est d'aucune utilité pour celui qui doit essayer, je dis bien : *essayer* d'assumer le personnage. La notion de chasteté lui est bien plus utile.

Enfin, ne pas oublier le Hamlet de Belleforest que Shakespeare connut certainement et qui inspira également Jules Laforgue. Hamlet a le sens *politique*.

Esprit de Renaissance. Un cycle humain se termine, un nouveau cycle humain va naître. La nuit n'est pas encore la nuit et ce n'est pas encore le jour. Comme à *notre époque,* comme à celle d'Eschyle au temps de *l'Orestie.* Il y a un instant vraiment génial : celui des trompettes éclatantes de Fortinbras. Ici nous retrouvons la composition musicale de l'œuvre. Au moment le plus sombre de la tragédie apparaît le thème avant-coureur de la plaine de Danemark. La cape blanche et vert tendre de Fortinbras, comme l'apparition de l'ange du Jugement dernier. L'annonce du moment rédempteur de la vie. Puis on n'en reparle plus. Le thème a été posé là au milieu de la tragédie. Il prépare la sentence du final : le retour à la vie créatrice.

> *I do prophesy the election lights*
> *On Fortinbras*

Chaque année, vers la fin janvier, en plein milieu de l'hiver, un faux printemps éclate pendant un jour ou deux. L'air devient vert pâle, le soleil est tout blanc, comme le mirage de la première feuille. Quand ce bref éclatement retentit dans l'air et dans la nature, je dis maintenant : « Voici les trompettes de Fortinbras. »

L'hésitation supérieure. Cette douloureuse et pure vibration de l'âme par laquelle Shakespeare dépasse l'homme universel :

> Tout en poursuivant la vengeance, garde ton esprit pur.

A moins de disposer de toutes les pièces du Procès, je n'aurai pas trop de cinq actes pour ne rien faire !

Les Fausses Confidences

L'Histoire de France passe par un automne. L'aristocratie décline, comme le soleil du roi du même nom. Brianchon y a choisi sa palette : jaunes passés et feuilles mortes. La bourgeoisie est comme un engrais qui fera renaître le printemps.

En attendant, on sautille encore, à « l'italienne ». Le premier Zani : Dubois. Le deuxième Zani : Arlequin. Araminte a des prémonitions. Dorante sera Jacobin. Pour l'instant, il n'est qu'intendant.

> — *Le sort d'un intendant ! Que cela est beau !*
> — *Pourquoi n'aurait-il pas un sort ?*

On ne peut plus aimablement annoncer la Révolution française.

Les objets. Des paravents, derrière lesquels la société se cache et écoute. Un meuble : le secrétaire, objet symbolique de *l'argent*. Et tout cela pétille comme du champagne. Des Italiens qui auraient bu aux vignes des coteaux de Suresnes. Art parisien.

Jeu collectif. On doit jouer *les Fausses Confidences* comme une partie de volant. Même quand ce n'était pas notre tour d'agir en scène, nous sommes toujours restés dans les coulisses, prêts à nous élancer pour saisir la balle au bond. Comme dit Feydeau :

> *Je pelotais en attendant partie.*

Baptiste

Un seul petit fait divers : Pour le rôle d'Arlequin, j'avais fait passer des auditions. Je retins deux jeunes gens : Maurice Béjart, Marcel Marceau. J'engageai Marceau, plus mince, plus flexible. S'il s'était agi d'*Hellequin*, j'aurais retenu Maurice Béjart avec son regard irrésistible du Diable. Plus tard, Béjart devait me confier que ce choix avait décidé de sa carrière. Quelle chance pour lui et pour nous tous !

Les Nuits de la colère

L'objet. Difficile à trouver. Deux lieux : l'intérieur d'une maison, une ligne de chemin de fer et surtout le temps des vivants et le dialogue des morts. Le quotidien mêlé à l'abstrait. L'objet fut trouvé : une passerelle qui enjambe les rails, les ballasts, puis devient la galerie de la pièce commune qui indique le premier étage.

Jadis, j'avais été frappé par une trouvaille de Jouvet dans *la Machine infernale* de Cocteau, décors de Christian Bérard. Au moment où Jocaste et Œdipe apprennent la triste vérité, le décor éclatait dans les cintres, en parfaite harmonie avec l'éclatement de leur vie. La vue s'accordait à la vie. Me souvenant de cette leçon, je fis en sorte qu'au moment où les vivants sont tués et se relèvent morts, le décor, morceau par morceau, se décomposait comme chaque partie de leurs corps.

Qualité exceptionnelle de l'œuvre. L'honnêteté intellectuelle et morale de Salacrou. Théâtre : art de justice. Au moment où j'écris ces lignes, un film passe sur les écrans de Paris : *le Chagrin et la Pitié*. Il retrace cette époque avec le même souci. Salacrou avait osé « s'engager » dans le même sens, alors que les esprits étaient encore échauffés par la fièvre de la Libération. Depuis, vingt-cinq ans ont passé.

Je revois, perdue dans la scène nue, cette passerelle métallique d'où les « terroristes » revivaient « en avant » leur passé et se rappelaient leur avenir.

Depuis cette passerelle de Salacrou, survolons maintenant l'époque si fructueuse de « Marigny », glanons-y notre nourriture pour aujourd'hui et pour demain.

André Gide et le Procès

Le Procès appartient à la lignée de nos « propositions » : il fait suite à mon adaptation de Faulkner et à *la Faim* de Knut Hamsun. Cette « envie » était née dès 1939. J'en avais parlé à Gide en 1942 lors de notre rencontre à Marseille. Me sachant lié avec Sartre, il m'avait conseillé de m'associer à ce dernier pour mener à bien le projet. En 1946, hélas, il n'en était plus question.

Pendant la préparation de *Hamlet*, Gide et moi avions travaillé intimement ensemble, revoyant le texte anglais mot à mot. Nous nous étions fort bien entendus. Gide avait la simplicité des vrais professionnels.

Du temps où il flirtait avec le Front populaire, il avait écrit une pièce sociale : *l'Intérêt général*, qu'il m'avait soumise. (C'était juste après *Numance*.) Je l'avais trouvée assez faible, indigne de lui et lui avais dit mon opinion avec la brutalité de mon jeune âge. Il m'avait répondu en une phrase qui devait me tenir de leçon : « Vous avez peut-être raison : *j'ai jeté mon filet trop bas*. » Combien de gens, voulant sacrifier au théâtre populaire, se croient obligés de jeter « leur filet trop bas » ! Alors que, justement, pour atteindre le cœur populaire, on ne jette jamais son filet assez haut ! Voyez *le Cid* ! Le « peuple » a la pureté et l'intransigeance de l'enfance, la vraie, la seconde, celle que l'on doit atteindre à la fin de la vie. L'Enfance de Dieu, peuvent dire ceux dont la pensée aime les « sauts », comme Teilhard de Chardin et tant d'autres, moi parmi ces autres.

Je me sentais donc avec Gide en pleine confiance, et cela me plaisait de m'exprimer sans détours, de m'abandonner à l'observation de son œil de microscope. Car Gide avait l'art de vous examiner comme un savant, avec la même amitié que doit avoir un biologiste pour ses singes ou ses souris.

De plus, après l'expérience de *Phèdre* et du *Soulier de satin*, j'avais pris le goût, pour mes explorations « d'avant-garde », des textes de véritables écrivains.

Je lui proposai donc de bien vouloir collaborer avec moi. Je ferais le scénario (j'avais là-dessus un tas d'idées, comme aurait pu dire Claudel), et il écrirait les dialogues. Il prit peur, comme tout être scrupuleux ; me dit que le sujet conviendrait mieux au cinéma.

— C'est précisément parce que le découpage cinématographique paraît aisé qu'il faut l'éviter à tout prix si l'on veut arriver à retraiter le sujet en profondeur.

Il aimait la difficulté ; il était tenté, mais hésitait encore.

— Faisons ceci. J'écris *ma pièce*, je vous la lis et vous prendrez votre décision.

Il accepta de procéder ainsi.

Un jour, je vins chez lui et le trouvai au lit. La chambre était petite. Il n'y avait pour tout chauffage qu'un radiateur à gaz. Les restrictions n'étaient pas encore terminées. Un lustre pendait au plafond. A sa lumière, je lui lus ma version personnelle de l'œuvre. Je le revois encore, son bonnet de coton sur la tête, la cigarette entre les doigts, écoutant. Au moment précis où Joseph K. meurt égorgé par les argousins en murmurant : « Comme un chien », voilà que le lustre se détache et reste suspendu au-dessus de ma tête par le seul soutien du fil électrique de la lampe ! Gide bondit, au comble de l'exaltation :

— C'est un signe, il est favorable, je marche avec vous. Comptez sur moi.

Nous voilà associés pour faire ce « mauvais coup ». Notre entourage ne nous encourageait guère. Madeleine n'était pas « chaude » du tout. Elle trouvait cela assommant. Roger Martin du Gard, qui était le « confesseur » littéraire de Gide, le décourageait amicalement. Malgré tout, régulièrement, il venait sonner à notre porte pour me lire de nouveaux feuillets. Deux jeunes gens des *Faux Monnayeurs*.

Il va sans dire qu'à partir de cette mémorable lecture, nous refîmes la pièce ensemble, imbriquant étroitement nos apports respectifs. Mon défaut est de toujours trop en remettre. Le sien était l'extrême rigueur, voire même la sécheresse. Nous nous accordâmes à mi-chemin. Je passe sur les détails, les enthousiasmes et les affres. Labisse, toujours à la rescousse en chacune de mes aventures personnelles, peignait maquette sur maquette. Boulez et Kosma (eh oui ! c'est ainsi que nous travaillions !) m'apportaient gentiment leur concours.

La générale arriva pour l'ouverture de la deuxième saison ; ce fut un coup à l'estomac. J'eus deux supporters acharnés et imprévus : Henri Bernstein et Paul Claudel. Ce dernier écrivit d'ailleurs dans *le Figaro* un article tel que Gide lui-même en fut touché. Gide et Claudel étaient depuis longtemps frères ennemis. Claudel, un peu jaloux, ne me parlait jamais de Gide. Gide, au contraire, me demandait toujours des nouvelles de Claudel.

— Ne voulez-vous pas le rencontrer un jour ? lui disais-je.

— Oh, non ! S'il me voyait, il se signerait !

Claudel ne manquait pas une matinée du *Procès*. Gide lui fit alors une farce : à la suite de ce bel article, il alla vers lui à la sortie de la représentation et, de but en blanc, lui prenant la main, lui dit :

— Merci, Claudel, pour ce que vous avez écrit sur *le Procès*.

Le lendemain, étant allé voir Claudel (entre les deux maîtres, je jouais un peu le rôle de Scapin), celui-ci, à peine remis de cette subite apparition, me dit :

— J'ai vu tout à coup ce visage tout ridé de vieille bonne femme venir vers moi. J'étais tellement abasourdi que je lui ai *abandonné ma main*.

Quelques mois plus tard, comme on fêtait sur scène la centième de *Partage de Midi*, j'avais réussi à faire venir, parmi les invités, Gide et Claudel. Je voulais absolument les réconcilier. J'avais « manigancé » (mot de prédilection de Gide) ces retrouvailles avec

Mme Claudel. J'étais à côté de Gide, près du buffet. Claudel, non loin de là, assis sur une banquette. Mme Claudel vient vers nous :

— Bonjour, Gide, pourquoi n'allez-vous pas voir Paul ?

A ma grande stupéfaction, je vis Gide se refermer, s'incliner légèrement, dire : « Madame ! » et s'éloigner.

Dans cette querelle, je peux donc témoigner que Gide, « l'indulgent », est celui des deux qui n'a pas voulu renouer avec une vieille amitié [1]. J'en fus fort déçu.

Avec *le Procès*, je confirmais ma vieille idée des scènes simultanées : imbriquer plusieurs lieux, y représenter plusieurs situations différentes en les faisant vivre dans le même temps. Sans qu'elles se répondent exactement, il en résulte des correspondances qui créent une nouvelle situation : la vraie. Tout comme Dali avait inventé la montre molle, dans *le Procès* le sol parfois était mou lui aussi, particulièrement les marches. Par le mime, bien sûr.

Mon sens de la culpabilité s'en donnait à cœur joie. De plus, nous pouvions transposer sur scène la notion de claustrophobie. Il faut croire que le résultat fut positif, car il fournit à un spectateur cette réflexion qui résume assez bien l'événement : sortant du Marigny, il s'arrêta sur le perron et, levant le nez vers le ciel, murmura : « Et en plus, il pleut ! »

Les techniciens n'avaient pas été tellement attirés par les répétitions. Cette sorte d'angoisse leur paraissait plutôt gratuite. Quelque temps après, cependant, l'un d'eux me dit :

— Ah ! Monsieur ! Aujourd'hui j'ai compris votre *Procès* : j'ai moisi quatre heures à la Sécurité sociale !

A partir de cet instant, chaque fois qu'il rencontrait une difficulté quelconque, il s'écriait :

— C'est bien simple, c'est du Kafka !

Le mot, depuis, s'est répandu.

Le succès ne fit qu'augmenter et, dès le début, nous n'eûmes pas trop à espérer des « snobs ». Je tiens néanmoins à dire que je garde une sincère reconnaissance à l'égard de ceux que l'on a coutume d'appeler « les snobs ». Je les trouve très précieux pour ceux qui cherchent. Les snobs sont ceux qui nous aident, nous soutiennent et nous encouragent en attendant que les autres aient compris. Kafka entrait dans ma famille intime aux côtés de Baptiste et

---

1. Amitié ? N'oublions pas qu'en 1905, Claudel, alors consul en Chine, avait confié à Gide le soin de corriger les épreuves de *Partage de Midi*.

de Hamlet. J'aime son réalisme insolite. Mon imagination s'y accorde. Quand Joseph K. tient Léni sur ses genoux et la caresse, ses mains courent sur ce corps normal mais, tout à coup, rencontrent ces petites membranes qu'elle a entre les doigts :

— Oh ! un petit défaut physique !

Le point insolite de la *réelle* Léni : elle a des doigts palmés. Ce réalisme devient alors onirique. Il en faut peu pour que le rêve devienne cauchemar : mais tout doit rester dans les limites de l'humour et de l'angoisse, sans verser dans aucune déformation romantique ou fantastique à la manière du « Docteur Caligari ». Si l'on réussit à se maintenir dans le vrai, le réel, le quotidien, la moindre surprise insolite devient terrifiante.

Kafka se refuse à faire un « saut ». Il n'apporte aucune réponse aux questions qu'il pose. La seule que l'on peut suggérer à sa place, c'est précisément le sens de la liberté selon Eschyle, Sartre ou Monod. Il se sentait enfermé, il y avait pourtant une porte par laquelle il pouvait passer ; il n'a pas voulu l'utiliser. Son graffiti le montre bien : les barrières ne sont pas soudées entre elles.

Encore une raison, non seulement de l'admirer, mais de l'aimer : il vit dans l'ambiguïté.

Tant qu'un homme n'a pu prouver son innocence, il est considéré comme coupable.

Lui impose-t-on cette loi ? Ou ne la reflète-t-il pas sur lui-même par propension personnelle ?

En portant *le Procès* à la scène, je savais que je m'attirerais les foudres des « grands prêtres » de Kafka, pour ne pas parler des « curés ». Max Brod, lui, était d'accord. Et j'étais convaincu qu'ainsi je servais sa mémoire. J'ai écrit à ce sujet un article : « *Cas de conscience devant Kafka* [1]. » Après avoir ajouté au *Procès* une adaptation du *Château* et une autre de *l'Amérique*, j'ai encore la « conscience » tranquille. C'est ainsi.

Kafka apporte une vision exacte de notre époque, et, dans le même moment, nous relie aux temps bibliques. Il jette un pont.

1. *Cahiers C.R.B.*, n° 50.

Claudel, qui était peu indulgent pour les écrivains, qu'ils aient noms Corneille ou Victor Hugo, me dit un jour :

— Il y en a un devant qui je tire mon chapeau, c'est Kafka.

Quant à moi, j'aurais plutôt tendance à me sentir uni à lui... et, pour pouvoir continuer à supporter la vie, j'aime à me répéter cette phrase de Joseph K. :

Ne pas prendre trop au sérieux !

Ce qui nous amène tout naturellement à...

Feydeau

Courteline dit : « Passer pour un crétin auprès d'un imbécile est une volupté digne d'un bon Français. »

Nous pourrions ajouter : « Rien n'est plus voluptueux que de passer pour un fou aux yeux de ceux qui se croient normaux. »

J'aime tout ce qui est pimenté d'un grain de folie. J'aime les Etres qui possèdent un Fou. C'est une raison de plus de croire que la nature humaine est comparable à un royaume. Au côté du Roi, parmi sa population, il faut ajouter un Fou.

Claudel a son Fou. Kafka a son Fou. Feydeau *est* le *fou*. Le Fou du Roi. En l'occurrence, le Roi est le petit-bourgeois de Paris qui passe ses nuits chez *Maxim's*. Le rentier de 1900.

Récemment, pour prouver définitivement l'insanité du théâtre de boulevard, un intellectuel à qui on avait donné la parole faisait remarquer :

— Au boulevard, les gens n'ont pas de métier !

A part les « cocottes », les « commissaires de police » et les « petites bonnes », je n'en vois pas beaucoup non plus dans Feydeau. Seuls existent chez lui les métiers qui rétablissent *l'ordre*. Ordre glandulaire, ordre domestique, ordre public.

Tout son art poétique consiste à « sortir du cercle », comme font les fous, mais par la porte de l'absurde.

Le père d'Amélie est un ancien gardien de la paix qui, toute sa vie, s'est consacré à la circulation. Amélie reçoit une corbeille de fleurs. Les « intimes » d'Amélie se demandent qui a envoyé cette corbeille. Quelques instants après, on sonne. Qui est-ce ? Le prince de Palestrie ! Le père, aussitôt, sent se déclencher en lui des réflexes conditionnés. C'est à lui de régler la circulation. Il pousse tout le monde derrière la corbeille en s'écriant : « Derrière les arbres ! Derrière les arbres ! » Du coup : la rue est là, le défilé, l'accueil gouvernemental. C'est de la pure transposition poétique. Le Fou a imaginé.

L'absurde est au pouvoir !

Tout Feydeau est embelli par ces métamorphoses. Avec lui, la logique elle-même sort du cercle. Et elle en sort avec une telle précision, une telle maîtrise, une telle horlogerie, une telle science, qu'il n'y a plus qu'à se laisser conduire par elle : la logique de la démence burlesque.

Le génie de Feydeau avait été reconnu une première fois du temps de J.-L. Vaudoyer. La Société des Comédiens français avait inscrit à son répertoire un petit chef-d'œuvre en un acte : *Feu la mère de Madame*. Ç'avait été une première consécration. Mais on n'osait pas encore se lancer dans ses grands vaudevilles. La compagnie Renaud-Barrault, entre Shakespeare, Marivaux, Molière et Kafka, inscrivit *Occupe-toi d'Amélie* à son répertoire. C'était risqué. L'audace réussit et nous sommes fiers d'avoir aidé Feydeau à entrer dans la société des classiques. Car il s'agit bien d'un classique : l'écriture en est très serrée, ses indications sont très strictes, parfois même annotées musicalement. Jouer du Feydeau est aussi épuisant que de jouer la tragédie. Là aussi, on ne peut s'en sortir que grâce au rythme. A la moindre défaillance de l'un d'entre nous, l'édifice entier s'écroulait. Que d'après-midi ne passâmes-nous pas à faire des « raccords » !

Rien de tel, pour bien jouer Feydeau, que de pouvoir utiliser le talent d'acteurs rompus à l'éducation classique. Il faut dire que Madeleine était faite pour Feydeau. En scène, elle n'a absolument aucune pudeur. Tout lui est naturel, tout coule de source.

(M'est-il permis d'ajouter que, dans la vie quotidienne, elle est de même ? Un trait pour le démontrer : un soir, à la fin d'une représentation, elle était revenue dans sa loge et se changeait. Elle était nue. Un admirateur entre, la voit, s'excuse et va pour se retirer : « Aucune importance, lui dit-elle, restez... je ne vous regarde pas ! » Réflexion qui « sort du cercle » avec la plus parfaite logique. On ne prend en effet conscience que l'on est nu que si l'on regarde la personne qui vous voit !)

Amélie parcourut le monde entier de Buenos Aires, Rio, New York à Londres, où elle eut l'honneur de jouer devant la reine Elisabeth. Sa Majesté avait choisi « la pièce qui avait tant fait rire son grand-père ».

Grâces soient rendues à l'art comique. Il distribue aux hommes des pépites de bonheur. Mais qu'il est cruel à servir ! Je nous revois au deuxième acte, pendant la scène dite « de la couverture », accroupis derrière le décor, suants, tendus, anxieux, à l'affût de la moindre anicroche, tandis que de l'autre côté de la rampe, dans le noir, ce n'étaient que bourrasques de rires. A la fin de la scène, la lumière vive, le « plein-feu » revenait. Amélie, tout essoufflée, s'écriait : « Ah ! nous avons bien ri ! » Les techniciens, eux, s'épongeaient le front !

> *Rions, car cela est bon*, dit Claudel, et il ajoute : *La farce est la forme exaspérée du lyrisme et l'expression héroïque de la joie de vivre.*

Première épreuve

L'Etat de siège fut notre premier échec. Pour moi, une amère déception.

Un homme de théâtre ne prend vraiment son visage définitif que s'il a la bonne fortune de s'unir à un auteur. Jouvet avait eu Giraudoux. Pitoëff s'était lié avec Pirandello, Dullin avec Jules Romains et Salacrou. La compagnie des quinze : André Obey. Malgré le *Soulier de satin,* je ne m'étais pas encore soudé à Claudel. J'en avais bien sûr le désir mais, du moins extérieurement, nous n'étions pas de la même génération. Nous ne pourrions pas explorer l'inconnu ensemble.

J'avais manqué J.-P. Sartre. Je garderai d'ailleurs toute ma vie le regret de n'avoir pu travailler réellement avec lui. Nous aurions *dû* nous entendre. Peut-être est-ce ma faute ? Sincèrement, je ne saurais le dire.

Je venais de rencontrer Camus et notre élan l'un vers l'autre était, je crois, mutuel. J'ai déjà dit deux mots à propos de son *Caligula* pendant la période de l'occupation. Du temps d'Artaud, un projet était né : pour préciser la signification du « Théâtre et la Peste », Artaud et moi avions décidé de faire un spectacle inspiré du *Journal de la Peste* de Daniel Defoe. Vinrent les années horribles. Afin de poursuivre le chemin que j'avais emprunté depuis *Tandis que j'agonise*, chemin qui passait par *Numance, la Faim, le Soulier de satin* et *le Procès*, je venais de reprendre — seul, hélas ! — ce projet de *la Peste*. L'âme, si je puis dire, de cette démarche, était la purification de l'Etre par la percée délirante de nos forces noires. Une sorte de traversée de l'Enfer : la divine tragédie.

J'avais la nostalgie du lyrisme d'Artaud et en même temps la notion réaliste de mes limites d'écrivain. Paraît alors le roman d'Albert Camus : *la Peste*. Ce projet pouvait désormais revivre. Camus ne manquait pas de lyrisme. Il était l'intelligence même. Il avait fait du théâtre. Le point de mire d'un roman n'est pas le même que celui d'une œuvre théâtrale. Je demandai une entrevue à Camus. J'espérais renouveler avec lui l'expérience heureuse que j'avais eue avec Gide pour *le Procès*. Après tout, il y avait autant de distance entre Gide et Kafka qu'il pouvait y en avoir entre Camus et Artaud. Au reste, s'il acceptait, le propos deviendrait nouveau. Depuis notre projet initial, la guerre avait balayé le monde. L'humanité avait vécu *sa* peste.

Camus accepta avec enthousiasme. J'étais dans la joie et je me voyais déjà associé à Camus pour une bonne période de ma vie. Camus était ma « chance ». Nous nous entendions parfaitement. Il était encore, à cette époque, attaché à la vie du journal *Combat* : l'espérance d'après-guerre.

Nous travaillâmes dans l'euphorie. Je dirais même dans l'innocence. Nous nous sentions « ascendants ». Il nous suffisait de gifler la mort pour que celle-ci recule. Pendant toute la période de composition, puis pendant les répétitions, nous savourions une sorte de bonheur. Le mot juste serait joie. Joie de créer, de modeler un objet spatial [1].

Sur le plan de la forme, j'avais converti Camus à certaines investigations qui devaient faire avancer celles que j'avais expérimentées précédemment. La troupe était à son mieux. Pierre Brasseur, Maria Casarès venaient encore l'enrichir de leur talent.

Honegger, une fois de plus, était de la partie. Balthus dessina un décor merveilleux, un lieu de théâtre extraordinaire. Trop abouti peut-être. Un objet qui, aujourd'hui encore, pourrait se suffire à lui-même. Premier piège. Il y en eut un autre dont nous ne nous rendîmes pas compte : insensiblement, le sujet glissa du plan métaphysique (Daniel Defoe, Artaud) au plan politique (Camus, Hitler, nazisme). Et le contresens apparut, trop tard, hélas !

---

1. Nous nous amusions comme des enfants. Pour décider du titre, nous avions inventé un jeu. Pensant aux spectateurs, nous imaginions que ce titre devait répondre à la question suivante : « Habille-toi, chérie. Nous allons voir... » *La Peste* ? Non ! *Le Bubon ?*... Non ! Finalement notre choix se porta sur *L'Etat de siège*.

L'horreur concentrationnaire du nazisme n'avait plus rien à voir avec l'épidémie salvatrice, par les forces du mal, de la peste-maladie. Ce fut là, me semble-t-il, l'origine profonde de nos déboires. En tout cas, la plus noble ! *L'Etat de siège* fut donc un échec.

Il n'en est pas moins vrai que le Tout-Paris se frotta les mains. Comment, les Renaud-Barrault, après deux années de succès, viennent de découvrir « leur auteur » ? C'en était trop. On veut bien mettre quelqu'un sur un piédestal, à la condition toutefois d'avoir la satisfaction de le déboulonner à la première occasion.

De notre côté, que cela nous fût précisément arrivé à propos de notre union avec Camus, me rendit très malheureux. Camus, au fond de lui-même, fut déçu, blessé même. Nous restâmes bons amis, mais nous ne trouvâmes plus l'occasion de travailler ensemble.

L'Etat de siège ne fut pas notre seul échec. Au cours de cette vingtaine d'années, on peut en compter quelques autres. Tous furent sanglants. Oserai-je dire « retentissants » ?

Il n'était pas de notre destin de vivre dans la tiédeur. L'après-guerre apportait un climat nouveau. Au stade esthétique d'avant 1939 succédait le stade éthique (Kierkegaard l'avait prédit). Le théâtre individualiste et poétique du Cartel faisait place au théâtre social. 1950 marque l'avènement du grand et vrai poète Bertold Brecht, mais également l'apparition des brechtiens. Le genre « artiste » se vit « contesté » par les intellectuels, apôtres de la distanciation et de toutes sortes de théories que Brecht n'appliquait pas, du moins au Berliner Ensemble.

L'objectif de ces « cerveaux » était fort valable. Jusqu'alors, hormis la tentative de Firmin Gémier, créateur du Théâtre National Populaire, les animateurs de théâtre ne s'étaient pas préoccupés « politiquement » du public. Encore une fois, l'artiste obéissait aux injonctions de ses rêves, de son monde poétique. Il accouchait de son œuvre. Ensuite, venait qui voulait. Plus le nombre d'aficionados était grand, mieux c'était. Mais le bon théâtre se faisait plus souvent devant des fauteuils vides que devant des salles pleines.

A partir de 1950, on raccroche la salle à la scène. La stratégie administrative se développe. Des groupements s'organisent. Il y a des services de cars, parfois même de véritables rafles. L'esprit de propagande se répand. La politique militante s'infiltre. Les intellectuels, par leurs écrits, par certaines conduites d'intimidation, orientent l'opinion. Ils ont ce que j'appelle le complexe du Cid, autrement dit : quand ils ont jeté leur dévolu sur quelqu'un, ils se croient obligés d'assassiner toute la famille. Pour ma part, ayant commencé « avant la guerre », je n'étais pas « leur chose ». J'avais existé avant eux, donc je ne devais plus exister.

Quand on n'est pas sûr de soi, on a recours à la politique de la terre brûlée. C'est plus simple, plus pratique, moins gênant. Comment, au reste, auraient-ils pu être sûrs d'eux-mêmes puisqu'ils s'immisçaient dans le monde du théâtre en y pénétrant par la tête et non, comme il se doit, par les sens ?

C'est ainsi que, progressivement, le théâtre se politisa et vit se répandre en son sein des procédés électoraux. Les hommes passent leur temps à vouloir apprendre à vivre aux autres hommes, sans que ceux-ci aient rien demandé.

Nous eûmes plusieurs fois à encaisser des assauts. A plusieurs reprises on vint secouer notre cocotier pour voir s'il tenait toujours. Dans certains journaux, nous eûmes même droit à d'énormes titres « à la une », comme celui-ci : « Du nouveau à Marigny — Barrault plus mauvais que jamais. »

J'avais invité Jean Vilar — qui n'était pas encore à la tête du T.N.P. — à mettre en scène l'*Œdipe* de Gide. Ce leur fut une occasion de nous insulter pour la pièce de Maurice Clavel, *Maguelonne,* qui était jouée en première partie. Où se trouvaient pourtant l'audace et le risque en cette affaire ?

Accueillant fraternellement André Reybaz et sa jeune compagnie avec *Faste d'enfer* de Ghelderode, nous nous vîmes traités de « bourgeois » à propos du *Procès* de Kafka ! Tout cela, certes, n'était pas sérieux, mais, sur le coup, nous causait un véritable préjudice. Au reste, en vingt-cinq ans, chaque fois que j'ai voulu (je l'ai toujours fait sincèrement) aider quelqu'un à s'exprimer, la réaction des roquets devait se retourner contre moi. C'est un fait, triste mais exact. Appelons cela le côté « corrida » de toutes les activités publiques.

Un jour, des amis conseillaient à Cocteau de faire à Paris une exposition de ses peintures et dessins ; Cocteau répondit : « A Paris on n'expose pas, on s'expose ! »

Dans notre profession, nous connaissons une singulière souffrance qu'on ne rencontre guère ailleurs. Chaque soir, tout est toujours à recommencer. Si l'œuvre est bousculée, sifflée, chahutée, si vous-même vous n'êtes pas admis, chaque soir vous devez donc vous préparer au « châtiment ». Pourquoi alors ne pas se résigner et tout arrêter ? C'est que parfois, à force d'insistance, on réussit à retourner l'opinion. Alors, chaque fois, on se dit que l'on réussira cet exploit, on persiste et l'on continue de souffrir.

Le théâtre est la plus belle école d'humilité, la plus belle école de volonté aussi. Par contre, il n'existe pas au monde de plus grande joie que celle que procure une réussite bien huilée. Si le théâtre traite de la mise à mort de la vie, la représentation théâtrale est elle aussi une mise à mort dont on doit sortir vainqueur en brandissant les deux oreilles... du torero. Le théâtre est le plus vivant, donc le plus beau des métiers ; il peut être en même temps le plus absurde : comme la vie quand elle est désenchantée.

L'expérience de *l'Etat de siège* devait éloigner de notre compagnie la collaboration de Camus. Ce fut là le cœur de l'épreuve. Le reste, au fond, n'a aucune importance.

L'échec fortifie les forts, dit Saint-Exupéry.

Parallèlement, juste après *le Procès,* j'avais de nouveau entrepris Claudel. La gestation de *Partage de Midi* avançait. J'arrivais pour ainsi dire « à terme ». Il fallait cette fois le « forcer » — du moins le « supplier », bref le convaincre. Tâche ardue. Une lettre, un rendez-vous accordé ; je me rendis chez lui.

Partage de Midi

Ce fut une séance décisive. Cette connaissance presque physique de l'un et de l'autre qui s'était accumulée jour après jour, depuis près de dix ans, nous permettait enfin d'abattre nos cartes.

Lui : Vous savez que je n'ai jamais voulu entendre parler de *Partage de Midi* au théâtre et que j'ai retiré jadis de la circulation tous les exemplaires de la première édition. C'est une épreuve dont j'ai souffert si fort dans ma jeunesse que ses effets m'ont accompagné tout au long de ma vie. Aujourd'hui encore, la plaie est toujours vive. Ce n'est pas seulement que je cherche à épargner qui que ce soit au monde — le temps, hélas ! émousse toutes choses — ce sont certaines sensations intérieures qui me labourent sans se lasser. Ce qui m'arrête encore aujourd'hui, c'est plutôt une espèce de pudeur : Il y a des cris qu'un homme n'a pas le droit de pousser. *Partage de Midi* est ce cri. Cela me gênerait, comme si j'étais tout nu.

Moi : Peu importe votre douleur nouvelle. *Partage de Midi* est au cœur de votre message. Il est la clef de toute votre œuvre. Si intéressant qu'il demeure à la lecture, il ne frappera jamais avec autant de Vie que lorsqu'il sera représenté. Pour tous ceux qui vous aiment et vous suivent, vous vous devez, même si c'est pour vous un sacrifice, de nous laisser votre *Partage* en pâture. Et cette pâture ne sera totale que sur scène. Cette lutte de la chair contre l'esprit ne sera physiquement reçue que si des êtres humains y apportent leurs voix, leurs souffles, leur cœur, leurs gestes.

« Dans ce drame authentique et saignant que vous avez vécu pendant près de cinquante ans, nous ne pouvons voir clair que si nous vivons à notre tour cette épreuve du Péché. Je vous ai épousé dans Rodrigue, je veux vous revivre dans Mésa. Je veux refaire votre chemin qui vous a conduit à l'Epreuve du Feu, comme une poterie soumise au four. *Partage* est le creuset dans lequel vous et votre œuvre avez cuit et avez pris votre vraie couleur. C'est la pièce de votre métamorphose. Tout ce qui, dans votre œuvre, est antérieur à cette épreuve d'alors, converge vers *Partage de Midi*. Tout ce qui lui est postérieur en jaillit. C'est l'anneau de votre aventure poétique.

« Sur le plan de l'influence morale, que craignez-vous, puisque dans cette lutte de la chair et de l'esprit, c'est l'esprit qui triomphe dans " la transfiguration de Midi " » ?

Lui : De toute façon, je ne voudrais plus de cette frénésie érotique du deuxième acte qui me fait frémir.

Moi : Cette frénésie érotique ne vous appartient plus ; vous l'avez jeté, ce cri, il vit sans vous, vous n'arriverez plus à l'étouffer.

Lui : Ah ! Vous croyez que tout cela ne m'appartient plus et que, malgré mon âge, je n'en ressens pas toujours la torture ?

Moi : Un jour, vous céderez, et ce n'est plus à moi que vous donnerez non pas cette Joie — le mot Joie, en ce cas, est trop faible — mais cette espèce de véritable vie. Vous devez cela à notre génération.

Lui : Vous m'ébranlez. Revenez me voir dans trois jours.

Telle fut, si ma mémoire est bonne, la substance de notre entrevue. Trois jours après, je revins.

— Vous voilà, tentateur. Vous avez gain de cause : je vous donne *Partage de Midi*.

Je ne trouvai plus rien à dire, j'étais étourdi. Il ajouta :

— Je dois vous avouer que vous devez cela à un moine dominicain que j'aime beaucoup, qui me guide et à qui j'ai été me confier. Il m'a vivement conseillé de vous permettre de monter la pièce. C'est parmi mes pièces, paraît-il, celle qui a causé le plus de conversions.

Je demandai le numéro de téléphone de ce père dominicain et l'appelai aussitôt pour le remercier d'avoir si bien plaidé pour *Partage* et pour moi.

De fait, quelques mois plus tard, alors que nous jouions *Partage,* Claudel me transmit une lettre, avec ces mots écrits de sa main :

> Mon cher Barrault,
>
> Lisez cette lettre ci-jointe. Je crois qu'elle vous fera autant plaisir qu'à moi. De tout cœur et à bientôt.

C'était une lettre de conversion d'un jeune homme qui était revenu à Dieu après avoir vu la pièce à Marigny.

Moins une pièce a de personnages, plus elle est délicate à distribuer. Bien distribuée, elle est à moitié mise en scène. Nous eûmes de la chance pour *Partage de Midi.* A part Mésa que je m'octroyai sans ambages, sans discussion et sans tenir compte de la corpulence idéale du rôle qui demandait peut-être quelqu'un de plus trapu, de plus apparemment charnel, Pierre Brasseur nous fit la joie d'accepter le rôle d'Almaric pour lequel il semblait fait. Mais tout reposait sur Ysé, point de mire, si je puis dire, du drame et instrument mystérieux de Dieu. Car *Partage de Midi,* en réalité, ne compte pas quatre personnages mais cinq.

A cette splendide femelle inassouvie et déplantée, à ce mari complaisant, à cet aventurier qui fait l'article, à ce « petit curé » rejeté et tout sec dans son avarice et son égoïsme spirituel, il faut ajouter Dieu. C'est la présence constante de Dieu qui fait de ce sujet ordinaire, frisant le fait divers comme *Bajazet,* un des sujets les plus importants du théâtre de tous les temps. Comme une épée que l'on dégaine, Dieu le tire du monde temporel pour le brandir en plein ciel.

Pour Ysé, ce fut Edwige Feuillère qui s'imposa d'emblée à notre vue. Par bonheur, elle accepta. Le jour vint où je l'accompagnai pour la présenter à Claudel. Il la vit. La jaugea. L'examina comme un entraîneur examine un pur-sang. Il semblait tout bouleversé : « Edwige ressemblait au modèle... »

De Ciz, le moins important des quatre personnages, fut dévolu à Dacqmine dont j'admirais, malgré son jeune âge, l'autorité de grand premier rôle. Claudel le trouvait trop beau : « De Ciz, m'écrivait-il, c'est l'insecte mâle, d'apparence chétive, mais sexuellement bien doué auprès de la splendide femelle. Il n'y a pas besoin d'un très bon acteur. L'apparence physique compte pour presque tout. » Dacqmine n'avait plus qu'à composer, ce qu'il fit avec efficacité.

Labisse, mon ami de la première heure, ferait les décors. Christian Bérard, comme on sait, les costumes. Il n'y avait plus qu'à travailler.

J'avais réveillé en Claudel ce drame majeur de toute son existence : « Il s'agit de toute ma vie dont j'ai été amené à essayer de comprendre le sens. Il s'agit de beaucoup plus que de littérature. Si je réussis à faire passer dans votre cœur et dans celui de Feuillère ce que je sens, toute la salle sera en larmes... Si vous ne pouvez venir, ne pourriez-vous du moins m'envoyer Feuillère ? J'aurais tellement besoin de faire passer mon âme dans la sienne ! Ceci n'est pas une pièce comme une autre... j'ai écrit cela avec mon sang... »

Dure Nuit, disait Rimbaud, *le sang séché fume sur ma face.*

Pris de passion pour cette œuvre qui ranimait le Passé, Claudel voulut refondre *Partage*.

Sa machine à créer se déclenchait une nouvelle fois. Claudel aimait « tripatouiller » ses œuvres. En vrai poète qui n'avait d'abord obéi qu'au *désir,* il essayait à présent de comprendre.

J'avais été nourri, comme toute ma génération, par la première version de 1905 [1]. Ses retouches m'affolaient. Pourrais-je sauvegarder cette œuvre qui avait enthousiasmé ma jeunesse ? Mais, d'un autre côté, avais-je le droit, ou simplement avais-je raison de ne pas aller dans le sens actuel de Claudel ?

Claudel ne se contentait d'ailleurs pas de repenser son œuvre. Avec une science admirable de véritable homme de théâtre, il en voyait immédiatement, d'un œil toujours neuf, toujours vierge, les imperfections techniques. Aussitôt, avec une maîtrise qui a toujours fait mon admiration, il les corrigeait. Aucun mal de ma part à accepter ces corrections-là : mon adhésion, au contraire, était totale.

Ainsi, pendant cette période de préparation, travaillions-nous sur deux plans : le plan technique et le plan spirituel.

De même que cette œuvre chevauche ce que Claudel appelle « les deux côtés du livre », le visible et l'invisible, le réel et le

1. Le Mercure de France venait de la rééditer.

surréel, le physique et le métaphysique, la chair et l'esprit, notre activité portait elle aussi sur deux points : le mécanisme d'horlogerie de la pièce et sa conclusion profonde. Claudel, à juste titre, trouvait la fin trop littéraire, trop esthétique, d'un lyrisme trop creux.

« Cinq mots, écrivait-il, voudraient caractériser ce dénouement : logique, simplicité, *suavité,* intensité, mystère. »

Si, en 1900, Wagner et Dostoïevsky avaient pu l'inspirer un instant, il y avait bien longtemps qu'entre eux et lui s'était élargie la distance.

« Vous savez, en revanche, que j'ai étudié Beethoven autrefois, qui m'a beaucoup appris au point de vue de la composition. »

J'étais écartelé : j'aimais toujours autant ce *Partage* de ses trente ans, mais je ne pouvais m'empêcher de trouver séduisante chacune de ses nouvelles propositions. En fin de compte, la version que nous jouâmes fut, un peu malgré lui, très proche de la version originale, aux modifications d'ordre technique près. Par conséquent, la version remaniée qu'il fit éditer six mois après notre « première » est très différente de celle que nous avons l'habitude de jouer [1].

Comme un spéléologue, il explorait les galeries enchevêtrées de la chair et de l'Esprit et y découvrit une clef nouvelle :

« L'Esprit... oui... mais égoïsme, avarice, dureté, sécheresse, orgueil, ce que le Bon Dieu déteste le plus au monde...

« La Chair ? C'est vrai, le besoin de l'autre, l'esclavage de l'autre, et la constatation d'une impossibilité de l'atteindre, quelque chose qui ressemble pas mal à l'Enfer.

« Mais au-dessus de la Chair, il y a la superchair — il y a le *cœur* qui est aussi de la chair, ce cœur qui nous a faits et qui en sait plus long que nous. Dieu ne l'a mis dans notre poitrine que pour trouver son écho dans la poitrine d'un autre... »

J'étais, une fois de plus, en accord profond avec lui : au-dessus de l'Esprit, je ressens moi aussi la Présence divine par une perception *charnelle*. La sensation du divin, avant d'appartenir à l'âme, appartient au sens du Toucher. Pour moi, le Toucher est le sens qui atteint le mystère. On touche avec les yeux, avec les oreilles, avec tout l'Etre qui est avant tout un foyer magnétique. « Quand vous êtes suffisamment attentif devant un grand ciel étoilé, vous vous apercevez d'une chose : c'est que *les étoiles font du bruit.* »

Claudel vibrait lui aussi, il suivait presque quotidiennement les répétitions. Il grimaçait de pudeur devant les scènes « érotiques »

---

1. « Notre » version se trouve dans les œuvres complètes, éd. Gallimard, dirigées par Robert Mallet.

(mais je tenais bon : nous avions passé un marché et je lui avais dit : « Je vous donne le final du III mais vous me laissez le II »). Il s'extasiait de bonheur quand Dieu réussissait à passer le bout de son nez. Constamment fusaient ses excellentes trouvailles.

De mon côté, en dehors des répétitions, je m'imprégnai totalement de Claudel. J'assistai à la cérémonie des Ténèbres, le Vendredi saint, à Notre-Dame de Paris, près du même pilier où, en 1886, le jeune païen Claudel avait reçu sa conversion. Claudel, cette fois, au milieu des chanoines, était assis dans l'une des stalles du chœur. Je reçus avec une émotion suffocante cette cérémonie que vingt siècles de mise au point ont portée à la perfection ; ce jeu extraordinaire des cierges que l'on éteint l'un après l'autre et dont on va cacher le dernier derrière l'autel, comme pour sauvegarder la dernière flamme — l'âme du monde en veilleuse — pendant le temps où le Christ est mort. A la fin de la cérémonie, je vis passer Claudel. Je restai immobile, gêné par mon émotion ; il me découvrit, collé à « son » pilier. Nous nous serrâmes simplement la main. Pudeur des hommes.

Nos semaines de travail furent enivrantes. Toutefois, aux dernières répétitions, l'énervement se fit sentir. Il arrive un moment où le travail de l'acteur « plafonne ». L'heure est alors venue de « fixer », sinon le travail fourni se désagrège, tout s'efface, se stérilise, c'est une dégringolade générale. Or, on sentait bien que le poète, de son côté, sans souci de la « répétition générale », s'était engouffré pour l'éternité dans son Histoire. Il me fallait quitter le camp de l'auteur pour passer dans celui des acteurs. Cela me chavirait, m'exaspérait. Claudel, lui, continuait imperturbablement à travailler sur nous. A bout de nerfs, je lui dis :

— Je ne peux plus poursuivre dans ces conditions-là, j'arrête la répétition.

Suivit un long et dramatique silence. J'entendis une voix triste, d'enfant qu'on punit :

— Vous me mettez à la porte...

— Euh ! Non, Maître ! Pas à ce point-là.

— Enfin, vous voulez que je m'en aille ?

— Eh bien, oui, là, je préférerais.

Nouveau temps. Lui :

— C'est loin, Saint-Philippe-du-Roule ?

— Non, justement, tenez, c'est à côté.

— J'y vais. Vous direz à Reine (Reine, c'est Mme Claudel) qu'elle vienne m'y chercher.

Tout penaud, il s'en alla à regrets. J'étais malheureux au possible.

Le lendemain, je téléphone à l'heure du déjeuner :

— Est-ce que le Maître ne m'en veut pas, pour hier ?

Mme Claudel répond :

— Non, pas du tout, mais il vous demande s'il peut venir tantôt.

— Bien sûr !

— Bon, il avait peur que vous ne l'en empêchiez encore.

Les décors arrivèrent enfin : on eut vite fait de les maîtriser. Les essayages de costumes, chez Piguet, étaient, grâce à Bérard, des scènes réjouissantes. Christian Bérard voulut faire porter à Feuillère un sari. Quelqu'un objecta :

— Le sari, on le porte aux Indes, pas en Chine.

— Ysé l'a acheté là-bas, dit Bérard.

— Mais le spectateur ne le sait pas.

Alors Bérard, comme chaque fois qu'il tenait à quelque chose et voulait fermement imposer sa volonté, se mit à chantonner comme un petit garçon qui joue : « Elle le portera tout d'mêm-me ! Elle le portera tout d'mêm-me », tandis qu'avec ses doigts de magicien il drapait sur Edwige ledit sari qui fit un excellent effet.

La générale eut lieu. C'était une nouvelle bataille : elle fut gagnée. Claudel, comme toujours, était dans la salle. Pour lutter contre sa surdité, il s'était procuré un splendide appareil dont il se servait d'ailleurs avec une brutale impatience. Le pauvre appareil ne vécut que quelques jours : Claudel eut vite fait de le casser complètement. Il lui fallait des jouets plus solides. Mais cet appareil nous valut, ce soir-là, au cours du premier acte, une émotion fort désagréable. Tandis qu'Edwige et moi susurrions la grande scène d'amour du 1er acte — « Dites que vous ne m'aimerez pas... — Je ne vous aimerai pas, Ysé,.. », etc. — on entendit soudain dans la salle un sifflement strident. C'était Claudel qui brutalisait et travaillait « son espèce d'appareil insuffisant ». On ne le revit jamais plus avec.

Claudel revint souvent écouter sa pièce. Chaque fois qu'il montait me voir, il paraissait autant bouleversé. Il avait toujours les yeux rouges. *Partage* était pour lui comme un miroir. Il y revoyait sa vie, il me parlait encore d'Amalric au présent : comment cet homme lui faisait boire des vermouths, comment il lui racontait des histoires grivoises, comment il vantait les charmes d'Ysé, à lui pauvre « petit curé ».

Un jour, je lui dis :

— Vous n'allez pas voir Ysé ?

D'un air renfrogné et bougon, il me dit :

— Je n'ai rien à dire à cette femme !

— Mais Feuillère ?

Alors, comme si soudain il se réveillait :

— Ah ! oui, Feuillère, bien sûr, elle est merveilleuse !

Edwige Feuillère fut une Ysé inoubliable. Nos personnages me lièrent à elle d'une tendresse qui ne peut pas mourir. Il y a ainsi des rôles qui vous unissent à jamais. Tout comme ceux de Prouhèze et Rodrigue.

L'Echange ou l'esprit de fuite

Comme une truite remonte le courant, je voulais revivre l'aventure poétique de Claudel en remontant sa vie au fil du temps. Mon objectif (je suis entêté) était toujours *Tête d'or*. Le débusquer quand, jeune homme, il se débattait, pris comme dans une nasse, entre Eschyle, Nietzsche, le paganisme et la conversion. Le refus de Claudel, pour *Tête d'or,* était catégorique. Je changeai alors de « piste » et le poursuivis dans les fourrés de la jeune Amérique, soit sous la peau du jeune sauvage Louis Laine, qui fuit comme l'eau, soit sous la peau du futur P.D.G. Turelure, ici, dans *l'Echange* : Sir Thomas Pollock Nageoire — « Béni soit le Seigneur qui a donné le dollar à l'homme », — soit sous la peau de l'irrésistible « folle » Lechy Elbernon, préfiguration juvénile mais prophétique d'Ysé qu'il n'avait pas encore rencontrée [1], soit encore sous la peau de la fille de l'Eglise, la femme qui mène à Dieu : Marthe.

Cette fois, j'espérais qu'il ne toucherait à rien. Ne m'avait-il pas dit, en répondant à ma demande : « *L'Echange ?...* Je n'ai rien à y reprendre... c'est parfait ! » Ouaste ! Sitôt le nez dedans, le voilà qui veut tout récrire. Le travail devint véritablement diabolique : il cassait tout pour tout refaire.

Feuillet après feuillet, il m'envoyait une deuxième version ; je répondais par une troisième, tirée des deux premières, et ainsi de suite. Il me concédait un passage pour mieux m'en marchander un autre.

Je défendais comme je pouvais le jeune attaché d'ambassade de 1891 contre le patriarche chevronné. Certaines scènes furent à jamais mutilées ; d'autres, par contre, furent magistralement hissées. L'idée de la balançoire, géniale, jaillit au cours de ce travail comme l'étincelle séminale de l'œuvre.

---

1. C'est ainsi que, dès sa naissance, tout poète porte en lui sa **Destinée** tout entière, il ne lui reste plus qu'à la vivre.

Le monologue de Marthe qui ouvre le troisième acte donne une idée de cette lutte à la fois sacrilège et déchirante. A la place de la douleur de Marthe qui, dans la première version, crie *Justice* au bord de la mer, voilà la nouvelle Marthe de la deuxième version qui envoie une lettre à son curé où elle demande *pardon* : Catastrophe ! Saint-Sulpice ! Inacceptable ! Je proteste. Il compose, écrit une nouvelle lettre. Que dit alors cette lettre ?

> *Vous vous rappelez ce livre, autrefois ?... cette personne déses-*
> *pérée qui se promène au bord de l'Océan en criant : Justice !*
> *Justice ! Justice ! Elle aurait mieux fait de crier : Pardon ! Par-*
> *don !... et en se tordant les bras encore !*

Toute la vie du poète apparaît là dans un éclair. Toute son aventure poétique se comprend à ce changement de mots. Il y a, dans cette phrase, toute la trajectoire de la vie de Claudel. A vingt-trois ans, il criait : Justice ! A quatre-vingt-trois ans : Pardon !

Nous répétions. La balançoire nous aidait beaucoup. Claudel suivait le travail avec intérêt et animation. Heures passées dans la joie. Dès qu'il triturait la pâte, il était à son affaire. Quand il indiquait à Jean Servais [1] les tremblements du genou d'un vieil homme en proie au désir lubrique, ses yeux se plissaient de malice. L'eau lui venait à la bouche. Le rire le secouait tout entier au rythme de ses dents qui s'entrechoquaient.

Il se tenait au milieu de nous comme un piquet et nous tournions autour de lui comme des chevaux au bout d'une longe.

Néanmoins, la « générale » approchait. Et il me fallut, la veille de la « couturière », lui demander de nous laisser jouer librement et d'aller nous surveiller de la salle. Il eut alors cette réponse désarmante : « Oh, laissez-moi encore aujourd'hui parmi vous... c'est la dernière fois que je l'entends ! » Sa surdité s'était en effet aggravée. Nous l'installâmes donc au centre de gravité de la scène et nous jouâmes, très émus, en décrivant des courbes de slalom autour de lui...

Jouer dans *l'Echange* le rôle de Louis Laine quand Madeleine Renaud joue celui de Marthe me fut... j'allais dire : voluptueusement insupportable. Vivre la trahison l'abandon, la méchanceté, la muflerie de jeune sauvage avec l'être que j'aime le plus au monde, me mettait dans un état que je n'ai connu qu'à cette occasion. Non seulement nu, mais dépecé. Ni dans la vie, ni au théâtre. Un cauchemar éveillé. Madeleine, au reste, ressentit le même malaise

---

1. Jean Servais interprétait le rôle de Thomas Pollock, Germaine Montero, celui de Léchy Elbernon.

et nous reparlons souvent de la douleur extra-artistique que nous avons alors éprouvée.

La réussite de *l'Echange* fut compromise par le demi-succès de *On ne badine pas avec l'amour,* de Musset, qui complétait la représentation. Les deux œuvres ne s'accordaient pas. J'avais mal composé le spectacle. J'en avais trop mis.

Après *l'Echange,* je revins à l'attaque pour *Tête d'or.* Claudel demeurait irréductible. Je me rappelle une de ses réponses, sous forme de télégramme, à une lettre où, une fois de plus, je lui réclamais ce « raz de marée poétique » de sa jeunesse. Un seul mot : « Non ! » Plutôt court, mais clair.

Alors je voulus l'absorber tout entier.

Co-naissance de Claudel

Depuis longtemps je voulais expérimenter une nouvelle forme de spectacle où l'on partirait à la recherche d'un homme à travers son œuvre entière. La trajectoire humaine est un drame. Ce drame « primitif », je voulais essayer de le reproduire dans l'Espace grâce à cette cristallisation de la vie qu'est une œuvre poétique.

Pour un créateur, il y a deux catégories d'œuvres :
— celles qui tombent de lui comme des fruits,
— celles qui restent accrochées à lui jusqu'à la mort.

L'Annonce faite à Marie, le Pain dur, l'Otage, le Père humilié sont des objets en soi qui se sont libérés. Le cordon ombilical a été coupé. Ils vivent de leur vie propre. C'est la Récolte.

En revanche, *Tête d'or, l'Echange, Partage, le Soulier, Christophe Colomb,* restaient accrochés à Claudel et l'on sentait bien que l'aventure, dans ces cas-là, ne pouvait pas se terminer. Un long cheminement qui n'aurait pas de fin...

Madame Bovary est un « fruit » de Flaubert. *La Tentation de saint Antoine* est son drame à jamais.

Terre des hommes est un fruit de Saint-Exupéry, *la Citadelle* lui reste accrochée, restera à jamais inachevée.

Je partis donc comme un chasseur à la recherche de Claudel. Je lui soumis mon travail. Il renvoya le manuscrit en y joignant le mot suivant :

> *J'aime ce genre de spectacle. Il m'émeut comme m'émeut une source. C'est spécifiquement du théâtre à l'état naissant. Il y a là une sorte de nouveau départ qui pourrait nous apporter*

peu à peu la matière d'un style neuf, capable de nettoyer bien des choses.

J'abordai une forme inédite de spectacle. Je ne me doutais pas que j'avais emprunté là un nouveau chemin qui devait, plus tard, me familiariser avec Sartre, Molière, La Fontaine, Saint-Exupéry, Rabelais, Jarry... et qui ne me semble pas terminé.

Des intellectuels pointilleux m'en ont fait souvent reproche. Que voulez-vous, cela m'amuse ! Qui pourrait m'empêcher de m'amuser ?

Cela devient pour moi, comme il en va chez certains éditeurs, une espèce de collection :

Connaissance des Français

et pourquoi ne pas étendre ces études à Shakespeare, Nietzsche, Zéami, etc., pour une « connaissance des Hommes » ?

Après tout, c'est mon métier.

Transformer une œuvre, écrite à plat sur des feuilles de papier, en un spectacle à trois dimensions, n'a rien d'hérétique. Ce sont deux propos différents.

Nous avons bien le droit de faire le portrait de qui nous voulons, à la condition d'en assumer la responsabilité. Dans ce cas, c'est « mon » Claudel, « mon » Rabelais, « mon » Jarry. Eux ne sont pas compromis ; et leurs « curés », qu'ils soient académiques ou pataphysiques, n'ont pas à s'en formaliser.

La « connaissance de Claudel » eut d'excellents résultats. A Port-au-Prince, en Haïti, nous fûmes obligés de doubler nos représentations. Son plus grand titre de gloire fut remporté au Canada. Dès 1952, le Canada de langue française commençait son émancipation. Mais on ne le savait pas encore. On ne sait d'ailleurs jamais rien. Claudel lui-même m'avait écrit : « Méfiez-vous, c'est le Thibet du catholicisme. » Cependant, Son Eminence le cardinal Léger, primat du Québec (je crois), prit l'initiative de faire entrer, pour la première fois dans l'histoire du Canada, le clergé dans un théâtre : « Her Majesty's », précisément, à l'occasion de cette « connaissance ». Il m'avait reçu très aimablement dans sa résidence de Montréal : lui, sur son trône et sous un dais, moi à l'autre bout du tapis, sur une chaise. Et il m'avait annoncé la bonne nouvelle. Il se rendit en grand apparat, entouré de ses évêques, et remplit le chœur de l'orchestre. Ce soir-là, grâce à Claudel, le clergé réhabilitait le théâtre. Nous en avons gardé le film.

Cette « connaissance », qui ne demande pour exister que la présence d'êtres humains, est facile à transporter et nous la jouâmes un peu partout.

217

Cependant, j'avais toujours mon *Tête d'or* dans la gorge. Un instant, je crus fléchir Claudel. Il replongea dedans et, bien sûr, voulut tout refaire. Il tenta un essai loyal. Cela se passerait dans un « stalag » : seul endroit, d'après lui, susceptible de lui donner l'équivalent de cette prison matérialiste dans laquelle, à dix-huit ans, il se sentait enfermé par les molochs du XIXe siècle.

Nos idées communes sur le « théâtre à l'état naissant » l'inspirèrent. Les prisonniers joueraient *Tête d'or,* etc. La tentative avorta. Il y renonça.

J'aimais mieux ça. Il y avait désormais une trop grande distance entre le jeune Claudel de vingt et un ans, tout cru et tout cruel, et le poète de quatre-vingt-cinq ans, encombré d'une vie bien remplie et qui ne pensait plus qu'à devenir simple et familier avec son Dieu.

Il me proposa un compromis : « Je vous donne *Tête d'or* mais je vous demande de ne le monter qu'après ma mort. »

Que faire d'autre que d'accepter ?

Le thème du départ (thème central de son inspiration poétique), la folie de l'imaginaire et le théâtre à l'état naissant me firent alors m'emparer de son *Christophe Colomb.*

Christophe Colomb

Il y a du manifeste dans *Christophe Colomb.* C'est mon « *Numance 53* ».

Répondant à une commande autrefois passée par Max Reinhardt, Claudel avait écrit une sorte de livret à partir duquel Darius Milhaud avait composé un opéra de grande formation. Depuis 1942, Claudel m'avait conseillé de reprendre le texte et de le monter dramatiquement. Il y voyait une sorte d'approche du *Soulier de satin.* Ç'aurait sans doute été une erreur : la densité du *Soulier* m'avait soutenu, guidé ; cette fois, c'était à moi de « porter » *Christophe Colomb.*

Connaissant la simplicité de Darius Milhaud et ayant à maintes reprises éprouvé son amitié, je lui demandai d'oublier son grand opéra et d'accepter de composer une musique qui s'imbriquerait dans notre jeu dramatique. Il accepta ce sacrifice et ce fut la réussite.

Donner un corps à cette série de courtes scènes, telle était la gageure. Il fallait se limiter à une troupe dont l'effectif devait être acceptable. Je m'arrêtai à trente-trois participants en tout.

Quand mon puzzle sur le papier fut démonté et remonté dans le détail, je me mis à travailler avec Milhaud. Je lui jouais toute la pièce morceau par morceau, damier par damier, case par case, et je lui chantais n'importe quoi aux endroits précis où « j'entendais » de la musique. Il la mesurait à la seconde. Et nous discutions ensuite de l'esprit, de l'humanité de cette musique. Grâce à Darius Milhaud, elle s'imbriqua dans l'œuvre comme un véritable personnage. De fait, elle joua avec nous.

Il y avait tant de changements de lieux que tout décor était impossible. Il me fallait trouver une touche-mère, un objet magique autour duquel le moindre accessoire prendrait vie. La nécessité d'un écran pour les parties cinématographiques, la présence constante de la mer, du vent et de la caravelle de Colomb, me firent choisir cet objet-symbole : la voile. Comme la musique, la voile à son tour se révéla aussi humaine que nous.

Je voulais que tout le théâtre fût homme : objets, notes musicales, verbe, personnages.

Hommes et objets jouent ensemble : les hommes jouent à l'objet et les objets jouent à l'homme. Tandis que l'objet humanisé « dit son mot » dans l'action, l'acteur, à son tour, sans quitter pour cela son personnage, devient de temps en temps élément. Exemple : les vagues de la mer (êtres humains) rejettent sur la grève « un vieux marin presque mort ». Christophe Colomb entre dans l'eau pour porter secours au marin. Les deux acteurs qui interprètent respectivement le marin et Colomb doivent exprimer en même temps, et sans quitter leur personnage, l'élément de l'eau et la force ballottante des vagues.

Ainsi l'acteur ne se contente plus de représenter la condition humaine, mais aussi la nature, les éléments, les objets. Il est à la fois homme et environnement. Il est au centre de la vie. Il baigne dedans. L'acteur interprète non seulement les hommes, mais encore tout le « théâtre ». Il appartient aux hommes, mais aussi à tout le reste. Il est au milieu de tout, il colle à la vie dans sa *totalité* : il est foyer de vie.

Pour l'auteur et pour tous ceux qui le servent, *le théâtre, c'est l'homme* ; et « tant qu'il y aura sur quatre planches surélevées, où que ce soit, un homme, et rien autour, s'exprimant dans la totalité de ses moyens d'expression : il y aura théâtre, et, si l'on veut, *théâtre total...* »

Tel était l'esprit de ce « manifeste ». C'était l'esprit non seulement de *Numance*, mais aussi de *Tandis que j'agonise*, qui me ressortait par les pores de la peau.

Comme pour *Partage* et, dans une certaine mesure, comme pour *le Soulier,* je butais encore sur le final. Est-ce parce que Claudel propose des fins positives que celles-ci sont difficiles à admettre ? Est-ce parce qu'il invente des solutions aux mystères de la vie ? Possible : la vie, la mort, la survie inspirent aux poètes des conclusions éthérées mais imaginaires. Comme je l'ai déjà dit, ils ont recours à un « saut ». Le théâtre, art de Justice, est plus implacable. Et Kafka a bien raison de s'en tenir à l'interrogation.

Cette fois, c'est moi qui voulais changer le final. Je demandai secours à Claudel. Je mis son inspiration à l'épreuve, espérant renouveler le miracle du *Soulier.* Mais, un jour, il me répondit : « Trop tard, Barrault, je suis trop vieux maintenant, ma flamme intérieure est désormais en veilleuse. »

C'est au mai de Bordeaux 1953 que *Christophe Colomb* fut créé sur l'invitation du jeune et sportif maire de la ville, le général Chaban-Delmas. Après avoir beaucoup travaillé à Paris, nous partîmes donc pour Bordeaux. Pour s'adapter au théâtre municipal, magnifique ouvrage du XVIII⁰ siècle dû à l'architecte Louis, il fallut, en deux jours, pratiquement tout recommencer.

Matin, après-midi, soir et nuit, je tenais la troupe en haleine. La « couturière » se prolongea tard dans la nuit. Il était quatre heures du matin et nous n'avions pas encore terminé. Mes camarades étaient à bout de forces et de nerfs. C'est le moment où la bête, malgré les coups de fouet, se couche. J'en voyais certains, épuisés, assis sur le décor ; d'autres, debout, se soutenant à leurs accessoires comme, à leur fusil, des sentinelles ensommeillées. Les musiciens inclinaient la tête sur leurs instruments. Boulez lançait des « nom de Dieu » retentissants ; les plus âgés étaient allés se coucher. Les maquillages étaient sales ; les yeux étaient cernés. Ce n'était pas la veillée d'Austerlitz, mais celle d'Azincourt.

J'arrêtai tout et nous regagnâmes nos chambres d'hôtel.

Affalé sur mon lit, je ne pus dormir. « *Il est impossible que tu ne trouves pas une solution avant ce soir.* » Je me décontractai. Je fis effort pour oublier l'enjeu de la partie. Et je déroulai encore une fois, pour moi seul, tout le spectacle comme un beau rêve. Dormais-je ? Etais-je éveillé ? Tout ce que je sais, c'est que vers six heures du matin une solution m'apparut. Je me dressai comme un ressort sur mon lit. *Allons-y, répétons !* m'écriai-je. Mais tout l'hôtel était plongé dans le sommeil. Tous ces gens re-po-saient ! *Que font tous ces cons à dormir, quand tout à l'heure la salle va être pleine !* Cette exclamation saugrenue me rendit ma lucidité et me mit de bonne humeur. Je me levai, fixai sur le papier cette nouvelle version des choses. Nous reprîmes le travail toute la journée. La représentation eut lieu. La troupe monta à l'assaut et Claudel eut son triomphe.

Une fois de plus on pouvait dire : *A couturière manquée, générale réussie.*

Mort de Claudel

Hélas ! Claudel vieillissait : non sa tête, grâce à Dieu, mais son vieux routier de cœur. Lui, surtout, le sentait. Il se montrait plus doux, plus tendre. Quand on allait le voir, il vous retenait discrètement. J'avais déjà vécu cela dans les derniers jours de Charles Granval, disparu en 1942. Plus rares étaient les moments où il s'évadait brusquement de vous, vous plantait là sur votre chaise pour partir à la poursuite de sa formidable imagination. Il vous regardait maintenant plus longtemps. Sa joie, sa morgue n'avaient pas disparu, mais on le sentait plus proche de ceux qu'il aimait bien.

Un ami m'annonça la nouvelle à sept heures du matin. J'y courus aussitôt, contre toute bienséance, car j'étais projeté vers lui par un élan de tout mon être.

Dans ce salon, à présent plongé dans la nuit, un lit avait été préparé et Claudel gisait là, habillé, son crucifix entre les doigts. Ce qui me frappa, c'est la ressemblance de son masque avec le buste que sa sœur avait fait de lui, à l'âge de dix-huit ans, en jeune empereur romain.

Surprenante noblesse, sérénité, beauté... Je passe sur mon chagrin, c'est de Claudel qu'il s'agit.

On me dit que la mort était venue le chercher tandis qu'il lisait le livre du professeur Mondor sur Rimbaud : la mort avait attendu que la boucle se referme. « *Laissez-moi mourir tranquillement, je n'ai pas peur.* » Telles furent, me dit-on, ses dernières paroles.

Je repartis presque aussitôt ; déjà Paris se précipitait sur lui et le cérémonial des obsèques nationales s'abattait sur sa famille.

> *Nous sommes partis bien des fois déjà*
> *Mais cette fois-ci est la bonne...* (*Ballade* de Claudel).

221

Claudel fut emmené dans la crypte de Notre-Dame de Paris et ses obsèques eurent lieu sur la place devant le parvis, par un froid éprouvant. Il était tombé de la neige. Deux estrades étaient dressées. Le vent était coupant et cette température glacée fut encore refroidie par une organisation trop austère. La place était trop grande, le froid était trop décourageant, le catafalque était perdu, trop éloigné des tribunes. Et trop de barrières empêchèrent les gens de passer.

J'aurais aimé que, pour dire adieu à Claudel, toute la jeunesse s'en chargeât. J'aurais voulu que le peuple de Paris fût libre de se bousculer autour de son cercueil. J'aurais voulu un beau désordre pour cet hommage national ; que cela sentît la foire, l'improvisation, le sang chaud. Ce n'était pas le poète qu'on enterra ce jour-là, ce fut l'ambassadeur et l'académicien.

Après cette cérémonie officielle et totalement glacée, il fut replacé dans la crypte de la cathédrale où, soixante-dix ans auparavant, il avait reçu le signe de Dona Musique, fille de Dieu.

Tout cela me parut navrant.

Heureusement, son œuvre restait. A l'encontre de ce départ sinistre venait de naître ou, mieux, de se révéler un autre Claudel. On comprend que les hommes aient inventé les spectres. Claudel disparu faisait place à un nouveau Claudel.

C'est ce Claudel-là qui fut à mes côtés en 1959, pour *Tête d'or*.

Claudel resta six mois dans la crypte et c'est au mois d'août qu'eurent lieu ses véritables obsèques, à Brangues par Morestel (Isère). Mme Claudel et ses enfants me demandèrent de prononcer sur sa tombe nos adieux.

L'été était venu. La journée était magnifique, une de « ces journées de juin, de juillet et d'août » de Péguy. Le rendez-vous donné à toutes les parties du monde, à la province peuplée d'estivants, avait lieu à son château tout près du Rhône. Le ciel pur, le soleil éclatant, la belle nature verdoyante chantaient la vie. Voilà qui ressemblait enfin à Claudel !

Le château de Brangues apparut. Je reconnus la grande allée de platanes, les deux fenêtres du bureau de Claudel, aux persiennes à présent fermées, où tant de fois j'avais déniché mon vieux maître. Nous nous rendîmes directement à l'église. Sur la route, nous avions croisé des foules qui arrivaient de toutes parts : les invités officiels, les fervents de Claudel, les estivants curieux, les journalistes, les photographes, que sais-je ?

Aussitôt entré dans la petite église, je reconnus l'âme de Claudel. Elle était là, bien sage, attendant qu'on l'estampille.

Son corps, disparu sous les fleurs, était encadré par les pompiers du village dans leur tenue de drap. Au-dessus du portail, accrochés à l'harmonium, tout un essaim de villageois et villageoises répétait chacun pour soi en se faisant la voix. Enfin, de l'improvisation ! La trogne sympathique et authentique des paysans déguisés en pompiers dégageait à la fois une odeur de vérité et d'opérette. Le désordre des chœurs apportait une atmosphère de 14 Juillet. Des petits drapeaux mêlés aux tentures de l'église et aux fanions des pompiers complétaient la fête. Il ne manquait que les pétards.

Comme l'église était trop petite, tout le monde se bousculait, la plus grande partie restant dehors sous les arbres de la place où une petite tribune noire avec micro était dressée.

Sur le côté se tenait la petite chapelle de la Vierge, pas belle mais simple dans sa pureté, où j'avais souvent vu Claudel se recueillir (il y venait chaque matin). Et tout ce monde turbulent était sincèrement ému. Il y avait enfin de la chaleur humaine.

Au garde-à-vous zélé et naïf des pompiers et au départ du premier chant qui réussit par miracle à s'ordonner, je compris que la France entrait. Elle y était, en effet, totalement représentée : la France catholique avec le cardinal Gerlier, en grand apparat rouge et, comme sa réplique ombrée, l'évêque de Belley, suivis de leurs chanoines et curés. Et, leur faisant pendant, la France laïque : Edouard Herriot, en académicien. Claudel aimait Herriot. Celui-ci, malgré son âge, sa maladie et son état tragique, avait voulu venir. Il était, certes, le deuxième personnage de France, mais, chose rare, il représentait aussi l'ami.

N'est-ce pas que, cette fois, tout était réussi ? Les pompiers, les choristes turbulents, le cardinal, le gouvernement, les amis, les curieux, les paysans, sa femme, ses cinq enfants, ses dix-huit ou dix-neuf petits-enfants, nous avions enfin devant nous les obsèques de Claudel. Nous étions *à même,* comme il dit. Dieu traçait son portrait. Rien ne lui fut épargné. Les pompiers firent leur service ; les choristes chantèrent plus avec leur cœur qu'avec leur voix. *C'est bien plus beau !* Les enfants de chœur furent parfaits et les fidèles se réunirent dans un silence recueilli. La poésie religieuse était palpable.

Les deux prélats se disputèrent, me sembla-t-il, à qui ferait l'absoute. Question de *hiérarchie,* c'était normal. Il fallait cela aussi. Le cardinal Gerlier saisit un micro posé près du cercueil, lui donna deux ou trois pichenettes avec l'ongle, pour voir, comme un vrai professionnel, s'il était branché, et parla.

Il est de tradition, à l'Académie française, que celui qui accueille

223

le nouvel élu fasse une critique spirituelle mais juste de ses défauts. On le reçoit, mais on le gourmande un peu. C'est une petite gifle en passant, sur la joue de l'heureux académicien, en souvenir sans doute du jour de sa confirmation.

Le cardinal Gerlier, grand avocat, grand orateur et homme de véritable esprit, prélat de la Renaissance, n'oublia pas cette tradition, et entre ses propos laudateurs, il entrelarda quelques critiques acerbes, condescendantes, pour bien nous démontrer que Claudel était désormais reçu dans cette académie céleste.

Nous fîmes, pour finir, la ronde autour de lui avec le goupillon et nous nous regroupâmes devant l'église.

La foule avait encore augmenté. Le centre portait le deuil, mais plus le cercle s'élargissait, plus la foule devenait multicolore : petites robes imprimées, shorts, chemises d'été, casquettes blanches, bleues, rouges, marron. Cette bariolure rejoignait le toit des maisons aux tuiles changeantes, les gammes de verdure, toutes les nuances de bleu du ciel.

Nous fîmes cercle autour de l'estrade noire et Herriot se traîna pour dire adieu à son ami. Il était déjà épuisé et il dut s'arrêter plusieurs fois, en proie à une violente quinte de toux.

Mon tour était pour la mise au tombeau. Je sentais le moment approcher avec une terreur croissante.

Les pompiers du village saisirent alors Claudel sur leurs épaules et le cortège s'étira sur la route blanche, poussiéreuse et vibrante de chaleur.

Je me mis un peu à l'écart de la colonne pour ne pas perdre Claudel des yeux. La grille fut franchie. Le beau chien noir du gardien regarda passer le grand homme. Claudel entra dans la zone d'ombre, sous ses grands platanes imperturbables. Il se dessina comme une eau-forte sur l'écran clair du château soigneusement clos. Il emprunta l'étroit sentier qui mène au fond du parc et disparut. Il nous fallut attendre le travail des fossoyeurs et des gentils pompiers charriant les couronnes de fleurs. Mon cœur battait, ma tête avait chaud. Je ne sentais plus rien. Je ne repris conscience qu'en me revoyant devant la même foule, aussi nombreuse que les feuilles, délivrant, avec une rage dressée contre mon émotion, ma dernière profession de foi à Claudel.

Puis tout le monde se dispersa et alla déjeuner. Le ciel, la terre, les hommes avaient répondu à Claudel. Il avait eu ses vraies obsèques.

Mme Claudel, qui est une femme extraordinaire, un exemple de ténacité, de dignité, de dévouement, avait elle-même, malgré tout,

présidé à l'ordonnancement de quarante-cinq à cinquante cou-
verts.

Au cours de ce moment passé à Brangues, il n'y eut pas une
seconde guindée, hypocrite, compassée. Le déjeuner fut naturel.
On parla. La vie continuait. On sortit de table. Les petits-enfants, sur
la pelouse, se mirent à jouer *naturellement* au croquet, comme les
autres jours, mais ce jour-là, peut-être, pour ne pas trop penser...
D'autres, m'accompagnant, se rendirent de nouveau sur la tombe.
Les fossoyeurs, en artisans, faisaient rouler la dalle au-dessus du
caveau. L'architecte qui avait dessiné la pierre surveillait le travail.
Tous savaient à quel point Claudel aimait le travail bien fait.

Les enfants jetèrent un dernier regard, au fond du trou, sur la
bière recouverte de fleurs, avant que la pierre ne la cache pour
toujours, et le plus petit montra du doigt une place vide à côté de
Claudel et dit tout bas, naturellement : « *Tu vois, c'est là qu'on
mettra grand-mère.* »

Tout à côté du tombeau se dressait une autre pierre plus petite,
de la même espèce que la grande, comme un poussin près d'une
poule : celle d'un petit-fils de Claudel, au pied de laquelle il avait
coutume de venir égrener son chapelet.

Tout bientôt fut accompli. Il ne restait plus, pour nous rappeler la présence de Claudel, que ces lettres gravées :

Ici
reposent les restes
et la semence
de Paul Claudel

Et surtout, oh ! surtout : tout autour, les champs, les arbres, le
va-et-vient des travaux agricoles, ces tilleuls centenaires, le château plein d'enfants et de petits-enfants, ces saules décolorés auxquels le vieux poète, au terme de ses périples à travers le monde,
avait suspendu sa harpe :

et ce peuplier mince comme un cierge
comme un acte de foi, comme un acte d'amour ;
et là-haut dans le ciel, cette étoile resplendissante (n'est-ce pas
Marie dans le ciel ?), cette planète victorieuse de la mort,

que nous ne cesserons de contempler...

Depuis ce jour, je connais une espèce de solitude qui, je le crains,
ne s'effacera jamais.

225

L'Exode d'une génération

La mort de Paul Claudel (janvier 1955) fermait la marche d'un vaste exode qui, en trois ans, de 1949 à 1952, fit disparaître un à un tous ceux qui m'avaient plus ou moins formé.

Octobre 49 : Jacques Copeau. Une artériosclérose du cerveau l'avait peu à peu réduit à une vie végétative. Il s'était retiré dans sa propriété de Bourgogne. Il nous était bien pénible de voir cette si belle intelligence subir tout à coup une éclipse pour recouvrer l'instant d'après toute sa lumière. Il n'avait pas d'affaiblissement mental mais des nuits soudaines. Maïène, sa fille, jouait ce soir-là *le Procès*.

Décembre 49 : Charles Dullin. « Longue et grave maladie », comme on dit, accrochée au pancréas. A la vérité, elle ne fut pas longue du tout. Nous avions à ce moment-là un projet : inscrire à notre répertoire, pour Pierre Brasseur, *George Dandin*, dans une mise en scène de mon maître. Il dut interrompre en France une tournée de *l'Avare* et fut admis à l'hôpital Saint-Antoine...

On a beaucoup épilogué sur la mort de Dullin « à l'hôpital ». Bien sûr, il n'était pas riche, mais il avait ses enfants spirituels, Salacrou et nous, entre autres, qui veillèrent sur lui. Où peut-on être mieux soigné de nos jours que dans un hôpital, surtout quand on s'appelle Charles Dullin et que, des plus grands professeurs jusqu'aux infirmières les plus humbles, Dullin ne rencontrait qu'affection, respect et admiration ?

Lors d'une visite, cependant, il eut un petit moment de faiblesse et m'exprima le désir d'être transporté dans une clinique. Avec Salacrou, nous en parlâmes, notamment au professeur Mondor qui fit passer par-dessus tout la qualité des soins et nous conseilla de le garder là où il était.

L'hôpital lui réserva alors une partie d'un petit pavillon. Il avait là « sa clinique ».

La dernière fois que je le vis, il murmura dans un demi-sommeil :

— Tu as joué hier ?

— Oui.

— Il y avait du monde ?

— Oui.

— Ah ! tant mieux ! tant mieux !

Nous avons beau crâner devant des fauteuils vides, il n'en est pas moins vrai que si nous choisissons une vie de théâtre, c'est pour donner rendez-vous aux humains. Le trac qui nous étreint chaque soir, qu'est-ce d'autre que la boule qui étreint la gorge quand on va à un rendez-vous d'amour ?

Le comédien est l'amoureux. Le spectateur joue parfois le rôle de la coquette. Dullin, près de mourir, revivait l'angoisse de ces rendez-vous manqués. Ceux qui s'apitoient aujourd'hui sur son sort auraient mieux fait d'aller voir ses spectacles. C'est très joli, la gloire posthume ! mais la réponse à qui « se donne », cela n'est pas mal non plus !

Le dimanche suivant, je jouais *Hamlet* en matinée. Madeleine était allée le voir. Elle me téléphona à l'entracte : « C'est fini. »

La représentation reprit. Je me revois dans les jambes d'Ophélie, disant : « Et mon père est mort, il n'y a pas deux heures. » Jeu cruel de la vie et de la mort !

Quand Dullin quitta l'hôpital sous le regard de toutes les fenêtres où malades et infirmières, hommes et femmes s'étaient rassemblés dans une même communion, le fourgon qui l'emportait emportait aussi ma jeunesse.

Puis ce fut le tour de Jouvet, en plein mois d'août 1951. Je fus rappelé de Saint-Moritz en Suisse où Madeleine et moi nous reposions un peu. Pierre Renoir et ses camarades me demandèrent d'assumer l'oraison funèbre.

A la douane, on me laissa passer sans encombre. Chacun savait la triste tâche qui m'attendait. La disparition de Jouvet eut un retentissement considérable. C'était *Le Comédien* qui disparaissait. La place Saint-Sulpice était noire de monde. De la rive gauche au cimetière Montmartre, il roula lentement entre les haies des piétons de Paris qui savaient « qui passait ». Le peuple de Paris lui disait adieu. Il avait l'air d'un chef d'Etat, un chef d'Etat d'un autre monde.

Quelle magie que le théâtre ! Oui, c'est en ces moments-là que l'on vérifie bien la réalité de notre vocation : l'amitié, l'amour et la mort. Comment, alors, ne lui accorderait-on pas la liberté absolue d'expression ? Les petites chicanes, à propos de spectacles plus ou moins réussis, s'effacent, il ne reste plus que le souvenir de celui qui a tout donné et tout reçu.

Jouvet était tombé terrassé par un infarctus sur la scène de l'Athénée.

Comme il est dit dans *le Personnage combattant* de Vauthier :

> *Les hommes ont soulevé leurs œuvres et se sont glissés dessous*
> *pour mourir ; pour mourir triomphants ou désespérés, mais il*
> *a fallu mourir, il a fallu donner, il a fallu consentir...*

Gaston Baty devait s'éteindre lui aussi, quelques mois plus tard, étouffé peu à peu par l'angine de poitrine.

Mais celui qui avait ouvert la marche, en février 1949, avait été Christian Bérard. Il était mort à quarante-sept ans, foudroyé dans l'allée centrale du théâtre Marigny, au niveau du quatrième rang, devant son décor des *Fourberies de Scapin*.

Quand, avant la guerre, j'avais joué *le Misanthrope*, Jouvet m'avait sévèrement critiqué, me disant : « Alceste n'est pas ton affaire, tu es Scapin. » J'avais donc, dix ans après, demandé à Jouvet de venir, chez nous, mettre en scène *Scapin*, afin de pouvoir travailler le rôle sous sa direction. J'aime retourner à l'école et me remettre en question. Nous faisons bien notre toilette tous les matins, pourquoi ne nous délivrerions-nous pas des tics et mauvaises habitudes que l'on prend à force de travail ? Jouvet, entouré de Sauguet pour la musique et de Bérard pour les décors et costumes, avait fait un travail extraordinaire. Christian Bérard, plus encore. Ce fut pour nous une grande leçon.

J'ai dit qu'au théâtre, il fallait toujours mettre « la charrue avant les bœufs », sinon on finit par ne rien faire. J'eus l'occasion, dans cette aventure, de constater qu'au théâtre on inverse également un autre proverbe, et que l'on doit dire : « L'habit fait le moine. » Rien d'étonnant, après tout, puisque le théâtre est le miroir de la vie.

Jouvet avait confié à Pierre Bertin le rôle de Géronte. Jouvet connaissait particulièrement bien le personnage pour l'avoir joué tout jeune à l'époque du Vieux-Colombier. Il nous en passait les traditions : l'ombrelle, la grosse chaîne accrochée à sa bourse, l'allure même du corps du vieillard. C'est ainsi que, dans la grande famille du théâtre, se passent de génération à génération les « traditions ». C'est ainsi que se forgent aussi les « civilisations », n'en déplaise à ceux qui pratiquent la stratégie de la terre brûlée. Jouvet, donc, torturait Bertin. Celui-ci n'arrivait pas à acquérir la méchanceté foncière du barbon. Son corps résistait.

Bérard, de son côté, m'avait dit : « Donne-moi mille mètres de tissu gris et je ferai les costumes directement sur les acteurs. » Il en avait assez du théâtre qui sent la maquette, la gouache. La sueur de l'homme a meilleure odeur.

On décide d'un essayage. Nous sommes chez le costumier. Toujours ma fidèle Karinska. Bérard, tout en enveloppant Bertin de ce tissu gris, lui demande de jouer un peu son rôle. Il lui écrase les épaules, les genoux fléchissent, il lui met les poches jusqu'au ras du sol, les bras de Bertin s'allongent, un début de bosse et Bertin se voûte. Peu à peu nous assistons à la transformation psychique de Bertin. Pris dans ce costume qui progressivement l'encadrait, le corsetait, Bertin devenait Géronte.

Jouvet eut des trouvailles magnifiques. D'abord, il porta la farce au niveau de la haute poésie. Scapin, en blanc et noir, inspiré de Scaramouche, devenait le « prince des valets ». La maîtrise de Jouvet était digne de celle de Molière. Il ne se préoccupait plus de la petite cuisine ordinaire qui soucie en général les metteurs en scène : la logique des entrées et des sorties, par exemple. Posséder un métier, c'est en devenir libre. Tout cela voltigeait au gré de sa fantaisie sans cesser un moment d'être juste.

Je crois en effet qu'au théâtre, il s'agit moins d'être sincère que de jouer juste. Comme en musique, toujours comme en musique. Chaque œuvre s'appuie sur une tonalité qui lui est propre. En majeur ou en mineur, mais il faut tout faire passer par cet impératif-là.

Cette expérience de Scapin avec Jouvet et Bérard fut pour moi une salutaire « vérification », un grand enseignement.

Le tempo est également très important. Je pris l'habitude, après le premier acte, d'aller en demander le minutage au régisseur. Si nous avions ralenti de trois secondes, je faisais passer à chacun la consigne : il fallait « se ressaisir ». J'ai gardé cette manière de faire.

Le personnage combattant, que je joue en ce moment, dure une heure cinquante-quatre sans entracte. Chaque soir, nous chronométrons. Cela varie de trente secondes environ, guère plus. Mais je m'amuse à deviner si j'ai été plus lent ou plus rapide. Je me trompe rarement.

— Oui, monsieur, aujourd'hui vous avez fait 1 heure 53 minutes 35 secondes.

Ou bien :

— Aujourd'hui, monsieur, 1 heure 54 minutes 4 secondes.

Et cependant, dans le détail, le jeu change. Il faut croire que les sensations obéissent sourdement à quelque rythme respiratoire secret.

Je n'ai jamais mieux compris cette importance du tempo que dans *Scapin* : un des rôles les plus épuisants du répertoire. La tension

229

artérielle monte de six à sept points. Molière n'avait plus que dix-huit mois à vivre quand il a créé le rôle et il connaissait bien le métier de comédien : après la fameuse scène du sac, le personnage est porté par des servants !

Nous en étions aux dernières répétitions. Nous jouions, dans le même temps, *Partage de Midi*. Jouvet jouait de son côté à l'Athénée. Il fallait régler les éclairages. Décision fut prise de les faire dans la nuit. Bérard était dans ma loge, pendant la représentation du *Partage*, et dessinait les croquis qui devaient servir à faire les paquets. Ce devait être son dernier dessin.

> *Remerciant son hôte et faisant son paquet,* dit La Fontaine [1].

La salle vidée de son public, l'équipe démonte *Partage,* monte le décor de *Scapin*. Bérard s'assied dans la salle. A côté de lui, il y a sa petite chienne ténérife : Jacinthe, toujours attentive à ce qui se passe, ne quittant jamais son maître.

Nous étions donc tous les trois, contemplant le décor en attendant Jouvet. Son décor était merveilleux : gris avec quelques touches de rose.

Bérard me dit :

— J'aime bien le décor, c'est du théâtre pour chiens.

Il l'avait dédié à Jacinthe.

Puis, soudain, il se lève, marche un peu, s'affole, revient vers moi, me demande :

— Je ne change pas ?

De fait, il devenait violet. Je n'ai même pas le temps de répondre qu'il s'écroule dans la travée.

Téléphone, médecin, ambulance, police. Après quelques râles, ce fut le silence.

Jouvet arrive, voit le spectacle, les yeux lui sortent de la tête ; mon vieil ami le docteur Fraenkel (celui du mouvement Dada) décide de risquer l'impossible. On emmène Bérard à Beaujon pour tenter de ranimer le cœur. J'avais enveloppé Jacinthe dans son imperméable et je la tenais dans mes bras.

Il était près de deux heures du matin. Nous attendions le résultat, sans trop espérer. Les médecins reviennent. Ils n'avaient rien pu faire. Voilà notre « Bébé » mort dans un hôpital.

La loi interdit de le sortir de là. Les agents de police, nous voyant

---

1. *La Mort et le Mourant :* « Je voudrais qu'à cet âge/On sortît de la vie ainsi que d'un banquet/Remerciant son hôte et faisant son paquet. » Faire son paquet signifie mourir.

si malheureux, contreviennent à la loi, à la condition que nous sortions le mort debout, comme quand on soutient un ivrogne.

Nous sortons Bérard de l'hôpital en le tenant sous les bras. Fourgon de police. On arrive à son domicile, rue Casimir-Delavigne. On sonne au portail. Le sinistre cortège reprend. Bérard, debout entre deux agents, passe la porte cochère. Nous crions au concierge : « Christian Bérard. » Et, marche à marche, nous lui faisons monter les étages. Moi, toujours avec sa petite Jacinthe dans les bras.

A quatre heures, nous l'avions habillé. Les policiers, qui s'étaient conduits très chiquement, étaient repartis. Kochno, son ami, était là pour le veiller.

Nous nous méfiions de la réaction de Jacinthe. Nous décidâmes donc de l'emmener avec moi. Je mis l'imperméable de Bérard pour qu'elle me suivît gentiment, et me voilà revenant au petit jour du carrefour Danton au Trocadéro, à pied, car vraiment je n'étais plus pressé et je n'allais pas réveiller Madeleine pour lui annoncer la nouvelle ! Depuis sa plus tendre enfance, elle adorait son cousin.

Où aller dans ces cas-là, sinon chez de vrais amis ? Je sonnai à la porte de Pierre Delbée. Nous formions une petite bande que les années d'occupation avaient rendue indissoluble. Elle l'est encore.

Le surlendemain, 17 février je crois, anniversaire de la mort de Molière, Bérard eut ses obsèques. Cette fois, de Saint-Sulpice au Père-Lachaise. Tout Paris était là. Tout le Paris mondain, esthète, artiste, tous les « fous », tous les « noctambules », tous les « snobs », tous les « aristocrates », tous les gens simples aussi, le public, le peuple, toutes les classes de la société de Paris étaient soudain unies pour quelques heures dans les larmes.

Car Christian Bérard était aimé et reconnu de *tous* : du Boulevard à l'Avant-garde ; son génie faisait l'unanimité.

Au soir du même jour, ce même monde se retrouva au Marigny pour la « grande première » de *Scapin*.

La loi du Cirque : il fallut jouer !

Loi du cirque et signe de vie : à la fin de la représentation, tandis que, selon la coutume, je faisais l'annonce : « Le décor et les costumes sont de Christian Bérard », le rideau de scène tomba brusquement comme une guillotine et ne se releva pas ; les câbles de chanvre s'étaient rompus.

Le théâtre lui aussi avait voulu prendre le deuil.

Répertoire classique et auteurs modernes

Rien n'est plus favorable à la vie d'un théâtre que de confronter les classiques avec les modernes : Racine et Giraudoux, Eschyle et Claudel, Feydeau et Molière.

Nous montâmes peu de classiques :

Français		*Etrangers*	
Molière	3	Shakespeare	1
Marivaux	2	Ben Jonson	1
Racine	1	Eschyle	1
Musset	2	Lope de Vega	1

Disons : une douzaine en tout.

Sur les 48 titres que nous affichâmes pendant cette période, il en reste 36 consacrés aux modernes et, parmi ces 36, il y eut 24 créations.

Nous tenions donc notre proportion : classiques : 25 %, modernes : 75 %, créations pures : 50 %.

Tout cela venait se frotter chaque soir « en alternance ». Un jour, une dame vint à la location, écouta la caissière présenter notre programme et répondit : « Donnez-moi l'assortiment. » J'aime qu'un programme fasse penser à un menu.

Malgré les difficultés croissantes et les discussions politico-esthétiques en tous genres dont nous arrosaient certains journaux intellectuels, sans parler des critiques immobilistes et réactionnaires, nous arrivions à pouvoir faire au moins deux créations par an : Salacrou - Kafka - Camus - Claudel - Brükner - Jean Anouilh - Montherlant - Gide - Maurice Clavel - André Obey - Cocteau - Giraudoux - Georges Schéhadé - Ugo Betti - Christopher Fry - Georges Neveux - J. Supervielle - Jean Vauthier.

Tels sont, uniquement pour les créations, les noms qui firent l'honneur de nos affiches.

Malatesta.

Je m'entendis très bien avec Montherlant. La critique fut sévère pour lui et pour moi. Elle n'admettait pas qu'un Condottiere n'eût

232

qu'un mètre soixante-dix. Pour eux, le Condottiere, c'est le cheval du « colleone ».

A propos de l'atmosphère mystérieuse qui règne au moment de la représentation, je rapporterai ce fait :

Dans *Malatesta*, le rideau se levait sur le décor vide [1]. En coulisse, le héros se battait avec son maître d'armes ; tous deux entraient en luttant. Le soir de la générale, le rideau se lève comme convenu, j'étais avec mon camarade Beauchamp, tous deux prêts à entrer en ferraillant. A la seconde même, nous recevons de la salle une telle sensation de « glace » que je m'écrie : « Les vaches ! Ils sont hostiles ! » C'était vrai, il fallut *ramer* toute la soirée. Ce qui me paraît intéressant dans ce cas, c'est que :

1. « Ils » étaient déjà hostiles avant que ça ne commence.

2. N'étant pas même encore en scène, nous avions reçu cette hostilité, à travers les murs, comme une gifle.

S'il y a de beaux moments au théâtre, il y a aussi de fichus quarts d'heure.

Pour Lucrèce.

Aura été, parmi les œuvres de Jean Giraudoux, la seule que n'aura pas « mise au monde » Louis Jouvet. Je garde une sincère reconnaissance à J.-P. Giraudoux et à sa mère pour la confiance qu'ils nous firent.

C'est une pièce admirable qui bénéficia d'une distribution hors pair, notamment chez les femmes : Yvonne de Bray, Edwige Feuillère, Madeleine Renaud, Simone Valère. Pour les hommes : Servais, Desailly, etc.

Décors de Cassandre, langage ciselé, robes de Dior : la perfection.

La création de *Pour Lucrèce* était jumelée cette année-là avec celle de *Christophe Colomb*. 1953 : un bon millésime [2].

1. Les décors et costumes étaient d'Andreü.
2. 1953 marque également l'inauguration du Petit Marigny, la création du Domaine musical, et la création des *Cahiers Renaud-Barrault*, chez Julliard, sous la responsabilité d'André Frank. *Les Cahiers* furent dirigés dès 1958 par Simone Ben Mussa et recueillis par notre ami Claude Gallimard.

La loi de l'impondérable.

Edwige avait deux robes rouges, Madeleine une robe blanche. A la première répétition en costumes, les deux robes rouges d'Edwige étaient « époustouflantes ». Par contre, celle de Madeleine était une vraie crème Chantilly. Christian Dior envoie chercher une pièce de tissu de shantung écru. On ne voit bien les choses que sur la scène qui magnifie ou détruit n'importe quoi à sa guise. Dior drape Madeleine de ce tissu. Cela sonnait juste. Une inquiétude alors me vient.

— Si Edwige repassait ses robes à côté de ce tissu-là ?

— Mais puisqu'elles sont parfaites !

— Je vous en prie... par précaution.

On me passe ce caprice. L'une des deux robes rouges continuait d'aller bien. L'autre, rouge également, à quelques nuances près, devint subitement impossible. Etait-ce dû aux infimes changements de couleur, à la rivalité de deux matières qui ne s'accordaient pas entre elles ? Il fallut refaire la seconde robe de Feuillère.

J'appelle cela *la loi de l'impondérable.* C'eût été impossible à déceler dans un atelier de couture : *c'est la scène qui refusait.*

Du temps où nous montions, avec Bérard, *Amphitryon* de Molière, nous devions prendre une décision sur le diamètre des colonnes des temples par rapport à leur hauteur. J'avais fait découper une dizaine de « patrons » en carton, variant chacun d'un centimètre.

Avec « Bébé », on jouait toujours ; du moins, on faisait « comme si ».

Les dix patrons, sur scène, sont suspendus.

Nous étions au fond de la salle, de dos, un papier à la main.

— Nous allons nous retourner et écrire, sans nous consulter, le numéro de notre choix.

Ce fut le même. Sur dix colonnes, une seule *demandait à jouer.* Les autres étaient des « veaux ». *Loi de l'impondérable.*

La voile de *Christophe Colomb,* qui avait servi pour la création au grand théâtre de Bordeaux, risquait d'être trop grande pour le théâtre Marigny. Elle avait 9 m × 9 m. J'en fis faire une nouvelle de 7,50 m × 7,50 m. Nous la fîmes répéter : elle n'avait pas d'âme.

— Tant pis ! Essayons la première !

— Elle sera sûrement trop grande !

— Essayons toujours.

La première est montée ; je ne sais comment elle s'y prend, elle se fait plus petite, bref, elle s'arrange pour être admise. *Elle voulait jouer.* Nous retrouverons souvent ce même phénomène.

Qui oserait prétendre que les objets n'ont pas « d'humanité » ? C'est pourquoi j'ai deux amis : mon vieux sac de cuir, qui date de 1937, tout rapiécé, mais que je ne saurais abandonner avant qu'il ne m'abandonne. Et un vieux poncho indien qui date de 1950, plein de trous, de franges : nous ne pouvons pas non plus nous quitter et j'ai même demandé qu'il me tienne lieu de linceul. Je suis sincère, mon sac et mon poncho sont mes deux amis de voyage. Pourquoi nous séparer quand il s'agira du « dernier » ?

Je comprends ces hommes qui se sont fait enterrer avec leurs chevaux. On peut les contempler dans les sous-sols du musée de Leningrad. Et nos rapports avec les chiens ? Cette loi de l'impondérable, si impériale sur scène, existe partout dans la vie. Elle est le fumet du sixième sens. Je ne crois pas que les ordinateurs la possèdent encore. Cela viendra peut-être.

Hélas ! les difficultés croissantes de l'existence nous forcent aujourd'hui à renoncer quelquefois à cette loi. L'esprit de rendement, la standardisation, la consommation, le gadget, détruisent cette dernière noblesse qui est l'apanage de l'artisan. C'est pourtant cet « impondérable » qui fait la civilisation. Une certaine manière de se montrer un homme. Une exigeante courtoisie à l'égard de son métier et qui s'étend aux mystères de la vie.

> Je ne vais pas passer en revue toutes les pièces que nous avons montées. Deux encore avant la création du Petit Marigny :

Bacchus.

Très belle œuvre de Cocteau, qui restera. Quand je pense à Jean Cocteau, une phrase de Péguy me revient à propos du peuple de Paris : « On le dit léger parce qu'il est prompt. » Cocteau n'a fait que s'approfondir jusqu'à sa mort.

Une seule fausse note dans cette aventure : la réaction déplacée de François Mauriac, pris soudain d'un excès de zèle pour l'Eglise catholique. Ridicule, et d'un infantilisme ridé.

Et Dieu sait que j'admire Mauriac dans ses œuvres et dans sa conduite (j'allais dire : et dans ses pompes !). Quel pamphlétaire génial ! Ce soir-là, je ne sais quelle mouche avait pu le piquer !

La Répétition ou l'amour puni.

Jean Anouilh et moi étions camarades de collège, à Chaptal. Lui en philo, moi en math' élem'. Lui était toujours tiré à quatre épingles, moi j'avais le goût du souillon. Quand il nous confia *la Répétition,* nous fûmes ravis. Il est l'auteur le plus savant de notre génération. Il connaît le théâtre jusqu'au bout de son nez et de sa plume. Travailler avec lui est un plaisir : ses réactions sont toujours justes.

Et pourtant, quel caractère tourmenté ! Quand il souffre, il faut que tout le monde y passe. C'est horrible. Puis, quand l'orage est passé... eh bien, on ne le voit plus ! Mais quand à nouveau on le rencontre, il est charmant et l'on n'a qu'un désir : retravailler avec lui.

Autant Paris est la ville que j'aime, autant elle nous en aura fait voir de toutes les couleurs : nos rapports font penser à ceux de Célimène et d'Alceste. Nous créâmes la pièce en pleine saison (1950). Anouilh était l'auteur attendu. Nous étions en pleine gloire. Nous revenions d'une retentissante tournée en Amérique du Sud. Le soir de la première, il n'y avait pourtant pas à l'avance la valeur d'une salle et demie de locations. Telle est Paris la cruelle, la froide, l'indifférente. La première fut atroce. Une véritable catastrophe. Je passai toute la journée du lendemain à marcher dans les rues, désespéré, rageant, pleurant, découragé, au bord de la crise de nerfs. Le soir, nous passions devant la Presse : la douane ! Le moral était au plus bas. Or, ce fut un triomphe. Deux jours plus tard, le théâtre refusait du monde. Ça, c'est aussi Paris !

> *Quel dur métier... mais quels excellents résultats !* dit-on dans une pièce de Schéhadé.

Rien d'étonnant à ce que j'aie peu à peu appris à adopter comme nouvelle devise : « Se passionner pour tout et ne tenir à rien. »

Le Domaine musical et le Petit Marigny

De même que le rythme de *l'alternance* assure l'assouplissement, les progrès d'une troupe et lui confère une certaine solidité économique, de même la vitalité d'un théâtre doit s'étendre sur la *simultanéité* de lieux différents. A la Comédie-Française, j'avais déjà compris la nécessité d'adjoindre à la grande salle une salle de moindres dimensions qui aurait été destinée plus particulièrement aux recherches.

Sur la façade de Marigny, il y avait de quoi aménager une salle de deux cents à deux cent cinquante places. Au bout de sept ans, nous arrivâmes à convaincre Simone Volterra et, en janvier 1954, nous inaugurions « le Petit Marigny ». Cette création nous permettait également d'aider Pierre Boulez.

Nous avions rapidement décelé les qualités exceptionnelles de notre jeune chef de musique. La puissance de son agressivité révélait un désir créateur. Ses connaissances musicales encyclopédiques, la souplesse de son talent, un certain mélange d'intransigeance et d'humour, la succession de ses tendresses et de ses insolences, un tempérament exacerbé et séduisant, tout nous avait rapprochés de lui et avait fait naître, entre lui et nous, des liens d'affection de plus en plus serrés : un véritable amour filial.

Avec le Petit Marigny le Domaine musical vit le jour. Pour ce qui concerne la musique contemporaine, du moins en France, nous en étions à la période des catacombes. Boulez voulait sauver l'honneur.

Le chef allemand Scherschen dirigea les premiers concerts. Nous créâmes *Renard* de Stravinsky. Grâce à Boulez, nous fîmes plus ample connaissance avec Schoenberg et Webern, et il nous fit découvrir Bério, Stockhausen, Nono, etc. Soirées mémorables entre toutes, panachées de sifflets et d'ovations. Aujourd'hui, quand j'assiste à New York à un concert de Pierre Boulez, mon cœur frémit avec la fierté d'un parent.

Sans l'éclatement de mai 68, nous serions encore attelés ensemble... « Se passionner pour tout et ne tenir à rien » : je n'ai pas cessé de me passionner pour l'œuvre de Boulez qui poursuit de son côté, à présent, sa marche triomphale.

Le Petit Marigny nous permettait d'accueillir de nouveaux auteurs : Georges Schéhadé et Vauthier notamment.

En fait, je suis beaucoup moins attiré par la nouveauté que par la qualité. Est-ce un défaut ? Je n'en sais rien. *C'est comme ça.* D'une part, mon éducation repose profondément sur la science technique, d'autre part mon professionnalisme m'a toujours engagé dans des entreprises économiquement difficiles. La pépinière ne m'est pas une fin, mais un réservoir.

Ce qui ne m'empêche pas d'être attiré par des essences nouvelles. Ayant lu *Monsieur Boble*, la poésie de Schéhadé m'avait frappé.

237

Je me mis en rapport avec lui. Nous montâmes *la Soirée des proverbes,* œuvre admirable. Elle devait être suivie, au cours de nos pérégrinations, d'*Histoire de Vasco* (théâtre Sarah-Bernhardt) et du *Voyage* (Théâtre de France). Nous sommes constants dans nos admirations.

Après la révélation du *Capitaine Bada*, je reçus de Jean Vauthier sa deuxième pièce : *le Personnage combattant*. Je la joue encore en ce moment, quinze ans après. C'est tout dire.

Avec l'alternance de nos spectacles, avec la simultanéité des deux salles, avec le mariage de la musique et du théâtre, avec nos grandes tournées de par le monde, nous avions, en neuf ans, réalisé notre programme : « Un théâtre de répertoire international, section langue française. » Mais, comme toujours dans notre vie, le Destin selon Eschyle nous attendait au tournant...

Dans mon esprit, le double visage de cette « époque Marigny » se reflète dans deux œuvres : *l'Orestie* d'Eschyle et *la Cerisaie*.

Les sonorités étranges de la percussion antique, jointes au petit orchestre de musiciens ambulants : quatre violons, une flûte, une contrebasse, de la pièce de Tchékhov.

L'Orestie

Shakespeare, Claudel, le masque, le mime, le théâtre total, le ternaire kabbalistique, les hasards de nos voyages, la présence de Boulez, les différentes formes de la parole, de la prose au chant en passant par le *Sprecht-gesang*, les transes corporelles, la magie du sens du toucher devaient un jour me faire tomber en arrêt devant *l'Orestie* d'Eschyle.

Déjà, en 1941, au stade Roland-Garros, j'avais fait un premier essai avec *les Suppliantes*. Malgré l'aide précieuse de Charles Münch et d'Honegger, je n'avais pas très bien réussi. A cette époque d'occupation, il était interdit de jouer la nuit. Nous avions été battus par le soleil de juin. Le théâtre est un art de lune.

C'est par un petit détail que l'on tombe amoureux. Les petits avant-bras de Madeleine, la scène des sept épées et de la bouchère dans *le Soulier de satin*, quand elles nagent dans « la mer jolie »... Ensuite, tout l'Etre y passe.

238

C'est au Brésil que je contractai le besoin de me lancer dans *l'Orestie*. A Rio, j'avais assisté à des séances d'occultisme. Magie blanche dont le diable est exclu, où les esprits indiens et africains « montent » l'adepte. Quand celui-ci est saisi par l'Esprit, une espèce de dialogue intérieur commence. Je remarquai trois vagues de transes, ce qui me rappela aussitôt la scène où, dans *Agamemnon*, Cassandre est « montée » par Apollon. J'y reconnus les trois vagues. Une juxtaposition parfaite.

A Bahia, j'assistai à ces cérémonies de « candomblé » qui me firent penser, avec la même exactitude, à la cérémonie des Choéphores, quand les « filles de saints », sur la tombe d'Agamemnon, chauffent Oreste à la température du crime.

Enfin, en forêt brésilienne, j'avais assisté à des macumbas : sortes de cérémonies magiques cette fois, avec la présence du diable (Ishu), destinées originellement à la vengeance. Celles-ci rappelaient exactement les messes noires de Clytemnestre au milieu de ses Erinyes.

Je ne pensais plus qu'à la trilogie d'Eschyle. Faisant escale à Dakar, nous avions, avec Maiène, reconnu au marché les couleurs des costumes, toutes *végétales*. Les couleurs minérales n'étaient pas encore usitées... l'impondérable !

Pour que cette nouvelle « opération » prît tout son sens, il fallait jouer la trilogie dans la même soirée. Il existait une très belle traduction de Claudel, dans laquelle celui-ci s'était substitué à son « Maître ». Ce n'était déjà pas si mal. Mais si la phrase de Claudel est puissante, elle est en même temps copieuse. Son *Orestie* aurait duré sept heures au moins. De plus, sa traduction d'*Agamemnon* datait de sa jeunesse, époque de *Tête d'or ; les Choéphores* et *les Euménides* de son âge mûr, temps du *Père humilié*. Mises côte à côte, les différences de style apparaissaient ; comme si la première pièce avait été écrite par Bonaparte, les deux autres par Napoléon.

La durée du texte grec était beaucoup plus courte. J'invitai André Obey à risquer l'aventure. Obey est capable d'enthousiasme : il accepta.

Avec l'aide de plusieurs hellénistes, un père dominicain, un maître de conférences en Sorbonne, un ami grec qui connaissait Eschyle par cœur, et chronomètre en main, nous nous mîmes à décortiquer pendant près d'un an chaque vers de la tragédie. Nous nous étions imposé des temps équivalents. *L'Orestie* fut disséquée en métrique. Nous combinâmes toute une marqueterie correspondant aux rythmes grecs. Par exemple : pour l'iambe, nous choisîmes des vers de six pieds. Pour l'anapeste : l'alexandrin. Les trochées : huit ou dix pieds. Le crétique : six et neuf. Les diochmiaques : la prose rythmée, etc. Et toujours en contrôlant avec le chronomètre.

L'Orestie devint jouable en quatre heures trente. Un peu moins que *le Soulier de satin !*

Concernant *l'orchestique,* je lus beaucoup de livres d'érudition. Reconstitution de la plastique gestuelle d'après l'étude des vases et de la statuaire. Je m'aperçus peu à peu que nos savants du XIXᵉ siècle étaient plus sensibles aux moulages en plâtre du Parthénon qu'à la civilisation archaïque.

Exemple : on peut lire dans ces livres savants que les Grecs connaissaient les poses de danse classique, notamment la 4ᵉ croisée, à l'exception de l'usage des pointes. Or, j'avais pu observer au Brésil qu'un homme qui est sous les transes tourne sur lui-même et, de ce fait, se trouve en 4ᵉ croisée.

La peinture et la sculpture figent le mouvement. Cette attitude n'a donc rien de hiératique ni de suave comme peuvent le faire croire les vases ou les bas-reliefs. Un personnage, reproduit en 4ᵉ croisée, est en fait *en transes,* comme un derviche tourneur.

Il m'apparut aussi que *Salamine* fut une bataille plus importante encore que Verdun ou Stalingrad. Elle marqua la scission de l'Orient et de l'Occident. Eschyle avait participé à Salamine.

Son théâtre est lié à l'ancienne Grèce : celle où les théâtres étaient en bois. J'imaginai assez cette époque en la comparant à ce que j'avais vu encore au Brésil : quelques palais de marbre au milieu de bidonvilles semblables aux favellas de Rio.

La partie gestuelle s'inspira des danses africaines plutôt que des évolutions à la Loïe Fuller. Pour cela, Pierre Boulez, à qui je demandai d'écrire la musique, fut d'accord. Une fois de plus, Labisse, pour les décors, et Maïène pour les costumes également. Tous avaient participé à nos tournées en Amérique du Sud et avaient assisté à des candomblés, à des macumbas.

Je crus m'apercevoir également que les influences peuvent venir de partout à travers l'Espace et le Temps. *L'Orestie* est une des dernières œuvres d'Eschyle. A cette époque, Sophocle avait déjà remporté quelquefois le prix. Sophocle est l'inventeur de la psychologie des personnages, dit-on. Or, dans *l'Orestie,* un personnage comme celui de Clytemnestre a, par rapport à l'œuvre générale d'Eschyle, une psychologie remarquable : est-ce dire que le vieil Eschyle se laissait influencer par la réussite du jeune Sophocle ? Je me plais à le croire. Les années m'ayant peu à peu privé de mes aînés, qui pourrait aujourd'hui m'influencer sinon mes cadets ? C'est ce qui m'arriva à plusieurs reprises, et pour mon bien.

Avec ce travail passionnant, je pus approfondir « la vie » du ternaire de la création, celui qui reproduit les trois phases de l'acte. Neutre. Masculin. Féminin.

Eschyle me paraît être le poète le mieux en accord avec la réalité de la vie. Dans chacune de ces trois pièces, il y a trois temps :

Le premier temps est long, angoissant. C'est le temps de la préparation. Il fait penser aux quarante-huit heures qui précèdent un orage. L'air est lourd, les nuages s'amoncellent, il plane une odeur d'ozone. Retour d'Agamemnon et cortège de Cassandre. C'est le temps neutre. Le temps mystérieux.

Tout à coup, l'éclair jaillit, le tonnerre éclate. Cela ne dure que quelques secondes ; les corps ensanglantés du roi et de l'esclave sont projetés sur la scène. La foudre est tombée. L'histoire en est ensemencée. Temps masculin. Temps bref, fulgurant, l'étincelle de la fécondation.

Alors la gestation commence, comme, après l'orage, la pluie qui se met à tomber, drue, lente et lancinante. L'acte a fécondé l'Histoire. Il faut à présent en faire aboutir le Fruit : Temps féminin, lequel sera suivi d'une nouvelle et lente préparation : la messe des Choéphores sur le tombeau d'Agamemnon. Nouveau temps neutre, lent, lourd, angoissant.

Puis l'assassinat fulgurant de Clytemnestre.

L'Histoire de nouveau fécondée par un éclair aveuglant, giclée de la semence, deuxième temps masculin.

Et la longue poursuite des Erinyes : temps féminin de gestation, etc.

Si l'on ne respecte pas ce rythme organique et que l'on raccourcisse, par exemple, le « neutre » et le « féminin », en étirant le « masculin », on passe de l'Action à l'Intrigue. Ce n'est pas du tout la même chose.

L'une est la vie, l'autre est l'agitation. Théâtre d'intrigue, péripéties, etc. : conception moderne — qui a perdu ses racines.

Plus tard, étudiant le livre de Jacques Monod, *le Hasard et la Nécessité*, et particulièrement le passage sur la « double hélice », cela m'amusa de lire qu'un des éléments de la fonction de vie est dénommé « le messager ». « Le messager a une vie assez courte », est-il dit. Je ne puis m'empêcher de penser au messager d'*Agamemnon*. Comme dans la vie biologique, il apporte juste et exactement ce qu'il faut à la vie de la tragédie. Scientifiquement, ceci peut paraître approximatif ; je crois toutefois que c'est « ressemblant ».

Nous jouâmes sous le masque. Ce fut une expérience formidable. Loin de restreindre l'expression, le masque nous fait découvrir des instincts nouveaux et sert de tremplin à l'expression de tout le corps. Depuis, je rêve d'une tragédie moderne, traitant d'un sujet actuel, et masquée. C'est le seul cas où le nu intégral me paraîtrait acceptable. Si vous voulez montrer votre sexe, cachez votre visage.

Enfin, tout comme *Hamlet, l'Orestie* se situe au temps d'une Renaissance. Un cycle humain se termine, un nouveau cycle s'amorce. Le soleil a décliné, la longue nuit des Erinyes s'achève, Athéna apparaît à l'aube pour annoncer un jour nouveau. « Happy end » sur laquelle plane quelque doute. Du moins est-ce mon impression. La Grèce de Périclès et la conception platonicienne ne me semblent pas avoir été une invention heureuse. Mais tout ceci dépasse mon entendement et n'est qu'une impression toute personnelle. Ne cherchons-nous pas éternellement à réconcilier l'Orient et l'Occident ?

La Cerisaie

Retraçant ces dix ans à Marigny, c'est volontairement que je n'ai pas suivi l'ordre chronologique. Parallèlement à notre vie à Paris, notre compagnie connaissait aussi une vie internationale. En avril 1956, nous partîmes une fois de plus « en voyage », mais cette fois nous ne devions plus revenir dans notre repaire des Champs-Elysées.

A force de travail, les gens finissaient par croire que le Marigny était notre théâtre. Simone Volterra, directrice, ne put l'admettre plus longtemps. Notre contrat ne fut pas renouvelé. Peut-être ne fûmes-nous pas assez souples ? J'ai l'impression qu'il aurait fallu l'être beaucoup...

Bref, en nous envolant d'Orly pour le Mexique, en ce jour de printemps 56, nous n'avions plus désormais aucune attache avec Paris. Nous devenions de plus en plus *strolling players*. Ce n'était pas pour nous déplaire, et pourtant...

Nous venions de *donner* les années les plus pleines de notre vie. La force de l'âge, comme on dit. Nous avions réussi à créer un vrai théâtre. Je le dis sans modestie peut-être, mais pourquoi ne le dirais-je pas ? Il m'était arrivé de demander aux pouvoirs publics de favoriser nos moyens d'expression. Il m'avait été répliqué un jour par un ministre : « Vous n'entrez dans aucun cas qui puisse nous intéresser. » Je ne possédais toujours qu'une licence de forain. Nous n'avions donc qu'à poursuivre notre route et à emmener à travers le monde notre « démocratie amoureuse ».

J'ai déjà suggéré qu'un souvenir ne prend toute sa valeur que lorsqu'il sent le « Présent ». Si je renifle à la minute même l'odeur qu'avait à ce moment-là notre compagnie, j'y trouve un goût de *cerisaie*. Une famille et une maison. La maison dont on est chassé. La famille qui risque de s'éparpiller. Un passé qu'il faut oublier. Un avenir incertain, qu'il va falloir vivre. Chaque membre de la compagnie s'inscrivait exactement en chaque personnage de la pièce.

Nous avions créé *la Cerisaie* deux ans auparavant. Georges Neveux en avait fait une version française remarquable. Le tempérament russe et le tempérament français, s'ils paraissent différents, s'accordent avec une subtilité étonnante [1]. Puis-je me permettre de dire que nous n'avons jamais *joué la Cerisaie*, que nous l'avons toujours *vécue* ?

Quand nous l'avons créée, notre compagnie était adulte. Mais arrive-t-on jamais à être adulte ? En tout cas son corps était fait. Et nous avions conscience de la fragilité de ce corps, constamment à la merci des fluctuations de la vie théâtrale et de la vie tout court. Chaque fois que nous représentions ce chef-d'œuvre de Tchékhov, le spectacle, au quatrième acte, n'était plus sur la scène mais dans les coulisses.

(Sur scène)
Madeleine : Ania, mets ton manteau.
Simone : En route ! en route !
Pierre Bertin : Mes amis, au moment de quitter cette maison, ai-je le droit de me taire, puis-je imposer silence à tous les sentiments que je sens frémir dans mon cœur...
Maïène : Il ne faut pas !
Desailly : Epikodov ! Mon manteau !
J.-P. Granval : Trente-six malheurs, va !
Madeleine : Tous les bagages sont partis ?
Dominique Arden : Adieu, la maison ; adieu la vie ancienne !
J.-L. Barrault : Bonjour la vie nouvelle !

Madeleine et Pierre Bertin restaient seuls en scène. Ils pleuraient sur leur vie passée.

---

1. J'eus l'occasion de vérifier cette impression quand nous visitâmes l'U.R.S.S., Leningrad et Moscou.

> (Des coulisses) : Hé ! Ho !
> *Madeleine* (en larmes) : Nous venons !

Apparaissait alors André Brunot, notre doyen, dans les défroques du vieux serviteur Firss :

> La vie a passé, c'est comme si je n'avais pas vécu...

En coulisse, nous nous empêchions de pleurer. Il nous semblait, chaque soir, que notre compagnie allait se disloquer...

Oui, l'odeur qui me reste de ce Passé-Présent est celle de *la Cerisaie,* « la chambre des enfants ». En dix ans, nous avions perdu tous nos aînés, nous étions devenus responsables ; allions-nous pouvoir continuer ? durer ? poursuivre cette vie errante ?

La vie errante

« Parcourir le monde grâce à notre travail. » Tel avait été notre rêve en créant cette « compagnie internationale, section langue française ».

Les attributs des comédiens sont la valise et le foulard. Toujours mon sac et mon poncho...

Pourquoi fait-on du théâtre, sinon pour rencontrer les hommes ? Entrer en contact, échanger, partager, faire mutuellement connaissance, pour essayer de se comprendre.

Dans un de ses poèmes en prose, Baudelaire dit :

> Le poète jouit de cet incomparable privilège
> Qu'il peut à sa guise être lui-même et autrui.
> Comme ces âmes errantes qui cherchent un corps,
> il entre quand il veut dans le Personnage de chacun...
> Celui qui sait épouser la foule
> tire une singulière ivresse
> de cette universelle communion.
> Il adopte comme siennes toutes les joies et toutes les misères
> que la circonstance lui présente.
> Ce que les hommes nomment amour
> est bien petit, bien restreint et bien faible,
> comparé à cet ineffable orgie,
> à cette sainte prostitution de l'âme qui se donne
> tout entière, poésie et charité,
> à l'imprévu qui se montre
> à l'inconnu qui passe.

Telle me paraît être exactement la condition essentielle du comédien. Chaque année, au printemps, dès les premières hirondelles, nous prîmes l'habitude de nous envoler. Mais nous emportions autre chose que nos ailes !

Dans le cas d'un théâtre de répertoire, une tournée tient à la fois du cirque et d'une armée en campagne. Rien ne doit être oublié, jusque dans les moindres détails : costumes, bas, chaussures,

245

perruques, rubans, accessoires de toutes sortes — tout ce qui sur scène prend un sens, une personnalité. Le moindre petit bout de bois, le moindre bout de chiffon devient un objet précieux.

A la douane, les agents restaient quelquefois l'œil fixe, « comme canes » dirait Rabelais, sur une caisse capitonnée qui contenait une espèce de vieille pourriture de quelque chose d'invraisemblable.

Nous avions donc nos inventaires, tirés à plusieurs exemplaires. A cette époque, nous emmenions notre jeu d'orgues électriques, nos projecteurs, nos câbles, nos installations sonores, notre administration de « campagne », ma bibliothèque portative. Je retrouvais la joie de l'enfance à me sentir moitié ambassadeur, moitié général d'armée.

Une fois, à São Paulo, on nous mit dans un théâtre désaffecté, vide comme une grange. Huit heures après, nous avions un théâtre en état de marche. J'adore ce genre d'organisation.

Léonard

Léonard, dans ces périodes-là, se montrait irremplaçable. Je pèse mes mots : Léonard est l'exemple même de l'homme de théâtre, j'entends par là qu'il est « nomade ».

D'une carrure puissante et solide, il peut être aussi bien le plus costaud des machinistes et le plus précis des administrateurs. Il a la stature d'un tribun romain. Italien de Fiume, fils d'un grand architecte, il avait fait des études de chimie. Pris par le démon du théâtre, il était entré dans la troupe des Pitoëff. Comédien, directeur de scène, puis pilier de la troupe, il avait passé dix-sept ans avec le plus poète des hommes de théâtre. Je l'imagine faisant les comptes ou réparant les accessoires, avec, sur ses genoux, sur ses épaules ou accrochés à ses basques, trois ou quatre enfants de Georges et Ludmilla.

Je veux espérer que Léonard avait trouvé avec nous la chaleur humaine qu'il avait partagée avec ce célèbre couple. Je puis dire aujourd'hui qu'il fut avec nous le fondateur de la compagnie. N'ayant jamais pu se débarrasser d'un certain accent, je le soupçonne d'avoir gardé dans un coin de son cœur la nostalgie de l'acteur : aussi, quand un de nos camarades venait lui demander timidement une augmentation, Léonard le renvoyait aussitôt dans sa loge, en lui criant : « Vous devriez payer pour être comédien ! »

La troupe le surnomma « Léonard de vingt sous ». Cela ne l'empêchait pas d'être la bonté même et d'être épris de vraie justice.

Nous vécûmes tous deux pendant plus de vingt ans comme deux complices. Léonard est mon plus cher camarade de combat. Personne, sauf Madeleine bien sûr, ne peut imaginer les affres, les soucis que nous avons partagés ensemble.

Il y a quelques années, il a voulu prendre sa retraite, mais il rôde toujours par là et, à la moindre occasion, je l'appelle et nous repartons sur les routes.

Ça, ça s'appelle un homme de théâtre ! La route, les caisses, la valise et le poncho, et nous voilà partis en quête des hommes !... Ohé ! les Hommes !

Le poète Georges Chennevières, que j'ai cité au début de ce récit à propos de la guerre de 14, avait écrit un long poème intitulé : *la Légende du roi d'un jour* : il y a, dans notre vie à travers le monde, ce côté « roi d'un jour ». Nous avons parcouru l'Europe, d'Edimbourg à Bucarest, de Varsovie à Naples, les trois Amériques, le Japon, la Russie soviétique, le Moyen-Orient, l'Afrique du Nord. Plusieurs fois le tour du Monde. Cela fait un immense album de souvenirs. Feuilletons-le à notre guise.

Le Florida

C'est le nom du bateau qui nous emmena pour la première fois en Amérique du Sud. 1950. A ce moment-là, bien que nous fussions en pleine ascension, notre bourse était à sec. Cette tournée arrivait à point. Le ministre Louis Joxe nous proposa cette mission. Nous acceptâmes avec enthousiasme.

De la curiosité.

Une compagnie de comédiens ne mérite la vie errante que si elle est composée de gens curieux. La curiosité, pour moi, c'est la vie. La mienne fait très bon ménage avec mon tempérament craintif. Avez-vous quelquefois observé ces chats qui risquent leurs premiers pas dans un bois ? Ils étendent leurs pattes le plus loin possible de leur corps, s'essaient à un attouchement, bondissent en arrière, rabattent les oreilles, font le gros dos, se mettent à ramper, développent une nouvelle fois la patte et finalement, de frayeur en frayeur, ils avancent. Chez eux, la curiosité est plus forte que la crainte. Ils nous donnent l'exemple.

Sans la curiosité, que ferions-nous avec notre peur ? C'est la curiosité qui sauve tout. Madeleine et moi sommes d'une curiosité inguérissable. Ce « haut sentiment » était heureusement partagé par la majorité de nos camarades. Et si nous ajoutons à la curiosité cette faculté d'étonnement que tout être doit entretenir et développer pour rester jeune de cœur, nous appartenons à la catégorie des « émerveillés ».

Nous devions ainsi fonder, au cours de nos randonnées, le club des émerveillés. Que les gens moroses restent chez eux !

Le *Florida* était un vieux bateau qui faisait son dernier voyage. Nous en prîmes possession à Marseille, pour une « absence » de plus de trois mois. Rio, São Paulo, Montevideo, Buenos Aires.

Dans nos bagages : neuf spectacles, le matériel de onze ouvrages. Poids : plus de vingt-quatre tonnes. Nous étions une trentaine, acteurs et techniciens. Labisse et Pierre Boulez étaient de la partie, ainsi qu'un vieil ami, Samy Simon, pionnier de la radio du temps de Robert Desnos. Nous nous étions engagés à envoyer régulièrement en France des « lettres radiophoniques » qui décriraient notre périple. A cet effet, nous enregistrâmes le monologue du Père Jésuite, prologue du *Soulier de satin,* sur le rythme des vagues coupées par l'étrave du *Florida.* Le rythme de la phrase claudélienne, comparé à celui des vagues qui se brisaient sur le bateau, fut d'un synchronisme surprenant.

A cette époque, de tels voyages étaient de véritables expéditions. La guerre avait séparé les peuples. Nous étions chargés de renouer des liens qui dataient de très longtemps. Notre responsabilité était grande. Nous allions retrouver les traces de Sarah Bernhardt, de Lucien Guitry, en les ravivant par un esprit moderne, par les premiers essais d'exportation de l'avant-garde. Cependant, c'était encore le temps où les actrices apportaient également la mode de Paris.

Depuis, les facilités de communication ont rendu tout cela inutile et si les actrices doivent encore s'habiller, c'est pour ne pas paraître démodées ! Quant à l'avant-garde, elle nous revient : plante épanouie de ce que nous avons semé.

Le bateau venait d'appareiller ; il quittait en glissant le port de Marseille. Derrière nous, sur le sillage, les passerelles de fer se rabattirent. La France se refermait. L'aventure, à présent, était inévitable. Durée de la traversée : quatorze jours.

C'était mon premier grand voyage en mer ; jusqu'alors, je n'avais voyagé que sur le bateau de *Partage de Midi* qui m'emmenait en Chine avec Brasseur et Feuillère !... Je reconnus la même atmosphère, et, sur le pont, je me mis à déambuler comme sur « un plancher qui respire ».

Je ressens encore en ce moment cette dilatation de tout l'être, quand il est aux prises avec la Vie. L'air, la mer, les responsabilités, la fusion de tout un groupe humain qui ne fait plus qu'un seul corps. Ce qu'on laisse, ce qui attend, chaque instant de la journée, la conscience de vivre un « souvenir pour demain », ne rien vouloir perdre de ce qui se présente, depuis le rayon vert au coucher du soleil jusqu'au déclin régulier de l'étoile polaire et l'apparition, peu à peu, de la Croix du Sud que le mât oscillant pointait du doigt. La moiteur du pot-au-noir. L'énervement qu'on y ressent, une espèce de vertige rappelant le mal de montagne.

Comme chef de troupe, j'étais à la noce. Je tenais tous les comédiens dans ma main, ils ne pouvaient plus m'échapper. Dans la salle à manger, j'épinglai un « bulletin de service ». Je les fis répéter. Nous nous entraînions : gymnastique et surmenage. Ravis de l'aventure, ils acceptaient tous avec grâce.

Arrivèrent les escadrilles de poissons volants. Nous croisâmes notre premier requin-marteau. Nous prîmes le quart chacun à notre tour. Chaque matin, nous descendions dans la « cambuse » dévorer des « pizzas » confectionnées par les marins. Nous reçûmes le baptême du passage de la Ligne.

Je n'eus qu'une pénible mission à remplir. Convoqué par le poste de radio, je dus transmettre à Maïène que sa mère, Mme Jacques Copeau, venait d'être trouvée morte dans son jardin. J'aimais cette femme qui tout au long de sa vie avait été un être admirable... La loi du cirque.

Un beau soir, après avoir longé quelques terres que je trouvais d'un vert particulièrement pur, nous vîmes apparaître le Pain de Sucre et la baie de Rio, auréolés d'un soleil de gloire.

Nous voici « à même » !

La saison se passa comme un rêve. Vraiment, ce n'est pas racontable. Grâce au système des abonnements, le public assista en un mois à neuf spectacles différents. Si l'on tient compte des réceptions, en peu de jours, tout le monde se connaissait. Il n'y avait plus d'anonymat.

Nous devenions les « comédiens ordinaires » de dix à douze mille personnes. Des fêtes furent organisées. Nous rendions visite aux universités, aux écoles, aux hôpitaux.

Les Brésiliens, surtout les femmes, comprenaient admirablement le français. La nuit, j'allais dans des écoles de samba-cariocca, j'apprenais les danses du nord de Récife. Par un hasard amusant, j'importai à Rio le *Frevo* de Pernambouc, ce qui me valut l'amitié exclusive d'un Brésilien célèbre : Assis de Chateaubriant. Avec des guides, nous nous enfoncions dans la forêt pour assister à des « macumbas ». En revenant, nous faisions une halte au sommet du Corcovado pour voir le jour se lever sur la baie de Rio. Nous nous sentions increvables.

Je me rappelle un certain dimanche. Nous avions accepté de donner une représentation supplémentaire des *Fausses Confidences* et de *Baptiste*... à dix heures trente du matin. Prix populaires, presque symboliques. Nous étions rentrés à cinq heures d'une virée en forêt. Notre sternum résonnait encore du tam-tam qui nous avait frappés toute la nuit. La place était grouillante de monde. Nous passons par l'entrée des « artistes » et disons au gardien : « Enfin, nous ne nous fatiguerons pas pour rien ! — Mais, monsieur, la salle est déjà pleine ; ceux qui restent dehors attendent de prendre la place de ceux qui s'évanouissent. »

A la fin, ils envahirent la scène et nous dépouillèrent de certaines parties de nos vêtements. Grâce à leur tempérament généreux et spontané, le théâtre était métamorphosé en Carnaval de l'Humanité.

A São Paulo, ce fut pareil.

Je n'oublierai jamais l'heure passée sur le pont du bateau dans la baie de Santos. Les bruits de la vie. La mer venait s'effranger sur une autre mer : celle des bananiers ; tandis qu'un soleil roux descendait imperceptiblement.

> *Adieu mon beau soleil ! On s'aimait bien tous les deux... ... et puis, il n'y en a pas d'autre !*

Sur un bateau, j'épie particulièrement deux choses : *Le passage du jour à la nuit.* Je m'acharne à en suivre la continuité absolue, et je n'y arrive jamais. Il y a des moments où rien n'a plus l'air de bouger, d'évoluer, de changer, un avant-goût d'Eternité, et puis brusquement, par une sorte de déclic, on est passé à autre chose. Le jour a baissé d'un cran. Ainsi, cran après cran, déclic après déclic, le jour s'achève et la nuit vient. Et au moment précis où la dernière pointe de l'ongle du soleil disparaît derrière l'horizon, l'influx que nous recevions de devant, côté lumière, se renverse et l'influx de la nuit nous enveloppe le dos. La nuit nous passe son manteau.

L'arrivée dans un port. Je suis toujours frappé par la lenteur avec laquelle le bateau s'approche, et pour cause, du quai de débarquement. J'ai ainsi le temps d'observer avec attention le moment où le halo magnétique de la terre *touche* le halo magnétique du bateau.

De la rambarde, on a d'abord devant soi une image, comme sur un écran. Les quais, les gens qui grouillent, la ville qui s'amorce derrière, puis, plus loin, la terre qui remplit le fond du tableau : une image à deux dimensions.

Le tableau s'approche imperceptiblement. L'image grandit, mais reste encore une image ; et puis, soudain, sans qu'on puisse bien réaliser la continuité du passage, par déclic encore une fois, *on est dedans*. Les reliefs apparaissent. Nous venons de passer de l'abstrait au présent, du dessin à la chair, du rêve à la trépidation du réel.

La vue et l'ouïe percevaient le spectacle, maintenant tous nos sens sont sollicités par la vie. Les deux courants magnétiques se sont heurtés et s'imbriquent brutalement. Et il faut encore attendre un certain temps pour que les chaînes arriment la coque contre le quai. C'est à cette frontière qu'apparaît le théâtre.

A Montevideo, il y a toujours une dépression nerveuse dans la troupe. Non à cause de l'accueil, ni du théâtre. Si les Brésiliens sont d'excellents convives pour savourer l'orgie de la vie, les Uruguayens ont le talent de l'amitié. Il y a même entre nous une étrange parenté. Isidore Ducasse, comte de Lautréamont, Jules Laforgue, Jules Supervielle, ne sont-ils pas de Montevideo ?

Le théâtre Solis est un des plus agréables du monde. Tout en bois : on se croirait à l'intérieur d'un violon. Il a pourtant mille huit cents places !

Le vent qui court sur les eaux roses de l'embouchure du Rio de la Plata, la transparence de la lumière, les terres grasses peuplées de troupeaux de vaches blanches et noires comme des taches d'encre horoscopiques, tout cela est beau, mystérieux, envoûtant.

Mais, sur la place, les feuilles tombent. Quand nous sommes partis de France, nous sortions de l'hiver, nous laissions derrière nous les pluies du printemps. Quelques jours après, nous goûtions les chaleurs de l'éternel été tropical. Eté qui s'était prolongé, chaud et luxuriant, au Brésil. A présent, nous sommes en juin. En France : le plus beau mois, le plus riche, le plus dense, le plus gai, le plus ascendant, et ici, sur la place, voilà que les feuilles tombent. C'est l'automne et l'hiver qui viennent. On nous escamote notre été.

Alors on s'aperçoit que le soleil tourne à l'envers. Chez « nous », quand on le regarde, il va de gauche à droite. Ici : de droite à gauche. On marche la tête en bas.

251

Ajoutez à cela la fatigue qui commence à se faire sentir. A Montevideo, il faut trouver un second souffle. Les acteurs sont cafardeux, les techniciens sont saturés. Une défaillance du berger et c'est la bagarre dans l'étable. Par trois fois nous avons fait ce voyage : les trois fois, j'ai rencontré le même phénomène.

Ah ! que nous aurions aimé nous enfoncer par voie d'eau dans les terres, jusqu'aux chutes de l'Igazu et jusqu'au Paraguay ! Mais ne nous plaignons pas : même en léchant les continents, on en goûte le fumet.

Buenos Aires, c'est un peu Paris. La rue Florida fait penser à notre rue Saint-Honoré. On joue au théâtre Odéon.

Maintenant l'hiver est venu. Une jeune femme délicieuse m'offre en souvenir ce poncho tissé à la main par les Indiens de Mendoza.

J'ai enfin ma promenade sur un petit bateau parmi les innombrables canaux qui sillonnent la terre. Des troncs d'arbres pourrissent au bord. De temps en temps, le dos glauque d'un poisson. La beauté des estuaires... Tout est plat, à ras de l'eau. De minces pellicules plaquées sur une lame de verre. Nous sommes sous le microscope de Dieu. Le passage ambigu de la vie à la mort, de l'eau douce limoneuse à la saumure de la mer, à la communion des saints. Mélancolique tableau, coloré par un coucher de soleil horizontal.

Nous rencontrons une autre mer : l'immensité de la pampa. L'archipel des « estancias », avec leurs toits en terrasses à chaque angle desquelles sont braqués des canons. Sur les pistes, des squelettes de bestiaux, chevaux, bœufs ou vaches, victimes de la transhumance, comme des carènes de bateaux.

Les danses n'ont plus l'exaspération sexuelle du Brésil ; ici, elles ont la mélancolie sensuelle du tango ou des délicatesses de danses du mouchoir.

Le même système d'abonnements nous fait faire connaissance avec la même société. Conférences à la faculté de droit, visites et colloques avec les jeunes compagnies théâtrales. L'activité artistique est intense. Certes, le gouvernement Perón ne facilite pas les rapports. Eva Perón ne viendra pas. Des paniers entiers de costumes furent lacérés par... je ne sais qui ! A Paris, on m'avait « conseillé » de ne pas présenter *le Procès* de Kafka. Je me suis obstiné. C'est Kafka qui remporte la palme. Au gala de première, un jeune homme vient nous féliciter : c'est le ministre des Affaires étrangères.

Pour *Occupe-toi d'Amélie*, il nous est recommandé de couper certaines répliques. Nous refusons. Et quand le prince de Palestrie présente son « général » :

Je ne sais ce qu'il ferait à la guerre, mais dans un cortège...

le public rit sous cape.

Le dernier soir fut sensationnel. La légende dit que pour Sarah Bernhardt le public détela ses chevaux et poussa sa calèche à la main. Nous connûmes le même hommage. Le car qui nous emmenait au port à une heure du matin fut poussé par la jeunesse, puis roula au pas jusqu'au quai, entouré de spectateurs.

Pendant trois mois, avec Léonard, nous n'avions pas trouvé le temps de nous regarder une seule fois. Nous étions épuisés de fatigue, vidés de tout ce que nous avions donné. Arrivés sur le port, nos yeux se rencontrent enfin, les nerfs claquent et nous tombons dans les bras l'un de l'autre en sanglotant de bonheur.

J'ai mesuré de long en large *le Florida*. Je rêvais d'en faire un théâtre mondial. Cette idée ne m'a pas quitté. Plus tard, avec la Transat', le projet est allé assez loin. Même les cloisons étanches correspondaient au rideau de fer qui sépare la scène de la salle. La grande majorité des villes du monde sont des ports : New York, Tokyo, Rio, Buenos Aires, San Francisco, Londres, Hambourg, Marseille, Beyrouth, Alger, Venise, Athènes, etc. Avec un bateau de vingt à vingt-deux mètres de large, on peut avoir une salle de huit cents à mille places. Plus des salles de projection, des salles d'exposition, des salles de concerts, de défilés de couture. Le théâtre utilise en machinerie les nœuds que font les marins. Faire d'un bateau une ambassade itinérante de la civilisation d'un pays !

Je me suis toujours vu ainsi, finissant mon existence en parcourant le monde, abordant au bout de la 42ᵉ rue, à New York, en battant pavillon français.

Pour les villes « intérieures », nous aurions, sur le bateau, chapiteau et camions, et de Santos on monterait à Saõ Paulo ; on irait à Milan, à Berlin. Appareillant à Leningrad, nous reviendrions de Moscou. Toutes les activités scientifiques, techniques, artisanales, intellectuelles et artistiques françaises seraient réunies en une seule fête de l'esprit et de l'imagination !

Cela ne coûterait pas plus cher qu'un théâtre national. Et quelle efficacité ! Un de ces rêves qu'il est dommage de ne pouvoir encore réaliser ! Et pourquoi aujourd'hui ne pas en faire le vrai théâtre international, toutes langues ?

L'Amérique du Sud

Nous fîmes trois voyages en Amérique du Sud.

Au deuxième, en 1954, l'Argentine sentait la guerre civile. Nous fîmes alors connaissance avec le Chili. Il n'y a que la Bolivie et le Paraguay que nous n'avons pas visités.

Buenos Aires, 14 Juillet.

Christophe Colomb au Grand Théâtre Colón. Nous donnions deux représentations, une matinée gratuite en l'honneur de la prise de la Bastille, réservée principalement aux étudiants, suivie d'une soirée de gala. Le travail fut dur. J'entends encore Boulez battre la mesure en hurlant en cadence : « Et merde, et merde, et mille fois merde ! »

La veille, je suis convoqué par l'intendant de la ville :

— Il paraît que vous avez invité des étudiants communistes.

— Nous avons invité tous les étudiants.

— Il y a parmi eux des étudiants communistes. Il va y avoir des manifestations. Vous ne voulez pas qu'on crie : Barrault-Communiste !

— A propos d'une œuvre de Paul Claudel, cela me paraîtrait un peu déplacé ! Combien sont-ils donc, ces étudiants ?

— On en a relevé une douzaine.

— Cela me paraît peu pour un régime aussi fort que le vôtre.

— Nous ne vous ordonnons pas de supprimer la représentation, mais, à votre place, j'y renoncerais. S'il y a des bagarres, nous ne pouvons répondre de rien.

— Monsieur l'intendant, sachant ce que sont les agents provocateurs, je crois en effet qu'il vaut mieux renoncer à la matinée.

Un grand nombre d'étudiants s'étaient déplacés, les uns venant même de Cordoba et de Tucumán. Massés autour du théâtre, déçus, ils recevaient « subrepticement » des tickets pour la soirée. C'est nous qui les distribuions.

Le soir, devant une salle débordante de monde, nous jouâmes *Christophe Colomb*. Il y est dit, dans le Chœur :

Il vaut mieux faire un petit effort que de perdre tout !

Histoire de chien.

Nous avions, à cette époque, une adorable chienne caniche : Amie. Chaque fois que nous sortions nos valises, c'était le désespoir : « la fin de tout ». Elle se couchait sous les meubles, se cachait dans les coins. C'était déchirant.

Pour cette deuxième visite en Amérique du Sud, le rite des valises avait commencé. Amie désespérait, comme à son habitude, et comme d'habitude nous avions le cœur serré. A un moment, tout de même, on la cherche pour l'embrasser, la consoler et nous consoler par la même occasion. Elle demeure introuvable. Nous renonçons et retournons à nos valises... elle s'était glissée dans l'une d'elles, parmi nos costumes. Plate comme une chemise, les oreilles étendues, le regard implorant. Quarante-huit heures après, elle avait ses papiers, son certificat de santé. Le bout de sa queue frétillait de joie.

Sur le bateau, elle reconnut toutes les heures de la journée. A midi, après le bain des passagers dans la piscine, tandis que l'on prenait l'apéritif, on entendait un floc ! C'était Amie qui avait attendu la sortie du dernier baigneur pour plonger à son tour. A l'heure du thé, elle attendait l'ouverture des salons comme une dame anglaise.

Les Desailly avaient leur Briard, énorme chien qui savait s'arranger pour passer inaperçu à la douane ou dans les réceptions. Nous avions également un couple de colombes pour l'œuvre de Claudel. La femelle pondit un œuf au-dessus de la cordillère des Andes.

Santiago du Chili.

Peuple fort, viril, à la fois paysan et intellectuel. Notre entente fut immédiate. Connaissance plus ample de Pablo Neruda, que j'admirais tant déjà. Je retrouvai la trace de Jouvet et de ses compagnons. Jouvet, qui s'était exilé volontairement pendant la guerre, avait beaucoup souffert. Malheurs sentimentaux. Mort de Giraudoux à Paris. Mort d'un de ses plus anciens compagnons : Romain Bouquet, comédien charmant, naïf et plein de poésie. Il avait été enterré à Santiago.

Est-ce à cause des Andes ? Le Chili paraissait beaucoup plus loin de la France que le côté Est du continent.

Ce jour-là, j'étais en veine de mélancolie. Madeleine me laissa partir seul. Je me rends d'abord au cimetière, magnifique parc où les étudiants viennent travailler. Je trouve le casier de R. Bouquet, comme un alvéole dans une ruche d'abeilles. Il y a des fleurs. Deux Chiliennes entretiennent le souvenir de « notre » camarade. Puis, dans ces rues à un étage, je cherche, près de la gare, un certain restaurant que, paraît-il, Jouvet aimait fréquenter. Le nom d'un hôtel me dit « quelque chose » : je pense que c'est là. Je frappe. On m'ouvre, c'était une maison close. Glissant hors de leurs draps chiffonnés, deux filles viennent à moi, tout ensommeillées. Ce n'est pas là. « Le restaurant est un peu plus loin. » « Pardon ! » J'atteins le restaurant.

Là, j'entre dans un bistrot « français », c'est-à-dire que les murs sont tapissés d'affiches de la France comme on en voit dans les gares de la S.N.C.F. Pour entretenir le souvenir de Jouvet, le patron s'était entouré de toutes nos provinces. Une photo de Jouvet trônait parmi ces reliques.

Pendant que j'absorbais quelque chose, je pensais à cette grande famille de comédiens qui sillonne le monde : on met nos pas dans les pas de nos amis, qu'ils soient du même pays ou de pays voisins. Un peu la vie des pilotes de ligne, un peu la vie des explorateurs — les explorateurs du cœur humain.

Notre troisième visite faillit devenir tragique. 1961 : une chaîne de catastrophes. La tournée, comme d'habitude, avait bien commencé au Brésil. Cette fois, nous continuions directement par Buenos Aires pour revenir sur Montevideo [1]. On nous avait accueillis au célèbre théâtre Cervantès.

La première représentation est étincelante. Le lendemain matin, je suis réveillé de bonne heure. Au téléphone, une voix me dit :

— Le théâtre brûle.

On raccroche. Je prends ça pour une mauvaise plaisanterie. Toutefois, par précaution, j'y vais. En réalité... j'y cours ! J'arrive juste à temps pour voir s'écrouler le toit de la cage de scène. A la place de nos douze tonnes de décors, il n'y avait à présent, au fond d'un immense creux, qu'un gros tas de matières calcinées.

Mon chef électricien pleurait son vieil ami : le jeu d'orgues que nous trimballions depuis quinze ans, nageant maintenant dans l'eau. Ce qui est le plus frappant dans un incendie, c'est le désaccord entre

---

1. Si mes souvenirs sont exacts ! Au reste, peu importe.

l'odeur de fumée et cette impression aquatique... Dans les couloirs, avançant dans le noir, les pieds pataugent dans un véritable ruisseau, on roule sur de gros boyaux, comme si on se débattait dans le ventre de Gulliver.

Cette catastrophe eut lieu le samedi matin. Grâce au dévouement d'amis argentins, nous fûmes recueillis par notre vieux théâtre Odéon et, le lundi soir, nous réussissions à reprendre la série de nos représentations.

Là-dessus, Madeleine, dans un couloir mal éclairé, manque une marche et se casse le pied. Elle jouera tout de même, au prix de souffrances inouïes, toujours gracieuse comme à l'accoutumée !

Buenos Aires se termina tout de même en beauté : à la réception d'adieux, qui fut d'autant plus chaleureuse que tous avaient conscience des efforts que nous avions faits, Madeleine eut une réflexion charmante qui mit en joie l'assistance. Parlant de cette exaltation mutuelle, de cette intime communication, de cette exceptionnelle entente qui nous liait depuis plus de dix ans avec les Argentins, elle dit :

— Une fois de plus nous avons réussi à mettre le feu à la ville !

Les ruines du Cervantès fumaient encore.

J'avais promis d'aller rendre visite à Tucumán, en souvenir du temps de Christophe Colomb. Nous partons à bord d'un DC 3 militaire, pas chauffé, pas pressurisé. Je crois bien cette fois que Desailly m'aurait tué. Je vois encore son regard noir. C'est la seule fois où je mis mes camarades à la limite de l'épreuve.

Tucumán : odeur de canne à sucre. Allant au nord, il faisait encore plus chaud ! L'accueil est formidable. C'est le jour anniversaire de l'indépendance. Je vais déposer une gerbe, entouré de jeunes filles en robes blanches. Je remarque une belle table et de beaux sièges qui feraient merveille, le soir, pour notre décor improvisé. Je les demande.

— C'est la table sur laquelle a été signé le traité d'Indépendance !

— Oh, pardon !

La soirée dura jusqu'à cinq heures du matin. Ils étaient au courant de tout.

— Racontez-nous la mort de Robert Desnos !

A Tucumán, oui, ce fut comme ça. *Et c'est comme ça partout.*

Au retour, menace d'un cyclone. Escale forcée à Cordoba. Nous devions quitter l'Argentine le lendemain. Il ne fallait pas manquer le Boeing. Montevideo nous attendait. En décrivant un énorme détour, on réussit à passer à côté du cyclone.

257

Le lendemain, départ. Le Boeing, n'ayant pas assez de trajet pour prendre de la hauteur, est pris dans le cyclone. La foudre tombe sur une aile et sur l'empennage. Les cent trente tonnes font un looping. Nous voici contusionnés sous un amas de valises. Dans la bourrasque, le pilote fait un atterrissage brutal. Il se laisse tomber littéralement pour gagner les cent mètres que nous risquons de perdre. Le train d'atterrissage résiste.

Puis l'on repart sur Bahia, une des plus belles villes du monde. San Salvador. Arrivés à l'hôtel, Madeleine s'aperçoit qu'on lui a volé ses bijoux. Tous les chers souvenirs de notre vie commune. L'émeraude que je lui avais offerte pour *la Répétition* d'Anouilh. La palme de saphirs pour *Occupe-toi d'Amélie,* l'aigue-marine de notre premier séjour à Rio...

Désespoir. Avec l'incendie, le cyclone, son pied cassé, et cette fois tous ces souvenirs volés, la voilà près de la dépression nerveuse. On le serait à moins.

Mais il nous fallait aller inaugurer le théâtre de Brasilia : le Brésil a voulu honorer la France en nous invitant à inaugurer la scène de la future capitale.

La double impression de Brasilia est extraordinaire. D'une part, une ville en pointillé, avec de vastes routes, longues de plusieurs kilomètres, qui quadrillent des champs d'herbe folle. La rue des Ambassades ne comporte pour l'instant que des écriteaux. L'ambassade de France est une baraque en bois. La place centrale, entourée de palais, est finie. Le théâtre se termine. Tandis que nous y jouons, d'énormes rats nous passent entre les jambes. La cathédrale, splendide, est surmontée d'une énorme couronne de béton. Je demande à l'architecte Niemeyer :

— C'est la couronne de la Vierge ?

— Je ne sais pas. Moi, je me suis inspiré d'un régime de bananes.

N'importe. L'effet est réussi.

D'autre part, à côté de cette capitale virtuelle destinée aux temps futurs : une ville grouillante, espèce de campement géant qui abrite l'énorme population choisie pour construire l'autre ville. Existence de trappeurs. On imagine ainsi la construction de l'Amérique.

Et nous revenons par Rio. Est-ce la fin de nos épreuves ?...

Il y a encore dix mille kilomètres à franchir. Nous sommes sensibilisés. Il est minuit, nous voilà entassés dans l'aéroport au milieu d'une foule étouffante. Madeleine, épuisée et qui souffre toujours, ne sait comment se reposer. Elle semble, comme on dit, au bout du rouleau. Alors, elle s'assied sur une cassette de toilette. Un craquement. J'ouvre le couvercle : elle vient de casser la glace de son miroir ! Au début de la tournée, un soir, nous avions été treize à table ! Je regarde ma montre : elle vient de s'arrêter. Le temps lui-même ne marche plus. Rien ne va plus.

On nous appelle pour l'embarquement. Nous retrouvons, pour nous piloter, le commandant du Boeing de Montevideo !

— J'espère, commandant, que le vol se passera mieux que l'autre jour...

— Cher monsieur, s'il se passe plus mal, aucun de nous ne sera plus là pour le raconter.

Travaux et... traverses.

L'Amérique du Nord

Notre première visite date de 1952.

Jouvet nous avait précédés, un an ou deux avant. Il avait joué *l'Ecole des femmes* dans un petit théâtre. Son succès encouragea le gouvernement français.

Nous fûmes chargés de tenter une véritable saison. Un grand théâtre : le Ziegfeld. Un répertoire de six spectacles. Une durée de six semaines. L'enjeu était risqué. Pour nous : un véritable va-tout. Au programme : Marivaux, Molière, *Hamlet* en français (!), *le Procès* de Kafka, *Occupe-toi d'Amélie* de Feydeau, Jean Anouilh et la pantomime des *Enfants du Paradis*.

Nous passions par Montréal et Québec. L'itinéraire pour se rendre au Canada paraît aujourd'hui curieux, mais il y a vingt ans de cela ! Train Paris-Glasgow. Bateau anglais. Le soir, on joue : *Shake the bag*. Puis remontée du Saint-Laurent. C'était l'automne, quand les érables donnent au pays leur or. Rencontre avec les écureuils.

Au Canada, l'objectif fut atteint. J'ai déjà rapporté l'entrée du clergé au théâtre « Her Majesty ».

Nous gagnons New York par le train. Sol Hurok, le célèbre impresario, l'ami de Chaliapine, nous accueille à la gare centrale. Nous montons dans taxi jaune, luisant comme un gros scarabée, et nous voilà partis dans la Cinquième Avenue. Que vois-je dans les vitrines des grands magasins, des luxueuses boutiques ? Des effigies de Baptiste ! La réputation des *Enfants du Paradis* avait préparé le terrain et Sol Hurok avait su en saisir l'opportunité. On attendait donc beaucoup de nous ? Eh oui ! J'en eus l'appétit coupé.

Le soir de la première, il y eut une grande réception au Waldorf.

Notre ambassadeur et Mme Bonnet nous aidaient merveilleusement. Le public nous avait paru adorable. Cependant, Sol Hurok était pâle. Je ne comprenais réellement pas ce qui se passait. A la fin du souper, Hurok s'absente, plus pâle encore... Pourtant la soirée m'avait paru réussie. L'accueil avait été charmant ! Quelques minutes passent, Hurok revient, il est frais et rose : les critiques du *Times* et du *New York Herald* étaient excellentes... C'était gagné ! C'est ainsi qu'à New York, toute la saison se joue le premier soir.

Nous fîmes nos cinquante jours dans une euphorie croissante. Hurok avait fait exécuter un agrandissement d'un des articles de Walter Kerr : « French can do everything ! » Nous étions devenus les « rois d'un jour ». Si je raconte cela, c'est à cause de la suite.

Des Etats-Unis, nous devions nous rendre, début janvier, en Egypte. La saison de New York se terminait avec les fêtes et nos cabines étaient réservées sur le *Liberté*, pour le réveillon du Jour de l'An. Du Havre où nous devions débarquer, nous nous rendrions à Marseille et, de Marseille, un nouveau bateau nous emmènerait au Caire.

Les rois des rois... d'un jour !

De fait, le succès avait été tel que nous étions autorisés à croire que « c'était arrivé » !

Le 31 décembre, nous quittons New York avec mélancolie. Aurions-nous l'occasion de vivre encore de tels moments ? Je veux répondre tout de suite que jamais de New York, jamais des Etats-Unis nous n'avons encore rapporté un mauvais souvenir. Je crois savoir pourquoi : je le dirai dans un instant.

Donc, accompagnés de nos amis, nous gagnons le port, en pleine cité. J'aime à New York ces bateaux du bout du monde qui accostent au bout des rues. Cette ville « debout », ces chaussées qui fument, cette simplicité de l'existence où toutes les classes de la société se côtoient, ces boutiques de « délicatessen » où, en robe du soir ou en smoking, on se procure dans un sac en papier de quoi faire les repas du lendemain, grâce à la kitchenette qui fait partie de la chambre d'hôtel.

Dans la cabine de luxe que le *Liberté* nous a réservée, nous ouvrons notre courrier. L'ambassadeur d'Egypte aux Etats-Unis nous souhaite bon voyage et grand succès. Nous savons que la saison là-bas est entièrement louée.

Dehors, il gèle à pierre fendre, dans quinze jours nous allons trouver le soleil des Pyramides.

Emus, nous sentons glisser le transatlantique. Les lumières de la ville disparaissent dans la brume. La statue de la Liberté nous salue. Le vent souffle. La tempête se lève. Tout le monde, ou presque, est malade. Je nous revois au réveillon de fin d'année, Pierre Bertin et moi, devant une montagne de caviar, seuls, perdus à une longue table, et le maître de réception qui nous vantait le menu avec les intonations de Sacha Guitry !

La tempête fait rage. Dans ces cas-là, je ne cesse pas de bouger. Je crois que s'étendre est une faute. Je descends dans les cales, à l'étage de la piscine. Le niveau de l'eau oscille jusqu'à 45°. Le paquebot roule dans des « trous » d'une vingtaine de mètres. Les ponts sont interdits, le vent nous soufflerait.

Trente-six heures passent dans cette agréable soupe. Le commissaire de bord me fait parvenir un télégramme : l'Egypte nous est fermée. Il y a la révolution. Néguib veut nous « éviter des ennuis ».

Nous voilà tous chômeurs, ridicules dans notre luxe. « Grandeur et misère des baladins. »

Cas de force majeure, bien sûr. Toutefois, il faut vivre et je me sens responsable de notre communauté. Les trois jours qui suivent se passent en télégrammes. Nous allons organiser une tournée de fortune.

Le *Liberté* ralentit. Le calme revient. Nous sommes à présent dans la « purée de pois » d'un brouillard glacé. Dans le gris inconnu gémissent les cornes de brume. Tel un spectre, Le Havre se distingue à peine dans le coton sale du matin. Nous sommes aussi pâles que le jour. Aussi mouillés que l'air. Le cache-nez jusqu'aux oreilles.

Nous avions réussi à passer un accord avec un cinéma du Havre et nous improvisâmes un décor de fortune pour jouer *la Répétition* d'Anouilh... Le lendemain, un car nous attendait et nous parcourûmes les routes verglacées de France pour Reims jusqu'à Colmar. Madeleine, en Alsace, eut un abcès à la gorge.

Tout ne se fit pas en car, il y eut aussi des trains, des heures d'attente dans les gares, nous réchauffant aux poêles en fonte de la S.N.C.F.

Ils étaient frais, les « rois d'un jour » !

Mais le plus beau de l'histoire, c'est que — abstraction faite de la différence de confort — nous rencontrions la même chaleur humaine, le même accueil, la même ferveur, la même amitié que chez nos amis d'Amérique.

Cette expérience m'a beaucoup frappé. Où que ce soit dans le monde, *l'homme* est le même. Tout ce qui sort de son cœur, de sa tête, de son ventre, à la condition que ce soit sincère, trouve un écho, une réponse. Qu'importent les différences de langue, d'éducation, de dressage social et politique : le théâtre franchit toutes les barrières, s'adresse à la condition humaine dans ce qu'elle a de fondamental.

A New York, nous avions reçu une de nos plus belles récompenses, un de nos meilleurs encouragements ; dans les glaces hivernales de ces régions de France, avec autant de simplicité, ces encouragements et cette ferveur étaient les mêmes.

Par le théâtre, l'homme est tout nu, sorti de sa coquille. Cela tient, encore une fois, à cette conscience de la mort. La vie apparaît comme un Tout. Elle est à la fois pleine et éphémère. Une trêve de tous les intérêts. Même pour ceux qui sont sans Dieu, la vie devient quelque chose de religieux. Et cette religion profane est celle du théâtre.

Notre compagnie revint plusieurs fois à New York. En plein cœur de Broadway, au Wintergarden — « *The pride of Paris* ». Au City Center, où, avec *la Vie parisienne* d'Offenbach, nous égalâmes les recettes de Radio-City. Nous visitâmes beaucoup d'universités. J'en parlerai plus loin.

Chaque fois, nous avons rapporté de notre séjour aux U.S.A. un inoubliable souvenir. Cela vient, je crois, de ce que nous partageons ce sentiment commun : la sincérité. Le public américain est d'abord sincère : il fait crédit. Si on le déçoit, il s'éloigne et nous raye de sa « géographie » personnelle. Si, au contraire, il rencontre même sincérité et même crédit, et s'il reçoit une nourriture ou simplement des propositions qui excitent sa curiosité, alors il vous adopte et vous reste fidèle.

Ce qui m'a toujours attaché au public américain, c'est qu'il est « jeune de cœur ». Notre dernière grande tournée chez lui est toute récente, avec *Rabelais*. Gardons-la pour la fin.

L'Amérique centrale (1956)

Nous nous envolâmes d'Orly un matin à bord du super-Constellation d'Air France nommé *le Parisien spécial*. Via New York, nous allions à Mexico. Nous devions ouvrir une route nouvelle : le Mexique, le Pérou, l'Equateur, la Colombie, le Venezuela. En cours de voyage, je prolongeai l'aventure jusqu'aux Caraïbes. Retour par

Porto Rico, sur le bateau *Antilles*. (Il aurait fait un bateau-ambassade idéal. C'est exactement ce type-là qu'il nous aurait fallu.)

Tout marcha bien, il y eut plein de péripéties, ce fut une de nos plus belles randonnées. D'abord, l'intérêt de ces rencontres humaines est *l'échange* : nous recevons autant que nous donnons. En l'occurrence, j'avais pris conscience du caractère exceptionnel de ce périple. Aussi, quitte à perdre un peu d'argent, je voulais que tous mes camarades en profitent. Je m'étais arrangé pour leur réserver, de temps en temps, des « plages » de trente-six heures.

Mettons donc de côté le succès, le répertoire, les conférences, les colloques, les réceptions officielles, etc. C'est entendu : ce fut une tournée réussie. Parlons plutôt de l'aventure, quitte à revenir çà et là au théâtre.

Mexique.

Il y a, sur la Terre, plusieurs berceaux de l'humanité, mais entre le bassin méditerranéen et le bassin des Caraïbes, je découvre bien des points communs.

Les Mayas font penser aux Grecs, aux Assyriens et aux Persans. Les Aztèques sont leurs Romains. Les Toltèques rappellent la Renaissance italienne. Les Olmèques ont les yeux bridés des Asiatiques.

En circulant à travers le Mexique, cette impression se confirme. Au cours de nos trois semaines passées à Mexico dans le théâtre Bellas Artes, qui s'enfonce régulièrement dans la lagune, nous eûmes de charmantes occasions de visiter les temples des environs.

Pour Teotihuacán, j'eus un guide de choix : Dolorès del Rio. Elle me fit connaître également cet endroit extraordinaire : Notre-Dame de la Guadeloupe.

Ce que j'aime au Mexique, c'est la fusion qui s'est opérée, et qui a si bien réussi, entre le sang indien et le sang catholique. Il en résulte un type humain particulièrement vigoureux, viril.

La beauté architecturale des temples reflète encore l'atmosphère de cette haute civilisation indienne. On y retrouve le sacrifice du sang. Jamais je n'ai senti aussi fortement la puissance de la foi catholique qu'en Notre-Dame de la Guadeloupe.

Dolorès del Rio possède cette vigueur et cette foi. Elle me parut très belle, dans sa chair et dans son feu.

Grâce à la protection de notre ambassadeur George-Picot, que nous avions connu jadis en Argentine, grâce aux relations de notre attaché culturel, grâce à l'amabilité du gouvernement mexicain, un avion spécial nous fut prêté, à la fin de notre saison, pour visiter le Yucatán. La mer est chaude à Mérida. Nous visitâmes Chichén Itzá et Uxmal. Nous étions au cœur des Mayas. Les paysans ne pratiquent pas le labour : ils calcinent. Il est très saisissant de traverser ces champs dévastés par le feu. Pour nous qui avons dans l'œil les sillons bien ordonnés de nos terres striées par la charrue, cette atmosphère de chaos et de dévastation crée une impression étrange. Mais les cendres servent d'engrais ; il ne s'agit pas là de barbarie, mais d'une autre méthode de culture. La roche est proche et le soc des charrues ne pourrait pas s'enfoncer. La civilisation maya fut aussi savante que la chaldéenne.

Je recommande aux jeunes mariés une lune de miel à Mayaland (Chichén Itzá), à la condition de ne pas se faire piquer par ces petites araignées ovales qui vous envoient *ad patres* en quelques heures... Nous passâmes une partie de la nuit, au clair de lune, dans le stade de Chichén Itzá, à écouter des guitaristes... C'était presque aussi émouvant que Delphes.

Tout est élégant là-bas, à l'échelle de la colonne vertébrale de l'homme. A Uxmal, les décorations abstraites de l'époque maya contrastent magnifiquement avec les torsades décoratives des serpents toltèques. Au Yucatán, comme un tout petit enfant attentif et intimidé, j'eus la sensation d'entrer en contact avec nos ancêtres-citoyens du monde. J'y retournerais volontiers.

Pour ces deux jours de détente et de reprise de soi-même, nos camarades s'étaient dispersés, les uns pour Acapulco, le autres pour Palenque, d'autres pour d'autres excursions. Nous nous regroupâmes à l'aéroport de Mexico, chacun ramenant « sa pêche ». Si l'on veut que les acteurs soient porteurs d'humanité, il faut bien de temps en temps leur permettre de se « recharger » le cœur et l'esprit.

Un orchestre de Mariachis nous fit ses adieux dans les jardins fleuris de l'aéroport et nous prîmes « l'avion-laitier ». C'est ainsi que l'on appelait le DC 7 qui nous conduisait à Lima. « Laitier » parce qu'il s'arrête partout : Guatemala, Salvador, Nicaragua, Costa Rica et Panama. A chaque étape, une heure d'escale.

Nous étions littéralement collés à nos hublots. Que de beautés en si peu de temps ! On perd la notion de tout. Le club des émerveillés frémissait. J'aurais voulu, à chaque arrêt, m'enfoncer dans la nature. Quand les portes de l'avion s'ouvraient, nous recevions une bouffée de chaleur d'étuve et toutes sortes de parfums forts, prenants, piquant le nez... Les grandes forêts vertes, les lacs de toutes les couleurs, la fumée noire des volcans.

Nous étions heureux de poser le pied, ne fût-ce qu'un moment, sur la terre de ces minuscules pays aux populations accueillantes — du moins en la circonstance.

A Panama, l'avion ne peut pas repartir. Pourquoi ? A cause du règlement. A toute pièce cassée doit toujours correspondre une pièce de rechange. L'avion en avait une. La pièce cassée est donc changée. Mais il n'y a plus, dès lors, d'autre pièce de rechange. L'avion ne devait plus décoller. Cela nous valut deux jours d'attente à Panama.

On nous emmena par car dans la ville, à l'hôtel El Panama. Si j'étais romancier, j'irais passer trois mois dans cet hôtel. Il fonctionne vingt-quatre heures sur vingt-quatre, accueille les voyageurs, fait salle de jeu et hôtel ordinaire. C'est l'enfer de l'humanité. Parmi les amoncellements de valises, les touristes harassés, circulent des femmes en robes longues, des hommes en smoking, les petits déjeuners se mêlent aux whiskies.

Une chambre pour les hommes, une chambre pour les filles. La chaleur moite et l'air conditionné nous faisaient sans cesse naviguer entre les douches et les couvertures. Quant au sommeil : chose impossible, impensable, oubliée. Madeleine et moi finîmes par trouver une petite chambre où nous reposer un peu. Trois heures du matin, la porte s'ouvre, un lit-cage est projeté contre nous. On chasse la femme de chambre. On tente à nouveau de s'assoupir. Cinq heures du matin, la porte claque de nouveau et nous bondissons comme des diables au bruit d'un énorme aspirateur. A plusieurs reprises : branle-bas. Tout le monde dans le car et en route pour la piste d'envol ! Nous voici devant l'avion : fausse alerte. La pièce n'est pas encore arrivée. Retour par le car à l'hôtel. Café au lait. A côté de nous, des joueurs sablent le champagne.

Dans la ville, la couleur des arbres, les « flamboyants », est éblouissante. Je m'achemine vers le fameux canal. Des Indiens râblés, canotier de paille blanche surmontant leurs tresses noires, portent sur le dos leurs enfants. Les bateaux glissent. Ils touchent presque, par tribord et bâbord, les deux rives.

Le consul nous a recueillis et a improvisé une sympathique réception. Nous aurions eu le temps de jouer à Panama. Je le regrette.

Est-ce là aussi que j'ai visité un merveilleux cimetière ? Un immense parc à l'anglaise, semé de bosquets fleuris. De petites pierres à même le gazon indiquaient discrètement les tombes, et de partout s'écoulait « sans bruit » comme un murmure d'âmes, de la musique classique. L'impression était saisissante.

Nous voilà enfin repartis. A Lima, où ils nous avaient précédés, Léonard et ses techniciens nous accueillirent.

Pérou.

Au départ, le Pérou n'était pas prévu au programme ; rien n'y justifiait, paraissait-il, la présence du théâtre français. Par bonheur, un nouvel ambassadeur de France venait d'être nommé : M. Léon Brasseur, homme dynamique, jeune et rapide. Il fit le tour des quelques industriels français qui avaient des intérêts en vue au Pérou (routes et chemins de fer), ramassa des oboles qui nous permirent de faire le détour. Il avait bien raison : c'eût été une belle erreur diplomatique que de nous faire passer par l'Equateur sans nous arrêter chez son voisin le Pérou !

Au début, il était question d'une ou deux représentations. Nous y séjournâmes neuf jours, jouant à Lima non seulement au théâtre — une charmante salle — mais dans les jardins de l'ambassade. Il y eut notamment une soirée digne du vice-roi du Pérou. Les jardins de l'ambassade ont un théâtre de verdure magnifique : les haies d'ifs sont taillées de telle façon que l'on y retrouve les plans d'un théâtre à l'italienne. Nous jouâmes *Amphitryon* de Molière. L'épaisseur des arbres était telle qu'à sept mètres de haut, je pouvais me tenir debout sur la verdure, les ailes aux pieds et le caducée de Mercure à la **main**.

L'ambassadeur avait fait construire un énorme dais. Il avait invité la « gentry » du Pérou, clergé en tête. La soirée se prolongea tard dans la nuit par des agapes bien arrosées. Nous trinquions allégrement avec les évêques ; c'était la grande réconciliation de l'Eglise et du Théâtre.

Le Pérou est un pays splendide. La route qui longe l'océan Pacifique traverse successivement de larges régions désertiques et d'étroites et luxuriantes vallées. La verdure y est intense et les cultures prospères. C'est là que se tiennent les estancias : énormes domaines où règne le patriarcat. A cette époque-là, le Pérou m'apparut comme le bastion de l'aristocratie castillane. Une estancia n'était même pas un village mais une famille. Le maître jouissait d'un pouvoir absolu. Dans son bureau, il gardait les livrets militaires de tous les hommes. L'estancia avait encore sa « prison ». Mais le soir, « seigneurs » et « serviteurs » dansaient et jouaient de la guitare ensemble. C'est du moins ce à quoi nous assistâmes lors d'une réception.

Parmi nos « émerveillés », Maïène était la plus excitée. Elle poussait des cris d'admiration à chaque rocher couvert de guano, à chaque tournant de route, à chaque perspective de jardin.

— Oh ! quel est cet animal étrange ? s'écria-t-elle à un certain moment.

— Mais, mademoiselle, c'est un âne !

L'émerveillement lui-même a ses mirages !

J'avais réservé pour la compagnie, comme au Mexique, une plage de quarante-huit heures permettant à chacun de s'instruire un peu. Elle fut occupée par une expédition au Machupicchu, par Cuzco. Madeleine, qui ne se sentait pas très bien et se ménageait pour le rôle tyrannique de Célimène, se sacrifia une fois de plus et resta à Lima.

Les avions légers sont équipés de quatre moteurs : il faut passer les hautes chaînes de montagne. A cause de l'altitude (dépassant 8 000 mètres), on respirait l'oxygène par des tubes. Malgré ma claustrophobie, je n'éprouvai aucune appréhension : la curiosité était la plus forte.

Atterrissage à Cuzco sur une piste de terre rouge, à près de 4 000 mètres. Connaissance avec les premiers lamas. La ville de Cuzco est splendide : mi-inca, mi-Grand Siècle espagnol. De là, un petit train serpente à travers la montagne. On descend légèrement. Puis une espèce de camion nous fait remonter jusqu'aux fameuses ruines. Partout, sur le trajet, je fus saisi par le travail des Incas : immenses terrasses sur les hauteurs du Machupicchu (je me remémorai alors le magnifique poème de Pablo Neruda) ; assemblage d'énormes pierres cyclopéennes, au-dessus des lianes et des orchidées, au flanc des Andes ; invraisemblables blocs taillés de telle façon qu'ils peuvent tenir ensemble sans aucun ciment et résister aux plus grandes secousses, aux tremblements de terre. On y sent la présence de géants. Quant aux formes, Picasso n'aurait pas fait mieux.

En redescendant un sentier rocailleux, nous entendîmes les chants des Indiens : chants allègres. Nous les croisâmes ; c'était un enterrement. Ils portaient le cadavre sur une civière. Je revois les pieds du mort qui ballottaient, au rythme de la marche entraînée par les chansons. Une espèce de gaieté métaphysique planait dans l'air.

Panne à Talara.

Léonard et ses hommes nous avaient une fois de plus précédés et étaient partis pour Quito. En quittant le Pérou, nous eûmes la joie d'apprendre que Molière, Claudel, Anouilh et Marivaux — et un peu leurs interprètes — avaient servi les industriels qui nous avaient aidés à venir : les commandes de routes et de chemin de fer, paraît-il, étaient confirmées.

Lima est souvent couvert par une basse couche de brume. L'avion décolle dans la purée de pois, mais, cinq minutes après, le ciel est pur et la cordillère des Andes se détache en pleine lumière, comme une blanche denture de chien.

Pour nous faire plaisir, le commandant du DC 7 de la Panagra nous fit faire du slalom entre les sommets. Le spectacle était renversant. Dans le ciel, toutes les nuances de bleu et de vert, du saphir au vert clair. Au sol, le vert émeraude des lacs, au fond, contrastait avec les verts crus des forêts et les irisations aveuglantes des glaciers. C'était si beau que cela me parut « attentatoire ». Il ne faut pas rivaliser avec les Dieux.

Je venais à peine de demander au commandant de sortir de cette splendeur insensée, que l'avion reçut une forte secousse. Un des moteurs venait de « faire le drapeau » — autrement dit, il s'était arrêté. L'avion, ne pouvant plus tenir son altitude, se mit à glisser vers le bas. En nous insinuant dans les vallées, nous réussîmes à sortir de cette mâchoire de roches et de glaces, contournant les canines de cette énorme bête. L'étroite bande de terre végétale apparut ; au loin se découpaient les franges de l'océan. Les traits sombres des pipe-lines nous guidèrent jusqu'à une station industrielle appelée Talara. Un aéroport assez grand. L'atterrissage se passa bien.

Nous voici donc en panne à Talara, sur la rive sud du golfe de Guayaquil. Guayaquil au nord, sur la rive opposée. Chaleur torride. Nous devions débuter le soir même à Quito avec *le Misanthrope*. Le spectacle paraissait sérieusement compromis : catastrophe ! Communication par radio. Quito nous répond :

— On vous envoie un DC 3.

Pendant ce temps, le mécanicien de notre gros avion essayait de le réparer. Sous le soleil brûlant de l'aéroport, il avait entièrement démonté son moteur et me faisait penser à « Charlot » quand il fait l'autopsie d'un réveille-matin. Oisifs, nous l'entourions et de temps en temps, il nous disait en français :

— C'est *le* vie !

Que Dieu t'entende !

D'autres camarades étaient allés se rafraîchir dans la piscine du campement. Soudain, nous réfléchîmes que les portes d'un DC 3 n'ont pas les dimensions de celles d'un DC 7. Dans ce dernier, nous avions installé le gros du matériel. Les bagages ne pourraient pas passer d'un avion à l'autre. Je décide donc de les vider. Et nous voilà, nous aussi, à côté du mécanicien, en train de démonter nos caisses.

Costumes Louis XIV, cannes répertoires, perruques, chaussures à talon rouge, etc. Nous expédiâmes les caisses vides, via Panama, pour Caracas où nous les retrouverions, et nous nous préparâmes à charger le DC 3 comme une voiture de foin.

Au début de l'après-midi, il descend vers nous, scintillant dans le soleil. On fourre le tout en vrac, on s'installe comme on peut et nous voilà repartis.

Talara, altitude zéro. Quito, altitude trois mille mètres. Nous avions à franchir des cols de quatre mille cinq cents mètres.

L'avion ronronne avec souffrance. A droite et à gauche, les montagnes s'élèvent. Le ciel est noir de fumée. Il y a des volcans tout autour. Sous nous, le col est à peine à 60 mètres de la carlingue. L'avion réussira-t-il à passer ? On grimpe le col presque en rampant. L'avion tire sa masse comme un bœuf. Enfin, devant nous, à l'horizon, nous distinguons des bandes de lumière horizontales — jaune, rose, vert. C'est magnifique. Nous sommes complètement inconscients du danger. Une nouvelle chaîne de montagne se profile, qui redescend lentement vers Quito.

Nous y atterrissons à 18 heures. La représentation est à 20 heures. Nous aurions presque pu nous habiller dans l'avion et descendre à terre en Louis XIV comme d'étranges perroquets.

A l'heure dite, notre « brigadier » frappait les trois coups, sous la protection de Molière.

Passer du niveau de la mer à une altitude de trois mille mètres est assez abrutissant. J'avoue qu'en jouant Alceste, j'avais de pénibles bourdonnements d'oreilles. De son côté, Léonard n'était pas content : le « club des émerveillés » avait été un peu trop imprudent.

Quito.

Le théâtre de Quito, sur la grande place du marché, est un édifice ravissant, construit par un architecte français au début du XIXe siècle. (Pardon si je me trompe.) On y jouait peu, notre « première » correspondait à la onzième représentation de la saison ! Les autres jours, il servait à abriter les bestiaux. Nous avions dû ranger la paille de côté pour monter le décor « grand-siècle ».

Je remarquai la gardienne accroupie à l'entrée du théâtre, sa petite fille entre les genoux, en train de passer le peigne dans sa chevelure et de lui écraser les poux. Cela me rappela mon enfance à Tournus, quand ma mère m'en faisait autant.

Si, en un certain sens, Quito respirait une atmosphère de Moyen Age, la « maison de la culture », de son côté, comprenait huit cents personnes absolument au courant de tout.

— Pourquoi n'avez-vous pas apporté *le Personnage combattant* de Vauthier ?

C'est l'avant-garde qui les enthousiasmait, non les classiques. Une conférence que je leur fis fut suivie d'un colloque passionnant. Ces quelques centaines de gens étaient à la pointe de la pensée moderne.

Ensuite, il faut bien le dire, nous ne rencontrâmes plus rien. Lors d'une matinée pour les écoles, nous fûmes accueillis par les enfants, tout habillés de noir, avec des rires inextinguibles. Les marquis Louis XIV, avec leurs tonnelets et leurs perruques ondulées, leur paraissaient venir d'une autre planète.

Le vendredi soir, l'alcool était distribué aux Indiens qui se saoulaient sur les trottoirs. Cette triste coutume, qui paraissait destinée à détruire systématiquement une race, a-t-elle aujourd'hui disparu ? Je l'espère.

Des camarades, au cours d'une excursion en haute montagne, firent connaissance avec le mystérieux « mal des Andes ». Cela consiste à être pris d'une hilarité irrésistible. Sorte de vertige qui peut devenir mortel !

Un peu plus au nord, une marque à l'endroit où passe l'Equateur ; des villages aux marchés étonnants. J'eus l'impression d'avoir atteint l'extrême bout de la planète, si tant est qu'une boule puisse avoir un bout !

Bogota.

La Colombie, où nous atterrîmes quelques jours plus tard, est beaucoup plus « parisienne ».

Les vallées, aux environs de Cali, avec leurs longues traînées de nuages, sont d'une singulière beauté. En avion, quelquefois, quand l'épine dorsale de l'appareil glisse le long du plafond que forment les nuages, on se croirait poisson, nageant sous la lisière de l'eau. En bas, dans la pénombre, les villages, les forêts, les cours d'eau, les pistes ressemblent à des fonds marins.

A Bogota, la saison est aisée. La grande majorité du public parle français. Le Colombien m'a paru d'un tempérament très proche du nôtre. Gai, frondeur, il aime l'humour, fait de l'esprit. Lui aussi sait être léger parce qu'il est prompt. Il semble particulièrement latin. Nous nous entendîmes aussitôt, et les représentations se prolongeaient tard dans la nuit par des réceptions charmantes dont la galanterie n'était pas exclue : nos camarades doivent sûrement garder de leur séjour d'attachants souvenirs...

Visite à la cathédrale de sel. On y va en voitures. Les unes derrière les autres, celles-ci s'engouffrent dans d'immenses tunnels que seuls leurs phares éclairent. Long dédale. Il est impossible de faire demi-tour, de faire marche arrière. Et si l'une d'elles tombait en panne ? C'est oppressant. Au bout d'un quart d'heure de trajet dans la nuit, on débouche sur une immense nef : c'est la cathédrale de sel. Car toutes ces roches ne sont rien d'autre que du sel. J'en ai rapporté un morceau. Nous visitons l'église en détail puis nous remontons dans les engins, et, dix minutes plus tard, nous retrouvons le ciel.

Il nous arrive souvent, dans la vie, de ressentir une double joie. Celle d'avoir vu une chose exceptionnelle, et celle de constater que l'épreuve est terminée. Double joie de l'atterrissage : avoir été Icare et... se retrouver à terre. Double joie de l'effort accompli.

C'est aux environs de Bogota que j'ai remarqué combien certaines maisons modernes, tout en verre, se mariaient parfaitement avec la nature. Les arbres poussent au milieu des chambres. On ne sait plus si l'on couche chez soi ou en plein bois. C'est très séduisant, même si je me sens personnellement incapable d'y vivre. J'aime trop les maisons de pierre et les fenêtres petites : j'y retrouve les « petites cabanes » de mon enfance et l'atavisme paysan. Le verre est un isolant. Entouré de vitres, il me semble que je perds le contact avec les choses. Paradoxe de la transparence et de l'étanchéité : à travers le verre, on voit tout mais on ne sent plus rien. A travers les pierres, on ne voit plus rien mais on sent les choses.

Au reste, l'Orient ne nous apprend-il pas que le « prana » — énergie qui se trouve dans l'air et que des systèmes de respiration appropriés nous permettent de garder, malgré l'expiration — que ce « prana » passe à travers la pierre ? Force qui nous traverse aussi le corps.

Venezuela.

L'avion qui nous emmenait de Bogota à Caracas survola les puits de pétrole de Maracaïbo. En regardant ces petites tours Eiffel, coiffées de leur flamme dansante, émerger directement de la mer, nous faisions connaissance avec le Venezuela. Ce pays a en effet une situation spéciale : son intérêt industriel l'a marqué du sceau de Wall Street. Les gens ont tendance à n'y passer que quelques années, le temps de faire fortune. Cependant, on trouve encore des traces de vieille civilisation : j'en ai rapporté une statuette primitive.

De l'aéroport qui se trouve au bord de la mer, on escalade par la route une sorte de falaise, sorte de porte naturelle. Sur le plateau, on découvre la ville de Caracas où les vieilles petites maisons sont progressivement écrasées par les « ensembles » modernes.

Autant, à Bogota, les « échanges » coulaient de source, autant, ici, il fallut dépenser de séduction pour gagner les gens d'affaires. Les femmes, une fois de plus, nous furent d'une aide précieuse.

Nous nous liâmes aussitôt avec une élite de niveau très élevé qui nous prit en affection. Je retrouvai mon vieil ami Alejo Carpentier, qui m'avait jadis aidé pour la musique de *Numance*. Je ne l'avais pas revu depuis des années. Cubain, il était chargé des services de la Radio. Il devait devenir ministre des Affaires culturelles de Fidel Castro.

Nous logeâmes dans un mirifique hôtel moderne qui « transpirait » du Beethoven, du Mozart et du Bach dans tous les recoins des bâtiments, les couloirs, la salle à manger, l'ascenseur, la piscine et jusque dans les toilettes. Le silence n'existait plus, il avait été supprimé par la vie moderne. Cela relevait du supplice.

Théâtralement parlant, il y eut un combat à livrer. Alors que, partout ailleurs, les salles étaient pleines d'avance, les locations n'en remplissaient que la moitié à la veille de la première représentation.

La bataille fut gagnée, mais nous avions eu chaud, car des tournées aussi lointaines s'effectuent avec une marge économique très étroite et, bien que le gouvernement français fît le maximum pour nous aider, nous restions financièrement responsables. Pour ce voyage unique, nous n'avions pas lésiné sur les dépenses et j'avais pris des risques. Les frais d'avion, à l'époque, étaient démesurés. Il ne fallait donc aucun accroc.

On nous offrit des fêtes sublimes autour de piscines suspendues au sommet des montagnes. Le ministre de l'Intérieur nous fit un beau cadeau. Il fréta pour nous un avion militaire en vue d'une expédition singulière. J'avais encore une fois ménagé pour mes camarades une « plage touristique ». Pendant trois jours, je libérai la troupe. Les uns partirent pour Trinidad, d'autres explorèrent les environs. Nous, avec quelques fanatiques de l'émerveillement, choisîmes l'aventure. L'avion était un DC 3 : deux pilotes « cassecou », une hôtesse de l'air qui n'avait pas froid aux yeux, du whisky, des guitares et une énorme gerbe de glaïeuls dont, au départ, je ne voyais pas très bien la destination.

Objectif : Canaïma. Un campement en pleine forêt vierge sur les bords du fleuve Caroni, affluent de l'Orénoque, au sud du Venezuela, près de la frontière de la Guyane anglaise. But du voyage : les chutes de l'Ange. La plus grande chute du monde : un seul jet de neuf cents mètres de dénivellation.

Au matin, nous décollons. Escale à Ciudad Bolivar, sur les bords de l'Orénoque. Nous sommes reçus par les notables. Un déjeuner est organisé dans l'hôtel de la ville. Près de la « réception », un petit éventaire. Les Indiens viennent y vendre les pépites d'or qu'ils ont trouvées dans le pays. J'en achète deux ou trois. De vraies pépites brutes. Après le repas : petit numéro de ces fameux poissons qui dévorent un bœuf en quelques minutes, les « pirañas ». On jette une jambe d'animal. Une minute après, l'os est parfaitement nettoyé. Expérience concluante.

Nous repartons, survolons des sortes de montagnes à la fois noires et argentées. Ce sont d'énormes collines qui contiennent 95 % de fer. Puis la forêt tropicale s'épaissit. Nous faisons du rase-motte au-dessus des frondaisons.

— Si nous tombions, qu'arriverait-il ?

— Une demi-heure après, il n'y aurait plus rien : les débris de l'avion seraient recouverts et nous serions dévorés.

Au-dessus de nous, des nuages s'amoncellent. Peu à peu, parmi eux, nous distinguons des masses de nuages d'aspect un peu plus solide. Ce sont des rochers, des falaises. Nous montons. L'avion danse. Il passe à travers d'impressionnantes agglomérations noires, blanches, roses, que percent les rayons du soleil comme des épées. C'est dantesque. On monte encore et, tout à coup, presque au-dessus de nous, nous distinguons une pépite d'aluminium toute fripée et rutilante sous le soleil. De cette petite feuille argentée, l'eau de la chute semble prendre sa source et plonger dans le vide. Elle tombe fine et longue dans un léger halo de fumée. Le saut de l'ange ! La petite masse métallique n'est autre que les restes d'un petit avion qui s'est jadis écrasé là. Nous plongeons à notre tour dans les nuages et les rochers.

Pendant un certain temps, qui paraît toujours trop long, l'avion se fraye un passage parmi ces amoncellements de vapeur d'eau. Quand on ne voit plus rien, on se tait. L'intérieur de l'avion est pris par le silence. Mélange d'angoisse et d'espérance. Puis la forêt reparaît sous nous, avec des lacs et d'autres chutes. L'eau est aussi sombre que du Coca-Cola. L'avion fait des tours. Il cherche la piste.

Celle-ci n'est qu'un long couloir entre les arborescences et nous atterrissons enfin dans l'herbe folle.

Le soleil est là tout de même. Les deux responsables du camp nous accueillent : un Lituanien et un jeune Allemand, beau comme Siegfried. Peut-être d'anciens nazis condamnés à mort et qui se sont réfugiés dans ce coin primitif. Autour de nous, la forêt vierge, des orchidées sortent des troncs. J'ai l'impression d'être remonté au temps où l'homme n'existait pas encore.

La gerbe de glaïeuls sort de l'avion, portée par un des pilotes. Instinctivement, nous suivons et nous arrivons à un petit monticule de terre marqué d'une croix catholique. Les glaïeuls étaient destinés au pilote qui s'était tué lors d'un précédent voyage.

Canaïma n'est qu'une simple cabane. A ses côtés : un hangar avec des lits de camp. Ailleurs, en pleine nature, quelques hamacs suspendus aux arbres. On nous distribue nos couches. Madeleine et moi aurons chacun notre hamac, à côté de celui du Lituanien qui veillera sur nous. Nos autres camarades logeront dans le hangar. Pour chacun : un simple drap.

Il y a une espèce de terrasse de cailloux. De là, en pente douce, les cocotiers descendent jusque dans l'eau noire du lac en s'y baignant les pieds. Qu'est-ce qui affleure à la surface de l'eau ? Des dos de tortues. Au loin, trois chutes d'eau qui s'étendent sur une largeur d'un bon kilomètre et tombent d'une bonne centaine de mètres de haut.

L'humidité est forte et les pilotes, de temps en temps, doivent aller faire tourner leurs moteurs.

Partout des cours d'eau coulent sous la forêt vierge. Nous allons, à l'aide de barques, de l'autre côté du lac. Puis nous nous enfonçons sous l'épaisseur des arbres, rampant presque sous les branches. Je ne quitte pas mon guide. Nous avançons en nous glissant entre les lianes. Il me dit :

— Mettez bien vos pieds où je mets les miens.

— Pourquoi ? A cause des serpents ?

— Ils ne sont pas tellement par terre... plutôt suspendus aux arbres.

Désormais, j'ai un œil qui regarde en haut et l'autre qui regarde en bas. Nous réussissons à grimper au sommet des chutes. De là, d'autres falaises plus hautes s'élèvent dans le ciel et, au loin, le Saut-de-l'Ange tombe avec majesté. C'est d'une beauté inouïe.

Le soir se passe à boire, à jouer de la guitare, à chanter. Je crois que l'une de nos camarades est très émue par le blond Siegfried !

La nuit, les bruits de la forêt m'empêchent de dormir. Brave, mais pas téméraire ! Hurlements de chats-tigres. Heureusement que nous n'avons ni cheval ni bovin avec nous. Ils seraient dévorés. Seul l'homme leur fait peur. Ils n'ont pas tort.

Le lendemain : après notre toilette faite au bord du lac (je m'y lave les dents en humant l'eau comme boivent les vaches) nouvelle excursion par avion.

Pierre Bertin, lui, en a assez, il restera au camp. Nous, nous sommes devenus inconscients. L'avion décolle pour un vol d'une vingtaine de minutes dans cet amoncellement de rochers, de forêts, de nuages et de chutes d'eau. Nous redescendons et atterrissons au milieu d'une sorte de prairie. Le camp s'appelle Cabanaïen. Il a été installé par des franciscains et des franciscaines. Quelques couples, entourés d'une « colonie fraternelle » d'Indiens. Comme ils ont été prévenus par radio, ils nous ont préparé un magnifique repas de fruits délicieux, d'autres choses sans doute aussi, mais je ne me rappelle que la saveur des fruits.

Ils ont une jeep et, utilisant les chutes d'eau, ils ont réussi à s'éclairer au néon !

Je demande à l'un des pères :

— Si l'avion ne pouvait pas repartir, pourrions-nous regagner notre camp ?

— Avec la jeep, cela vous prendrait au moins huit jours.

Le retour heureusement se passe bien. Je ramène une petite église en terre cuite modelée par les Indiens. Le soir, à la veillée, parmi le whisky, les chants accompagnés à la guitare et, au loin, les cris des chats-tigres, un cacique vient nous rendre visite. Il refuse de guider nos embarcations sous bois car un gros singe, genre orang-outang, rôde dans les parages avec sa famille. Nous n'insistons pas.

Dans la nuit, Gabriel Cattand se fait à moitié vider par un vampire. Heureusement, les vampires boivent mal. Leur première morsure anesthésie une partie de la jambe, mais comme le sang coule jusqu'aux fesses, le dormeur est réveillé par l'humidité de la paillasse. Quand il se réveille, le vampire a disparu.

Guadeloupe et Martinique.

Ces grandes tournées étant organisées sous les auspices des Affaires étrangères, nous devions, à l'origine, faire escale à la Guadeloupe et à la Martinique sans y jouer. Etant départements français, ces deux îles relevaient du ministre de l'Intérieur (!).

Je m'étais permis de faire observer le ridicule de cette situation mais je m'étais heurté aux routines administratives. J'étais donc allé trouver le président Monnerville, natif des îles. Il avait aussitôt téléphoné à qui de droit et il m'avait été répondu :

— Dans ce cas-là, adressez-vous à l'Odéon.

— ... ?...

— Oui, à M. Lodéon, sénateur de la Guadeloupe (ou de la Martinique, je ne sais plus).

Nous avions donc réussi à organiser une visite à Pointe-à-Pitre, à Basse-Terre et à Fort-de-France.

De plus, dès notre arrivée à Mexico, j'avais rencontré l'ambassadeur de Haïti. Une conférence à Port-au-Prince avait été décidée. Puis à Lima, puis à Quito et à Caracas, d'ambassadeur de Haïti en ambassadeur de Haïti, nous avions improvisé une véritable tournée. J'avoue que j'étais insatiable.

Nous voilà donc partis pour les Caraïbes, ayant récupéré ceux de nos camarades qui étaient allés danser avec les belles filles de Trinidad.

Nous fîmes connaissance avec la douceur voluptueuse de ces îles. La sensualité à pointe de chair des biguines. Les chansons de langues et de lèvres. Les mots dont on a retiré les « r » parce que sans doute ils grattent les pensées.

Nous vivions dans des bungalows en un endroit sublime : « Le Gosier », genre d'hôtellerie tenue par un nouvel ami : Mario.

Des deux rognons de la Guadeloupe, l'un est « canne à sucre » et l'autre est « bananes ». Les mangoustes ont dévoré les serpents. Le seul endroit où Adam et Eve ne risquaient rien !

A Basse-Terre où nous allons jouer, je danse le soir avec des filles de couleur. Les notables me regardent de travers. Je l'ai fait exprès, le racisme me dégoûte.

Je fais un pèlerinage sur le tombeau de Christophe Colomb, un des deux, trois ou quatre lieux où l'on dit que sont enfouis ses ossements.

Ces quelques jours enchanteurs se terminent ; nous chargeons notre matériel sur un petit bateau, *l'Ile d'émeraude*. L'embarcation et son capitaine — la pipe de l'un rivalise avec la cheminée de l'autre — sortent directement d'un dessin animé de Walt Disney. L'avion emporte le matériel humain à Fort-de-France. Nous devons jouer au théâtre municipal, qui fait partie des bâtiments de l'hôtel de ville. Charmant théâtre de sept cents places, tout en bois, digne du théâtre de Deburau.

En attendant l'arrivée de *l'Ile d'émeraude*, nous parcourons la région. Sur la place : la statue de Joséphine de Beauharnais. Ayant interprété quelquefois, pour Sacha Guitry, le personnage de Bonaparte, je lui adresse une pensée particulière. A en juger par le charme sensuel des créoles, elle devait être une bien captivante personne.

Nous dansons avec les Noires au rythme des stealband... mais *l'Ile d'émeraude* n'apparaît toujours pas. Le jour de la première arrive... toujours rien à l'horizon. Je passe à présent mon temps sur les quais du petit port. Un vieux rafiot est là, prêt à appareiller pour laisser la place à notre embarcation... quand celle-ci arrivera — mais quand ? C'est un cirque. Un éléphant est ligoté au mât central. Ses larges oreilles s'agitent comme des voiles qui cherchent le vent.

Quatre heures de l'après-midi ! A neuf heures, la représentation ! Cela devient tragique. Au loin, un petit point noir, un petit nuage de fumée. Pas de doute, c'est la pipe de Popey le capitaine.

— Allons, éléphant, va-t'en, laisse-nous la place !

On vient me dire que le public fait déjà la queue devant la façade du théâtre. Abordage, déchargement. La salle, pendant ce temps, s'est remplie. Il n'y a plus qu'une ressource : ouvrir le rideau et permettre au public d'assister au montage... des *Fausses Confidences* !

Le choix d'ailleurs s'impose de lui-même ; ici comme à la Guadeloupe, nous sommes ramenés en plein XVIIIe siècle français. Les gens parlent la langue de Marivaux. Comme dans *les Enfants du Paradis,* des grappes de spectateurs pendent aux balcons.

Le lendemain, nous jouons *le Misanthrope.*

Les pompiers de Fort-de-France. La chaleur, pendant la représentation, est torride. Tout le monde s'évente. Nous sentons sous nos vêtements la sueur couler comme des fontaines. Les fenêtres de l'arrière-coulisse donnent sur la cour de l'hôtel de ville. Entre deux scènes, les marquis Acaste et Clitandre y viennent prendre l'air. Les deux pompiers, deux Noirs superbes, sont là aussi, prenant un peu le frais. Désignant les deux marquis (J.-P. Granval et G. Cattand), l'un dit à son camarade :

— Tu vois, ces jeunes gens, leur costume est de la jeunesse de Louis XIV, mais leur perruque est Louis XIII.

C'est vrai, ils ont les tonnelets Louis XIV et leur perruque a la raie sur le côté, Louis XIII ! Avis aux pompiers de Paris !

Pierre Macaigne, qui fait pour *le Figaro* un reportage sur notre voyage, revient en voiture du Nord de l'île. Le chauffeur a mis la radio qui retransmet *le Misanthrope* en direct. En traversant les villages, il croise les habitants sur la route, tous rassemblés autour des haut-parleurs. Ils écoutent à la radio *le Misanthrope.* Toute l'île retentit du verbe de Molière. Ainsi Macaigne sait qu'il doit accélérer s'il veut enregistrer la fin de la représentation.

Nous prenons conscience de la France éternelle. Nous en sommes à la fois fiers et honteux. Fiers de notre passé, honteux du peu que l'on fait aujourd'hui — et pourtant « on fait ce qu'on peut ». Mais devant l'importance que, partout dans le monde, les hommes attachent à notre civilisation, il est permis de penser que l'on devrait faire davantage.

Dans un sentier, je rencontre une vieille femme. Est-ce une pauvre paysanne, une mendiante ? Son visage noir est sillonné de rides. A ses côtés, quelques fruits, et, dans un morceau de journal, un peu de poisson. Des mouches volent auprès. Elle me dit textuellement :

— Serait-ce un effet de votre bonté de m'offrir une cigarette ?

Je lui en donne quelques-unes. Elle me remercie et ajoute :

— Je vois, vous êtes de la métropole, je vous souhaite un prompt retour et de retrouver vos parents en bonne santé. Je vais fumer une cigarette après mon *petit repas*, et ce soir, quand je serai couchée, je bourrerai les autres dans ma pipe, car, voyez-vous, maintenant je suis vieille, et *quand le sommeil a quitté mes yeux, j'aime m'envelopper dans la fumée.*

Dire que cette distinction d'esprit lui venait du temps de l'esclavage.

Haïti.

Le gouvernement haïtien nous avait fait envoyer un DC3, mais le directeur de l'aéroport de Fort-de-France nous interdit de décoller : l'avion est trop chargé.

— Avez-vous un autre avion ?

— Oui, un DC3 également. Nous pouvons vous le préparer pour demain matin. A quelle heure ?

— Pas trop tôt. Je laisserai la troupe et nous allons partir avec les techniciens, ne fatiguons pas les comédiens.

— Je vous conseille pourtant de ne pas partir trop tard à cause des cyclones qui se lèvent dans l'après-midi.

— Décidez vous-mêmes de l'heure. C'est combien ?

— 800 000 francs.

— Va pour 800 000 francs.

Une vraie vie de milliardaire ! Pas étonnant que nous n'ayons ramené aucun bénéfice ! Mais les deux sentiments que j'éprouvais alors étaient d'un autre ordre : celui de bien servir la renommée spirituelle de mon pays et celui de rassembler des « souvenirs pour toujours ».

Me voilà parti avec les bagages et la technique, Léonard nous dirigeant. Madeleine partirait le lendemain avec la compagnie.

En Haïti, libéré de la France depuis 1804, on est resté tellement français que les Haïtiens disent « clûbe » pour « club ». Ce fut l'apothéose du voyage. Comme je l'ai dit, il fallut doubler les représentations de Claudel. Nous habitions un hôtel ravissant. Nous baignant dans la piscine, tout en buvant dans l'eau des « flamboyants ». De vraies vedettes d'Hollywood ! Du moins, ce qu'on en peut imaginer. La nuit, nous dansions le cha-cha-cha ; ou nous assistions à des séances de Vaudou ; ou nous allions palpiter au spectacle des combats de coqs.

Cependant, au marché, certains « Noirs » nous bousculaient avec haine. Quand nous leur parlions français, ils se radoucissaient un peu ; mais ils restaient méfiants...

Le lendemain de notre dernière représentation, nous avons fait un saut en avion jusqu'à Port-Haïtien pour nous rendre à cheval jusqu'à la citadelle du roi Christophe. Ce fut une excursion joyeuse. Chaque membre de la compagnie, à la queue leu leu, sur de petits chevaux de montagne que nous n'avions qu'à laisser faire. Nature magnifique, cahutes comme dans les gravures et là-haut, parmi les vieux canons et les boulets : le repaire du roi Christophe.

Au retour, nous eûmes notre dernière réception. Notre hôte était beau comme une statue d'ébène : un dieu. Il s'était entouré d'un cardinal canadien, car l'Église américaine ne pouvait envoyer dans cette île qu'un ecclésiastique parlant français. Au salon étaient réunis trois siècles d'histoire de France. Le cardinal canadien parlait comme un seigneur du XVIIe siècle. Le notable haïtien parlait un pur langage XVIIIe siècle. Nous, nous tâchions de nous débrouiller dans le meilleur français moderne possible. Ce fut une joute d'imparfaits du subjonctif. Toute la grammaire y passa.

Dans son allocution, le notable nous remercia d'avoir rendu visite à « ce que *notre* grand Giraudoux, dit-il, appelait la France imaginaire... » Je trouve que la France devrait offrir le double passeport aux hommes de tous ces pays dits étrangers qui ont opté pour notre langue, qu'elle soit leur langue nationale ou la première langue de leur élection. Penser dans la même langue, n'est-ce pas partager la même sensibilité ? N'est-ce pas avoir la même tournure d'esprit ? N'est-ce pas communier avec la vie sous l'impulsion de la même âme ? « Le génie le plus intime de chaque peuple, son âme profonde est surtout dans sa langue », dit Michelet. Cela vaut bien certaines facilités de police douanière !

Pour notre retour en France, nous devions embarquer sur l'*Antilles* à Saint-Jean-de-Porto-Rico. Madeleine et moi essayâmes de poser un jalon en y donnant un récital. Il y eut peu de monde. A l'exception de quelques personnes, le gros de la population ne nous parut guère « concerné ». Je revois ces groupes serrés de maisons de bois, assez pauvres d'aspect, trempant dans l'eau sur pilotis, les toits hérissés d'antennes de télévision. Exception faite du drapeau portoricain, nous étions dans une simple colonie U.S. Je n'ai jamais bien compris l'esprit « colon », y compris le « colonialisme économique ».

Tandis que le bateau nous ramenait à Marseille, je prenais conscience que je ne m'étais jamais autant senti citoyen du monde et, tout à la fois, français. « Français, comme on est universel », toujours cette devise. Ces voyages me donnaient une nouvelle patrie : la Terre, et, en même temps, chaque pays que je traversais me renvoyait l'image de mon pays d'origine. Une image magnifiée. Je réalisais combien la civilisation française est une propriété internationale dont les Français sont les gérants, donc les responsables. Jamais je n'ai rencontré un regard d'envie chez ceux que nous visitions : ils paraissaient au contraire heureux de constater que ce « bien commun » était convenablement géré. (J'exclus bien entendu certaines conduites téléguidées par des mots d'ordre politiques.)

J'avais appris que, dans le monde, on apprend le français surtout pour comprendre Descartes, les Encyclopédistes, nos poètes et la Révolution française. Celle-ci restera toujours le symbole de la liberté et de l'émancipation des hommes. Oui, le monde me faisait de plus en plus, et français et homme planétaire. Il avait élargi ma respiration. Aussi, en touchant Marseille, mon cœur fut pris dans un étau : je revenais dans la famille, une famille qui est de mon sang, mais... une famille tout de même !

N'ayant toujours pas trouvé de théâtre à Paris, nous dûmes repartir pour un an, sur les routes, sur les mers, dans les airs, à travers le monde. Nous visitâmes l'Europe, nous fîmes notre deuxième visite à l'Amérique. Je nous revois au Canada en janvier 57 par — 40 degrés de froid, et à Beyrouth en juillet avec + 60.

A New York, M. Dag Hammarksjöld nous fit un grand honneur. Il nous avait « élus » pour faire entrer le théâtre à l'O.N.U. Il nous demanda de jouer dans la grande salle de l'Assemblée. Et il choisit *le Misanthrope* ! Nous avions placé le buste de Molière sur la tribune de l'orateur. Nous nous étions encadrés de belles tapisseries Louis XIV et nous jouâmes autour de notre « patron », comme si c'était lui qui parlait. Il était bien savoureux d'entendre Molière proférer, à l'O.N.U. :

> *Je ne trouve partout que lâche flatterie*
> *Injustice, intérêt, trahison, fourberie,*
> *Je n'y puis plus tenir...*

Hammarksjöld jubilait. Il nous avait prêté son bureau pour en faire nos loges.

Le rôle du théâtre est celui du bouffon à l'égard de son roi. Aux libertés qui sont accordées au bouffon, on juge la puissance du roi. Si le roi a peur, le bouffon est muselé.

De nos jours, le roi c'est l'humanité.

Que l'humanité laisse donc une totale liberté d'expression au théâtre, ce sera signe que l'humanité mérite de régner !

Nous continuions de travailler *Histoire de Vasco* de Georges Schéhadé, qui fut créée à Zurich, puis à Lyon, puis donnée au Festival de Baalbek. Je préparais aussi une adaptation du *Château* de Kafka.

Quant à nos tournées en Europe, elles étaient incessantes et, si je ne tiens pas compte des années, je peux les résumer ainsi :

Italie : 14 villes.

Allemagne : une bonne douzaine de villes et à maintes reprises.

Pologne : Il y a, entre elle et nous, des affinités singulières. Nos deux pays ne sont pas seulement deux peuples, mais deux nations. Par leur situation géographique inconfortable, ils connurent, au cours de leur histoire, des voisins plutôt encombrants. Le courage, la foi, l'intelligence et l'esprit de résistance ont forgé leur caractère. C'est par là qu'ils se reconnaissent — ça crée des liens. La Pologne sortait à peine de ses horribles souffrances et notre séjour à Varsovie, Poznan, Wrosclav, Kattovice, Cracovie, fut bouleversant. C'est en Pologne, en 1958, que nous apprîmes le retour au pouvoir du général de Gaulle.

Nous visitâmes aussi la Roumanie, si latine ; la Tchécoslovaquie, si vivante intellectuellement ; l'Autriche et, bien sûr, la Hollande, la Belgique, la Suisse, comme si c'était la France. Je réserve pour plus loin la Grèce, la Yougoslavie, ainsi que l'Angleterre enfin, visitée par six ou sept fois. Nous en reparlerons. Il faudrait trop de pages pour rapporter les détails de chaque rencontre, de chaque échange. Des souvenirs qui ne meurent pas.

En octobre 1957, nous nous posions enfin de nouveau à Paris. Ces retrouvailles devaient durer deux saisons, mais nos tournées n'en étaient pas interrompues pour autant. Pour nous, au reste, cela revenait au même : nos tournées passaient par Paris, c'était tout...

Théâtre Sarah-Bernhardt

A.-M. Julien nous accueillit pour quelques mois au théâtre Sarah-Bernhardt. Le succès remporté par *Histoire de Vasco* à Lyon, en Suisse et au Liban nous incita à ouvrir notre saison avec cette belle pièce de Schéhadé. Cela nous donna l'occasion, après plus d'un an d'absence, de retrouver nos « chers » critiques.

Si, aujourd'hui, Schéhadé n'écrit presque plus, s'il évite en tout cas de se produire en France, la critique française en porte toute la responsabilité. Je n'ai jamais compris une telle sévérité pour cet homme qui écrit le français aussi agréablement que Supervielle. Cela tournait à la xénophobie, une xénophobie vicieuse de surcroît.

Pour moi, comme je l'ai dit, tout homme sur terre qui reçoit la vie, observe la vie, recrée la vie en pensant en français est de mon sang. La couleur de son passeport importe peu. Schéhadé est un vrai poète. Il n'a rien de mièvre. S'il ne rugit pas, il pique avec la virulence de l'insecte. S'il reste courtois dans ses révoltes, ce n'en sont pas moins des révoltes.

Mais les esprits vulgaires ne reconnaissent que les rugissements et la facile crudité. La politique s'en mêla aussi. Nous fûmes bousculés, le public fut influencé. Paris bouda *Vasco* quand les autres pays l'avaient tant apprécié.

Nous créâmes alors *le Château*. Les puristes de Kafka se récrièrent. Il y avait de plus en plus de puristes, ceux entre autres qui avaient découvert Kafka en allant voir *le Procès*. Pourtant, j'estime que notre version théâtrale du *Château* (faite en collaboration avec Pol Quentin), cernait de plus près le monde ambigu de Kafka. Ce ne fut néanmoins qu'un demi-succès.

Le Sarah-Bernhardt est un théâtre lourd, nous perdions beaucoup d'argent. Allions-nous pouvoir continuer ? Notre bateau faisait eau de partout.

Dans ce cas-là, on tâche de calfater. Nous pensâmes à un chef-d'œuvre du théâtre populaire. Jadis, nous avions monté *le Bossu*. Cet exercice de style qui nous permettait de travailler le mélo nous avait bien réussi. *Madame Sans-Gêne*, de Victorien Sardou, est encore mieux « torché », comme on dit, que *le Bossu*. Pour la mise en scène, nous pensons à Pierre Dux. Il accepte. Le rôle de Sans-Gêne peut être présenté sous un jour nouveau par Madeleine. Amélie, maîtresse de Napoléon ! Ce fut un triomphe.

De nouveau, notre bateau pouvait voguer sur une mer plus calme. Le coup de chien était passé.

J'eus, à cette époque, l'occasion de faire quelques observations. Camus avait eu le prix Nobel. « C'est bien fait ! » avait dit Sartre ; tous deux se chamaillaient alors. Tout le monde, pour Camus, se réjouit de cette haute récompense. Il y eut une gigantesque réception à l'ambassade de Suède. Nous y fûmes conviés. Pendant la soirée, je m'amusai à circuler parmi l'intelligentsia de Paris. Les quinze cents cerveaux les plus perfectionnés, les plus raffinés, les plus avertis, ceux qui guident la pensée de demain, ceux qui assument la progression de l'espèce humaine.

Aucun n'avait vu ni *Vasco* ni *le Château*. Tous s'étaient précipités à *Madame Sans-Gêne*.

Madeleine, Dux et nos camarades avaient sauvé la compagnie. A.-M. Julien ayant des projets personnels, nous repartîmes à travers le monde.

Un tour du monde

Le gouvernement français nous avait demandé de tracer un nouvel itinéraire. En voici les étapes : Paris - Hambourg - Le Pôle - Anchorage - Tokyo — Osaka - l'Ouest du Japon, côté Nagasaki - Hong-Kong - Saïgon — Bangkok - New Dehli - Tel-Aviv - Jérusalem - Haïfa - Athènes - Belgrade - Zagreb - Sarajevo - Ljubljana - Venise - Paris.

Durée : environ trois mois. En somme, un tour du monde en quatre-vingts jours !

Anchorage.

Le 15 avril 1960, nous partons. Rien que des pays nouveaux à inscrire à notre tableau de chasse. Nous allons passer des temples Zen et Shintô à la Synagogue et au Saint-Sépulcre, de Byzance à l'Apollon delphien, d'Apollon à Karl Marx ! C'est la tournée des dieux !

Nos yeux, le long des rues, sur les boutiques, vont découvrir les idéogrammes nippons, les caractères turcs et hébreux, grecs et serbes, agrémentés de quelques variantes. Nous allons voyager non plus dans l'écriture mais dans le dessin.

Dès février, nos décors sont partis par bateau. Les deux colombes qui jouent dans *Christophe Colomb* de Claudel (Claudel, jadis ambassadeur de France au Japon, en avait gardé une profonde impression) ont été également expédiées et doivent être depuis trois semaines en observation quelque part, chez un vétérinaire.

Nous avons deux programmes. Le second nous prendra « en marche » au Moyen-Orient.

L'avion, un super-liner, sera notre dernier avion à hélices. Je garde une certaine tendresse pour ces appareils « à pistons », principalement les long-courriers. Ils sentaient l'aventure.

C'est donc Vendredi saint et nous décollons pour un trajet de trente-deux heures ! Jusqu'à l'escale de Hambourg, les ondes magnétiques touchent encore Paris, les bruits, les voix que nous aimons, notre petite maison, les oreilles tristes de ma chienne que, cette fois, nous avons dû laisser. Le fil qui nous rattache à la France s'étire sans se rompre.

Après Hambourg (il est minuit quand on repart pour un vol de dix-sept heures), l'aventure commence vraiment. L'appareil s'achemine lentement vers le pôle. Le jour, la nuit et le soleil vont jouer ensemble à cache-cache. Nous y perdrons un jour de notre vie, sautant directement de vendredi à dimanche. Cela s'appelle la « date line ».

En survolant la calotte glaciaire, je suis pris d'une nouvelle forme d'angoisse. La terre n'est plus qu'un crâne, un vieux crâne gris et sale. C'est le néant. L'image même de la mort. Le même grain triste, la même teinte grise qu'offrent à nos yeux les vieux crânes de nos cimetières, avec leurs configurations sillonnées de minces crevasses. D'aspect plus fragile encore : un glacis de plâtre terni par la poussière.

Crâne, vieux crâne
Leur huile est trop sale pour ta flamme
Puis nuit partout, lors à quoi bon
Digue don daine, Digue don daine
Puis nuit partout, lors à quoi bon
Digue don daine, digne don don (Jules Laforgue).

Soudain, un petit jour maladif pâlit les visages ensommeillés. Devant nous, un soleil parcheminé n'arrive même pas à se montrer tout entier.

On nous sert un petit déjeuner. La nuit revient. On nous passe du champagne. Trois heures s'écoulent, nous voilà éclairés par l'arrière. Un nouveau soleil, jaune foncé, est accroché à notre avion comme une casserole de cuivre à la queue d'un chat. On nous apporte un plateau de nourriture sous cellophane. Le jour, enfant mort-né, s'évanouit. Un autre verre de champagne. Sommes-nous samedi ou dimanche ?

Le désordre s'est emparé du temps. Ambiguïté de la vie et de la mort.

Sur la gauche à présent, le soleil reparaît. Une faible lueur qu'on ne peut pas appeler le jour va remplir l'avion quelque temps. Cela nous vaut un nouveau petit déjeuner.

Et cette calotte glaciaire, que devient-elle ? Oh ! des montagnes, de hautes montagnes de neige rose. C'est l'Alaska. Nous sommes passés de l'autre côté. Le soleil est toujours faible, mais il a l'air tout jeune, cette fois. L'air est limpide. Rose, bleu, vert pâle. Nous passons à proximité du massif McKinley, 6 300 mètres. Et voici de la végétation. Des bois.

Nous atterrissons à Anchorage dans un frais matin lumineux et ensoleillé. Le site est admirable, la lumière cristalline, les chaînes de montagnes attirantes : on y chasse l'ours, on y pêche d'énormes poissons. La température est relativement douce. Anchorage respire la liberté, l'exploration, l'aventure. On voudrait y rester quelque temps mais l'escale s'achève, nous repartons pour Tokyo : un nouveau vol de treize heures.

C'est Pâques. Jésus est ressuscité et le Bouddha nous attend. Je sors ma surprise et offre des œufs en chocolat à la troupe, aux autres passagers, à l'équipage. Sur la droite : le détroit de Behring, après, la banquise que le printemps craquelle... on nous sert à dîner !

Nous voici au-dessus du Pacifique. La terre japonaise apparaît. Le voyage est pratiquement terminé... à quelques heures près. Le commandant m'a aimablement convié dans sa cabine. Ce Japon, dont le nom résonnait en moi comme un rêve, est enfin là dans sa réalité ; et, avec lui, tout le poids de notre tournée. Nous devons jouer dans quatorze villes en trois mois à peine. Quatorze fois, il va falloir se rassembler, ouvrir l'œil, dresser les oreilles, assurer un contact favorable dès la première minute de l'arrivée. Quatorze fois, il va falloir rejeter la fatigue dont nous aura alourdi la ville précédente, et trouver une virginité, une fraîcheur, un enthousiasme tout neuf que nous devrons offrir à la ville nouvelle. Quatorze fois, nos techniciens devront emballer et redéballer les quatorze tonnes de matériel qui nous sont nécessaires. Nous emportons avec nous jusqu'à la moindre petite cuiller. Rien ne doit être perdu : une tasse, une paire de bas, les gants, les bagues, les portraits. Tout ce poids qui nous attend, là, devant nous, me tombe sur la nuque.

Dans la cabine, soudain, c'est le déluge, l'eau ruisselle de partout. Rire général de l'équipage, étonnement de ma part.

— C'est toujours ainsi, me dit le commandant. L'avion dégèle. En descendant, la glace fond... Vous voyez au loin ces fumées ? C'est Tokyo.

Les jonques apparaissent. Sur la mer, les champs d'algues aux surfaces hachurées nous présentent les premières estampes japonaises.

Japon.

Depuis le jour où je me suis voué au théâtre, j'ai été attiré par l'art japonais. Les dynasties d'acteurs, la science corporelle, l'utilisation de la voix, leur sens du mouvement dans une certaine lenteur, la densité de leur concentration, l'art du masque, l'utilisation complète des moyens d'expression de l'Etre humain : tout cela constituait pour moi un idéal à atteindre.

Bien sûr, il ne peut être question pour nous de ressentir intimement comme un Oriental. Mais, tout en restant fidèle à notre complexion d'Occidentaux, nous pouvons nous accorder, au moins par la forme, avec leur complexion native.

Si nous décomposons le style théâtral du Nô, cela ne nous rappelle-t-il pas l'art archaïque grec ? Le *shite* est l'acteur masqué. Le *waki* est le choryphée. Dans l'un et l'autre genre, il y a un chœur et des instruments. La succession des scènes est apparentée.

Jadis, les deux tempéraments étaient complémentaires. Ce sont les temps relativement modernes qui ont mis entre eux de la distance. Depuis cette division de la même cellule « Humanité » en deux cellules : Orient-Occident, qui a dû se produire après Salamine, à l'époque de Platon.

Dans le Yoga de la contemplation, je crois comprendre qu'il s'agit d'oublier le monde pour se trouver soi-même. On dit alors que tout est illusion.

Dans le Yoga de l'action, il me semble qu'il s'agit de s'oublier soi-même pour s'identifier au monde. On dit alors que tout est allusion.

Il n'y a pas d'antagonisme ; ce sont deux énergies différentes comme le sont le masculin et le féminin qui ne sont pas contraires mais nécessaires l'un à l'autre. J'appelle masculin ce qui donne et engendre, et féminin ce qui reçoit et conçoit.

Le neutre, lui, perçoit.

Pardon si je me répète une fois de plus : tout être humain renferme les trois éléments de ce ternaire. Et l'humanité, comme un seul être, comprend aussi ces tempéraments différents.

L'histoire s'ingénie à les dresser les uns contre les autres comme s'ils étaient rivaux et ennemis. Or leurs fonctions n'étant pas les mêmes, ils ne peuvent être ennemis. On les utilise à des fins mauvaises, voilà tout.

Au cours de ce voyage si varié, je ne cesserai de percevoir ces deux courants.

L'âme japonaise m'apparaît d'essence féminine. Ce que je me permets de dire est loin d'être péjoratif. Au contraire. Quand le monde est malade, c'est de la femme que tout renaît.

Le Japon fut fondé par une femme : la déesse du soleil Amaterasu. Nara fut construite par une impératrice, Gemmyo (VIIIe siècle) ; les impératrices sont nombreuses. Une des plus curieuses, Ko-Ken, fut comme la « Grande Catherine » du Japon. Le plus grand roman national, le roman de Genji, fut écrit au Xe siècle par une femme, Murasaki Shikibu. Le Japon est un des rares pays où, par le mariage, la femme peut donner son nom au couple. La femme, dans la vie quotidienne, tient une importance primordiale. D'où, sans doute, ce charme particulier qu'exerce sur nous le Japon.

Le Japon, de sensibilité fondamentalement féminine, a le don de recevoir, de reproduire, de refléter, de concevoir. A l'époque reculée des chasseurs nomades (les Jomon), des agriculteurs sédentaires (Yayoi), des grandes sépultures (Kofun) dont il reste de ravissantes statuettes funéraires en argile (Haniwas), époque qui s'étend du IIe siècle avant Jésus-Christ jusqu'au VIe siècle de notre ère, la Chine n'a cessé de peser de toute son influence sur le Japon.

Le Japon s'ouvre, il reçoit, il imite et, tout à coup, par réaction de défense, il se referme.

De même que la femme, par période régulière, se ressaisit, serre les cuisses et se reprend, le Japon, régulièrement, se raidit grâce à des gouvernements militaires dont les chefs (Shogûn) revirilisent la nation. Le cycle de la culture japonaise est donc ternaire :

1. Influence de l'extérieur, principalement de la Chine. Le Japon, par sa sensibilité extraordinaire, transcende ce qu'il reçoit en création originale.

2. Réflexe de fermeture et « rideau de fer » : isolationnisme absolu qui permet au raffinement japonais de faire épanouir toute la grâce de son génie, jusqu'à la décadence.

3. Reprise et raidissement militaire, mépris de la mort jusqu'à la cruauté, qui redonnent à l'histoire japonaise son caractère héroïque et permet aux portes de se rouvrir, quitte à recevoir de nouvelles influences.

A chaque volte-face, les Japonais changent de capitale. C'est ainsi que Nara fut la première (VIIe et VIIIe siècles), période d'influence chinoise (T'ang). Puis la capitale fut transportée à Heian (premier nom de Kyoto), durant les deux siècles suivants, période d'isolement. Ce fut alors le tour de Kamakura, sur l'impulsion d'un chef militaire yoritomo, encore pendant deux siècles. De nouveau, influence chinoise. Les chefs suivants tentèrent une synthèse des deux tendances et revinrent à Heian, qui devint Kyoto, et ce fut, pendant encore deux siècles, une des plus grandes périodes de la culture japonaise, la période Muromachi. Alors le raffinement suscita, en cinquante années, une ravissante décadence : période Momoyama. Cette période entraîna trois siècles d'isolement, à gouvernement militaire, et l'installation d'une nouvelle capitale : Edo (premier nom de Tokyo). Ce n'est qu'en 1878, à la restauration de Meiji, que les portes se rouvrirent, cette fois sur l'Occident.

La femme est l'être qui enfante et qui nourrit. La femme est charnelle.

La vie quotidienne est physiquement religieuse. Les échanges religieux sont familiers.

Chez nous, on aurait tendance à faire de la religion « toute une histoire » ! Ici elle est comme le boire et le manger.

Il y a identification avec la nature. L'âme et le corps ne sont pas séparés.

Séparés, comme chez nous la semaine : d'un côté le dimanche pour la messe, de l'autre les six autres jours où Dieu est relégué à la sacristie.

Du moins est-ce ainsi que cela m'est apparu : parce que cela me plaît, parce que je m'y retrouve, parce que je le désire.

Je ne vois aucune solution de continuité en mon être. J'ai l'âme humide.

> *Que je ne perde pas, mon âme,*
> *Cette humidité intérieure de moi-même,* dit Tête d'or.

Nous ne passâmes qu'un mois au Japon et nous travaillâmes exagérément. Nous n'avons donc pu approfondir sérieusement les choses, cependant nous les reçûmes. Je me rappelle ce repas Zen dans un temple de Kyoto. Mon recueillement sur la tombe du maître du thé Rikyu. J'aime les deux éléments symboliques de la religion Shinto : l'épée et le miroir. Je les prendrais volontiers pour les attributs de l'acteur. L'épée qui, de la scène, pénètre dans la salle, alors qu'au même instant elle en est le reflet. J'aime la cérémonie du thé. J'aime surtout l'art des bouquets de fleurs.

Le type de base de ces bouquets est composé de trois branches ; la plus grande, qui s'élève verticalement, est orientée vers le ciel *(shin)* ; la plus basse s'incline vers la terre *(gyo)* ; l'intermédiaire représente l'homme *(so)*, qui tient et unit le ciel et la terre. Ainsi le moindre bouquet de fleurs rappelle que l'homme est le médiateur entre le spirituel et le terrestre.

> *Comme tu têtes, vieillard, la terre*
> *Et le ciel, comme tu y tiens.*
> *Comme tu te bandes tout entier*
> *A son aspiration, forme de Feu* (Tête d'or, passage de l'arbre).

Ces trois phases de communication se retrouvent dans la tessiture des voix des acteurs. Ils arrachent de la racine de leur Etre des sons gutturaux, rugueux, glaiseux, boueux ; la voix monte, se modèle, s'épure et finit par un chant de tête.

Nous dont la voix n'a que quelques notes comme celle d'un pipeau, nous sommes un peu surpris au début et cela nous fait rire, mais on peut se demander laquelle de ces gammes est la plus risible ?

Ainsi à Nara, à Tokyo, à Kyoto, dans les temples où nous passions notre temps à nous déchausser, nous reçûmes les émanations d'une antique et authentique civilisation.

A Osaka, nous jouions dans un théâtre de plus de quatre mille places. Nous avions apporté *Hamlet, les Fausses Confidences* et *Baptiste, le Misanthrope, Christophe Colomb.*

Le train qui nous emmenait de Tokyo à Osaka s'arrêta à

Yokohama. Quelle ne fut pas ma surprise de voir, sur le quai, mes colombes dans les bras d'un employé de la gare ! Je descendis, lui pris la cage des mains, lui disant merci, et regagnai ma place dans le wagon. Il ne fit aucune résistance.

Je hasarderai — peut-être me trompé-je ? — que les Japonais m'ont paru être, pour l'Extrême-Orient, ce que les Allemands sont à l'Europe. On retrouve en eux le même rythme cyclique : féminin, poétique, séduisant, décadent, militaire et cruel. On y découvre le même sérieux, la même conscience, la même invention.

Pour préparer notre venue, ils avaient inscrit notre répertoire au programme annuel des écoles et universités. Des livres avaient été édités dans les deux langues. La télévision en avait passé des extraits, nourris d'explications. Rien d'étonnant à ce que les salles fussent pleines. Les spectateurs suivaient la représentation avec leur livre sur les genoux. Ils ignorent l'indifférence. Leur accueil est bien comparable à celui des publics allemands.

Je n'ai jamais vu autant de techniciens sur scène. Je n'ai d'ailleurs jamais vu autant d'êtres humains partout. Quand une colonie d'enfants avec leurs petits uniformes noirs s'abat comme un vol d'étourneaux sur une exposition, c'est vraiment impressionnant. Quand des trains se vident dans une gare, il ne s'agit pas de vouloir marcher à contre-courant !

Le montage de nos pièces s'effectuait donc au milieu d'une véritable cohue. Par extraordinaire, voilà que le chef électricien de la cabine n'est pas là. Nous perdons du temps. Je m'énerve et finis par me fâcher. Nos éclairages s'achèvent le soir de justesse. La représentation se passe bien tout de même. Le lendemain, je demande à voir cet électricien afin de me réconcilier avec lui.

— Oh ! monsieur ! Il ne vous verra pas !

— Pourquoi, il est fâché à ce point ?

— Non, monsieur, mais comme hier il était dans son tort, pour se punir il s'est rasé la tête ; alors il ne veut plus se montrer !

J'ai, depuis, raconté cette histoire à nos électriciens français : ils m'ont regardé d'un œil rond.

Osaka est le siège du « Bunraku ». C'est un théâtre de poupées. Plus précisément, c'est du théâtre avec poupées. Venu des temps anciens, et inspiré par les montreurs de marionnettes, il a trouvé son style au XVIᵉ siècle.

Le jeu se fait ainsi : le conteur de « jorugi » sur un côté de la scène raconte l'histoire tandis que la marionnette la vit. Cette marionnette a environ un mètre de haut et est manipulée d'une façon visible par trois hommes. Le principal manipulateur est à visage découvert, il tient la marionnette à hauteur de poitrine de la main gauche et, de l'autre, dirige les mouvements du bras droit. Son second, vêtu et voilé de noir, manipule le bras gauche. Un troisième assistant, vêtu et voilé de noir également, s'occupe de la robe, des attitudes du corps et des jambes.

Trois êtres vivants s'affairent donc, et d'une façon visible, autour de cette marionnette.

Le jorugi est un acteur prodigieux. Il fait toutes les voix, et, grâce au synchronisme extraordinaire du jeu, nous ne nous y trompons pas.

Il faut voir la manière dont le manipulateur tient sa marionnette : poitrine contre poitrine, cœur contre cœur. Il la surveille d'un visage à la fois indulgent et sévère. Il veille sur elle comme Dieu veille sur nous. Elle, fine, vive, affairée, a l'air de se confier à lui tout entière. Elle croit en lui, comme nous en Dieu.

Il a passé sa grosse main, gantée de gris, dans la manche de son petit être et, du bout des doigts, au niveau du poignet, il en dirige toutes les articulations, car toutes les phalanges de cette petite main blanche sont indépendantes.

Il est muet, bien sûr, mais tout le corps dicte sa volonté à cet être qui écoute et qui agit, mû par une destinée que nous voyons se concrétiser sous nos yeux.

C'est, le plus simplement du monde, du théâtre métaphysique. C'est la poésie rendue palpable par la présence concrète du naturel et du surnaturel. La marionnette, c'est l'homme. Le manipulateur, c'est Dieu. Les assistants, ce sont les messagers du Destin.

Avec une grâce et une poésie sans pareilles, l'homme-poupée est animé par une trinité surnaturelle. Le ternaire ?...

Le Bunraku est pour moi la forme la plus élevée de l'art théâtral. C'est de lui qu'est né le Kabuki. L'acteur, ici, a pris la place de la marionnette, supprimant les manipulations. Les dieux sont ainsi relégués, l'homme devient le centre et veut assumer son destin. La métaphysique y a perdu, au profit de la virtuosité ; cependant, malgré le génie des acteurs, j'ai cru percevoir, dans le principe fondamental, une certaine dégénérescence.

Il nous a été donné l'occasion d'assister à la représentation de la même œuvre par les deux styles de théâtre. Avec les poupées, le résultat était plus intense, plus cruel, plus total, plus absolu, plus crédible.

Le Nô. La lenteur du jeu fait penser à la gravitation universelle. Moi qui ai toujours été épris de l'objet-signifiant, je tombai en arrêt sur l'éventail que tient le « Shite ».

L'éventail est comme la pensée. La pensée s'ouvre lentement, et par à-coups. Puis elle se met à vibrer. Elle s'exprime en même temps que la voix. Comme les vibrations de la lumière à la chaleur des rayons solaires.

Un coup sec, la pensée s'est refermée.

Le moyen de locomotion le plus rapide, c'est la marche. Il y a tant de choses à capter autour de nous que l'on a l'impression que tout va trop vite. On ne sait plus où donner de la tête ! On voudrait ralentir l'allure. Dans le Nô, il y a tant de choses à observer que l'on n'a absolument pas l'impression de lenteur, mais celle de trop-plein. Tandis que, tout à l'heure, le Shite dirigeait à distance ma concentration sur les vibrations de son éventail, comme si j'avais pénétré dans son âme, je ne me suis pas aperçu qu'imperceptiblement, il tournait sur lui-même. Et quand l'éventail se referme, me laissant de nouveau « à l'air libre », je découvre que ce corps astral a tourné de 45°.

C'est le mystère du Nô. « Chez nous, au théâtre, dit Claudel, il y a *quelque chose* qui arrive ; dans le Nô, il y a *quelqu'un* qui arrive. »

Dans le domaine des échanges, le *Christophe Colomb* de Claudel leur apportait quelque chose de spécial. Le style de notre jeu, tout occidental qu'il soit, est très apparenté au leur. Cela vient de ce que Claudel avait été influencé par leur théâtre traditionnel, cela venait aussi de mes rêves qui, depuis toujours, étaient tendus vers leur poésie théâtrale.

Or ce style, chez nous, est moderne. Il pourrait fort bien s'adapter à la vie actuelle. Type : *le Procès, l'Etat de siège, Tandis que j'agonise, la Faim.* Chez eux, au contraire, il y a eu rupture entre le théâtre traditionnel et le théâtre moderne. Ils en souffrent. Du moins en 1960, date de notre visite, leur théâtre moderne se voulait en accord avec le théâtre anglo-saxon. Il leur paraissait impossible d'utiliser les matériaux traditionnels du Nô, du Kabuki, du Bunraku pour traiter des sujets actuels.

A travers notre *Christophe Colomb*, ils pouvaient en revanche entrevoir la possibilité de relier ces deux périodes, séparées par un *no man's land* de plus d'un siècle. Nous discutâmes avec eux de cette question. Beaucoup avaient la nostalgie de leur grand théâtre et rêvaient de raccorder leur style traditionnel aux préoccupations modernes. Notre style de jeu, d'après eux, leur fournissait encouragement et espoir.

D'Osaka, nous allâmes à Fukuoka et Jawata, à l'ouest, côté Naga-saki. Nous pûmes ainsi survoler la mer intérieure ; une des plus belles régions du monde.

Imaginez, par exemple, émergeant de cette mer aux nuances infi-nies de bleu, un chapeau de clown tout vert au sommet duquel un petit cratère a formé un lac tout rond aux couleurs d'absinthe.

Ce n'est qu'un exemple. Il y a une centaine de ces îles, toutes dif-férentes. On dirait une population de personnages très gais et très personnels. Une nature inventée par Dieu pour les enfants.

Plus loin, hélas !... Hiroshima.

Enfin, atterrissage à Fukuoka. Nous sommes dans la région catho-lique du Japon. Nous revoyons des petites églises dont les clochers pointent vers le ciel. J'en suis tout étonné, un peu rassuré. Cela me rappelle nos villages. La langue française y est fort bien comprise. De vieux Japonais cultivés ont jadis admiré Madeleine et Pierre Bertin... quand ils débutaient à la Comédie-Française !...

Comme la représentation commence à six heures trente, nous errons dès neuf heures trente dans les rues. En bons touristes, nous nous glissons insensiblement vers les ruelles du quartier réservé. Ici, la lanterne japonaise devient une évidence. L'endroit est char-mant, attirant. Les « souteneurs » protègent réellement leurs pen-sionnaires. A un tournant, deux d'entre eux m'abordent :

— *Les Enfants du Paradis !*

— Oui.

— Baptiste !

— Eh oui !

Ils disparaissent. Nous continuons notre visite. Cinq minutes pas-sent, les voilà qui reviennent, un bouquet de fleurs à la main... Nous avons fini la soirée en buvant avec eux quelques verres de « saké » dans un estaminet.

> *On peut dire tout ce qu'on voudra*
> *Moi je trouve charmants*
> *Les souteneurs de Fukuoka !*

A Tokyo, ce fut le bonheur parfait. Les écoles de Nô, les soupers avec les geishas, les réceptions offertes par les acteurs de la ville, nos improvisations mutuelles, la musique et les danseurs du palais impérial (Ga-gaku), les luttes des Sumos, notre intimité avec les acteurs de Kabuki, etc. : je me sentais devenir Japonais. J'ai dû l'être dans une autre vie. Je me liai d'amitié avec un Shite de la dynastie des Kanze (Isao Kanze) : j'aurais volontiers fait un stage à l'école du Nô.

Nous finîmes notre saison par une représentation de *Hamlet*. Acteurs et techniciens étions tous exténués, vidés de notre substance. En envoyant depuis la scène un flambeau en coulisse, je faillis tuer Pierre Bertin : le machiniste qui, d'habitude était chargé de recevoir le flambeau, s'était perdu dans l'encombrement de notre matériel. J'entendis un choc comme lorsqu'on casse un œuf et je vis Pierre Bertin-Polonius s'écrouler.

Pourquoi est-ce qu'à ce moment-là, tandis que mon personnage continuait de jouer, mon « double » récita un *Ave Maria* ?

Par grâce, Polonius avait joué son rôle, je n'avais plus qu'à le tuer à travers la draperie et Bertin ne faisait pas partie du reste de la tournée. Il revint à Paris par le premier Boeing. Il avait la tête noire comme une aubergine. Le seul reproche qu'il me fit :

— Quand tu joues *Hamlet*... tu deviens fou !

Dans de telles tournées, nous ne sommes jamais doublés. Nous n'en avons pas économiquement les moyens. La loi du cirque devient tyrannique. Aussi, chaque acteur soulève-t-il instinctivement sa propre volonté. Mais quand arrive le dernier jour, les petites catastrophes se succèdent : une angine, une aphonie, une otite, un ménisque qui se démet, une sciatique aiguë, une crise de foie monstrueuse. Comme l'avion qui a survolé le pôle, notre volonté « dégèle ».

On nous questionne souvent sur le dédoublement plus ou moins réel de l'acteur. Personnellement, je reste toujours conscient que je suis dans un théâtre. Mais mes réactions privées sont déformées par la nature du personnage que j'essaie d'incarner. Par exemple, si, dans *Hamlet*, un éclairage est manqué, je réagis en « prince de Danemark » metteur en scène de la soirée. J'en suis en même temps conscient ; en tout cas, conscient du ridicule où je serais si je croyais que « c'est arrivé » ; cependant, je ne suis plus tout à fait moi-même. Il s'agit là vraiment de l'utilisation de l'Etre et de son Double.

Autre exemple : dès que j'ai mis mon costume, mon alliance me gêne, je dois la retirer. Mais quand je me déshabille, une fois la représentation terminée, l'absence de mon alliance me gêne, je dois la remettre.

Pourquoi est-ce que j'éprouve le désir de me laver entièrement avant de jouer ? J'ai l'impression qu'il me faut me délivrer de toutes sortes de miasmes.

Nous quittâmes le Japon sous la pluie : encore une estampe japonaise. Nous étions bien tristes, les uns et les autres, de nous séparer. Quand on prend conscience de certains moments exceptionnels, il y a de la mélancolie dans l'air. Nous venions de passer un mois inoubliable : tout un passé digne de marcher devant !

La nuit de Bangkok.

La baie de Hong-Kong mérite sa réputation. On atterrit sur une piste déroulée au milieu de l'eau. Les hôtesses de l'air chinoises, avec leur jupe fendue sur le côté, laissent entrevoir de longues jambes à faire rêver les garçons.

Le commandant d'Air France a obtenu, au décollage, l'autorisation de nous faire faire le tour de la baie. Les Sampans ! les quartiers flottants ! Je m'y serais bien laissé perdre quelques jours.

L'escale de Saïgon fut étouffante : animation, bousculade, atmosphère d'étuve. Puis c'est Bangkok. Quatre de nos jeunes camarades qui ne participent pas à la deuxième partie de la tournée, nous ont demandé la permission de se séparer de nous. Très intelligemment, ils veulent aller visiter, à leurs frais, Angkor. Nous leur souhaitons bon voyage et ils disparaissent dans la nuit.

A l'heure locale, il doit être très tard, car l'aéroport nous semble endormi. Le temps paraît long. L'air est doux au-dehors et nous nous dirigeons vers une terrasse où somnolent, dans des chaises longues et d'énormes fauteuils de bois, très bas, des voyageurs résignés. Personne ne parle plus, la fatigue se fait sentir. Il n'y a de vivants que les gros insectes qui, dans un bruit infernal, roulent sur la piste jusqu'au pied de la terrasse, valsent lentement autour du « rampant » qui les dirige avec son drapeau, minuscule dompteur faisant évoluer des éléphants.

Le sifflement des turbines nous déchire les oreilles, mais il n'a pas le pouvoir de réveiller un être fortement basané qui ronfle à côté de moi, la poitrine débraillée et les pieds en l'air — voyageur dont la position est celle d'un guerrier vaincu.

Régulièrement, un long roulement de tonnerre secoue l'atmosphère et un monstre de feu décolle de la piste pour quelque direction inconnue.

Quand un être dort, tout semble mort autour de lui. De signes de vie, il ne reste que sa respiration et, à intervalles réguliers, de légers borborygmes. Il en est ainsi, autour de nous, de la terre entière. Elle semble assoupie, presque morte. Seuls, à intervalles réguliers, mais toujours d'une façon inattendue, le bruit formidable

295

de ces avions qui s'arrachent du sol et le sifflement désagréable de ceux qui viennent se refaire une force nouvelle sur la plateforme de l'aéroport, nous font sentir que tout n'est pas mort.

En ce moment, tandis que nous acceptons sagement notre destin, nous ne nous sentons plus en un lieu déterminé, mais sur la Terre recouverte par la Nuit. En haut, dans le noir du ciel, tous les flambeaux sont allumés. C'est l'heure de Dieu. C'est le moment où l'on entend sa respiration.

Dans les ports de mer, l'infini est à l'horizontale. Ici, « la mer » est dirigée vers le haut, elle se dresse verticalement. Le marin qui part regarde au loin. Ici, notre goût de partir nous oblige à regarder en l'air.

Entre les constellations illuminées et le morceau de terre que le noir délimite, l'espace semble vide. De temps en temps, dans ce néant, apparaît une petite lumière, deux phares espacés, comme des yeux écartés, et un monstre métallique surgit par génération spontanée. Seuls les appareils volants nous indiquent que le reste du monde vit encore. Notre dormeur, lui, continue de ronfler, régulièrement, sagement, humainement...

Le temps s'écoule, nous prenons du retard. Voilà deux heures que nous devrions être repartis. Quelques-uns parmi nous bougent un peu, la marche lente du temps devient palpable.

Molière, qu'est-ce que tu nous fais faire !

Nous sommes néanmoins profondément heureux, au cœur de notre aventure. Le Japon est loin maintenant. Tout autour de nous, ces pays mystérieux ! Les Indes, la Thaïlande, Ceylan, que nous ne pourrons pas voir. Mais cette escale laissera en moi le souvenir d'une très modeste et très sincère méditation : ma prière de Bangkok.

Une révolution estudiantine nous a fermé les portes de la Turquie. J'ai donc décidé d'aller directement à Tel-Aviv.

L'avion repart. Dans la carlingue, ce ne sont que corps déboîtés. Des jambes se dressent en l'air, des bras traînent sur le tapis. Deux têtes s'enchevêtrent, comme s'embrassent les chevaux.

Une aube narquoise nous suit, derrière, un peu sur notre droite, vers l'est. La chaîne de l'Himalaya apparaît d'abord d'un noir hostile, puis rose, puis blanche. Sous nous, un gros boyau humide circule à travers des terres d'un bistre verdâtre : c'est le Gange.

Le jour vient.

New Delhi : les singes sur les toits des hangars. Les saris bleus des hôtesses qui nous vaporisent de désinfectant.

Il est midi.

Le vol New Delhi-Téhéran est d'une splendeur singulière. L'Indus, le désert de Thar, les déserts de sel, les damiers géométriques qui naissent au milieu des terres désertiques aux approches des parties cultivées et des grandes agglomérations. La palette en est extraordinaire : des beiges, des verts pâles, des jaunes d'absinthe, des couches de nacre. Là, d'anciens lacs desséchés et recouverts de sel nous regardent comme des yeux. Là, les champs cultivés forment dans les bistres, les marrons, les beiges et les verts, des tableaux abstraits que Braque pourrait signer. Là, les rives de l'Indus ont des sinuosités multicolores. Viennent ensuite des paysages lunaires. Au-dessus des montagnes, peu à peu, des multitudes de points d'eau, comme des trous de vers dans le sable, révèlent la présence de l'homme. La journée est belle et limpide. Nous ne détachons pas le nez de nos hublots, regardant à droite, nous appelant pour admirer à gauche...

Israël.

Au bout de quarante-deux heures de voyage, nous arrivons enfin à Tel-Aviv au milieu de la nuit. Dans de telles expéditions, nous devons toujours nous accommoder de l'heure locale.

Israël mériterait qu'on y passe un bon mois ; nous n'y resterons que deux semaines. Nous mettrons donc les bouchées doubles. Malgré une certaine désorganisation dans l'installation de la compagnie, qui irrite certains camarades submergés par la fatigue, nous nous accordons au rythme du pays. A Tel-Aviv, nous jouons dans la salle du célèbre théâtre Habimah. A Haïfa, nous campons dans un cinéma. A Jérusalem, un cinéma également : plus confortable. De ce séjour, je retiens aujourd'hui trois enrichissements :

— sur le courage exemplaire des Israéliens ;

— sur ma rencontre avec le Christianisme fondamental ;

— sur la position géographique de ce pays où fermentent à la fois, sous le signe de l'Eternel, l'Espoir et la Tragédie.

Il est dit, je crois, quelque part dans les Ecritures : « Ce pays appartiendra à celui qui lui rendra sa verdure. »

C'est ce qu'a réussi la nation israélienne. Ce ne sont partout que vergers : oranges, citrons, pamplemousses, vignes, céréales, canaux d'irrigation ; reboisements : la Césarée de l'Antiquité réapparaît aujourd'hui sous les dunes.

> *Je demeurai longtemps errant dans Césarée,*
> *Lieu charmant où mon cœur vous avait adorée* (*Bérénice*, Racine).

Israël est un peuple en armes, comme la nation française au temps de Valmy. Comment ne pas l'être quand on est menacé de tous côtés ? Comment ne pas en être exacerbé aussi ?

C'est également un peuple avec des charrues et des truelles. Par une ironie du sort, les vents apportent le sable d'Egypte et tentent constamment de faire de cette terre un désert.

C'est une lutte continuelle contre les hommes et contre la nature. Les Israéliens y sont sensibilisés. On le serait à moins, après ce qu'ils ont eu à souffrir des siècles, et, au cours de cette horrible guerre, de l'atroce génocide. Leur courage impose admiration et respect. Malgré leur agressivité à fleur de peau, on les aime ; on épouse leur cause.

Malheureusement, cela ne règle pas pour autant l'épreuve cruelle de la population palestinienne : nous la partageons également. Cela dépasse le cas de conscience. Le problème paraît presque insoluble.

Il me semble y retrouver ces deux grands courants de l'humanité qui, au lieu d'être complémentaires, comme ils devraient l'être, se disent contraires et s'affrontent : le Yoga de l'action — le Yoga de la contemplation. L'Orient et l'Occident.

La civilisation arabe, si raffinée, est le poste avancé de l'humanité contemplative. Elle vient de l'Orient et débouche sur la Palestine. La civilisation d'Israël est le poste avancé de l'humanité active. Elle se rattache à l'Occident et, dans le sens inverse, débouche aussi sur le lac Tibériade. Les deux vagues, depuis des siècles, se heurtent à cet endroit et se transforment en remous.

Voilà pourquoi le conflit actuel est le même que celui qui est rapporté dans la Bible. Depuis des millénaires, rien n'a changé.

Les questions de pétrole semblent ici dépassées — c'est, je crois, le seul cas au monde — et pourtant, elles existent...

Y a-t-il une solution au problème ? Le jour où l'humanité sera capable de transfigurer ces deux courants, elle sera devenue digne de ce qu'on peut attendre d'elle.

Le Christ n'a-t-il pas essayé ? On suit sa vie jusqu'à neuf ans. On le retrouve à trente. De neuf à trente, il y a vingt et un ans. En Orient, c'est le temps de l'initiation. N'aurait-il pas été s'imprégner de l'humanité tout entière pour tenter de la réconcilier ? Dans mon amour pour lui, je me plais à l'imaginer.

Un jour, j'ai posé cette question, cette « question bête », à un moine :

— Qu'a-t-il fait pendant ces vingt et un ans ?

— ... eh bien, il a été charpentier !

Le mystère est entretenu.

Pour moi, il voulait faire triompher l'amour. Du coup on l'a tué. On ne voulait pas de réconciliation. On ne veut toujours pas de ceux qui sont venus pour unir et non pour diviser.

Nous allons visiter le kibboutz d'Eingev, à l'est du lac Tibériade. Au milieu de la verdure, des fruits, des bananes et des canaux limoneux, nous faisons connaissance avec une communauté admirable. Du vrai communisme ?

Entre la rive du lac et la falaise qui forme la frontière avec la Jordanie — ou la Syrie — il n'y a qu'une bande de cinq kilomètres environ. Bande fertile comme une oasis.

En haut de la falaise commence un plateau désertique. Si on lève la tête, on distingue, comme du haut d'un balcon, des sentinelles arabes, accroupies, fusil posé sur les genoux, attendant l'ordre de tirer.

En bas, dans les vergers, les Juifs labourent. Ils se sont révélés paysans, artisans, créateurs. Ils ont rendu à cette terre sa verdure, ils la méritent.

Si l'argent était devenu depuis des siècles leur « spécialité », c'est qu'il était la seule matière que « ces chiens de chrétiens » et les autres leur permettaient de manipuler. J'ai joué Shylock, j'ai ressenti cette rage-là et Shakespeare est un homme juste.

A Jérusalem, Ben Gourion nous reçoit. Cet homme est impressionnant : mélange de sage et de saint.

Des toits du couvent de Notre-Dame-de-France, qui est sur terre israélienne, on découvre la Jérusalem de Jordanie. Il nous est impossible de nous y rendre. Il y a trois ans, quand nous étions à Baalbek au Liban, nos camarades ont pu y aller. Politique, politique !

L'endroit est d'autant plus bouleversant que ses dimensions sont minuscules. A peine un ventricule du monde, mais on en ressent la pulsation.

Le dernier vendredi, jour de repos, nous partons en voiture. Notre guide, le P. Roger, est un des seuls prêtres catholiques autorisés à faire visiter Israël. Nous refaisons chronologiquement le trajet de Jésus, de Nazareth au mont des Béatitudes. Journée inoubliable. Le village de Marie-Madeleine ; Capharnaüm, Jésus est là

dans le temple ; la maison des parents de Pierre ; là, le petit hameau
où le fils de la veuve a été ressuscité ; là, Saül s'est évanoui aux
prédictions de la sorcière ; là, Jonathan a été tué... Le Jourdain
où des enfants se baignent. La montée du mont Thabor où chaque
âne que nous croisons semble avoir à ses côtés une ombre mystérieuse. La lecture des Ecritures se rapportant aux différents lieux
que nous traversons nous met dans un état bizarre...

Le lac Tibériade est à deux cents mètres *au-dessous* du niveau
de la mer. Surplombant le lac, en haut d'une pente, parmi les
vignes bien rangées, est le « lieu-dit » mont des Béatitudes. Le
père nous relit le Sermon sur la Montagne (à cent cinquante
mètres, donc, *au-dessous* de la mer !)... La vérité qui sort du puits.
Nous gardons le silence. Silence chargé de Présent éternel.

Au soleil couchant, nous traversons Cana. Le village paraît
intact, les filles de Cana portent encore l'eau sur leur tête, mais
les cruches de terre sont à présent des bidons de fer-blanc.

Dans le crépuscule se découpent les collines embrasées qui entourent Nazareth. Les hauteurs de la ville sont gâchées par des ensembles HLM : ensembles identiques partout, qui abîment le monde
entier. Planification universelle qui supprime le jus de la personnalité, du particulier — navrant.

Le vieux Nazareth, heureusement, est intact. Nous pénétrons
dans la grotte de l'Annonciation. Il fait nuit à présent. Le père doit
porter certaines lettres aux petites sœurs de Jésus, disciples du
P. de Foucauld.

Comme des pèlerins qui demandent asile, nous frappons à un
grand portail de bois. Une jeune Sœur, belle et frêle, respirant le
bonheur, vient nous ouvrir. Nous entrons. Dans la cour, nous distinguons, à travers l'ombre, le puits où le P. de Foucauld puisait
l'eau. Non loin de là, dans une petite cuisine allumée, trois Sœurs
chantent gaiement en composant un potage qui sent bon. Leur pauvreté rayonnante me fait envie. Quelle richesse spirituelle les enveloppe ! Quelle victoire sur l'existence ! Quelle solution trouvée !
J'éprouve le besoin de me recueillir. Je m'écarte du groupe et
pénètre à l'autre bout de la cour dans une minuscule chapelle
où je ne distingue, sur les murs nus, qu'une croix, elle-même nue.
Seule la lumière des cierges danse dans l'ombre. Prière pour ceux
que j'aime. Emotion indicible, que la pudeur en ce moment m'empêche de rapporter.

Au Japon, le Bouddha nous a fascinés. Ici, Moïse s'est fait connaître, nous avons retrouvé Jésus. Demain, l'Apollon delphien va
nous apparaître : oui ! c'est la tournée des Dieux !

Ce court séjour provoqua en moi un petit coup de conversion. Un peu du même genre que celui que j'avais reçu pour mon pays lors de l'exode de 40. Quelque chose de secret et d'intime. Une espèce d'illumination. Il m'est difficile en ce moment de m'exprimer clairement. Peut-être n'est-ce pas le lieu, après tout ?

Essayons toujours. Si, en venant au monde, j'étais de nationalité française, en 40, j'étais devenu Français. Si, depuis mon baptême, j'appartenais à la religion catholique, je venais de devenir Chrétien. Résultat : je me rapproche de la source et m'éloigne de l'Eglise ; quelles que soient la religion, la philosophie, l'esthétique, je me rapproche de ce qui jaillit. Je m'éloigne de l'utilisation pratique que les hommes tirent de ce jaillissement. Pour le rendement, non pour l'accomplissement.

Je m'accouple à cet Etre qui m'apporte, dans les plus petits signes de la vie, le désir d'amour absolu et de don de soi, afin d'assumer la condition humaine. Cela, à chaque instant de l'existence et dans les moments les plus infimes.

Le « grand », c'est pour l'Eglise. C'est pesant, oppressant, étouffant. Le « petit », c'est ce qui jaillit de nous — de *Lui*. Qu'il soit homme ou Dieu, peu importe. On ne m'a pas gratifié de radars suffisants pour savoir *physiquement* ce que c'est qu'un dieu, mais en moi, à chaque instant, dans le meilleur de moi-même, je sens *la présence réelle* de cet Etre — c'est *Lui*.

Et, désormais, nous serons libres à deux ; comme dans le couple humain, il y a fusion des deux êtres et l'on agit librement « à deux ».

J'ai envie de communion, j'ai envie de messe, mais dans les messes des églises, dimanches, mariages ou enterrements, je reste toujours sur ma faim. Ce n'est pas bon quand il s'agit précisément d'un repas, « du repas ».

Cela ne se rapporte pas uniquement à la sensibilité chrétienne. Les sociétés humaines ont la rage de falsifier à leur avantage cet élan du « plus être » qui est précisément « la grâce », et d'en faire des Églises afin de satisfaire leur volonté de domination.

Descartes se reconnaîtrait-il dans le cartésianisme ?

Si j'aime Brecht, je me méfie des brechtiens. Il en va de même pour Freud et Marx.

L'étouffement du « printemps de Prague » atteint-il l'idéologie communiste ? Non. C'est une affaire d'Eglise.

Méfions-nous de l'esprit d'Eglise. Il protège les pharisiens.

Je l'aime « Lui ». Et je m'en sens bien indigne. Non par soumission, par honte ou fausse humilité ; mais parce que nous ne faisons jamais assez pour l'amour et que *Lui* a su le faire. Qui dit mieux ?

Il en est de même quand je me sens Français, comme une plante se sent une certaine espèce de plante et non une autre.

Si j'aime tant parcourir le monde et entrer en communication avec tous les hommes de la terre, c'est bien sûr parce que j'essaie de les comprendre, d'épouser leur cause, de partager leurs misères et leurs joies et de combattre avec eux l'angoisse et la solitude, mais c'est aussi parce qu'en eux je sens le désir *que je sois à leurs yeux entièrement moi-même* — comme un engagement qu'ils me contraindraient à prendre, comme une réponse que je leur dois.

Il ne s'agit là ni de frontières, ni de passeport, ni de drapeau, il s'agit de l'espèce d'homme qui pousse dans ce carré de terre compris entre

> *l'Océan et le Rhin*
> *l'Alpe et les Pyrénées* [1].

Les Africains, les Asiatiques, les Américains, les Européens me font « de mon pays », et je leur dois des comptes.

C'est également *ma* religion.

Mes doutes ne réapparaissent que lorsque je touche Marseille ou Le Havre ou Orly... C'est plein d' « Églises ». Religieuses, gouvernementales, politiques, intellectuelles. Attention les amis ! C'est plein de nouveaux catéchismes, de nouvelles pédagogies qui veulent faire de vous des animaux conditionnés. Revendiquez la responsabilité de vous-mêmes, méfiez-vous des Eglises, pensez au lièvre, ne devenez pas des lapins...

> *Et le lièvre tâche d'échapper en bondissant à angle droit entre les sillons...*

Panurge fait de même. Rabelais appelle cela : « la navigation ».

J'aime Rabelais, j'aime Villon, La Fontaine, Verlaine. J'aime Artaud, j'aime Dullin, j'aime Jarry.

Claudel l'avait bien compris. Pendant près de vingt ans de vie commune, il ne m'a jamais questionné à ce sujet. Cependant, il y a une distinction importante à faire entre une « Église » et un « ordre ». J'ai une faiblesse pour les moines.

---

1. François Ier.

Mais je m'égare : finissons notre tournée ! Nous prîmes notre première Caravelle. Le plus gai des avions. Le plus jeune : la jeune fille des Airs.

Athènes.

Si le bateau de *Partage de Midi* m'avait enseigné la mer, cette mer que j'avais reconnue à bord du *Florida*, Eschyle, les tragiques grecs, Homère, Pythagore, Héraclite m'avaient enseigné la Grèce : de cette Grèce, je m'étais fait une telle idée que je la reconnus aussitôt.

La défection de la Turquie nous donnait un « creux » de trois jours. La troupe était à bout de forces. Rendue assez malade, en vérité, par les climats différents que nous avions traversés, les nourritures, les nuits sans sommeil, les longues heures à se courbaturer dans la carlingue des avions. Les organismes étaient déréglés.

Dès notre atterrissage à Athènes, nous eûmes à essuyer une conférence de presse qui nous parut très occidentale : intelligente, rationnelle, critique et blasée. Avec patience, nous tâchâmes de passer au mieux cette douane de la « connaissance et de l'esprit », puis nous donnâmes congé à tous nos camarades. « Reposez-vous et profitez ! » Ils avaient bien mérité de boire un bon coup de Grèce antique.

Nous voici donc, Madeleine et moi, tiraillés entre la fatigue et la curiosité. La curiosité l'emporta.

Premier objectif : Delphes. A chaque instant, je résonnais comme un tambour. Toutes ces petites semences que mes lectures avaient déposées en moi et que mon imagination avait fait germer, éclataient soudain à chaque carrefour comme sous l'effet d'un prodigieux printemps. Je craquais de partout. Une nature mythologique me sortait de la peau. Je devenais arbre, oiseau, animal, sphinx.

Nous traversâmes Eleusis, nous bifurquâmes à Thèbes, au croisement de quatre routes, je criai :

C'est là qu'Œdipe a tué Laïos !

Le chauffeur de la voiture que nous avions louée me dit que c'était bien là.

Delphes nous accueillit avec ses aigles de service et son tonnerre approprié. Je devenais fou... non de bonheur, mais de communication avec les choses. Le théâtre, les temples, le séjour de la Pythie.

303

Nous nous rendions bien compte que nous nous trouvions en l'un des endroits les plus radio-actifs du monde. L'ombilic qui est conservé au musée est là, bien placé, comme le centre au milieu de sa circonférence.

Le plus grand coup que je reçus se produisit au stade. Près de la pierre où sont gravés les cinq anneaux des Olympiades, nous étions soudés au *silence*. Et quel silence ! chargé de vie, de temps, de passé-présent ! Les athlètes couraient nus comme des ombres transparentes. Un aigle blanc planait en rond juste à notre verticale. Dans notre dos, la montagne rocheuse s'élevait à pic. Au-dessous, devant nous, après un petit bois de chênes, dévalait jusqu'à la mer une mer d'oliviers [1].

Encore une journée de profonde communion. Encore un coup de conversion.

Peut-être suis-je complètement demeuré, mais il me semble toujours qu'à une certaine altitude de l'Esprit, tout devient pareil. Il n'y a plus que notre terre, la nature, et l'*homme* : comme un Tout.

Le lendemain, des amis nous emmènent à Epidaure par la vallée d'Argos. L'homme qui conduisait était un metteur en scène de théâtre, j'avais retrouvé un vieux copain de l'Atelier : acteur et décorateur, Georges Vakalo. Tout le monde bavardait. Et la voiture traversait le Péloponnèse.

A un moment donné, je demande à notre chauffeur :

— Dites-moi, vous ne dépassez pas Mycènes ?

— Si, pardon, je pensais à autre chose.

— N'est-ce pas là-haut sur la gauche, le palais d'Agamemnon ?

— Oui, oui. Je vais faire demi-tour.

Je m'y retrouvais parfaitement.

Et nous franchîmes la porte des Lions... Le veilleur, au sommet des monts, attendait toujours les nouvelles de Troie...

Le théâtre de Delphes est un petit théâtre d'essai. 2 500 places. Celui d'Epidaure, avec sa capacité de 14 000 places, m'attire moins. J'y ai cueilli un bizarre bouquet de fleurs qui tiennent encore et que je conserve précieusement.

De mes marches dans Athènes, autour et dans l'Acropole, je retiens les « Chorées ». Au musée : les trésors de Mycènes, les masques mortuaires en or qui me rappelaient, à quinze siècles de distance, ceux du Mexique. Les « Kouros », ces jeunes gens aux formes archaïques. Enfin les vases aux figures géométriques.

---

1. La plaine d'Amphissa jusqu'au port d'Itéa.

J'ai rôdé des heures dans les ruines du théâtre de Dionysos : sanctuaire de ma passion pour le théâtre. Jamais je n'ai eu autant envie de voler... j'aurais mis des pierres plein mes poches.

Nous chevauchâmes également la mer : sur le yacht particulier d'un grand chirurgien d'Athènes. Toujours avec Vakalo, nous visitâmes Egine, Paros et Hydra. Le retour fut mouvementé. Les sauts d'un poisson-scie, l'aileron d'un requin, la statue du lion assis ou du bateau pétrifié : rochers vivants qui sortent de la mer ; et les propos du marin qui nous racontait des histoires de sirènes. Ainsi, quand on embarque le soir, il n'est pas rare que l'une d'elles se dresse à l'avant du bateau et demande si Alexandre, le grand Alexandre, vit encore ou s'il est mort. Il faut répondre : « Il vit encore et règne. » Alors, la traversée se passe sans accrocs.

Je me rappelle enfin la tempête que nous essuyâmes à la minute même du coucher du soleil. Cela me fit revivre toute mon *Odyssée*. En un quart d'heure, les chevaux de la mer s'emballèrent. Neptune brassait l'eau. Les vagues s'élevaient, terribles, au-dessus de nous. Le mât craquait. Les voiles couchaient le bateau. Nous chevauchions littéralement les flots. Le jour tombait rapidement. Le joli bateau, tout bleu, du docteur Saroglou, souffrait de la poupe à la proue. Je me tenais debout, pieds nus, les orteils crispés sur le plancher mouillé du pont, et j'épousais les mouvements délirants de la mer. Moi qui suis peureux, en particulier sur l'eau — j'ai assisté dans mon enfance à plusieurs noyades —, j'avais perdu toute conscience. J'étais heureux, passionné, ivre. Les embruns nous cinglaient le visage et je répondais par un cri de défi.

Neptune nous avait offert sa petite réception.

La saison théâtrale avait commencé. Elle fut victorieuse. Pressentant un public charmant, averti mais difficile, nous avions mis « tout le paquet ».

La nuit, dans le vieux quartier de la Plaka, nous croyions retrouver quelques forces en dévorant des brochettes de foie et en absorbant des lampées de ce vin résiné que j'aime tant.

La fatigue accumulée, nos excursions endiablées, les émotions ressenties dans ce pays, les efforts particuliers que nous avions été obligés de produire pour gagner cette bataille particulière, les troubles que nous ressentions — mal aux reins, fièvre, frissons, courbatures générales et jambes presque paralysées — avaient fini de nous achever.

305

Il nous restait à tenir un dernier round : la Yougoslavie, avant de rentrer à Paris par Venise.

Un certain matin, à sept heures, la troupe s'entassa dans un car parmi des monceaux de valises : un troupeau de comédiens, fantômes de la nuit, bizarres noceurs abrutis par les orgies de la vie. Nous n'étions plus que de la pâte ensommeillée.

La tournée des dieux continuait : après Bouddha, Moïse, Jésus, Apollon, et tous les autres... Karl Marx nous attendait.

Le car roula vers l'aéroport. Madeleine, dodelinante, eut un dernier regard vers l'Acropole et, avec un de ces gestes dont elle a le secret, un de ces gestes qu'elle tient de toute la grâce du XVIIIe siècle, elle murmura : « Adieu, Venise ! »

Elle ne savait plus du tout où elle était.

Yougoslavie.

Après les jardins japonais, les oasis d'Israël, la sécheresse méditerranéenne de la Grèce, nous eûmes la joie d'atterrir près de Belgrade au milieu des foins fraîchement coupés, des herbes hautes, des marronniers charnus et des tilleuls en fleur. Nous retrouvions la campagne, la feuille qui vit, naît, verdit, jaunit, tombe et meurt, fume la terre pour reparaître fragile et tendre. La feuille qui désaltère.

Le contact magnétique avec nos paysages se rétablissait. Toutefois, à Belgrade, le climat continental nous parut oppressant. Politiquement tendu. Le F.L.N. algérien y tenait son Q.G.

A Sarajevo, nous passâmes au climat de montagne : orages et pluies ; certains militants politiques voulurent nous enseigner le socialisme en nous faisant manger avec nos doigts...

A Zagreb, le grand beau temps. Nous fûmes fraternellement reçus par une haute personnalité de la ville : homme jeune, ouvert et charmant. La réception eut lieu dans un ancien palais d'aristocrate. Les pièces, les meubles, les objets étaient scrupuleusement conservés, à la place même où ils devaient se tenir jadis. L'impression était saisissante. On n'osait pas parler. On s'asseyait au bord des chaises. Il manquait, en somme, les maîtres de maison.

Et ceux qui nous recevaient étaient on ne peut plus sympathiques. Malaise des révolutions. Le théâtre ne pourrait-il là encore aider les hommes à se réconcilier ?

Enfin, à Ljubljana « la bien-aimée », nous fûmes émus par le charme de la nature égal à celui des êtres humains.

Nous rencontrions, à l'intérieur d'un même pays, des régions et des gens très différents. Tous, cependant, avaient le même enthousiasme, la même gentillesse. Ce séjour devait admirablement conclure notre long voyage. Les salles étaient combles, la connaissance théâtrale du public admirable, les rencontres avec les artistes familiales. Nous donnions avec joie le reste de nos forces. Ljubljana étant notre dernière ville, le stock d'amour que nous avions emporté pour la tournée fut dépensé jusqu'au bout.

Le dernier soir arriva ; je n'osais pas y croire. Pendant deux mois et demi, nous avions fait cent heures d'avion, près de soixante mille kilomètres. Une fois et demie le tour de la Terre ! Nous avions visité quatorze villes. Nous avions évité les accidents, les maladies, les pertes de matériel, mille accrocs qui peuvent surgir et faire obstacle à la représentation.

A mesure que la dernière approchait, je me disais que, cette fois, il allait se produire quelque chose. A mesure que notre effort exigeait de moins en moins de force de volonté, mes nerfs devenaient plus fragiles.

Pour cette dernière, nous jouâmes *le Misanthrope*. Tout au cours de la représentation, le démon de la perversité ne cessa de me dire à l'oreille : « Tu n'arriveras pas jusqu'au bout. Tes nerfs vont craquer. Tu iras au tapis avant la fin. »

Pendant l'entracte, ce fut atroce ; je demandais à tout instant s'il était temps de continuer. J'en avais presque le vertige. Encore une heure, et j'allais enfin pouvoir poser à terre le poids qu'il m'avait fallu tenir sans relâche depuis le départ d'Orly.

Enfin, les neuf cents vers d'Alceste sortirent de ma bouche et, quand le rideau tomba, je remerciai. Je ne sais trop qui j'avais à remercier, mais je remerciais tout de même.

Selon la coutume, on nous apporta des fleurs sur scène. Un bouquet pour chaque dame, et puis encore un bouquet pour les hommes, et puis une table entière couverte de fleurs et de cadeaux.

Et ce n'était pas fini : une couronne dorée de lauriers aux rubans unis, couleurs de la France et de la Yougoslavie. Tout cela se faisait, rideau après rideau, et ce n'était pas encore fini. Voilà que de la fosse d'orchestre, dans laquelle le public avait pris place sur des chaises, part une fleur, une autre, dix autres et du balcon en partent aussi. Le public se levait peu à peu pour envoyer ses fleurs et la scène en était jonchée. Dans notre surprise, nous paraissions gauches et intimidés. Partout, dans la salle, résonnait le bruit des applaudissements et, en même temps, de la fosse à la scène, se maintenait une zone de silence : le trajet des fleurs. J'étais frappé par cette simultanéité du bruit du public et du murmure silencieux des fleurs.

Célimène, qui avait fait sourire les bébés japonais, recevait sa récompense à Ljubljana.

Encore émus de cet accueil, nous nous couchâmes tard dans la nuit. Notre mission était accomplie ! Il ne nous restait plus qu'à terminer à Orly, en passant par Venise, ce tour de la terre en quête de l'Homme.

Cet homme, qu'il fût japonais, juif, grec ou yougoslave, nous l'avions retrouvé partout, identique à lui-même : un être tourmenté par la mort, inquiet de sa solitude et qui reste, toute sa vie durant, un enfant.

Palais-Royal

Depuis longtemps, Pierre Bertin me conseillait de monter *la Vie parisienne* d'Offenbach. Après tout, pourquoi pas ? Nous avions de jolies voix dans la troupe. L'œuvre, à l'exception de deux rôles de femmes, avait été créée par des acteurs et non par des chanteurs. J'adore Offenbach. Mon ami le Dr Schweitzer ne m'avait-il pas confié que quand il enseignait la musique à Strasbourg, il ne manquait jamais de faire travailler Offenbach pour faire progresser le sens du rythme ?

Nous ne nous étions encore jamais frottés à l'opérette, ni à l'opéra-bouffe. Et puis, cela me rappelait mon grand-père quand à table il en chantait les airs...

La Vie parisienne avait été créée au théâtre du Palais-Royal. C'est un délicieux théâtre. J'avais même, jadis, en 1941, au temps où je voulais quitter la Comédie-Française, écrit une lettre à Quinson (alors directeur) pour louer le théâtre. Depuis, cette salle appartenait à madame de Létraz. Tout nouveau, tout beau, nous conclûmes un accord pour deux ans. Jamais je n'avais été aussi heureux de cet arrangement. Le théâtre est un peu petit, mais c'est une bonbonnière. Il est dans le quartier historique. C'est Paris. C'est ma ville.

Economiquement, c'était une folie. Il fallait fonctionner à 100 %, sinon nous allions à la ruine. D'ailleurs, la folie ne s'arrêtait pas là. J'étais bien décidé à continuer à pratiquer l'alternance. Depuis notre départ du Français, la maison de Molière avait cessé peu à peu de jouer *le Soulier de satin*. Je m'entendis avec Mme Claudel et ses enfants. Nous monterions *le Soulier* au Palais-Royal. Sur cette scène exiguë ? Comment ?

Et pas seulement *le Soulier* ! Nous ferions une création d'un jeune auteur : *le Tir Clara* de Roncoroni.

Autant faire entrer un régiment dans un fiacre 1900 ! C'était dément, je le reconnais. Soit !

Fort bien ! Mais où répéter ? Nous ne disposions d'aucun lieu et le Palais-Royal nécessitait des réfections. A nos frais, bien entendu. Du côté de la scène, cela nous coûta fort cher !

Le vieux bal Tabarin était fermé ; nous nous y réfugiâmes. Prouhèze et Rodrigue de Claudel donnaient la réplique à Gardefeu et Métella sur la piste de Tabarin ! Claudel, Meilhac et Halévy faisaient bon ménage ! « Strolling Players », même à Paris.

Nous fîmes sur *la Vie Parisienne* un travail aussi minutieux que sur *l'Orestie* d'Eschyle. Entraînement pour le chant, entraînement pour les danses de cancan. J'avais engagé un extraordinaire danseur : Roger Stefani. Il était unique dans sa spécialité. Depuis, il s'est donné la mort... nous n'avons jamais bien su pourquoi.

André Girard était notre nouveau chef d'orchestre. Après notre départ forcé du Marigny, le Domaine musical de Pierre Boulez s'était « posé » à la salle Gaveau. Je dis « posé » car, machinalement, je nous compare à des oiseaux. Dans toutes les significations du mot :

Les oiseaux donnent l'impression de ne pas avoir de tête.
Les oiseaux, on les tue, on les fait cuire et on leur suce les os.
Les oiseaux sont utiles. Ils mangent les insectes.
Certains même, les charognards par exemple, assurent la voirie.
Oui, mais les oiseaux nous piquent nos cerises.
Les oiseaux sont pourchassés.
Cependant les oiseaux chantent, ils ont de jolies plumes.
Les oiseaux sont cruels.
Les oiseaux portent bonheur.
Il y a des oiseaux de nuit qui disent la bonne aventure.
Il y a l'oiseau de la sagesse. L'oiseau du Printemps.
Finalement, la nature sans oiseaux serait bien triste.
Comme l'humanité sans théâtre...

Le rideau du Palais-Royal se leva donc un soir de novembre 1958 sur une volière d'oiseaux, chantant de tous côtés l'opérette d'Offenbach. Etaient-ce les moineaux de Paris ? Jean-Denis Malclès en avait distribué les coloris. Nous ressemblions plutôt à des oiseaux des îles.

Parmi eux, je vivais un moment terrible. Comme pour Christian Bérard lors de la première de *Scapin*, j'avais enterré mon frère Max le matin !

Max, depuis quelques années, souffrait de sclérose en plaques. Ce fut un long calvaire. Soigné à la fin dans une clinique de Bordeaux, il désira me voir. Nous eûmes tous deux une déchirante conversation, bien tendre, pour moi insupportable. Pour lui ? J'espère que non. Il y a une grâce dans la mort. Il me parla de maman, de Bob (mon oncle nous avait quittés quelques mois auparavant). « Il allait, me dit-il, les retrouver. »

Ce matin de la première de *la Vie parisienne*, nous étions allés en effet le déposer près des restes de notre mère au Père-Lachaise, accompagnés entre autres par ses deux enfants Alain et Marie-Christine... J'étais redevenu son petit frère : Jean-Louis.

Nous avions été intimement liés toute notre vie. Max était *Mon Frère*. Sur son lit d'agonie, il m'avait encore appelé « ma Nénette ». Désormais, il n'y avait plus personne qui pût se servir de ce surnom...

La loi du cirque...

La première de *la Vie parisienne* fut une des plus étincelantes soirées que notre compagnie ait connues. Un triomphe qui fit l'unanimité. En quittant le théâtre, le public chantait et dansait dans la rue Montpensier. Le Palais-Royal, avec sa salle où les spectateurs s'empilaient, sa fosse d'orchestre où les musiciens s'entassaient, sa scène où les comédiens se bousculaient, éclatait de partout. La « folie » avait réussi. Et la folie continua.

Trois mois après, nous recréâmes *le Soulier de satin*. A cause de l'exiguïté des lieux, j'avais imaginé une autre mise en scène. Catherine Sellers interprétait le rôle de Prouhèze. Marie Bell, ma chère Marie Bell, qui avait été une sublime Prouhèze, ne me le pardonna pas. Je la comprends car je sais que ça fait mal.

Le soir de la première, les quelques éléments de décors me tombèrent sur le dos et je criai en dedans de moi : « Je suis puni, je suis puni. »

La poésie de Claudel fut la plus forte. Le monde s'y précipita. La folie n'était toujours pas terminée.

Nous créâmes *le Tir Clara*. Et nous partîmes dans l'alternance. La moyenne de fréquentation dépassait les 100 % !

Jean Anouilh aime ces théâtres intimes. Il se rapprocha de nous. Il avait composé, peu de temps auparavant, un scénario de film sur la vie de Molière. Les producteurs s'étaient désistés au dernier moment. Il me le fit lire. Nous décidâmes de monter « le film » pour une scène de théâtre. Cette expérience m'excitait. Cela devint : *la Petite Molière*. Nous créâmes l'ouvrage au Mai de Bordeaux 1959.

C'était la troisième fois que nous travaillions pour le festival de la ville de Jacques Chaban-Delmas. Après *Christophe Colomb*, nous y avions créé *l'Orestie*.

Nous ne pouvions pas répéter au Palais-Royal. Il n'y avait plus de place. A peine pouvions-nous bouger avec tout notre matériel. Nous nous réfugiâmes cette fois sur la scène de la Gaieté lyrique. Et la folie continuait !

Cela faillit tourner à la catastrophe. Je m'étais laissé complètement aller.

Marionnettes et comédiens jouaient ensemble.

On ne comptait même plus les tableaux. C'était une succession de « fondus-enchaînés ».

Nous ne pûmes même pas terminer à Paris le montage de la pièce.

Je renvoyai tout le monde et, en dernière heure, nous refîmes le scénario.

Enfin, nous passâmes de justesse à Bordeaux.

Les critiques de Paris, venus au festival, firent à *la Petite Molière* un accueil chaleureux. C'était de bon augure pour sa création à Paris... mais, attendons la suite !

Depuis le retour au pouvoir du général de Gaulle, André Malraux, ministre d'Etat, avait été chargé de créer le ministère des Affaires culturelles.

Il était fort jalousé. Les mauvaises langues disaient : « qu'il mettait déjà la pagaille dans un ministère qui n'existait pas ! » Rien ne l'arrêtait, lui non plus. Il était décidé.

Un certain jour, nous avions été conviés à déjeuner par un grand ami de toujours, Charles Gombault. Parmi les convives, il y avait André Malraux. C'était d'ailleurs un déjeuner intime. Je n'avais pas revu Malraux, je crois bien, depuis avant la guerre. Dans la conversation, je m'aperçus avec surprise et intime satisfaction qu'il avait suivi constamment nos efforts.

Madeleine Renaud et lui étaient placés côte à côte. Soudain, il lui dit :

— Et maintenant, chère madame, quand vous installez-vous à l'Odéon ?

— Mais... quand vous le voudrez, monsieur le Ministre.

Il venait de créer le Théâtre de France.

Que serait-il arrivé si je n'avais pas commis toutes ces « folies » ? Malraux nous aurait-il demandé de créer ce théâtre national moderne si nous nous étions contentés de profiter du succès de *la Vie parisienne* ? N'y avait-il pas eu au contraire, dans ces audaces irréfléchies, quelque indice qui pût plaire à de Gaulle et à Malraux ?

J'ai toujours cru à la folie. « Devenir plus », comme dit Teilhard de Chardin, n'est-ce pas à un moment donné sortir de son propre cercle ?

L'enthousiasme, si cher à Claudel, nous met dans une espèce d'état d'apesanteur qui est la « folie » du « plus-être ».

Danser au ralenti sur la lune, vaincre l'Himalaya, arracher un dixième de seconde sur cent mètres, réussir une nouvelle figure de trapèze, brûler ses meubles pour une idée, s'embarquer vers l'Ouest quand on veut atteindre l'Est, se ruiner pour créer une nouvelle rose, se couper l'oreille pour faire un tableau nouveau, perdre le sommeil pour réussir un poème, s'enfermer à vie pour parler à Dieu, se faire brûler comme hérétique pour l'honneur de l'humanité, se tuer lentement enfin en « jouant la comédie » — tout cela appartient à la Folie.

Sortir du cercle, c'est mettre la vie en couleurs.

Pour les gens normaux, la vie est grise.

Parfois, il est vrai, on ne peut plus rentrer dans le cercle, comme Van Gogh, comme Artaud.

Souvent, on ne reçoit qu'injustice ou ingratitude, comme Colomb.

Il y en a qui s'écroulent, épuisés, comme Molière, comme Jouvet, comme Bérard.

Teilhard de Chardin, que je viens de citer, distingue trois espèces de gens : Les fatigués — Les jouisseurs — Les ardents. Encore un ternaire.

« Pour les ardents, dit-il, vivre est une ascension, une découverte. Ce qui leur paraît intéressant, c'est non seulement d'être mais de *devenir plus*. L'être est inépuisable, comme un foyer de chaleur et de lumière dont il est possible de se rapprocher toujours plus. »

Et il ajoute : « On peut plaisanter ces hommes, les traiter de naïfs ou les trouver gênants. En attendant, ce sont eux qui nous ont faits et c'est d'eux que s'apprête à sortir la Terre de demain. »

Club des émerveillés, club des ardents : club des fous.

Je me rends compte, à cet instant même, que mes « folies » étaient bien pauvres !

N'importe, si cela doit devenir pour moi un idéal, une ligne de conduite ?

En tout cas, en la circonstance, cela devenait, comme on dit en sport, « payant ».

L'époque du Théâtre de France était née.

Théâtre de France
ou de Tête d'or à Tête d'or

septembre 59 - septembre 68

L'époque du Théâtre de France, du moins dans le souvenir des « Autres », a été assombrie par les événements de Mai 68. De fait, nous eûmes en la circonstance à subir de rudes épreuves. Nous en ferons plus loin un petit résumé historique. Mais le temps clarifie les choses. Restons fidèle à notre propos. Ne retenons de ce Passé que ce qui a la vibration du Présent. Aussitôt, la joie revient et j'y retrouve l'enthousiasme qui m'anima à ce moment-là.

Notre compagnie venait de vivre treize années littéralement épanouies. L'époque Marigny avait débordé de vitalité. Elle nous avait permis de créer un *théâtre de répertoire*. Je le dis sans modestie peut-être, mais avec objectivité : jamais dans l'histoire du théâtre, avec des moyens privés, ce phénomène ne s'était encore produit.

De plus, nos années de vie errante, avaient donné à ce théâtre de répertoire une *réputation internationale*. Notre compagnie, aux yeux du monde entier, était estimée au même titre que nos théâtres nationaux : la Comédie-Française et le T.N.P.

Sur la cinquantaine d'œuvres que nous avions montées, une bonne trentaine étaient encore en pleine activité. Avec *la Vie parisienne, le Soulier de satin* renouvelé, et *la Petite Molière* d'Anouilh qui venait de triompher au Festival de Bordeaux, notre dernière saison avait été parmi les plus brillantes. Notre cote était donc en hausse.

Par ailleurs, le théâtre du Palais-Royal, quel que soit son charme indéniable, était pour notre compagnie un cadre trop petit. Tôt ou tard, il nous aurait fallu restreindre notre productivité.

Le gouvernement du général de Gaulle était encore tout frais. André Malraux, ministre d'Etat, chargé des Affaires culturelles, projetait déjà de nettoyer les pierres roses de Paris. Il estima sans doute que la salle du vieil Odéon avait également besoin d'être nettoyée de l'intérieur.

Puisqu'il trouvait devant lui un théâtre de répertoire en plein fonctionnement mais errant... pourquoi ne pas l'installer à l'Odéon en le baptisant « Théâtre de France » ? C'est en fait ce qu'il nous proposa. Il « nationalisait » notre compagnie. Pourquoi avons-nous accepté spontanément ? En ce moment même, je réponds sans hésiter. Pour deux raisons : parce que c'était Malraux et parce que nous aimons servir.

C'était dur, cependant, de mettre de côté cette personne morale dénommée « Compagnie Renaud-Barrault ». C'était peut-être injuste après tout, et ingrat. D'ailleurs, nous la mîmes en sommeil sans la dissoudre. « On ne sait jamais », pensa mon côté paysan.

C'était risqué de se livrer à l' « officiel ». N'allions-nous pas nous y engloutir ? En devenant Théâtre de France, n'allions-nous pas, aux yeux des gens, nous « académiser » ? N'y avait-il pas là un piège, prélude à quelque « trahison » ? Qu'en pensait mon double, le « libertaire » ?

Mais il y avait Malraux et, derrière lui, de Gaulle. J'aime les hommes qui ont de la dimension.

La vie doit se prendre à bras-le-corps ; il ne faut pas chipoter, c'est mesquin. « Se donner pour tout recevoir. » Le « dominicain » que je porte en moi me conseilla sans doute d'accepter sans réfléchir.

« Faire, faire, faire. Qui me donnera la force de faire ? » me soufflait Tête d'Or.

Devant cette opportunité du hasard selon Eschyle, je décidai de notre Destin. Madeleine, une fois de plus, partagea mon point de vue. Il n'y avait plus qu'à se débrouiller et, comme à l'accoutumée, à foncer... mal, mais vite. C'était à nous, désormais, d'en éviter les embûches.

Toutefois, notre communauté était inquiète. Pierre Bertin, par exemple, connaissait bien l'Odéon pour en avoir fait partie dans sa jeunesse. Il n'en ignorait pas les difficultés. Nos jeunes camarades craignaient de perdre cette vie d'aventure et de liberté qui faisait le charme de notre compagnie. Certains, plus lucides encore, appréhendaient de nouvelles difficultés économiques.

De fait, l'enjeu était considérable. L'Odéon est une charge très lourde ; notre subvention, décidée à l'improviste et sans aucun point de comparaison, se révéla insuffisante et, avec le contrat de concessionnaire que je signai, j'étais responsable *sur mes biens*. J'acceptai néanmoins ce contrat car cette lourde et dangereuse responsabilité financière sauvegardait ma liberté artistique.

Et puis, encore une fois, il y avait Malraux. Pendant neuf années de Théâtre de France, jamais il ne chercha à m'influencer ni à me contraindre. Il y avait à ses côtés des hommes comme Gaétan Picon et ses collaborateurs, Biasini entre autres, avec qui nous partagions les mêmes goûts, les mêmes aspirations.

Sur le plan spirituel et artistique, cette époque « Théâtre de France » de notre compagnie fut pure, joyeuse et épanouie. Sinon, comment des hommes comme Ionesco, Roger Blin, Billetdoux, Beckett et Genêt, des femmes comme Marguerite Duras, Nathalie Sarraute, seraient-ils venus nous rejoindre ?

Sur le plan matériel elle fut faite de difficultés constantes et nous faillîmes nous y ruiner. La vie fut beaucoup plus dangereuse que du temps de notre vie « privée ». On croit généralement que, subventionnés, nous eûmes une vie confortable. C'est tout le contraire. Alors qu'au Marigny notre budget s'équilibrait avec 60 % du rendement, la moyenne, en neuf ans de Théâtre de France, atteignit 72 %, et nous n'y arrivions pas.

L'Odéon est comme ces châteaux qu'un concessionnaire, de nos jours, n'est plus capable d'entretenir. Depuis, ce genre de contrat a d'ailleurs été supprimé. Au reste, il était bien mal fait et rempli de contradictions entre les deux ministères de tutelle : Finances et Affaires culturelles. Le cahier des charges ne fut signé que trois ans plus tard.

J'avais été comme un lieutenant à qui le colonel ordonne de partir à l'assaut. La décision d'André Malraux avait d'ailleurs suscité des jalousies, de « saintes indignations ». Nous eûmes à lutter très longtemps contre une hostilité acharnée. Autant nous avions été un sujet de charitable compassion quand nous n'avions pas de théâtre, autant on nous en voulait d'en avoir reçu un. C'est Paris.

Depuis treize ans, le mot Odéon n'existait plus, puisqu'il était devenu la deuxième salle de la Comédie-Française. Qu'on l'appelât Théâtre de France fit se lever soudain un concert de protestations.

Comment, ce cher Odéon ?

Afin de calmer les esprits, j'insistai auprès de Malraux pour qu'on l'appelât « Odéon-Théâtre de France ». Il accepta à contrecœur. Il n'aimait pas les concessions.

Par courtoisie, j'allai me présenter à une personne éminente du ministère des Finances. Ce monsieur me reçut aimablement, me faisant mille compliments sur le passé « culturel » de notre compagnie, puis il ajouta :

— A vrai dire, je ne vois pas la raison de votre visite. Vous n'êtes pour moi qu'un *projet* de M. Malraux, qui n'est lui-même qu'un *projet* de M. de Gaulle.

L'atmosphère, comme on le voit, était tendue. Nous n'avions jamais, dans toute notre vie professionnelle, accepté pareille aventure, certainement la plus risquée. Et la réputation ancestrale de l'Odéon ne simplifiait pas les choses.

L'Odéon

Ce théâtre fut construit par les architectes Peyre et de Wailly vers 1780 pour les Comédiens français. La rue de l'Odéon se nommait alors rue du Théâtre français. En 1784, *le Mariage de Figaro* de Beaumarchais y fut créé. Ce fut un scandale mémorable. Nous en connûmes d'autres.

Pendant la Révolution, il y eut parmi les comédiens une scission : les royalistes et les révolutionnaires. Ces derniers, entraînés par Talma, se rapprochèrent des jardins du Palais-Royal et formèrent l'actuelle Comédie française. Les autres eurent des ennuis, allant même jusqu'à la prison.

Le théâtre Royal, occupé par deux grandes statues de Marat et de J.-J. Rousseau, se nomma théâtre du Peuple, puis théâtre Egalité.

En 1795, après beaucoup de bouleversements, cette salle, dirigée par M. Poupart-Dorfeuille, prit le nom de l'Odéon. Quelle était sa vocation ? Voici quelques lignes de l'époque :

> *L'Odéon est un institut destiné à former une nouvelle génération d'artistes dramatiques, à susciter non seulement des interprètes, mais des poètes tragiques et comiques ; bref, à donner une nouvelle vie à tous les talents qui peuvent embellir le théâtre de la France.*

Sous Napoléon Ier, l'Odéon perdit son nom pour s'appeler théâtre Impérial. Sous Louis XVIII, de nouveau : théâtre Royal. Sous Napoléon III : théâtre de l'Impératrice.

De 1946 à 1959, il venait de s'appeler salle Luxembourg.

Entre-temps, il redevenait régulièrement l'Odéon. Il fallait en faire le Théâtre de France.

La vie de ce très bel établissement est, comme on le voit, tourmentée. Son destin paraît pourtant bien défini : la promotion, la création, la jeunesse ; un théâtre qui se trouve *au départ* de la démarche artistique. Aussi ce destin rencontre-t-il des combats, des scandales, des secousses. En plein carrefour Danton, il est toujours le premier touché dès qu'il y a des troubles sociaux. Il est couvert de cicatrices.

Sur le plan de la réussite économique, si l'on excepte un ou deux directeurs qui en avaient fait un théâtre de quartier, tous les autres, qui ont voulu pendant un siècle et demi rester fidèles à sa mission de créations et de combats, même les plus grands, ont fait faillite : Antoine, Gémier, etc.

Que de gravures ne trouve-t-on pas sur la désaffection de l'Odéon ! « Les rats s'y sont mis, parce qu'on n'y voit pas un chat », etc.

Quand Malraux me charge de cet « exploit », les pierres sont noires, les galeries sont vides, la place est morne.

De temps à autre, des gens se présentaient à la caisse pour demander un billet pour Sceaux. Ils confondaient l'Odéon avec la gare du Luxembourg !

Mais, à l'intérieur, la scène est remplie de techniciens ! Il me faut en congédier une bonne moitié : tâche détestable. Autrement, l'outil serait impraticable. Le syndicat lui-même le reconnaît.

Je n'ai toujours pas de licence de directeur, mais j'en reçois tous les soucis.

André Malraux et moi choisissons, pour l'ouverture solennelle, *Tête d'or*.

Mon *Tête d'or* tant désiré depuis 1939 ! Vingt ans de patience et de rêves. André Masson, qui se sera toujours trouvé aux différents départs de ma vie — *Numance*, 1937 - *Hamlet*, 1946 — fera décors et costumes de *Tête d'or*, 1959.

Boulez reprendra la partition inachevée de Honegger et terminera la musique.

Alain Cuny, Terzieff, Catherine Sellers seront les protagonistes.

Le 21 octobre 1959, création de *Tête d'or* sous la présidence du général de Gaulle, président de la République, avec tout le gouvernement.

Paris en grince des dents.

La critique nous attaque.

Les étudiants viennent.

Le clan des « fans » se forme.

Sur une cinquantaine de représentations, je connais des jeunes spectateurs qui, pendant cette série-là, l'auront vu jusqu'à trente et une fois !

Les recettes ne sont pas considérables, mais nous atteignons 50 %. Moralement, c'est un grand succès ; matériellement, ce n'est pas un four.

Notre alternance est assurée par le répertoire de la Compagnie : *Fausses Confidences - Baptiste - la Cerisaie - Christophe Colomb - Occupe-toi d'Amélie* : les « bons vieux saint-bernards ». Et surtout, en deuxième création : *la Petite Molière* d'Anouilh, qui a déjà remporté ce grand succès à Bordeaux en mai dernier. Nous comptons beaucoup dessus et à juste titre.

Première le 11 novembre 1959 — trois semaines après *Tête d'or*. La même critique qui nous avait adressé un concert de louanges en mai, nous tombe dessus. Où est le temps où, en 1946, Paris applaudissait à chaque création de notre compagnie ? Cette fois-ci, le Théâtre de France d'André Malraux *doit* aboutir à un échec.

Le combat n'est plus sur la scène, il est dans la salle, sournois, méchant, haineux, sordide. C'est une psychose. Nous continuons.

J'inscris une troisième création : *Rhinocéros* de Ionesco. Malraux m'avoue ses craintes, non à cause de la qualité de l'œuvre, mais parce que son caractère d'avant-garde risque de me faire, pour cette première année, aller trop loin. Je prends le risque.

> Un souvenir-présent. Un après-midi, tandis que nous répétions, nous arrive la nouvelle de la mort accidentelle de Camus. Je revois le visage bouleversé de Ionesco, jusqu'à la panique. La mort, sa vieille ennemie, est là devant lui. Nous arrêtons la répétition. Incapables de travailler plus longtemps... Famille de gens de théâtre, nous venions de perdre un des nôtres.

20 janvier 1960. Première de *Rhinocéros*. Esquintage général. « Ionesco se range, le ton est vieil Odéon. » On fait la fine bouche. Ennui et fadeur. Brefs, les bons arguments qui détruisent. Ah ! ce n'est plus le Ionesco de ses débuts [1]. Voilà qu'il se met à lancer des messages, etc. Il est pieusement attaqué sur son manque d'avant-garde. Jean-Louis Barrault, quant à lui, veut faire « jeune », etc.

Aujourd'hui, *Rhinocéros* est reconnu par les mêmes comme étant une des meilleures pièces de Ionesco...

Tels furent, pendant la première saison, les rapports entre Paris et le Théâtre de France. La hargne et la rancune ne devaient disparaître définitivement qu'à la fin de la troisième année.

---

1. « Quand on le jouait devant des salles vides. » Avec la quantité de gens qui ont assisté aux premiers Ionesco devant des salles vides, il y aurait sans doute de quoi remplir l'Opéra toute l'année.

Entre-temps : *Jules César,* dans un extraordinaire décor de Balthus, reçut le même accueil hostile. Dans ce cas particulier, je le reconnais, j'avais commis de sérieuses erreurs. Les critiques étaient méritées.

Par contre, *le Voyage* de Schéhadé était une œuvre captivante que nous avions réussie. Elle fut esquintée à son tour, jusqu'à en être découragés, tant il s'y mêlait de parti pris. Je dirais même de xénophobie imbécile et déplacée.

Guerre et Poésie, un spectacle remarquable que nous avions composé avec Pichette, aidés par un jeune cinéaste de grand talent, Vilardebo, risqua de tourner à la guerre civile. C'était au temps du putsch d'Alger !

Quand Max Ernst acceptait de faire des décors pour *Judith* de Giraudoux, une de ses plus grandes œuvres, peut-être la plus forte, les journaux ne relevaient même pas son nom !

Quand André Masson fut chargé de repeindre le plafond de la salle, le monde fut pris d'une soudaine affection admirative pour J.-P. Laurens... qui avait composé l'ancien plafond.

Les deux premiers succès furent *Un otage* de Brendan Behan, mise en scène de Georges Wilson, avec notre chère Arletty, et *le Marchand de Venise,* mise en scène de Marguerite Jamois, avec Sorano. Sorano devait mourir subitement l'année suivante à l'âge de quarante et un ans ! Une véritable perte pour notre profession.

Enfin la bourrasque se calma avec *la Nuit a sa clarté* de Christopher Fry, dans le texte français de Ph. de Rothschild ; *Andromaque* fut une victoire ; *le Piéton de l'air* de Ionesco [1], discuté mais favorablement. Le « parti pris » s'était fatigué.

Notre avion avait mis trois saisons à décoller. Dès lors, nous prîmes de l'altitude. Nous volions vers le beau temps.

La traduction de Jules Supervielle fit merveille dans *Comme il vous plaira,* mise en scène par J.-P. Granval. La troisième mise en scène du *Soulier de satin,* avec Geneviève Page et Samy Frey dans Prouhèze et Rodrigue, fut un triomphe.

Et il y eut le coup de *Oh ! les beaux jours* de Samuel Beckett, dans la présentation de Roger Blin.

Puis *le Mariage de Figaro,* décors de Pierre Delbée et costumes d'Yves Saint-Laurent ; *Il faut passer par les nuages,* de Billetdoux ; *Des journées entières dans les arbres,* de Marguerite Duras.

---

1. Dans des décors de Jacques Noël, comme par *Rhinocéros,* comme pour *La Petite Molière.* Jacques Noël ... un vrai complice !

Nous avions payé notre tribut. Paris le reconnaissait, la partie était gagnée. Cela avait duré quatre ans.

A présent, les créations remportaient autant de succès que les réussites de notre répertoire qui continuait d'assurer notre alternance : *Amphitryon, l'Orestie, le Procès, Hamlet, Partage de Midi, Intermezzo* (dans les si beaux décors de notre fidèle ami Brianchon), *le Chien du jardinier, les Fourberies de Scapin.*

Par ailleurs, nos tournées (au Japon en 1960, en Amérique du Sud en 1961, en U.R.S.S. en 1962, en Italie, en Allemagne en 1963, au Canada, aux Etats-Unis en 1964 — troisième visite — en Angleterre, en Roumanie, en Tchécoslovaquie, en Autriche, etc.) contribuaient à faire du Théâtre de France ce théâtre international de langue française dont nous avions tant rêvé depuis près de vingt ans.

Le monde entier nous reconnaissait. Nous avions atteint une sorte de plénitude. Mais il avait fallu payer cher. De quoi faire crever un moins « rhinocéros » que moi. De temps à autre, les services du ministère me rappelaient que je devais soumettre mon futur programme à mon ministre. J'envoyais une note, que Malraux me retournait avec l'annotation suivante : « D'accord, à vous de jouer ! » C'était tout. L'entente était parfaite.

Il savait combien nous avions eu à lutter ; nous savions avec quelle fermeté il nous soutenait.

Un jour, le général de Gaulle me posa une véritable colle. Il désirait assister *incognito* à une représentation du *Soulier de satin*. Il n'y eut aucun motard. Une Citroën noire vint s'arrêter près du perron. J'étais sur les marches pour l'accueillir, ainsi que Mme de Gaulle. Il était en civil. Nous nous faufilâmes parmi la foule des spectateurs — certains se retournaient parce qu'ils trouvaient sans doute ce monsieur particulièrement grand — et au moment où la salle venait de le reconnaître, le spectacle commença.

A l'entracte, il vint sur la scène complimenter la troupe, et à la fin il se sauva par une porte de secours devant laquelle sa Citroën l'attendait. Je l'entends dire encore :

— Dépêchez-vous, Yvonne !

Il aimait beaucoup Claudel et eut à son propos une critique savoureuse : « Ce Claudel, tout de même, il a du ragoût ! »

Ça, c'est de la critique ! C'est ce qu'on appelle avoir la pointe du crayon dans l'œil ! J'adresse une pensée à Blaise Cendrars qui, lui aussi, avait du ragoût.

A propos de ce troisième *Soulier de satin* : rien n'est plus difficile que de refaire une mise en scène. Il faut être aidé par une

321

œuvre bien forte. Du *Soulier*, j'en aurai fait quatre ! La quatrième fut réalisée pour le théâtre antique d'Orange.

Deux mots sur la méthode que j'adoptai pour la troisième. Encouragé par l'expérience de *Christophe Colomb* avec sa voile-objet signifiant, je cherchai quel objet pourrait catalyser l'œuvre entière. A Bahia (Brésil) j'avais admiré ces autels d'églises portugaises de style baroque. Tout à fait l'âme de Claudel. J'avais par ailleurs remarqué que les styles de théâtre s'inspirent des endroits où les comédiens doivent jouer. Le style du théâtre élisabéthain s'appuie sur une cour d'auberge. Le style des « mansions » du Moyen Age s'appuie sur le parvis des églises. Le dispositif du Nô japonais ressemble à cette petite île que j'avais vue à Nara. Elle était reliée à la terre par un isthme étroit sur le côté gauche. Le style de Vilar au T.N.P. vient de la grande cour d'Avignon. Le style du théâtre antique vient des gradins naturels qui s'appuient sur la paroi des rochers.

Je me demandai donc quel serait l'endroit naturel pour jouer *le Soulier de satin*. Mon choix se porta sur un autel d'église.

> *Quand je m'élancerai vers le mal, que ce soit avec un pied boiteux.*
>
> *La barrière que vous avez mise, quand je voudrai la franchir, que ce soit avec une aile rognée,* dit **Prouhèze**.

Le péché étant la chose qu'on ne peut pas ne pas faire, exige du pécheur qu'il se livre tout à lui. Mais, en même temps, le pécheur claudélien souhaite rencontrer des obstacles qui l'empêchent de se satisfaire. La passion aux prises avec l'ange gardien.

L'autel, c'est l'ordre, mais si on casse l'autel, on satisfait le désordre de la passion. L'autel est donc fait de plusieurs morceaux. Parfois, on sépare les morceaux et on se livre au passionnant désordre. Parfois, on raccorde les morceaux et on reconstitue l'ordre.

Nous pûmes, avec les trois morceaux de l'autel, deux escaliers et un socle tournant, imaginer toutes les combinaisons des trente-trois tableaux du *Soulier de satin*.

Il suffisait d'y ajouter chaque fois quelques légers accessoires pour suggérer les lieux.

Le rythme étant bien mieux respecté, nous pûmes également rajouter quelques scènes anciennement coupées, notamment celle de « l'ombre double » que Claudel avait tant regrettée.

J'avais renoncé à Don Rodrigue. Une fois de plus, je ressentis la douleur d'être séparé de certains personnages. Comme pour les créateurs dont certaines œuvres peuvent se séparer d'eux tandis que d'autres leur restent accrochées pour la vie, les acteurs ont des rôles dont ils peuvent aisément se séparer, mais d'autres qui leur restent collés à la peau.

Je sais ce que Marie Bell, qui avait si splendidement créé Prouhèze, eut à souffrir de s'en voir éloignée.

Nous avons un métier cruel. Et, plus nous y offrons notre vie, plus la cruauté est aiguë. Cruauté et vie, c'est tout un.

La petite salle

Au terme de ces années de lutte, nous nous mîmes vraiment à aimer l'Odéon. Par l'effort et la souffrance, il était devenu *notre* théâtre.

Nous pensâmes au Petit Marigny d'antan. Grâce à un velum en tissu de verre, nous nous arrangeâmes pour changer par des moyens rapides le volume de la salle de l'Odéon. Il n'en restait plus que l'orchestre et la corbeille : 650 places. Un véritable théâtre « royal ». L'atmosphère y était extraordinaire. Pour certaines œuvres que j'appelle « de chevalet », c'était l'idéal. C'est dans ce format que fut créé le chef-d'œuvre de Beckett : *Oh ! les beaux jours*.

Roger Blin, à qui j'avais demandé de mettre en scène *Divines Paroles* de Valle Inclán, avait faire lire *Oh ! les beaux jours* à Madeleine. Elle eut le coup de foudre.

Pendant trois mois, Beckett et Roger Blin travaillèrent « sur elle », comme des naturalistes se penchent sur la vie des insectes.

Pour un metteur en scène, Madeleine est l'obéissance même. Dès l'instant qu'elle lui fait confiance, elle se livre entièrement.

Oh ! les beaux jours fut créé à Venise, puis en Yougoslavie et, enfin, pour l'inauguration de cette « petite salle ».

Ce fut un événement. Notre nouveau *Soulier de satin* venait de triompher quatre jours avant.

« Beckett pulvérise Claudel », disait l'un. « C'est un festival d'abjection », disait l'autre.

Les comédiens ont la réputation d'exagérer... que dire alors des critiques ? Depuis quarante ans, nous entendons les mêmes chansons. — « Montagne d'ennui, pauvre monsieur Untel, à fuir et ne plus jamais revenir. » Ou bien : « Le théâtre est né hier... on ne peut plus rien voir d'autre ! »

De fait, *Oh ! les beaux jours* est un chef-d'œuvre. Une perfection de musique théâtrale, une pelote serrée de connaissance humaine. Cette sonate pour femme aura permis à Madeleine de réussir un nouveau tournant.

Toute jeune fille, elle jouait les ingénues : Cécile et Rosette [1]. Jeune femme, elle devint Jacqueline du *Chandelier* et Araminte des *Fausses Confidences*. Puis, elle prit un premier tournant avec Liouba de *la Cerisaie*. Avec Winnie, nouveau tournant ; grâce à Beckett et à Blin, elle pouvait nous ouvrir tout un sac d'humanité. Et je ne parle pas de notre Madeleine comique...

Il est très rare qu'une comédienne puisse, dans sa carrière, changer quatre fois d'emploi. Au reste, je ne crois pas que ce soit exactement le cas. Madeleine, au fond, n'a pas d'emploi. Elle est l'Etre humain tout nu.

Colette qui, elle aussi, avait « la pointe du crayon dans l'œil », lui avait jadis écrit une lettre. J'en recopie un passage au risque de froisser la pudeur de Madeleine — mais j'en prends la responsabilité :

> *Quand vous jouez, on ne sait pas tout de suite ce qui enchante en vous. On se dit : C'est sans doute la voix. Ou bien une expression du visage. Peut-être aussi un beau bras, ou la courbe de l'épaule. Serait-ce l'âme ?*

Les beaux jours, pour nous tous, furent une date. La véritable personnalité du Théâtre de France s'affirmait. Elle inspira François Billetdoux qui connut une de ses plus grandes réussites avec *Il faut passer par les nuages*.

Création dans la grande salle. Un souvenir sans tache. Une œuvre encore vivante que nous gardons à notre répertoire actuel.

Marguerite Duras nous fit confiance avec *Des journées entières dans les arbres*. Création dans la petite salle.

Le Petit Odéon.

L'Odéon devenait un instrument souple. Nous désirions l'assouplir encore en lui adjoignant une salle encore plus petite : 150 places. Nous avions remarqué un foyer qui ne servait à rien. Grâce à la compréhension de l'architecte de l'établissement, Vassas, et aux conseils de notre ami Zerfuss, ce foyer devint « le Petit Odéon ».

---

1. *Il ne faut jurer de rien* et *On ne badine pas avec l'amour*.

Nous pouvions désormais jouer sur trois dimensions, et tout cela, en restant les uns sur les autres. Le théâtre, c'est la promiscuité ; il faut remplir les lieux d'une telle charge d'humanité que l'on se sente toujours à l'étroit. Dès que, dans un théâtre, il y a un pan de mur qui ne peut être « humanisé », la mort s'y infiltre, s'y colle et glace l'endroit. La vie du théâtre est une course contre la mort.

Avec ces trois dimensions de lieux scéniques, nous pouvions désormais jouer sur tous les registres.

Nathalie Sarraute inaugura le Petit Odéon avec deux pièces aussi fines et piquantes que des insectes : *le Silence* et *le Mensonge*.

Dans cette petite salle, nous donnâmes Beckett, Ionesco, Pinget. Des premières pièces d'auteurs comme *Hommes et Pierres* de Jean-Pierre Faye ou *la Révélation* de R. J. Clot.

Dans la grande salle : *le Mariage de Figaro* ainsi que *le Barbier de Séville*. Je repris même *Numance*.

Nous avions remonté la tragédie de Cervantès pour le théâtre antique d'Orange (où nous jouâmes trois saisons de suite grâce à la proposition de M. Biasini, collaborateur de Gaétan Picon [1]).

Le succès avait été considérable et la presse unanime. Quand *Numance*, dans les mêmes conditions, fut présenté au Théâtre de France... il n'en fut pas de même !

Autant l'échec de *Jules César* me paraît, hélas ! juste, autant l'accueil sévère réservé à *Numance* me paraît, encore aujourd'hui, aberrant. Ce soir-là, « ils étaient de mauvaise humeur », alors qu' « ils » ne l'avaient pas été à Orange. Qu'importe ? devrait-on dire. Non, cela importe.

Pourquoi faisons-nous du théâtre, si ce n'est pour rencontrer les hommes. Pourquoi dresse-t-on alors une barrière entre eux et nous ? Le théâtre est un art de sorcier. Ce qu'on appelle le « téléphone arabe », autrement dit : la presse parlée, fonctionne.

Qu'un spectacle soit raté, le public ne s'y trompe pas et peu à peu ne vient plus. Pourquoi jeter dès le départ le discrédit sur des spectacles qui risqueraient peut-être de lui plaire ? Qui a la connaissance infuse en matière de sensualité ?

La Petite Molière et ce nouveau *Numance* auront eu leur carrière atrophiée par l'influence néfaste de la critique.

La critique, depuis vingt ans, porte une lourde responsabilité dans le désarroi qui règne actuellement dans nos théâtres. Qu'il s'agisse aussi bien des extrémistes d'avant-garde ou des conserva-

---

1. Nous y présentâmes *Hamlet, le Soulier de satin* (4ᵉ mise en scène), *le Marchand de Venise, Amphitryon* de Molière et *Numance*.

teurs immobilistes — artistes et spectateurs ne savent plus à quels saints se vouer.

Jouvet, les derniers temps, n'osait plus toucher à rien. Il ne cessait de répéter : « *Ils* nous assassineront. »

N'ont-ils pas attristé les dernières années de Dullin ?

N'ont-ils pas désespéré Claudel quelques mois avant sa mort, lors d'une création au Français de *l'Annonce faite à Marie* ?

Cervantès, de son temps, n'a-t-il pas été détourné du théâtre ?

Racine n'en a-t-il pas écourté sa production dramatique ?

> *Toutes ces critiques sont le partage de quatre ou cinq petits auteurs infortunés, qui n'ont jamais pu par eux-mêmes exciter la curiosité du public. Ils attendent toujours l'occasion de quelque ouvrage qui réussisse, pour l'attaquer. Non point par jalousie. Car sur quel fondement seraient-ils jaloux ? Mais dans l'espérance qu'on se donnera la peine de leur répondre, et qu'on les tirera de l'obscurité où leurs propres ouvrages les auraient laissés toute leur vie* (Préface de *Bérénice*, Racine, 31 ans).

> *Monsieur Victor Hugo a maintenant 36 ans. Et voici que l'autorité de son nom s'affaiblit de plus en plus... pâlit* (le célèbre critique Gustave Planche).

> *A quelle œuvre-témoin compares-tu ton œuvre pour t'en satisfaire ?* dit Saint-Exupéry.

Je sais qu'il n'est pas bon d'être toujours loué, que certaines critiques nous émerillonnent. Mais, en fin de compte, et très sincèrement, je me demande si le bilan est positif.

On ne prône aujourd'hui que ce qui est nouveau, que ce qui « produit un choc », « provoque un événement ». On ne sait plus où est « le bon ». On ne sait plus pour qui ni pour quoi on travaille. La profession est affolée comme un attelage de chevaux que l'on tire à hue et à dia.

Heureusement que le désir renaît toujours, que le besoin se fait toujours sentir et que nous continuons à travailler « à la désespérée ».

C'est, au fond, la seule manière de pouvoir poursuivre ses rêves. Dès mes débuts, j'avais ressenti cette richesse de vivre « à la désespérée ». Je la ressens encore. Certains soirs de « générale », pourtant, il m'est arrivé de pleurer de rage.

Léonard, alors, ne manquait pas de me citer en italien le proverbe : « Les chiens aboient et la caravane passe. » Pour la vie de la caravane des « gens du voyage », les critiques sont parfois plus néfastes que les chiens.

De plus en plus, avec Madeleine, nous désirions que le Théâtre de France devînt un foyer de théâtre ouvert aux animateurs. Nous avions déjà accueilli Marguerite Jamois, Georges Wilson. Roger Blin, Jean-Pierre Granval étaient souvent chargés de mises en scène. Bourseiller fit *l'Amérique* de Kafka. Jacques Charon, Barsacq furent également invités. Et, plus tard, Lavelli, le metteur en scène italien De Lullo, Jean-Marie Serreau, P. Chabert, Laurent Terzieff. Je réserve Maurice Béjart pour bientôt. Dans notre idée, le Théâtre de France devait devenir une « maison de théâtre » nationale et internationale. C'est à cette époque que nous décidâmes de créer *les Paravents* de Genet.

Les Paravents

Pour la mise en scène, j'avais proposé à Genet Roger Blin. Décors et costumes : André Acquart. Effets sonores : José Berghmans qui, après Boulez, était devenu notre chef d'orchestre.

J'en informe Gaétan Picon et André Malraux : ils sont totalement d'accord. Pas la moindre objection. L'œuvre, qui s'inspire de la guerre d'Algérie, est dangereuse. Elle repose sur un point chaud. Mais elle prend aussitôt de la hauteur et devient rapidement *une épopée de la Misère et de la Mort*.

Aujourd'hui encore, je considère *les Paravents* comme une des œuvres les plus importantes du théâtre du xxe siècle. Elle a la dimension des meilleures œuvres de Shakespeare. Ce n'est pas le lieu ici d'entrer dans les détails : il y aurait un livre entier à écrire sur *les Paravents* et l'art poétique de Genet.

On sait le scandale que cela fit.

Pressentant ce que nous allions risquer, j'avais écrit, dans le *Cahier* destiné à présenter l'œuvre de Genet, un article dont voici quelques extraits :

Scandale et Provocation

Il y a deux manières, en art, d'être cause de scandale.

Premièrement, le scandale que « les Autres » font à propos de l'artiste, c'est-à-dire à propos de l'œuvre créée ; or, le plus souvent, cette œuvre est le produit d'une sincérité ingénue, inconsciente et d'un tempérament particulièrement original.

Deuxièmement, le scandale prémédité par l'artiste lui-même, quand de toutes pièces il a fabriqué une œuvre en vue de choquer les autres. Ce second cas est le fait d'une imposture, puisqu'il cherche à faire passer pour inconscient et original ce qui a été simplement calculé.

Jamais le véritable artiste ne cherche à faire scandale. Tout à coup, à sa grande surprise, à son étonnement, voire à sa stupeur, il découvre qu'il « fait scandale », alors qu'il n'obéissait qu'à une évidence, imposée par sa vision.

Ni Villon, ni Baudelaire, ni Mallarmé, ni Van Gogh, ni tant d'autres ne cherchèrent le scandale. C'est leur génie qui était scandaleux... aux yeux des « Autres ».

Cependant, sans choisir délibérément le terrain propre à un scandale, il arrive que l'artiste *provoque*...

La provocation, contrairement à ce qu'elle peut paraître, est autre chose qu'une attaque. Le plus souvent elle est une riposte. Riposte qui se traduit par un cri d'indignation... provocant.

C'est d'abord l'existence, manigancée par la société, et singulièrement par la société des « honnêtes gens », qui fourmille de provocations. Fausse morale, faux droits, mauvaise foi, hypocrisies, impostures, calculs, fausse générosité, fausse charité, faux sentiments, carnaval de tous les personnages que les autres jouent, dans lesquels ils se vident : raideur du militaire borné, miséricorde humiliante des dévots, rectitude aveugle de la loi ; toile d'araignée de l'ordre, pièges de la bienfaisance, comédie du souvenir, mascarade du drapeau, viscosité de la fausse solidarité, etc. Les « honnêtes gens » ne cessent de nous provoquer depuis l'enfance jusqu'à la mort.

Sans vouloir chercher le scandale, mais au nom d'une certaine justice, entendons d'un certain rajustement des choses et surtout parce que l'on n'en peut plus, on riposte par un cri qui rejette la provocation et l'on en renvoie une autre.

Aussitôt, réaction stupéfiée de la secte des « honnêtes gens » qui, ayant perdu depuis longtemps la conscience de leur propre ignominie, réclament au nom de l'ordre, de *leur* ordre, sentence et châtiment.

Qui des deux avait commencé ?

La conduite humaine qui, en art, consiste donc à lancer la provocation à la face de ceux qui quotidiennement et sournoisement nous provoquent, est la plus courageuse, la plus estimable, mais aussi la plus délicate.

Résultat d'une « sainte indignation », elle ne peut être que saine et souffrante.

Voluptueuse et complaisante, elle devient vulnérable.

L'artiste exacerbé qui, hors de ses gonds, a recours à l'acte provocant, est comme l'animal qui défend ses petits, comme l'être qui défend sa peau.

Il est justifié précisément par l'état de légitime défense. Il dénonce, dans ce cri, l'imposture sociale, le mensonge et l'hypocrisie. C'est dans ce défi que réside la noblesse de l'art de provocation, car il y a de l'amour et rien que de l'amour dans ce défi.

La provocation n'a pour but que de servir la vie. Mais qu'on y décèle jouissance, malin plaisir, saveur personnelle, goût intime, excitation secrète, la noblesse et la légitimité s'évanouissent car à la place de l'amour il n'y avait que du vice.

Ainsi, il paraît en être de même pour la provocation et pour le scandale. Il y a la bonne espèce que l'ingénuité ou l'indignation font naître et la mauvaise, que le calcul ou le vice inspirent.

Au théâtre, il y a un sentiment encore plus sacré que la liberté, c'est le Respect de l'Etre humain.

Sauvegarder une liberté intégrale dans le domaine de son art, sans attenter au *respect humain,* tel est, sur le plan de sa conduite humaine, le délicat souci de l'homme de théâtre.

Notre conduite humaine, au sein de l'art dramatique, paraît donc être prise entre deux feux. La liberté de tout dire et le respect humain qui nous interdit de dire n'importe quoi. Il n'y a qu'une seule direction qui peut nous accorder à ces deux impératifs, c'est la perspective de la *justice.* La justice qui rajuste la vie, rabat le caquet aux impostures, purge les passions, sanctionne les démesures. C'est le royaume idéal de l'enfance sublimée.

Nous allons créer *les Paravents* de Jean Genet. Ce n'est pas à nous d'émettre un jugement personnel sur Jean Genet.

Notre rôle est essentiellement et exclusivement d'ordre théâtral ; et, sur ce point, l'importance de Genet est indiscutable. Son sujet ? Il prend sa source dans le drame de l'Algérie, mais il s'en écarte rapidement et se développe en se généralisant. Genet n'épargne ni l'un ni l'autre camp. Il reste lucide aussi bien devant le colonialisme que devant le néo-nationalisme. C'est la *misère* qui reste toujours la victime. C'est sur elle que les uns et les autres dressent les paravents de l'égoïsme, de la vulgarité, de la cupidité, de la vanité, de la convoitise, de l'ordure. C'est la misère, toujours abandonnée...

L'œuvre était fort bien jouée. Votre magnifique Maria Casarès, Germaine Kerjean, Paule Aanen, Madeleine, Alric Amidou, Cattand... tous enfin. Blin n'avait rien édulcoré. Il n'advint aucun incident pendant dix ou onze représentations. Tout paraissait devoir bien se passer. A la douzième, ce fut une attaque-« surprise » bien orchestrée. Sauts de « paras » depuis le deuxième balcon ; bagarres, blessés, sang sur la scène, bombes fumigènes, rideau de fer. La fermeté, le calme, la conduite extraordinairement lucide de la majorité du public nous permirent de continuer et de terminer la représentation.

Cela se passait en avril 1966. Pendant la trentaine de représentations qui suivirent, presque chaque soirée se passa en bagarres. Le groupe « Occident » (extrême droite) organisait des défilés dans les rues. Il y avait des interpellations à l'Assemblée nationale. Malraux plaida pour nous courageusement. Le préfet de police, M. Papon, défendit la liberté du théâtre, même si les policiers qu'il envoyait pour protéger le public nous paraissaient — enfin... quelques-uns — avoir un « faible » pour les manifestants.

En septembre, je voulus refaire une série. Encore trente représentations. J'espérais que les esprits se seraient calmés. Cela recommença. Boules incendiaires, sacs de clous, volées d'ampoules électriques, jetées de plâtre, jetées de rats. Le public restait imperturbable.

Jamais nous ne fûmes obligés d'interrompre une représentation. Nous allâmes toujours jusqu'au bout. Grâce à la volonté des spectateurs. A cause des manifestants, les gens croient aujourd'hui que *les Paravents* furent refusés par l'opinion. C'est le contraire. 90 % des spectateurs étaient pour nous, pour *les Paravents* et la liberté d'expression. 10 % seulement faisaient tout pour créer un désordre tel que la police aurait été amenée à interdire les représentations.

Le gouvernement d'alors, celui de De Gaulle et de Malraux, démontra par sa fermeté que le théâtre, en démocratie française, n'était pas soumis à la censure. Retenons bien la date : 1966.

L'année suivante, lors de l'exposition internationale de Montréal, mon ami Laurence Olivier me demanda comment j'avais fait. Il désirait monter une pièce pour le théâtre national anglais *(Old Vic)*, qui risquait d'être refusée par le lord Chambellan (la censure de l'Angleterre).

Je ne pus me référer qu'à l'humanisme de ceux qui nous dirigeaient alors : de Gaulle et Malraux. Jamais théâtre national n'avait eu pour s'exprimer autant de liberté. Le retentissement de cette affaire — cela peut être prouvé — fut international. Son effet fut exemplaire. Hélas ! c'était peut-être trop beau pour durer. Mais le public de Paris avait donné son approbation.

Depuis, j'ai réfléchi à ce qui doit guider la conduite d'un directeur de théâtre national. Un théâtre national ne doit pas être le théâtre du gouvernement mais *le théâtre de la nation*. Sa production, sur le plan politique et social, doit refléter la composition politique et sociale de l'Assemblée nationale.

Un exemple : à l'heure actuelle, la majorité gouvernementale est de 40 %. Le reste est réparti entre les groupes d'opposition. J'ignore en ce moment précis les proportions exactes, mais il me semblerait juste qu'un théâtre national ait, dans sa production, 40 % d'esprit gouvernemental, 20 % environ d'esprit communiste, 20 % de centristes, et le reste d'extrêmes gauchistes ou droitistes.

Les théâtres nationaux qui se limitent à l'esprit du gouvernement sont des théâtres d'Etat totalitaire, quelle que soit leur dénomination. Les théâtres nationaux qui ne seraient que d'opposition feraient de l'usurpation.

En 1966, sur nos affiches, le citoyen de la République française pouvait lire :

Le Soulier de satin	Paul Claudel
Andromaque	Racine
Il faut passer par les nuages	Billetdoux
Oh ! les beaux jours	Samuel Beckett
Le Barbier de Séville	Beaumarchais
Des journées entières dans les arbres	Marguerite Duras
Les Paravents	Jean Genet

Au reste, *les Paravents* de Jean Genet n'est pas une œuvre politique. C'est une œuvre humanitaire, un cri anarchiste. C'est surtout une œuvre de poète.

En réponse aux nombreuses accusations qu'il me fallut entendre, j'ai suggéré souvent l'histoire suivante :

Nous sommes à Villefranche-sur-Saône (près de Lyon). Dans l'église du xvᵉ siècle d'un gothique flamboyant, un gendarme découvre un jour, près des fonts baptismaux, une jeune fille qui se fait « prendre » par un bouc. Elle en a les yeux blancs de jouissance. Scandale ! On met la fille dans une maison de redressement. On ramène le bouc dans son pré. On exorcise le lieu avec de l'eau bénite. Personne n'a remarqué que, depuis cinq siècles, à quelques mètres au-dessus du lieu du scandale, il y a une gargouille sculptée qui représente exactement la même scène. Depuis cinq cents ans, personne n'a jamais eu l'idée de détruire la pierre sculptée. Pourquoi ?

L'art, dans son essence, est contestation : contestation de la mort, contestation contre les pharisiens de tous poils, contestation de soi-même.

L'art existe parce que nous devons nous remettre sans cesse en question. Nous devons nous tuer tous les soirs pour renaître vierges chaque matin. L'art est révolutionnaire ou n'est pas.

Le niveau de civilisation d'un peuple s'évalue à la proportion de liberté que son gouvernement reconnaît aux « beaux-arts », à l'esprit de tolérance.

Je reconnais toutefois — et c'est pourquoi j'en veux tellement aux stratégies politiques — que cette liberté est trop souvent utilisée par des partis d'opposition qui ne sont en fait que d'autres gouvernements parallèles, des pouvoirs anticipés. Dans ce cas-là, tout le monde retombe dans la même répression, dans la même médiocrité de civilisation. Plus personne aujourd'hui dans le monde ne *mérite* la république. C'est là le désastre.

Les attaques que nous recevions étaient atroces. Certains critiques allaient jusqu'à la dénonciation. Ils en appelaient bel et bien à la police. Cela me rappela quelque chose :

> *Bête de l'Apocalypse !*
> *Boueux de l'humanité !*
> *Il est aussi dangereux par son impiété*
> *Que par le scandale de ses propos.*
> *Ni la crainte de Dieu, ni le respect des Hommes.*
> *Il jette la calomnie sur tous les ordres*
> *Indistinctement !*
> *Quelle honte pour les bonnes mœurs et pour l'honnêteté publique !*

Putherbe, l'accusateur de Rabelais, et quelques autres me revenaient en mémoire.

> *Son âme ne diffère en rien des chiens et des pourceaux* (Calvin).

Je ne parle même pas de ce que subit Molière à l'époque de *Tartuffe* !

De ce jour-là, j'eus envie de servir Rabelais.

Le 1er janvier 1967, faisant partie des « corps constitués », je m'étais rendu le matin de bonne heure à l'Elysée pour présenter mes vœux au président de la République. Après les discours d'usage, la docte assemblée se rendit au buffet. Quelqu'un vint vers moi et me dit :

— Monsieur le Président désire vous parler.

Je m'approche de De Gaulle. Moitié intimidé, moitié préparé.

— Dites-moi, Barrault, vous avez fait beaucoup parler de vous ces derniers temps.

— Les autres ont parlé de moi, monsieur le Président de la République, mais ce n'est pas mon fait.

— Croyez-vous que cela en valait la peine ?

— Je suis heureux que vous me posiez cette question, mon général. Je crois en effet que cette œuvre ne peut être mieux comprise que par l'homme qui s'est battu contre la misère humaine, pour la résistance, contre l'injustice et pour la décolonisation.

— Dans ce cas, mon cher maître, allez vous sustenter.

Etait-ce un arrêt de mort ? Etait-ce une adhésion intime ? Bien malin qui pourrait le dire. Je ne revis plus jamais le général de Gaulle.

Le jour de la dernière représentation des *Paravents,* André Malraux était dans la salle. Il vint ensuite me voir dans ma loge, il me confirma son admiration pour cette œuvre. Je le remerciai encore pour son courageux soutien. Il partit : lui non plus, je ne devais plus le revoir.

Dans le même temps — je n'ai pas le goût de préciser les dates — il dut y avoir dans la conduite gouvernementale une certaine évolution. Boulez se fâcha avec Malraux. Gaétan Picon et son équipe furent démis de leurs fonctions... Enfin, ils démissionnèrent... Cela me dépasse. Ce que je puis dire, c'est qu'ils ne furent plus là et que je le regrettai. Quelque chose devait changer. Quoi ? Je l'ignorais.

Le vieil Odéon devait reconnaître sa vocation d'origine : théâtre de jeunesse, théâtre moderne, théâtre de combat. Le Théâtre des Nations ne pouvant plus rester au théâtre Sarah-Bernhardt sous l'animation d'A. M. Julien et de ses collaborateurs, j'acceptai de le reprendre en charge.

Nous invitâmes à la fois l'avant-garde et les principales troupes du monde : Bunraku, Nô, Katakali, Allemagne, U.R.S.S., Pologne (les premiers Grotowski), Angleterre, le Metropolitan Opera, les réalisations de Strehler (Italie), le Living Theatre de Julian Beck, première invitation du jeune et dynamique Festival international de Nancy, animé par Jack Lang, etc.

Le Théâtre de France - Théâtre des Nations devenait un haut lieu, à la fois français et international, brassant étudiants et compagnies chevronnées.

Un cartel international fut créé. Un nouveau visage du Théâtre des Nations prit forme. Il fallait, selon nous tous, que celui-ci devînt un théâtre non d'accueil, mais de créations. C'est ce qu'il doit aujourd'hui devenir officiellement. Dès 1967, nous en fixions déjà les bases.

Je créai le premier atelier de recherches, que je confiai à mon grand ami Peter Brook. Je lui trouvai une salle dans la manufacture des Gobelins. Nous nous entendîmes sur le propos et le sujet. Il formerait pour la première fois dans le monde une troupe internationale et organiserait un spectacle en partant de *la Tempête* de Shakespeare. Ariel, par exemple, serait japonais.

Nous avions imaginé, avec Claude Gallimard et Simone Benmussa, animatrice de nos *Cahiers,* les mardis gratuits. Un jeune public « de tous âges » s'y précipitait.

Nous tendions vers le théâtre universel. Cependant, tandis que notre merveilleuse aventure prenait toujours plus de hauteur, j'étais en proie à d'intimes tourments.

Dans ce monastère profane, je me sentais devenir prieur.

« A la guerre des *Paravents* », j'avais été défendu par des êtres humains étonnants. Notamment le curé d'une grande paroisse de Paris et un général à quatre étoiles. Il faillit, à cause de nous, ne pas recevoir la cinquième. Il l'a eue, heureusement. Je ne me le serais pas pardonné, car il fut admirable, un vrai combattant. Il avait commandé jadis dans la légion, précisément. J'ai souvent revu ce général, il m'a fait ses confidences et je m'y suis reconnu : « Quand j'étais lieutenant, me dit-il, j'étais heureux, je vivais avec mes hommes. Capitaine, commandant, cela allait encore. Dès que je fus colonel, je commençai à ne plus sentir mes hommes. Général, j'en fus coupé et je souffris... ils s'éloignaient de moi. »

D'autre part, Léonard m'avait quitté. Il avait demandé ses droits à la retraite. Cela me fit beaucoup de peine. Marthe, notre secrétaire, notre « fille », avait disparu dans des conditions atroces. Notre entreprise familiale se désagrégeait dans la splendeur.

Pour remplacer Léonard, j'avais demandé à mon ministère de tutelle que Félix Giacomoni, fonctionnaire épris de belles-lettres, fût détaché au Théâtre de France-des-Nations. Homme dévoué, intègre, de caractère difficile mais de conduite irréprochable, Giacomoni avait réajusté notre gestion dans le style d'une administration ministérielle. Je n'y comprenais plus rien. Cette branche-là elle-même m'échappait.

Ajoutons à cela les complications, rendues sans cesse plus inextricables, des charges sociales ; j'étais tout à fait perdu. Dans ce théâtre polyglotte, seul le langage administratif m'était étranger. J'avais pourtant toujours aimé cette partie administrative de la vie d'un théâtre.

Bref, plus le Théâtre de France, joint au Théâtre des Nations, consolidait ses positions, plus je me sentais seul.

Au fur et à mesure qu'une entreprise grandit, progresse et s'étend, il faut que les moyens budgétaires suivent. Ces derniers ne suivaient pas.

Serions-nous obligés de nous restreindre, c'est-à-dire de renoncer à l'expansion, ou nous obstinerions-nous dans la marche progressive, au risque de connaître des difficultés financières assez graves ?

Chaque année, nous prévenions *à l'avance* nos ministères de tutelle de nos difficultés croissantes. Ces avertissements ne trouvaient pas d'écho.

— Augmentez le chiffre de vos recettes !

— Elles ne peuvent pas être plus prospères. Notre moyenne atteint 75 %. C'est le maximum pour un théâtre d'alternance et de répertoire.

— Réduisez votre activité !

— Ce serait dommage. L'instrument ne demande qu'à se développer.

Le problème devenait insoluble. Je m'égarais donc, seul, dans les méandres administratifs et financiers.

Pendant cette troisième période du Théâtre de France, j'eus à vivre une déception : *Henri VI* ; deux joies : *la Tentation de saint Antoine* et le spectacle de *Saint-Exupéry*, et une victoire : la reprise de *Tête d'or*.

Henri VI

J'aime particulièrement cette œuvre de Shakespeare. Œuvre de jeunesse, il y a posé tous ses thèmes. C'est une pièce touffue qui passe du Moyen Age à la Renaissance. Tout Shakespeare est dedans.

Je désirais faire sur Henri VI un travail similaire à celui du *Soulier de satin* et de *l'Orestie*. J'adaptai les trois pièces pour en faire un spectacle de quatre heures. Décors d'Acquart. Costumes de Marie-Hélène Dasté. Musique de Miroglio.

Malgré quelques complaisances que j'aurais dû supprimer, j'étais content du résultat. J'ai toujours péché par boulimie.

J'inaugurais des chemins dans la salle. Simultanéité des lieux. La troupe des comédiens se mêlait au public : je poussais plus avant ce style auquel j'aspirais : le théâtre à l'état naissant.

Il y avait des moments très réussis. Je croyais confirmer et affirmer certaines idées, non pas nouvelles, mais qui me poursuivaient depuis vingt ans. Nous étions heureux de cet effort énorme, nous espérions.

Œuvre typique de Renaissance. Au cours de la soirée, nous passions de la sorcellerie primitive du Moyen Age (séquence Jeanne d'Arc) au théâtre élisabéthain populaire (séquence Jack Cade) puis cruel (séquence d'York) et cela débouchait sur le « monstre naissant », Richard III.

La somme du renouvellement d'un cycle humain.

Nous ne reçûmes que des camouflets. La critique nous esquinta. Le public, influencé, manifesta de l'indifférence. J'en fus très atteint. Certains camarades commençaient à me regarder comme au temps de *l'Etat de siège*. J'en garde encore un souvenir amer. Et encore ! pour *l'Etat de siège*, il y avait quelque chose que je comprenais dans les difficultés que nous avions rencontrées, Camus et moi. Dans le cas de *Henri VI*, j'avoue que je ne comprenais plus. Aujourd'hui, je continue de penser qu'il y avait, dans ce spectacle, malgré certains points non aboutis, le meilleur de ce que je peux faire.

On perd confiance. Car si nos sensations restent les mêmes, nos désirs aussi forts, notre vision aussi nette, on en vient à se demander si notre faculté de réalisation n'a pas, malgré nous, changé. Ne pas comprendre est terrifiant.

La Tentation de saint Antoine

Depuis longtemps, j'essayais d'attirer Maurice Béjart, que j'admire beaucoup. Béjart, par le cheminement de la danse, est un grand homme de théâtre. Je lui fis de nouvelles avances. Il me dit :

— Depuis ma jeunesse, j'ai un rêve que je voudrais réaliser, mais vous n'allez pas l'accepter.

— Dites toujours.

— Je voudrais adapter *la Tentation de saint Antoine* de Flaubert.

— Ça tombe bien. Moi aussi, depuis vingt-cinq ans ! J'ai même fait quelques essais. Faites cela chez nous.

— Accepteriez-vous de jouer Antoine ?

— Parbleu, oui ; sous votre direction. Je vous promets que je travaillerai comme un élève.

Je l'ai dit déjà plusieurs fois : j'aime me remettre en question et me faire « nettoyer » par des artistes en qui je crois. Je me livrai à lui aveuglément.

Dès les premières minutes de répétition, ma confiance fut totale. En général, quand on sait conduire une automobile, on n'aime pas beaucoup qu'un autre conduise à votre place. Assis à côté du volant, on exécute malgré soi les gestes du chauffeur, on freine, on débraye. Avec Béjart, ces réflexes disparurent aussitôt. Tout ce qu'il ressentait, je le sentais aussi. Je n'eus donc qu'à m'occuper de mon rôle.

Aidé pour les décors par Wogensky et Martha Pan ; pour les costumes par Germinal Casado et pour les arrangements musicaux par Pierre Henry, Béjart fit un travail merveilleux.

Le succès fut considérable et ma joie sans mélange.

Dans mon art, je ne connais que l'indignation et la colère. Indignation quand un spectacle que je trouve mauvais est louangé ; colère quand un camarade a trouvé avant moi quelque chose de bon à quoi je n'avais pas pensé, c'est-à-dire : colère contre moi.

Dans le cas de Béjart, je ne connus qu'enthousiasme et joie : il réalisait ce que j'aimais, il faisait avancer le théâtre dans la direction que je désirais, il m'apportait une vérification de ce à quoi j'aspirais. Je n'avais qu'à en être heureux. Je le fus. Béjart, fidèle à Flaubert, sut éviter les pièges que renfermait le sujet : ne pas se laisser entraîner par une imagination débridée jusqu'à la profusion décorative, mais au contraire s'efforcer de transposer par rigueur cette poésie hallucinatoire jusqu'à la quintessence abstraite. Une phrase de Flaubert nous donna la clef : « Ce ne sont pas les perles qui font le collier, mais le fil. » C'est ce que réussit Béjart. Il sut, par le seul moyen des êtres humains évoluant dans l'espace, dévider, avec pureté et un esprit sélectif remarquable, ce fil que Flaubert avait déroulé tout au long du roman par le moyen de l'écriture.

Saint Antoine fut le *Hamlet* de mes cinquante ans. Je voudrais bien le jouer encore.

Mais est-ce qu'à notre époque on peut vivre avec continuité ? Comme les gens qui sont malades, on n'aime plus que le changement.

La saison 1967 était florissante. Ajoutant au succès de Béjart, Lavelli réussit parfaitement la *Médée* de Sénèque. Casarès y était admirable. Edwige Feuillère, Madeleine, Simone Valère et Claude Dauphin triomphèrent dans *Délicate Balance* d'Edward Albee.

Enfin, pour ma « collection » *Connaissance,* je réalisai un Saint-Exupéry.

Saint-Exupéry

Le Canada organisait cette année-là une grande exposition internationale intitulée « Terre des Hommes ». Je proposai de composer à cette occasion un spectacle sur l'aventure humaine de Saint-Exupéry.

Créé à Montréal pour l'inauguration des théâtres de la place des Arts, en communauté avec nos amis acteurs canadiens, ce spectacle était destiné au Petit Odéon, où continuaient de se jouer les deux pièces de Nathalie Sarraute. A la vérité, nous rodâmes d'abord le spectacle à Paris (février 1967) et nous débutâmes le 1ᵉʳ mai à Montréal.

Grâce à l'amabilité d'Air France, j'avais pu apporter à nos amis canadiens des brassées de muguet. « Le Petit Prince », sur la scène, les leur offrit pour leur porter bonheur.

Signe de la vie. Je fis par hasard le voyage Orly-Montréal avec Didier Daurat, patron de Saint-Exupéry. Il me parla, pendant la durée du vol, de Mermoz, de Guillaumet, de Saint-Exupéry. Nous étions dans la cabine et je réalisai combien la famille des pilotes était devenue, pour nous, comédiens itinérants, une seconde famille. Cette aventure « théâtrale » vibre encore en moi d'une radio-activité surprenante. Quel soutien ! quelle communion entre les hommes !

La trajectoire de la vie humaine est comparable à la trajectoire d'un avion. J'avais polarisé sur scène l'humanité de Saint-Exupéry. Personne ne le représentait charnellement. Nous gardions notre personnalité d'homme-acteur. Mais il voltigeait autour de nous. Sa présence remplissait l'espace comme un lien. Nous étions chacun une parcelle de lui. Ce problème à résoudre est très intéressant. Il me préparait parfaitement au spectacle Rabelais que je continuais de travailler. Et, plus tard, également à Jarry.

Il y avait d'un côté *le Petit Prince,* de l'autre côté le seigneur berbère de *Citadelle.* Entre les deux, trois groupes :

1. Les femmes.
2. L'administration et les généraux : les immobilistes.
3. Les pilotes, les mécaniciens : les actifs.

Ces différentes facettes de l'*homme,* nous les renfermons tous en nous. Finalement, cela dépassait le cas particulier de Saint-Exupéry. Le vrai sujet du drame était bien la trajectoire humaine.

Les Sept Chevaux de Lumière

Cette trajectoire, nous nous amuserons à l'imaginer tracée par la course de Sept Chevaux de Lumière.

On naît enfant. On meurt enfant. Entre-temps, l'enfant se double d'un homme. Et cet homme a une vie. Et cette vie décrit une trajectoire. La durée du vol compte peu. Ce qui compte, c'est sa densité et sa perfection. Il y a le choix de la piste de départ, le décollage, la vitesse de croisière, les escales, la signification du vol, le but, les obstacles et l'atterrissage. Recommandation : tâcher d'atterrir une fois le but atteint et non avant !...

La trajectoire d'un homme comprend :
— L'étincelle de la vocation.
— L'initiation au métier.
— La conversion à l'amour des hommes.
— L'être de développement.
— L'épreuve individuelle.
— L'épreuve collective.
— La reconversion de soi-même. (Et elle peut se renouveler.)

Tels apparaissent les Sept Chevaux de Lumière, qui tirent le char de notre vie. Attention ! Il ne s'agit pas d'un relais de quelque voyage en poste, mais d'une accumulation. Le choix du premier cheval étant fait, les autres viennent s'y ajouter et la course se poursuit dans une galopade simultanée.

La vocation, par exemple, doit étinceler tous les matins et jusqu'à la fin de notre vie, sinon tout le reste s'effondre.

Et si l'on cesse un jour de s'identifier à son métier, comment continuer de se convertir à la vie et aux hommes, comment ressentir le désir du « plus grand que soi » ? Et si ce désir s'émousse, comment connaître la souffrance, sans laquelle on ne peut se reconvertir soi-même ?

Maîtriser le galop de Sept Chevaux à la fois n'est sans doute pas une petite affaire... A moins que cela ne soit très simple...

La vocation.

L'enfant se frotte à la vie. Il se frotte à ses parents, aux amis, aux études, aux livres, aux jeux. Devenu jeune homme, il se frotte aux métiers, aux aventures, aux illusions, aux désespoirs, aux rêves. De ce *frottement* jaillit soudain une *étincelle*. Il s'enflamme : la vocation est née, et le *désir* paraît. C'est le premier cheval : jeune, fougueux, virginal.

Le métier.

Le métier va transformer le désir en Amour. Sinon, il est une corvée.

On s'accouple à son métier comme on s'accouple à une femme. Les rapports que l'on a avec lui sont sensuels.

Il importe donc de s'identifier à lui, de se fondre avec lui, de devenir *lui*. Les objectifs d'un métier sont d'importance secondaire. Le métier a une valeur en soi.

Un métier, ça se respire.

Grâce à son métier, l'homme peut vivre au-delà de sa vie par les objets qu'il a créés, comme l'homme vit au-delà de sa vie par les enfants qu'il a engendrés.

Enfin, le métier assure à l'homme sa dignité d'homme.

C'est le métier qui nous relie aux choses. Ce deuxième cheval-métier, c'est le *lien*.

Tous les hommes sont égaux en leur métier. Ils communiquent. Ils échangent, ils partagent. S'ajoutant au désir, au lien des métiers, voici l'*échange,* le troisième cheval vient alors se joindre aux autres. C'est l'*enthousiasme*.

Le plus-être.

Cependant, la conscience de la solitude, l'idée perverse de la chute et l'angoisse de la mort restent plantées en nous comme trois clous, et notre ferveur voisine avec une capacité infinie de détresse.

On prend de grands airs, nous les hommes, mais on connaît, dans le secret du cœur, l'hésitation, le doute et le chagrin (Saint-Exupéry).

C'est pour en sortir, c'est pour maintenir notre tête au-dessus de l'eau que nous sommes animés de cette espèce de passion : du plus grand que soi. Cela tient du défi. Et pourtant, l'instinct de conservation en est l'unique cause. Défi à la solitude, défi à la chute, défi à la mort.

Malgré les apparences, ce sentiment ne vient pas du goût du danger, au contraire.

C'est pour échapper à la peur.

Pris dans l'événement, l'homme ne s'effraie plus. Seul, l'inconnu l'épouvante. Aussi l'homme crée-t-il l'événement ; et quand il affronte l'obstacle, il transforme le monde et devient semence. Dès lors, il grandit.

Ce n'est pas l'amour de la mort, mais l'amour de la vie qui lui fait prendre des risques.

Seule, l'immobilité est mort.

Le feu de Prométhée, c'est l'amour de la vie.

Au désir, au lien, à l'enthousiasme s'ajoute le cheval de *feu* qui va mener le train.

La trajectoire de l'homme atteint son apogée, le temps des épreuves approche...

Epreuve individuelle.

Jusqu'ici, on peut dire que tout va bien. Mais il y a quelque chose, hors de nous, qui nous guette.

Trop confiants, nous ne tenons pas toujours assez compte de nos propres fissures. C'est la première chute.

Nous voilà les quatre fers en l'air.

L'esprit de mort est entré en nous, mais n'y a-t-il pas dans un coin une petite flamme qui continue de brûler ? La vie, réduite à presque rien ? Et voilà que de nos cendres d'autres flammes rejaillissent. L'épreuve du plus grand désespoir procure un renforcement de la Foi.

Le désespoir épure. Au carrefour de toutes les morts, l'être intérieur, dans un brusque frisson, comme ces frissons qui secouent la peau d'un cheval, a reconnu le chemin de la vie. Seule la souffrance réelle, véritable, pouvait déclencher ce miraculeux frisson. Cette secousse qui dit : « peut-être », ce réflexe d'attente : *l'espoir.*

Epreuve collective.

De même que, par surprise, l'Homme dans sa trajectoire connaît la chute, l'humanité, par une espèce de délire qui se retourne contre elle, connaît la démesure et la convoitise. Quelle influence maléfique la fait chavirer dans l'injustice, la cupidité et la haine ?

Pourquoi l'homme se jette-t-il sur l'homme ? Pourquoi l'homme s'entretue-t-il ? Pourquoi se laisse-t-il prendre par la fureur de dominer ? Affamant les uns, torturant les autres ? Pourquoi préfère-t-il, au fond, la destruction à la construction ?

Chez les uns, c'est le désarroi et la peur.

D'autres en profitent pour exploiter et dominer.

D'autres, ce sont les pires peut-être, expliquent. Recours à la logique, à la raison, à l'Intelligence : on écrit l'Histoire.

Les « élus » maudissent. D'autres, au nom de la liberté, tournent le dos et s'enfuient.

Toute musique s'est tue et nous restons accroupis par la peur au milieu d'un tas de cailloux, étourdis par le vent de paroles des « sermonneurs » et des docteurs, égarés par la licence de ceux qui ne peuvent s'adapter ; ceux qui vont, tenant dans chaque main un désespoir particulier.

Le tableau de l'humanité, c'est finalement, et toujours, les ruines de Troie, les cendres d'Oradour, avec un prédicateur qui vocifère, un philosophe qui explique et un énergumène qui chahute.

Où est l'homme ?

Et pourtant, en écoutant bien, il reste encore, dans ce chaos calciné, une membrane qui palpite, une cellule qui respire. Toujours cette petite lueur persistante. Toujours ce frisson de vie, ce frémissement de *charité* qui veut dire chérir. Tout peut alors recommencer.

Reconversion de soi-même.

Reconvertir, je crois, est aussi un terme de finance. Ce qui signifie qu'il faut être pratique, « terre à terre ». Quand on a tout détruit, ou presque, il faut bien se débrouiller avec ce qu'on a.

La souffrance nous a averti. Grâce à elle, la vie s'est mise à vibrer en nous. La vie a également vibré hors de nous. Quand il ne resterait plus que la souffrance, il faudra bien que celle-ci serve à quelque chose ! Elle a servi de réflexe, elle a signalé la renaissance de la vie.

Le paysage, pour autant, n'a pas changé. Toujours le tas de cailloux, les sermons, les discours et l'agitation. Quant à la trajectoire de l'homme, elle se trouve pour le moins en mauvaise posture. Le chariot est renversé. Les chevaux caracolent en tous sens.

Que faire, sinon retrouver l'action, la conduite et l'entrain ?

Pour cela, pas autre chose à faire que de réinventer le travail, la morale, et *ce qui nous lie aux choses*. C'est ce que veut dire, n'est-ce pas, le mot religion ? Quand on plante un arbre, celui-ci se met à « travailler ». Point n'est besoin qu'on ait à lui garantir à l'avance les avantages de son action. S'étant frotté à la terre, il est pris du désir de sucer. Ce n'est que plus tard qu'il découvrira le sens de cette succion : le feuillage.

On dit : le bois travaille. C'est dans ce sens que l'on doit redécouvrir ce qui « travaille » en l'homme. En premier lieu, par ferveur, c'est-à-dire par chaleur naturelle, je donne. Ma chance, précisément, c'est ma ferveur aveugle, grâce à elle un jour je recevrai. Et ce que j'aurai reçu me servira à donner encore davantage.

Par bonheur, la souffrance, comme un tas de feuilles mortes, a servi d'engrais. Elle est l'humus de la reconversion.

Le don de soi pour recevoir, la contrainte pour la liberté, un pas après l'autre sans se soucier de la longueur du chemin, afin de pouvoir aller plus loin. C'est toujours la leçon de l'arbre qui fonce dans la terre pour ensuite s'élancer.

Se dresse alors la certitude. Une certitude obstinée mais détachée de tout intérêt immédiat.

L'important, c'est le lien qui nous unit à tout. D'abord à nous-mêmes, ensuite aux autres.

L'individu est un monde qu'il faut lier comme une gerbe, puis qu'on relie aux autres gerbes.

Les choses, en elles-mêmes, ne comptent pas ; pas plus que la durée d'un homme.

Ce qui compte c'est le lien et le « mouvement en marche », qui lie.

Ce qui compte, c'est moins la vie que la fonction de vivre. Sans avidité, mais avec chaleur.

Ce qui compte, finalement, c'est moins l'homme que sa trajectoire. Quand l'homme aura disparu, il restera encore l'attelage des chevaux comme sept traînées de lumière.

Le *désir*. Le *lien*. L'*enthousiasme*.

Le *feu*. Les deux chevaux de la souffrance : l'*Espoir* et la *Charité,* et enfin le septième qui prend finalement la tête : le *Désir renouvelé.*

Tête d'or

En reproduisant, à travers Saint-Exupéry, le drame de la trajectoire humaine, je ne me doutais pas que les épreuves individuelles et collectives allaient bientôt surgir devant nous.

A cette époque, nous nous sentions plutôt entraînés par le cheval de Feu. Le Théâtre de France avait suivi sa propre pente... et elle montait. Attelé au Théâtre des Nations, il atteignit son apogée.

Une reprise de *Tête d'or* en donna la preuve éclatante. Avec les mêmes Alain Cuny et Laurent Terzieff, le succès, cette fois, fut complet. Les salles étaient combles.

Tête d'or avait mis neuf ans à s'imposer [1]. La saison se termina en avril 68 dans une sorte d'apothéose. Notre char, le « Roi à la crinière d'or » tenant les guides, était emporté par ces Sept Chevaux de Lumière, cheval de Feu en tête.

Et les autres, tournant un œil vers lui,
Trottent avec lui côte à côte, et le caressent du mors qui les lie...

(Tête d'or).

Je ne savais pas que, quelques jours plus tard...

Pour terminer cette saison « en beauté », nous nous rendîmes une nouvelle fois à Londres pour un séjour de trois semaines. J'emmenai dans mon sac « mon Rabelais », qui en était déjà à sa troisième version. Je comptais bien le terminer là-bas, dans la douceur du printemps anglais...

---

1. Que dis-je neuf ans ? L'œuvre avait été écrite en 1889 ! Cela faisait soixante-dix ans. C'est ce que l'on peut appeler l'avant-garde !

Pause d'amitié : Londres

J'aime particulièrement Londres. Est-ce à cause de Shakespeare, à cause de mes amis, à cause des inoubliables souvenirs que nous en avons toujours rapportés ? J'aime Londres. Le grouillement de la rue, ses quartiers mystérieux, ses ruelles de « mews », la liberté qu'on y respire à l'état naturel, la courtoisie dans les rapports humains, ses maisons petites, ses colonnades à l'échelle de la vie privée, l'aisance des passants, l'amour que les gens ont pour les chiens, les chevaux qui caracolent, ses taxis en uniforme, ses autobus pareils à des jouets, ses soldats de bois autour du palais Buckingham, les canards de Green Park, les odeurs de Covent Garden, le quartier de Soho, les hippies de King's Road, les boutiques de Bond Street ; les nuits, les brumes, les soleils tamisés, les cottages de banlieue, les petits jardinets, les fleurs printanières, les énormes massifs d'arbres : ormes, chênes et platanes — « Elms, oaks and plane-trees » — et surtout, quand le jour tombe, la cité tout entière qui s'éveille au théâtre.

Il n'y a pas ici de ces salles de spectacle où, à la rigueur, on peut aller se distraire ; le théâtre, à Londres, est une réaction collective congénitale. Le théâtre est dans les mœurs, et ce ne sont pas les cinq chaînes de télévision qui désamorcent la ferveur du spectateur anglais. A Londres, quand la nuit vient, le théâtre apparaît.

J'aurais voulu pouvoir ajouter à ma vie une « période anglaise ». Juste après la guerre, en 1945, Laurence Olivier vint à Paris pour jouer au Français *Richard III*. On connaît son triomphe. Il y était extraordinaire. Pour moi, il représenta l'idéal de l'acteur : sa taille, sa présence, sa voix, sa diction, son talent, son sens de l'humour, son charme irrésistible, son goût de la composition. Nous avions devant nous la perfection.

Entre lui et nous, il y eut aussitôt rencontre, dès le premier contact.

Peu de temps après, nous allâmes à Londres l'admirer à l'Old

Vic dans les *Henry IV*, *Œdipe Roi* et *le Critique* de Sheridan. Il y avait également Gielgud, Richardson : un âge d'or du théâtre anglais.

En 1946, il revint à Paris. Pourquoi ? Pour voir *Hamlet* en français ! Il préparait son film. Nouveau contact. Notre amitié prenait corps.

En 1948, à Edinbourg, j'eus l'honneur de jouer *Hamlet*, toujours dans la traduction de Gide. Sur le trottoir d'en face se donnait un film de Laurence Olivier : *Hamlet* !

Nos liens se resserrèrent encore.

En 1951, Vivien Leigh et Laurence Olivier, au zénith de leur carrière, dirigent le délicieux théâtre qu'était le Saint James's, détruit méchamment, depuis, par des groupes d'industriels. Ils nous invitent à venir présenter nos spectacles. *They will eat you !* nous prédirent-ils.

Vivien et Larry formaient un couple princier. Présentés par eux aux Londoniens, nous fîmes connaissance avec un des meilleurs publics du monde : spontanéité, enfance fondamentale, ouverture, chaleur humaine. Ce qui ne l'empêche pas, à l'occasion, d'exprimer franchement son opinion. On peut ne pas être d'accord et rester civilisé. Le goût personnel et le respect humain ne sont pas incompatibles, au contraire.

Je rapportai un « stool [1] » comme porte-bonheur en souvenir de cette première saison.

Dès lors, nous rendîmes régulièrement visite à nos amis d'outre-Manche. Après le Saint James's Theatre : le Palace, puis trois fois le charmant Aldwych, sous les auspices de nos amis Molly et Peter Daubeny ; l'Old Vic, enfin, en 1969, pour *Rabelais* !

J'aime le Garrick Club. Je regrette que Paris n'ait pas un lieu de rencontre tel que celui-ci. On dit que les Anglais sont doués pour le commerce ; moi, j'aime leur « commerce humain », au sens classique du terme. Je n'ai jamais autant senti le jeu réussi de la démocratie que dans cette royauté.

A ce propos, mon âme de baladin fut à la fois fière et touchée de pouvoir rencontrer, comme il m'a été donné de le faire, la jeune reine Elizabeth. Lors de notre deuxième visite, je crois, on me demande de faire un peu de pantomime pour les enfants royaux : Charles et Anne. Ils étaient alors tout petits. Un lieu fut choisi : la maison particulière d'un cousin de Sa Majesté. Cela eut lieu

---

1. Petit pliant en bois qu'utilisent dans la rue les spectateurs qui font la queue à l'entrée des théâtres. Pour eux, des comédiens ambulants, maquillés en clowns, leur offrent un premier spectacle.

l'après-midi, « tea-time ». Madeleine et Pierre Bertin m'accompagnaient. Musicien jusqu'au bout des doigts, Bertin devait tenir le piano. Je n'avais reçu qu'une recommandation : ne pas faire peur aux enfants. D'autres enfants s'étaient joints aux enfants royaux, une quinzaine environ.

La reine arrive avec ses deux petits. On nous présente à Sa Majesté. Les premières minutes sont fort intimidées. Je dois dire : des deux côtés. Cette jeune et séduisante femme, aux beaux yeux bleus, à la peau si fraîche, au dos si épanoui, est donc la reine d'Angleterre ? Au bout d'une demi-heure, elle se met à notre diapason. Anne, au regard espiègle, s'assied sagement sur une chaise. Charles se blottit entre les jambes de sa mère.

Je commence : le cheval, la natation, la chasse, la pêche, une montée dans un arbre pour y cueillir un fruit et le manger, etc.

— Quel fruit a-t-il mangé ? demande le prince Charles.

— Une pomme... imaginaire, bien sûr.

Alors, pour lui, je mange une banane, une poire, un fruit mûr, un fruit sucré. Anne et Charles veulent faire le cheval. Je le leur montre. Les autres enfants suivent. Je ne suis pas sûr que les parents n'en ont pas fait autant. Personne ne connaît mieux le cheval que la reine. L'enfance, l'éternelle enfance, nous gagne tous.

Vient l'heure du goûter. Deux tables sont dressées. Une pour les enfants, l'autre pour les adultes. Je suis à la droite de la reine, c'est-à-dire qu'il n'y a plus de protocole. A l'autre table, Charles bombarde ses petits amis à coups de boulettes faites avec les papiers des gâteaux. Ce ne sont que rires et chahuts. La reine : *Charles, be quiet,* dit-elle gentiment. La vie de famille continue. Nous bavardons « métier ». Ce conte de fées ne peut arriver qu'à des « histrions ». Le roi et son bouffon. Je pense à ces grands amis des rois que sont les clowns de Shakespeare.

Sa Majesté redevient peu à peu jeune fille. Son humanité, à présent, ne se content plus. Le visage se détend. Elle nous fait don d'une humeur primesautière. Elle nous parle du poids réel de la couronne d'Angleterre. Une couronne lourde à porter ! Je le crois aisément ! Elle nous décrit les répétitions de sa « coronation », les affres du jour du couronnement. Elle avait répété sans tapis. Le jour de la cérémonie, le tapis était fixé à rebrousse-poil. Elle crut ne pas pouvoir tirer sa traîne. Elle s'efforce d'avancer. Juste à ce moment, une jeune fille marche sur la traîne. Personne n'a rien vu. Elle poursuit son avancée triomphale... que nous suivions tous de Paris, à la télévision, comme si elle eût été notre reine.

347

— Savez-vous pourquoi George V apprenait toujours ses discours ? me dit-elle. Parce qu'il ne pouvait pas lire sans lunettes et que, quand il les mettait, sa couronne allait de travers !

Elle rit comme une jeune fille. Elle nous séduit par tant de simplicité et de fraîche gaieté. Mon respect se transforme en respectueuse tendresse.

Le temps s'écoulait, nous étions là à bavarder depuis près de trois heures (quelle audience !) et le moment de notre représentation arrivait. Nous ne pouvions ni le dire, ni nous en aller. Tout à coup, elle s'écrie :

— Oh ! il faut que j'aille me préparer. Moi aussi, ce soir, j'ai une représentation. Je préside le banquet de la Royal Navy !

Nous nous séparâmes pour aller chacun de son côté « jouer notre rôle » selon Shakespeare. Les rois et les « strolling players » !

Depuis, elle n'a jamais laissé passer une occasion de nous témoigner sa sympathie : j'ai déjà dit combien elle avait apprécié *Amélie*.

Une autre fois, elle avait « honoré de sa présence » notre première d'*Andromaque*. Je jouais Oreste. Au moment où j'entre en scène, un figurant se prend les pieds dans ma cape. Coup de frein, je repars.

Le soir, au souper de l'Ambassade, elle me dit, toujours avec un sourire malicieux :

— Il vous est arrivé la même chose qu'à moi ! On a marché sur votre traîne.

J'appelle cela la mémoire royale.

Pendant la saison 1957-1958, Vivien Leigh me demanda de venir mettre en scène *Duel of Angels,* autrement dit *Pour Lucrèce* de Giraudoux, adapté par Christopher Fry. Elle jouait le rôle qu'Edwige Feuillère interprétait chez nous.

Ce fut un travail passionnant. Je me rapprochai des acteurs anglais. J'aime leur nature. De même que les acteurs français ont involontairement un atavisme moliéresque, les acteurs anglais rappellent toujours plus ou moins la cour d'auberge élisabéthaine. Ils sentent l'homme plus que le fond de teint.

Le visage de Vivien Leigh !... Le plus joli nez qui se pût voir, menton spirituel, fruit acidulé de la bouche, son corps félin, son regard de chat... quelle « personne » ! Et comme nous nous entendions bien ! Il n'y a qu'une chose qui me surprenait en elle : elle travaillait son rôle en haïssant son personnage — en la circonstance : Paola. Elle l'agressait. Elle cherchait constamment des raisons de ne pas l'aimer. Il me fallait donc plaider pour Paola. Elle l'abordait en provoquant l'antipathie. Ce n'est que du moment où elle eut épuisé toutes les raisons de la haïr qu'elle l'assuma. Dans le rôle, elle n'était plus seulement « chat », elle était devenue panthère.

Quand, quelques années plus tard, la radio annonça sa mort, je ne pouvais pas croire qu'un être aussi captivant, aussi beau, aussi irrésistible, comme le plus diabolique des anges, eût pu disparaître. Madeleine et moi en eûmes un chagrin profond.

Selon sa volonté, elle a été incinérée. Ses cendres ont été dispersées dans le parc de sa propriété. La propriété a été vendue. D'elle, il ne reste plus rien, rien que le souvenir vivant que nous sommes nombreux à entretenir d'elle.

Avril 1968. Nous voici donc, une fois de plus, dans *notre* Londres. Une fois de plus nous allons donner nos représentations à l'Aldwych. Une fois de plus, nous sommes là sous les auspices de l'ambassadeur Geoffroy de Courcel, encouragés par l'affectueuse protection de notre ambassadrice.

Je suis parti en éclaireur. Conférence à Oxford. Conférence sur Claudel à l'Institut français. Nous emportions avec nous : *Partage de Midi, Il faut passer par les nuages* de Billetdoux et *le Barbier de Séville*.

La saison, une fois de plus, fut glorieuse, grâce à la chaude amitié de *notre* public londonien. Nous prolongions nos nuits dans les quartiers hippies, Chelsea, « Arts Lab » dans Drury Lane. Je me rappelle notamment dans Queen's Road un lieu étonnant : « Middle Earth », parmi les montagnes de légumes de Covent Garden.

Dans Shakespeare, spécialement ses *Henri IV,* la conduite du prince de Galles m'a toujours frappé. Jeune, il vit avec les coquins, il fréquente les bouges crapuleux avec son ami Falstaff, il se mêle à son peuple, il en fait la connaissance pour ainsi dire de l'intérieur, par le bas. Et subitement, quand il devient roi, il rejette cette vie passée afin, cette fois, d'assumer son peuple, par le haut, en souverain.

Il me semble que chaque Anglais, pour lui-même, a ce « complexe prince de Galles ». Etudiant, il s'habille en pouilleux, il fréquente les bas quartiers, il jette sa gourme non seulement avec liberté mais avec anarchie. Il expurge sa « coquinerie », laquelle est aussi sympathique que celle des sympathiques compagnons de Falstaff. Et soudain, devenu adulte, il oublie tout ça, décide de s'assumer soi-même, en roi de son propre royaume. Il n'y a pas de repentir. Il y a simplement changement. Le seul risque, pour lui, est de s'assécher. Nous autres Français, nous subissons une éducation plus austère, héritage de la bourgeoisie du XIXᵉ siècle, qui risque de comprimer notre jeunesse et peut faire de nous, devenus adultes, des enfants refoulés.

Le 11 mai 1968, après ce nouveau bain d'amitié, nous revenions à Paris. A Londres, travaillant d'arrache-pied, malgré notre saison théâtrale, j'avais réussi à mettre le mot « fin » à la troisième version de *Rabelais*. Je n'en avais pas fini avec l'Angleterre, je désire n'en finir jamais... Cependant, en nous posant à Orly... quelques événements nous attendaient.

Mai 68 épreuve collective
épreuve individuelle

> *Tous les hommes sont semblables par les paroles, ce ne sont que les actions qui les découvrent différents* (Molière).

> *Et qui sait si vos lois sont saintes chez les morts* (Antigone à Créon).

Nous voici devant un « point chaud ».

Les événements dits « de mai » n'ont pas fini d'intriguer l'opinion publique. Les gens en ont reçu la surprise, vécu la peur, imaginé la réaction. Ils en ignorent encore la portée, les conséquences.

Ce n'est pas une affaire française, c'est un phénomène universel. La foudre, en mai, est tombée sur Paris, voilà tout. L'orage, me semble-t-il, venait de loin, et il continue de rôder tout autour de la terre. Je n'ai pas l'impression que ce soit terminé, c'est le moins qu'on puisse dire.

Nous en avions, quelque temps auparavant, vécu deux signes avant-coureurs.

Au cours de la saison 67-68, nous avions imaginé pour un de nos mardis gratuits une soirée consacrée à la poésie beatnik.

J'avais l'impression que ce mouvement n'était pas né spontanément, qu'il était le résultat d'une évolution conséquente dont l'origine remontait au mouvement surréaliste d'avant la dernière guerre. Je m'y reconnais souterrainement.

Le programme me paraissait bien composé : certains poètes avaient accepté très sympathiquement d'animer la soirée [1]. Peut-être aurions-nous été plus astucieux en n'y participant pas nous-mêmes. On ne se rend jamais compte de l'image que l'on a aux yeux des autres.

Dans mon esprit un peu naïf, la troupe du Théâtre de France me paraissait identique à celle de *Tandis que j'agonise* et je ne

---

1. Andrews, Soft Machine.

me sentais pas éloigné du temps où, avec André Breton, nous lisions des pages de Brisset, où, avec Robert Desnos, nous participions à des séances d'écriture automatique.

Par deux fois, pour le Théâtre des Nations, j'avais invité le Living Theatre (*The Brig* et *Mysteries*). Nos rapports avaient été excellents. Nous étions amis, et, d'après leur réaction spontanée, je me sentais tout naturellement des leurs. Nous nous imaginions admis.

Les « jeunes », eux, devaient nous voir sous un autre jour. Je devais apprendre que ce qu'on appelle « conflit de générations » ne vient pas forcément de la conduite des aînés, mais du refus des cadets. Toutefois, en la circonstance, j'avais lieu d'espérer et d'être heureux, il me semblait assister très naturellement à une réunion, voire même à une union sous le signe d'une pensée partagée, d'une indignation commune, d'une contestation solidaire... l'âge de l'état civil ne comptant plus. En réalité, je me conduisis comme un enfant !

La salle était comble. L'Odéon craquait de partout. Sur scène, il y avait autant de cheveux longs que dans les rangées de fauteuils. Naïvement, j'avais l'impression que nous étions tous rassemblés pour une fête.

A l'heure « H », la « manif » éclata, lancée précisément par un des acteurs du Living. Ce fut un beau désordre. A l'exception des instigateurs, qui devaient suivre sans doute leur plan, les autres, sur scène et dans la salle, n'y comprenaient pas grand-chose.

Sur l'objet même de la soirée, il ne me semblait pas qu'il y eût rien à reprendre. Si notre proposition avait été déplacée ou déplaisante, nous aurions dû rencontrer :

1. un refus de participation,
2. un boycottage de la part du public « jeune », et la soirée n'aurait pas eu lieu.

La tactique me paraissait donc sérieusement préméditée. On accepte, on laisse organiser la séance, qui devient une occasion de provoquer le trouble. Je découvrais dans ce comportement une certaine méthode, nouvelle pour moi, méthode qui, dès lors, ne pouvait être que politique. Nous étions loin de notre propos.

J'en retirai une impression saumâtre, assez désagréable. Notre sincérité avait été surprise. Elle avait, en fait, été tournée en ridicule... J'en fus plus attristé que vexé. La sincérité frise toujours le ridicule. Seuls les non-sincères le sont rarement.

Quelques mois plus tard, exactement le 19 avril 1968, Jack Lang, directeur du festival de Nancy, avec qui j'entretiens des relations très amicales, nous avait conviés : Alain Cuny, Laurent Terzieff, Jorris, Madeleine Vimes et moi, à venir donner des extraits de *Tête d'or*. Nous avions répondu spontanément à cette fraternelle invitation. Par deux fois, j'avais invité au Théâtre des Nations les meilleures troupes estudiantines qui se produisaient à Nancy sous le signe du Festival international du Théâtre universitaire.

Je réponds toujours à ce qui peut provoquer contacts, communication, échange. Que toute une jeunesse ait eu envie d'entendre les cris de révolte poussés jadis par un jeune poète de vingt et un ans, si bien rendus par Cuny et Terzieff, me paraissait normal et satisfaisant. Le *Tête d'or* de Claudel n'a rien à voir avec *la Vierge à midi,* sublime poème au demeurant, aussi parfait que du J.-S. Bach.

La soirée avait commencé par un discours de Jack Lang sur l'argent et le théâtre politique. Puis j'avais fait un « topo » qui situait *Tête d'or* et présentait les extraits. Cela s'était bien passé. Mes camarades s'étaient ensuite acquittés de leur tâche avec chaleur et succès.

A vingt-deux heures quinze commença le débat. La salle et la scène furent débordées par la provocation méthodique et l'intrusion violente d'agitateurs politiques. Claudel devenait responsable de l'assassinat du pasteur Martin Luther King, etc. Au bout d'une heure, nous en venions aux mains. La haine s'étendit, se prolongea dans la rue. A une heure trente du matin, j'allai m'affaler sur mon lit, abattu de tristesse.

Pour la deuxième fois, j'étais tombé dans le piège. J'en retirais l'impression désagréable d'une chose que je ne comprenais pas mais qui me paraissait calculée et, encore une fois, venir de loin... toujours, *de loin* : j'insiste.

A Londres, les troubles sociaux de Paris étaient venus jusqu'à nous. Nous avions appris « l'erreur » de la répression policière de la rue Gay-Lussac, survenue le 10 mai.

Le 11, nous atterrissions à Paris. Bagarres un peu partout. Surtout dans le quartier de la Sorbonne. 30 000 étudiants insurgés, les professeurs sont solidaires. L'affaire de la rue Gay-Lussac a rangé l'opinion publique du côté des étudiants.

A seize heures trente, je me trouve au Théâtre de France. C'est un samedi, le Théâtre des Nations bat son plein. Sa saison s'annonce merveilleuse. En matinée, le Bunraku, le fameux théâtre de poupées du Japon, triomphe devant une salle pleine.

Y aura-t-il grève générale le 13 ?

La compagnie de ballets de Paul Taylor (U.S.A.) doit débuter ce jour-là. Il y a grève.

L'agitation politique se développe. On parle de groupes extrémistes, de révolution culturelle. Charles de Gaulle, président de la République, est en Roumanie, le Premier ministre, Georges Pompidou, en Perse.

Mardi 14 a lieu la première des ballets de Paul Taylor. Tout se passe admirablement. Le contraste est saisissant. J'offre même, à l'issue de la représentation, une réception style « réception d'ambassade » : le chant du cygne, en quelque sorte, d'une manière de vivre que l'on ne retrouvera peut-être plus.

Nous sommes en train, sans nous en douter, de passer de l'âge de la contradiction à celui de la contestation.

La contradiction implique la reconnaissance de la partie adverse que l'on veut contredire. La contestation refuse systématiquement toute partie adverse, supprimant, à priori, l'existence de l'antagoniste. Le contestataire ne souffre aucune contradiction. Le contestataire conteste l'existence même de celui qu'il conteste.

La fièvre révolutionnaire augmente. La Sorbonne et les principales universités sont occupées par les étudiants. Barricades, gaz lacrymogènes, arbres arrachés... la police disparaît comme par enchantement.

Je ne relaterai que les faits. J'en aurai toujours ignoré les causes.

Le malheur de l'Odéon fut de se trouver au centre des bagarres. Le bruit court que les étudiants vont marcher sur le Sénat, l'Institut, le Louvre, et jusqu'à l'O.R.T.F.

Voici venue l'heure de l'insurrection générale.

Le 15 mai, j'apprends par téléphone et par témoignage direct d'un de mes camarades qui revient de Censier[1] que les étudiants ont décidé d'occuper l'Odéon.

Sur ma demande, mon administrateur Félix Giacomoni téléphone au ministère pour prendre les ordres.

Les services du ministère répondent : « Si les étudiants mettent leur projet à exécution, *ouvrez-leur les portes et entamez le dialogue !* »

Au reste, quoi faire d'autre ?

Il est environ dix-sept heures. Je fais un tour dans le quartier ;

1. Secteur « chaud » de l'Université.

rien ne me paraît anormal. La rue n'est ni déserte, ni agitée, elle est naturelle. C'est d'ailleurs ce que je trouve étonnant quand je me remémore ces moments. A deux cents mètres de distance, l'atmosphère pouvait changer complètement. Le climat des guerres civiles, sans doute [1].

Puisque rien ne se passe, la soirée a lieu devant une salle comble. Les ballets Paul Taylor sont admirables, nouveaux par leur fraîcheur, bien faits pour la jeunesse.

L'entracte arrive. Toujours rien.

Je fais encore un tour dans les rues avoisinantes ; tout continue d'aller normalement. Pas un manifestant en vue, pas un agent de police. L'invasion ne me paraît donc pas pour ce soir, nous aviserons demain. Telle est aussi l'opinion de mon entourage. Je décide de rentrer chez moi.

Je n'étais pas sitôt rentré... Giacomoni m'annonce par téléphone « qu'ils étaient là ». Nous n'avions pas eu à ouvrir les portes. Ils avaient choisi le moment de la sortie du public. Beaucoup, d'ailleurs, avaient assisté au spectacle et étaient restés dans la salle.

— Bon, je viens !

Madeleine veut venir avec moi. Nous voilà partis tous deux.

Drapeaux rouges et noirs. Banderoles. Ils étaient environ deux mille cinq cents. M. Raison, directeur des théâtres au ministère des Affaires culturelles, était là en observateur.

Il s'agit maintenant « d'entamer le dialogue ». Nous passons sur scène. Il y a tellement de monde que nous craignons pour la résistance du plateau. Sous une scène de théâtre, c'est creux, et je n'imagine guère 200 à 300 personnes faire une chute d'une vingtaine de mètres.

Le chahut est indescriptible. Je prends la parole. J'invoque le caractère international du Théâtre des Nations. Personne n'écoute. Tout le monde parle en même temps. Raison est à quelques mètres de nous, en coulisse.

Je reconnais dans la foule Julian Beck, du Living Theater, de jeunes metteurs en scène et auteurs de mes amis... Dans quel esprit sont-ils venus là, je l'ignore !

De cette confusion générale, je retiens :

1. Que l'action des étudiants n'est dirigée ni contre un homme ni contre un programme (ce sera le texte de leur premier bulletin d'occupation).

---

1. Rappelons-nous la relation de la journée du 14 juillet 1789 par Restif de la Bretonne dans *Les Nuits de Paris*.

2. Que le Théâtre de France, emblème de la « culture bourgeoise », est supprimé.

3. Que la salle de l'Odéon servira désormais de forum politique.

4. Que tout dialogue est impossible.

Vers quatre heures du matin, nous rentrons.

Nous sommes convoqués par le ministre pour midi.

16 mai, rue de Valois, midi, avec M. Raison. Dans quelques
minutes, André Malraux, qui doit tout savoir, va pouvoir nous
éclairer. 14 heures. Malraux ne nous a pas reçus. Seulement son
chef de cabinet, un assistant du ministère et Jean Darcante, au
nom du conseil supérieur du Théâtre des Nations. Aucune décision,
aucune directive. Je suis étonné de l'évanouissement volontaire de
toute autorité gouvernementale. Il y a là quelque chose que je ne
comprends pas.

Le théâtre est à présent entièrement occupé. Locaux, téléphones,
machines à écrire, ronéo, service de presse, loges transformées
en dortoirs, en cuisines, graffiti sur les murs, les rideaux de velours
sont souillés. Mes techniciens rongent leur frein. Eux non plus ne
reçoivent aucune instruction de leurs syndicats.

Nuit du 16 au 17. Nouvel essai de dialogue. L'atmosphère
est différente. Il y a des meneurs. Pendant une heure au moins,
avec une ironie insolente, nous sommes insultés par un petit rou-
quin qui me semble avoir une certaine technique révolutionnaire,
bien que son « audition » me paraisse un peu conventionnelle eu
égard aux « trucs » électoraux utilisés. Mais ça porte. « Malraux,
la culture bourgeoise, le Théâtre de France, Barrault, tout le monde
y passe : tout cela fini ! zéro ! annulé ! supprimé ! occis ! »

Assis par terre, Madeleine et moi, côte à côte, nous demandons
à nos voisins qui est ce jeune monsieur.

— Cohn-Bendit.

— Ah !... le célèbre... Ah ! tiens, tiens !

Je me le rappelle, il y a deux ans, quand il avait fait le coup
de poing en faveur des *Paravents*. Ma « vieille » éducation, faite
d'humour surréaliste, me remonte à la tête. Les gens nous regardent. Ils me demandent de répondre. Avec la même ironie insolente, utilisant cette fois, au lieu de l'insulte, la courtoisie, je réponds
et conclus :

— Soit ! Barrault est mort, mais il reste devant vous un être
vivant, alors, qu'allons-nous faire ?

Huées, bravos, sifflets, mêlée générale.

Quelqu'un dans la foule : « Enfin, tout de même, *les Paravents,* ce n'est pas du théâtre bourgeois ! »

— Pardon ! c'est de la récupération au profit de la culture bourgeoise !

Sifflets, huées, bravos ! Nous n'en sortirons pas.

Le lendemain, de ma phrase, les journaux « bien intentionnés » n'ont retenu que « Barrault est mort ».

Coup de téléphone :

— M. le Ministre n'est pas content de vous, me dit M. Raison. Ne faites plus de déclarations.

— Si seulement il rompait le silence, il pourrait m'aider dans ma tâche.

Dans la salle de l'Odéon, la « parole » continue de couler. On conteste et on « spontane ». Je suis surpris de voir ceux qui contestent les professeurs être les premiers à vouloir donner des leçons. Sur les toits occupés, les drapeaux rouges, noirs, tricolores se succèdent en un lamentable ballet. La place est devenue une vraie kermesse : un montreur de singe, un montreur d'ours. Des guitaristes. Les badauds. Des ambulances plus ou moins camouflées. Des slogans couvrent les murs. Dans les « dessous » du théâtre : cocktails Molotov, essence, grenades. On organise le siège.

Et, toujours, aucun signe du ministère. Silence complet. Je comprends de moins en moins. Les nerfs se tendent.

Du côté de l'insurrection, je distingue les étudiants sincères, qui commencent à être écœurés eux aussi, des groupes extrémistes qui m'ont l'air des mieux organisés. Ils se relèveront par section, la section sortante allant prendre des ordres ailleurs ; certains disent même qu'ils se rendent à l'étranger. Mais on dit tant de choses !

Des éléments agitateurs, chargés à tout instant d'installer le désordre. D'autres gens qui s'infiltrent et n'ont rien de commun avec les étudiants...

De Gaulle est revenu de Roumanie et a dit : « Réforme oui, chienlit, non ! »

Le Comité d'action révolutionnaire (C.A.R.) prend possession des lieux. J'y reconnais pas mal d'acteurs et d'actrices !

Nous nous sentons trahis de tous côtés et n'avons le goût d'adhérer à rien. Seuls les étudiants, les vrais, nous touchent. Ils me paraissent tout aussi trahis que nous.

Je réunis acteurs, techniciens et personnel administratif. Je les sens politiquement divisés.

Notre comportement doit désormais répondre à trois objectifs :
1. Protéger la bâtisse et notre matériel.

2. Eviter l'affrontement en règle pour qu'il n'y ait pas de sang versé.

3. Maintenir notre unité sur le plan professionnel.

Quatre ou cinq jours passent ainsi dans le désordre, le silence et l'abandon. Nous avons réussi à baisser le rideau de fer et à en casser le mécanisme. La scène ainsi se dépeuple.

Vingt-quatre heures sur vingt-quatre, toute la « maison » : comédiens, techniciens, employés, assurent par roulement une surveillance. Nous protégeons comme nous pouvons notre instrument de travail.

Depuis près d'une semaine, les paroles coulent en non-stop : 7 × 24 = 168 heures de paroles... « En 89, on a pris la Bastille, en 68 on a pris la Parole[1]. »

21 mai. Un message nous arrive enfin du ministère : ordre nous est donné de quitter les lieux. Cette fois, nous trouvons cet ordre scandaleux ! Nous qui défendons notre bien ! Nous nous exécutons néanmoins dans l'après-midi, mais à vingt-deux heures, par réaction presque animale, nous revenons pour continuer de protéger nos costumes, nos accessoires, notre vie de travail. Qui peut imaginer dans quel état nous sommes ?

22 mai. Le conseil supérieur du Théâtre des Nations ajourne la saison. Pas possible ? Voilà, en effet, une première initiative ! Convoqué rue Saint-Dominique, section Arts et Lettres du ministère, j'entends ceci :

— Le ministre vous demande d'appeler « sous votre responsabilité » l'E.D.F. pour qu'elle coupe l'électricité ainsi que le téléphone afin d'interrompre toutes communications.

Et le sang ? Et la bâtisse ? Et les blessés, voire les morts ? Sous ma responsabilité ? Je refuse catégoriquement. Avec mon franc-parler habituel, sous le coup de la fièvre et de l'indignation, j'ajoute, sans pouvoir me contrôler moi-même :

— Quand j'ai quelque chose à faire, je ne le fais pas faire par un autre. A Pigalle, cela s'appelle : faire porter le chapeau. Je refuse et je suis scandalisé.

— Répétez.

— Je refuse et je suis scandalisé.

Le lendemain, 23 mai. En ouvrant *le Figaro*, je lis : « Jean-Louis Barrault désavoué par son ministre », suivi d'une note laconique dictée par le chef de cabinet de Malraux.

J'aurais pu au moins être prévenu !

---

1. Mot de quelqu'un.

24 mai. Le Figaro publie ma réponse. J'ai eu soin, la veille, d'en avertir le Premier ministre. Elle revient à dire :

« *A Réforme, oui ; chienlit, non !* je réponds : *Serviteur, oui ; valet, non !* » Pour le reste, je n'y ai pas été de main-morte !

Après cela, de deux choses l'une :

— ou bien le ministère devait revenir sur son désaveu ;

— ou bien le ministère me révoquait de mes fonctions.

Je n'imaginais pas qu'il pût y en avoir une troisième : le silence, le vide, le néant.

En somme, aucun changement.

Le silence d'André Malraux persista. Ce fut pour moi une véritable torture car je m'attendais à ce que ce silence fût rompu. Il n'en fut rien.

Nous continuâmes, de notre côté, à veiller sur notre matériel. Nous ne savions plus très bien qui étaient les étudiants, qui étaient d'autres éléments, s'ils étaient d'extrême gauche, d'extrême droite ou de la police [1].

Dans les couloirs, les loges, dans la salle, sur les toits, il circulait à peu près huit à dix mille personnes par jour. Et toujours la parole dégoulinait. Impression d'enfer.

Les rideaux furent saccagés, le magasin des accessoires — casques, épées, hallebardes, etc. — forcé et pillé.

28 mai. Les magasins de costumes avaient été défoncés. Les gens y avaient pénétré après avoir brisé les lucarnes, puis s'étaient livrés à une véritable destruction, du vandalisme pur et simple. Nous marchions dans une purée de costumes de quarante centimètres d'épaisseur. Non seulement les costumes du Théâtre de France, mais ceux de notre compagnie (n'oublions pas que nous avions fourni bénévolement à l'Etat le matériel de dix-neuf ouvrages !). Bref : vingt ans de travail souillés, ravagés, annihilés.

J'avoue ma défaillance : cette fois, j'éclatai en sanglots. Je répétais : Pour rien ! Pourquoi ! Rien ! Inutile ! Gâchis ! Pure haine et pour rien ! Le travail bafoué, et cette haine qui se manifestait d'une façon si hideuse (toute cette bouillie était remplie d'excréments) m'atteignirent plus que tout le reste.

Par instinct de conservation, peut-être, et pour m'accrocher à quelque planche de salut, je me ruai sur une quatrième version de « mon » *Rabelais.*

---

1. On pouvait lire, écrit sur un mur, le graffiti suivant : « Messieurs les policiers en civil, attention à la marche. »

Extrait de mes Carnets, 29 mai. Je lis : « Relu à haute voix la première partie. Cette quatrième version me paraît être la dernière. Je crois que le style s'en dégage. Elle n'a plus que soixante-neuf pages. La première en avait cent. La deuxième était tronquée et se tenait mal. La troisième reprenait le plan de la première mais dépassait quatre-vingt-quatre pages. Je crois maintenant que ça y est. »

30 mai. Je m'amusai à écrire le mot : *fin,* après la deuxième partie, et je datai.

Ce jour-là, de Gaulle, subitement, disparaît. Pendant une journée, nul ne sait où il est. Puis il reparaît...

A l'intérieur de l'Odéon, ça continuait de pourrir, systématiquement.

La comptabilité se réfugia à l'hôtel Michelet, chambre 53. Cela me permettait d'assurer la paie des acteurs. Certains rapports étranges entre mon administration et moi me firent deviner que certaines instructions avaient été données à certaines personnes.

En fait, je n'étais plus tenu au courant.

Au sein du Théâtre des Nations, j'avais créé cet atelier de recherches que j'avais confié à Peter Brook. Nous décidâmes que cet atelier irait à Londres et se produirait dans cet endroit insolite et merveilleux : le « Round House » (où avaient lieu des réunions hippies).

Les grévistes, en France, atteignent neuf millions. Les ouvriers prennent de la distance avec les étudiants. Lesquels sont désavoués à leur tour par l'opinion publique. En haut lieu, le jeu semble bien mené. L'insurrection de la jeunesse se déforme adroitement en revendications syndicales.

A l'Odéon, on parle toujours. Il y a de moins en moins d'étudiants. De plus en plus d'agitateurs et de « malabars » de toutes sortes. Je me remémore cette phrase de Pascal :

Si Platon et Aristote ont écrit de politique, c'était comme pour régler un hôpital de fous.

Je commence à comprendre quel aura été, dans ces événements historiques, le rôle de l'Odéon. Le gouvernement, ne pouvant plus, le 15 mai, faire agir la police à cause de la nuit fâcheuse de la rue Gay-Lussac, a laissé prendre l'Odéon comme on donne un os à un chien. L'Odéon est devenu abcès de fixation. De ce fait : l'Académie, le Sénat, le Louvre, l'O.R.T.F. ont été épargnés. La police peut alors réapparaître prudemment et, bientôt, en sauveur.

Quant à ceux qui occupent actuellement l'Odéon... « Ils partiront d'eux-mêmes », me dit-on.

— Et nous, que devons-nous faire ? demandent les techniciens.
— Restez chez vous !

On laisse pourrir. Evidemment ! C'est peut-être une méthode.

Complètement écœuré, au milieu de la cohue, du saccage, de la saleté — car la vermine est apparue — je plonge dans *les Nuits de Paris* de Restif de la Bretonne et me réfugie dans mon *Rabelais,* aidé par Michelet.

De Gaulle avait dit : « La situation est insaisissable. » Cela me rappelle tout à fait l'affaire des Placards sous François Ier. Confronté à « l'insaisissable », celui-ci avait abandonné les humanistes, brûlé les hérétiques, et s'était réconcilié avec Rome et Charles Quint.

C'est sans doute ce que de Gaulle est allé faire outre-Rhin. C'est ce qui doit gêner Malraux. Du moins est-ce ma version. Mais je ne connais pas grand-chose en matière de politique et de pourriture.

14 juin. Les C.R.S. casqués entourent l'Odéon et le libèrent. Des « Katangais », qui avaient été chassés de la Sorbonne où ils s'étaient infiltrés venaient, paraît-il, de se réfugier dans les greniers du théâtre. La police se devait donc de « protéger les étudiants » contre ce qu'elle appelait « les affreux ».

Quand j'arrive, comme chaque jour, dans la matinée, l'opération est en train de se terminer. Mon administrateur ne m'avait pas prévenu. Au reste, il n'y avait plus grand monde dans la bâtisse, en tout cas presque plus d'étudiants. Après une brève cérémonie sous la surveillance du préfet de police (qui me paraît s'être comporté pendant ces événements avec beaucoup d'humanité) et, juste derrière lui, deux représentants des Affaires culturelles (enfin, ils faisaient leur apparition), « l'ordre » fut rétabli.

Cela me faisait penser à ces vieilles gravures du XIXᵉ siècle, avec « ces messieurs » en redingote et haut-de-forme au milieu des pavés, des blessés, de la garde nationale, baïonnette au canon, et quelques nuages au fond sur les toits de Paris. Un Gavarni ou un Daumier.

Un piquet de garde est disposé et « l'ordre » se retire, satisfait du devoir accompli. « L'ordre-gris. »

Je pénétrai dans « mon » théâtre, en proie à une colère féroce. Mes larmes coulaient comme de la sueur au spectacle de cet Odéon souillé, vide à présent, caveau de la saleté, de la haine, de l'ordure, de la destruction, d'où toute vie avait disparu. Les morts, en dehors de la putréfaction, dégagent une certaine odeur comme une espèce de poudre grise, le goût âcre d'une bouche dont la langue et les muqueuses sont à présent aussi pierreuses que les dents.

La scène, la salle, sont une bouche béante. L'air qu'on y respire est fétide. Il pique le nez.

L'Odéon a été souillé pour longtemps.

Ma détresse est encore plus grande. Du moins, pendant un mois, la vie y avait grouillé, par l'absurde sans doute, mais il y avait eu la Vie [1].

A présent, ce vieil Odéon pour lequel nous avions travaillé pendant neuf ans, me faisait penser à un homme torturé à mort.

Dans la journée, les acteurs, les techniciens reviennent. Une espèce de fausse joie s'installe. Je reste prostré. Les discussions fusent. Les uns se sentent délivrés. D'autres me regardent de biais. Seules Maïène et Madeleine partagent ma détresse.

Quelqu'un a été tué : un lieu animé.

— Si vous croyez que la vie quotidienne va pouvoir reprendre comme avant ! J'estime que c'est impossible. Il y a eu souillure. Il y a eu assassinat.

Le ton monte, je m'écrie : « Si Baudelaire avait eu le sang-froid d'un général, il se serait appelé Aupic. » Quelques-uns croient que je ne sais plus ce que je dis.

> *Carnets, samedi 15 juin.* En un mois, vingt ans de travail détruits, neuf ans de Théâtre de France annulés. Mon bonheur, acquis par ma passion, mes efforts et le merveilleux soutien de Madeleine, est réglé — comme on règle une facture. A qui ? A l'Injustice ! On me traite en « mauvais garçon ». Je me sens en effet plus près de Villon que de... Cela ne m'a pas empêché d'aller chez ma secrétaire corriger les stencils de la première partie de *Rabelais*. Formidable ! (*sic*) J'aimerais monter mon *Rabelais* avec une troupe mixte d'étudiants et de professionnels, et le créer dans le grand amphithéâtre de la Sorbonne. Je ne voudrais plus me consacrer qu'aux étudiants, aux sincères qui doivent, eux aussi, être bien « désenchantés ».

En tout cas, à présent qu'une page est tournée, j'espère que Malraux va enfin me recevoir, même pour une explication définitive.

Non : le silence, le vide, le néant continueront.

Est-ce haine ? Est-ce honte ? Après tout, ces deux mots se ressemblent et l'un ne va pas sans l'autre.

---

1. Comme me l'écrivit une vieille dame de quatre-vingts ans, citant Victor Hugo : « Ce fut une belle chose mal faite. »

Nous voici donc engagés dans un tunnel dont nous ne sortirons que fin août. Deux mois et demi de vase.

Dans cette trajectoire de ma vie, nos « chevaux de lumière » se trouvent plongés dans la nuit, les quatre fers en l'air.

Il s'agit de se reconvertir. Mais un homme de théâtre n'est pas seul. Il est responsable d'une communauté humaine. Seul, devant cette partie de cache-cache que m'impose Malraux, j'enverrais ma démission. Mais je priverais ainsi mes camarades de leur outil de travail. Il ne s'agit pas d'acteurs de passage, mais d'artistes attachés à une maison, qui y consacrent leur vie et qui, de ce fait, ne sont pas sollicités par des entreprises extérieures. Les réduire au chômage à cause d'événements dont ils ne sont pas responsables, cela me paraît une perspective impensable. Certains comme Jean Desailly, Simone Valère, Régis Outin, Granval, y ont consacré depuis plus de vingt ans leur jeunesse. D'autres sont avec nous depuis plus de dix ans.

En haut lieu, on attend peut-être le résultat des élections de juin.

Tout de même, je ne peux pas croire qu'avec Malraux on ne puisse poser le problème sur un *terrain noble*. Egrenons les jours :

18 juin. Je constate à ma grande surprise que les destructions se poursuivent, que les objets continuent de disparaître. C'est pour le moins curieux.

Le programme de la saison prochaine était le suivant :

17 septembre : réouverture avec *la Tentation de saint Antoine*, alternance avec *la Cerisaie*.
Mi-novembre : création de *Rabelais*.
Décembre : spectacle Gainsbourg (avec qui j'en avais parlé à Londres), *Mariage de Figaro*.
Janvier : nouvelle création : quatrième journée du *Soulier de satin* (Sous le vent des îles Baléares).

Je pense à la troupe. Je refais des plans d'administration. Avec les architectes, nous établissons des devis de réfection. Mais je me sens de plus en plus mis à l'écart.

Carnets, 23 juin, Dans le livre que j'écrirai, *Travaux et Traverses* [1], je finirai par cette phrase : Notre compagnie a été assassinée, elle n'est pas morte. Evoluer dans le sens d'une existence internationale, ce sera récolter ce que nous avons semé depuis plus de vingt ans.

---

1. C'est effectivement le titre que j'aurais voulu donner à ces récits. C'est celui qui me paraissait le plus juste...

24 juin. Quand, en 1959, Malraux, ému par l'errance de notre troupe, nous demanda de créer le Théâtre de France, le gaullisme était humaniste et progressiste. C'était le gaullisme de la décolonisation, de la nationalisation, du vote des femmes et de la France libre.

Pendant neuf ans, nous avons pu créer, dans la jungle de l'art dramatique et littéraire, une espèce de « réserve » d'où la haine était exclue.

Aussi nous avons pu faire côtoyer une « faune » aussi variée que celle de Claudel, Genet, Beckett, Molière, Ionesco, Racine, Duras, Nathalie Sarraute, des animateurs comme Blin, Béjart, Bourseiller, Lavelli, des jeunes auteurs comme Billet-doux, Shéhadé, Vauthier, etc. Toute la vie en liberté. On aurait pu organiser des safaris.

Ajoutons à cela le Théâtre des Nations, où se rencontraient les plus grandes traditions shakespeariennes, d'Extrême-Orient : Nô, Kabuki, Bunraku, avec les expériences les plus modernes : Grotowski, le Living Theater, Barba et le Centre international de recherches que j'avais créé cette année avec Peter Brook.

Il a suffi que des jeunes braconniers viennent viser ces fauves avec leurs lance-pierres pour que les chasseurs reconnus par la loi réapparaissent.

Moralité : fini la « réserve ». Regagnons la forêt. Hélas ! cette fois j'ai cinquante-huit ans et la vie va devenir dure. Nous allons repartir à zéro.

25 juin. Je me mets en rapport avec Jean Richard pour m'associer avec lui en utilisant son cirque quatre mois par an. Ce projet lui plaît.

27 juin. Lecture de *Rabelais* devant mes camarades dans la salle du Petit Odéon.

Fait un brouillon de lettre à Malraux, que je n'ai pas envoyée.

1ᵉʳ juillet. Je m'aperçois que, le 15 mai, j'ai ressenti sourdement que le Théâtre de France avait vécu. Quand il avait été créé, il n'y entrait aucune considération politique. Aujourd'hui, s'il devait être poursuivi, il y aurait, de la part de celui qui en prendrait la responsabilité, un engagement politique. Pour rester en accord avec moi-même, je serais obligé de refuser.

Au fond, c'est mon double qui a dit : « Barrault est mort. » Il s'agissait bien entendu du Personnage, directeur du Théâtre de France, non de l'Etre.

Carnets. Chercher un lieu pour y fonder une société de production internationale avec ceux qui accepteraient d'y participer avec nous, dans tous les pays du monde. Sorte de théâtre des Nations autonome.

3 juillet. Visite du cirque Jean Richard, à Vendôme.

4 juillet. Retour à Paris.

Monter une « maison de créations » comme on monte une maison d'édition, avec différentes « collections » : grand format, format chevalet, format mobile (tournées). Trouver un grand local de production : studio, atelier de costumes et de décors, voire enregistrements pour TV et cinéma (vidéo-cassettes).

5 juillet. Je ne peux résister plus longtemps et je porte moi-même au Palais-Royal, rue de Valois, une courte lettre que je veux déposer sur le bureau de Malraux :

Monsieur le Ministre,

J'ai l'honneur de solliciter de votre haute bienveillance la faveur d'un entretien privé, qui me permette de parler avec vous de l'avenir du Théâtre de France, de sa troupe et de son directeur. Je tiens à maintenir avec vous, sur le *terrain noble,* les rapports que nous avons toujours eus.

Dans l'espoir d'une réponse favorable, veuillez agréer, Monsieur le Ministre, l'assurance de mes sentiments respectueux et dévoués.

Les huissiers, qui me connaissaient depuis des années, certains du temps de Jean Zay (1937), m'accueillent avec beaucoup de gentillesse. Je rencontre des regards vrais.

Il est quinze heures trente. Je repars vers la cour de Chartres. A. Malraux est en train de descendre de sa voiture. Je vais à lui.

— Monsieur le Ministre, je viens justement de déposer un mot que je me suis permis de vous adresser.

Il hoche la tête deux ou trois fois, regard de biais, mauvais sourire. Il reste muet, me tourne le dos et disparaît. Cette fois-ci, c'est clair ! Cela vaut toutes les révocations par voie de presse !

C'est donc pratiquement terminé. Il faudra néanmoins attendre encore près de deux mois — dans le silence...

Le soir même, pour m'éviter de ressasser dans ma tête et la terreur verbale d'extrême gauche et la brutalité d'extrême droite, et la politique du pourrissement et, « sur le terrain noble », l'historique

du Théâtre de France, et le déroulement des événements et combien, dans ce cas-là, l'homme libre se trouve coincé, etc. — je lis
dans Chateaubriand, ce cabotin génial, une phrase qui conviendrait
fort bien à Madeleine : « Un rien la bouleverse, mais rien ne
l'ébranle. »

Elle tourne en ce moment, à Villefranche-sur-Saône, un film,
le Diable par la queue, de Philippe de Brocca. Cela la distrait. C'est
la Providence.

Je vais passer de temps en temps deux ou trois jours avec elle
dans le Beaujolais.

18 juillet. Voyage éclair à Londres pour le Round-House, où
Peter Brook présente enfin le résultat de son travail pour notre
Centre international de recherches du Théâtre des Nations.

Dans le hall du Brown's Hotel, je reçois notre ami le grand critique du *Sunday Times*, Hobson. Il est un des rares Anglais claudé-
liens ! J'ai donc pour lui toutes les complaisances. De plus, il est
un ami sincère de la France. Il est accompagné d'un jeune collaborateur de son journal. Notre conversation se déroule en français,
Hobson connaît bien notre langue, par contre le jeune homme la
comprend mal. Au bout de quelques minutes il s'en va. Hobson
reste encore un long temps, nous bavardons en véritables amis.

Nous nous séparons. Le soir, j'assiste à une seconde séance de
Peter Brook, après avoir travaillé moi-même et fait des démonstra-
tions de mime et de respiration avec sa troupe.

Londres est d'une vitalité extraordinaire. Ce soulèvement de la
jeunesse qui est, ne l'oublions pas, de dimension mondiale, se manifeste ici dans une atmosphère d'émancipation beaucoup plus que
de revendications.

A Paris, en quatre semaines, on a vécu toute la Révolution française : des fêtes de la Fédération de 89 à la Terreur, puis à Saint-
Just. A Londres s'est répandue la liberté.

20 juillet. Retour à Paris. Malraux ne répond pas à ma lettre.

Fin juillet. Je rejoins Madeleine dans le Beaujolais où elle tourne
toujours. Cure de solitude et de réflexion.

Cette « plage » d'introspection m'est favorable. Madeleine termine son film. Nous décidons d'aller passer quelques jours à
Trouville-Deauville. Je me force à nager la valeur de deux kilomè-

tres par jour, soit en mer, soit en piscine. La nage et la marche sont mes sports préférés.

Nous y étions le 25 août quand, enfin, nous recevons des nouvelles du directeur du théâtre, M. Raison, qui était à nos côtés, le 15 mai, quand nous avions tenté « d'entamer le dialogue ».

Rendez-vous est pris pour le 28 août à 17 h 30.

27 août. Participons avec le père Carré à une conférence-lecture sur saint François d'Assise au théâtre du casino de Deauville.

28 août. Paris. Madeleine est venue avec moi. M. Raison nous remet seulement la lettre suivante :

27 août 1968.

Monsieur,

Au moment où vont être publiés les nouveaux statuts du Théâtre de France, je dois vous informer qu'après vos diverses déclarations, j'estime que vous ne pouvez plus continuer d'assumer la direction de ce théâtre, quelle que soit sa future vocation.

J'ai chargé le directeur du théâtre et des maisons de la Culture d'examiner les problèmes découlant de cette décision.

Veuillez agréer, etc. signature :

André Malraux (seul mot manuscrit).

M. Raison est sincèrement désolé.

Il nous montre un article du *Sunday Times*, signé du jeune homme qui avait accompagné, un instant, mon ami Hobson. Il paraît que cet article a tout gâché. J'en prends connaissance, car j'en ignorais tout. Il date de fin juillet. Il contient évidemment des propos erronés, plutôt des confusions. Mais tout cela ne peut être considéré comme des déclarations personnelles. Le prétexte me paraît donc un peu gros. Malraux aurait mieux fait de m'adresser cette lettre le 5 juillet dernier, quand il m'a tourné le dos. Nous aurions gagné deux mois.

Nous remercions M. Raison de sa gentillesse, de ses sentiments de sincère amitié, et nous repartons.

La crainte et la servitude pervertissent la nature humaine (Rabelais).

Les « événements de mai 68 » terminent donc ce morceau de notre vie.

Ce qui nous affecte et continuera toujours de nous affecter, ç'aura été le gâchis, le silence, la dérobade, et surtout ce *mépris* que je me refuse à qualifier de lâcheté.

Un an plus tard, de Gaulle et Malraux montaient, d'eux-mêmes, dans la charrette...

Opportunité du hasard ? Destin selon Eschyle ?...

L'important, c'est de rester en accord avec soi-même.

De l'époque Marigny, de nos tournées, de la période Théâtre de France, il ne nous restait plus rien. Vingt-deux ans annihilés, à cause de qui ? à cause de quoi [1] ?

_____

1. Cette épreuve, en revanche, nous découvrit où étaient nos vrais amis. Il y en eut beaucoup. Je pense notamment au comportement si digne et si ferme de Roger Blin.

Les belles anomalies

L'histoire est la peinture de toutes les sales histoires que les hommes se font entre eux. Si elle est coloriée par les hauts faits des militaires — la misère des peuples se réservant les ombres —, le charme du tableau est rehaussé quelquefois par de belles anomalies. Ce sont les moments où la loi et la règle, où les « paravents » des Pharisiens, sont contournés par l'Imagination.

Que Monseigneur de Harlay, archevêque de Paris, refuse la terre sainte à Molière, c'est la Loi. Que Louis XIV trouve un biais pour que Molière y soit quand même enterré, c'est une « belle anomalie », et ce seul détail lui fait plus d'honneur que toutes ses conquêtes.

Michel-Ange peignait la Sixtine, Jules II vient le visiter, Michel-Ange, dérangé, l'ignore. L'évêque de service dit áu pape : « Excusez-le, Saint-Père, ces gens-là sont des rustres qui ne connaissent que leur métier ! » Et le pape de casser sa canne sur le dos de son évêque : « C'est toi qui es le rustre ! »

« Belle anomalie » — voilà la Renaissance !

Que Rabelais soit excommunié par les catholiques et honni par les protestants : c'est la règle. Mais qu'il réussisse à se faufiler entre deux bûchers grâce à la connivence du cardinal Du Bellay, c'est une belle anomalie.

André Malraux, défendant en pleine Assemblée nationale l'épopée de la misère et de la mort due au poète-anarchiste Jean Genet, restera « une belle anomalie » qui, plus tard, sera portée à l'actif d'un gouvernement humaniste.

Ceux pour qui les belles anomalies apparaissent se nomment : Villon, Rabelais, La Fontaine, Sade, Baudelaire, Verlaine, Rimbaud, Artaud, etc.

Le poète maudit, le clown shakespearien, le mauvais garçon ont été créés pour contrebalancer l'insurmontable Ennui de la Règle et de la Loi.

L'époque « Théâtre de France » devra donc être considérée dans l'Histoire du théâtre comme une « belle anomalie ».

Inaugurée avec *Tête d'or* de Claudel, œuvre de révolte, symbole de la poussée de la jeunesse, elle se sera terminée sur ce même *Tête d'or* étreignant le Soleil dans ses bras.

> *Quand je n'aurai plus de force, je m'arrêterai* (Antigone).

Le 28 août, j'étais donc démis de mes fonctions. Une semaine plus tard, le 5 septembre, je visitai l'Elysée-Montmartre et m'entendis immédiatement avec son directeur Roger Delaporte.

Le 30 septembre, après avoir conclu à 15 heures le contrat d'association avec l'Elysée-Montmartre, je signai deux heures plus tard tous les contrats d'acteurs dans notre appartement — cet appartement qui, en 1946, avait vu la naissance de la compagnie. Le 1er octobre, les répétitions de *Rabelais* commençaient.

Comme au temps de *Numance*, où j'avais loué un studio dans l'immeuble du théâtre des Champs-Elysées, je louai un studio dans l'immeuble du cinéma Gaumont.

Comme au temps de *Tandis que j'agonise*, je me retrouvai dans le pâté de maisons du théâtre de l'Atelier.

Je repris contact avec le café de la Poste où, plus de trente ans auparavant, j'allais boire le café avec Decroux. Je revins au *Bon Bock*, rue Dancourt. Je retrouvai la trace de mes pas sur cette colline de Montmartre où l'odeur des frites est comme l'encens du quartier.

Les « chevaux de lumière », remis sur leurs pattes, étaient emportés par le *Désir renouvelé*.

Parallèlement, le 29 septembre, je passai un accord avec la Ligue de l'enseignement pour installer au Récamier notre siège social et abriter dans un lieu sûr le peu qui nous restait.

> *Carnets :* « Après Rabelais, je vais pouvoir former ce centre international de recherches théâtrales, section France, que j'avais créé l'année dernière au Théâtre des Nations. Avec le cartel international, ce sont les points qui m'intéressent. Nous fermerons le local, nous recouvrirons les fauteuils d'un énorme praticable et nous ferons de ce lieu un sanctuaire de recherches théâtrales. N'y entrera pas qui veut. Ce sera un atelier fermé[1]. »

Quel ordinateur aurait pu m'indiquer toutes ces réactions immédiates, sinon celui de la vie même ?

1. C'est ce qui va être fait cette année, trois ans après.

Pas de pause :
Rabelais

Dans ma chambre, au mur, j'ai un tableau noir. La nuit, il m'arrive d'y écrire quelques mots à la craie, soit pour fixer une impression, soit comme « pense-bête ». C'est ainsi qu'en septembre 1959, date à laquelle j'avais à organiser le Théâtre de France, j'écrivis ce vers de Racine (il y est encore) : « Parmi les loups cruels prêts à me dévorer. » D'une craie de plus fraîche date, 1968 : « Rabelais, le père de mes cinquante-huit ans. »

Pourtant, dès le début de mon travail, je n'y avais pas pensé. L'envie de faire un spectacle sur Rabelais m'était venue, je l'ai dit, à cause des *Paravents*. Pour répondre à tous les Putherbes, à tous les enragés : matagots, cagots, briffaux, cafards, chattemittes, cannibales, qui, à travers Genet, avaient autant dire appelé la police pour nous faire interdire et arrêter. Comme quatre siècles plus tôt, ils le faisaient pour le curé de Meudon. Tous les pissefroid, les culs de poule, les hypocrites « bien-pensants » papelards et sorbonicoles, m'avaient déterminé à présenter sur le théâtre la scène du torche-cul.

Ce qui, au départ, était une simple riposte, voire un canular, devint rapidement une re-connaissance.

De tout temps, Rabelais avait été pour moi un objet de prédilection. J'y retrouve quelque chose de l'Ancêtre.

Chaque fois que j'y plante les dents, ma bouche se remplit d'un tel jus, mon sang reçoit un tel flux, ma colonne vertébrale une telle sève que je pousse « d'horrifiques » cris d'enthousiasme.

Il est l'Enfance qui empoigne la vie à pleins bras. Il est fait de la pleine terre de France.

Il est à la fois régional, français et universel. Tout ce que je voudrais être.

Au jardin de France — c'est Touraine — il se livre à des vagabondages cosmiques. Dans la cave de Chinon, entre deux goulées de cette « purée de septembre », il pense aux voyages interplanétaires. L'oracle de la dive bouteille se trouve au Cathay (Chine du

Nord). C'est Jacques Cartier et Copernic fondus avec Gutenberg dans un tempérament de vigneron !

C'est un arbre. Ses racines sucent la glaise et le fumier. Son tronc est roide comme un phallus. Son feuillage est encyclopédique (le mot vient de lui). Sa floraison rejoint le ciel et « touche » à Dieu.

Il ne vit pas replié sur lui-même, il se tourne vers le Monde. D'humeur frondeuse, éternel étudiant, obstiné, rusé, nomade, son tempérament l'incline, malgré sa fidélité aux traditions, à prendre rang parmi ceux qui militent en faveur des idées nouvelles.

Et, contrairement à beaucoup d'autres, il paie comptant. Pris entre l'orthodoxie répressive de Rome et le fanatisme progressif des « gladiateurs » protestants, il prend le parti le plus inconfortable : celui de la *Tolérance*.

Il lutte, à la désespérée, pour la réconciliation universelle. Aussi doit-il s'enfuir pour échapper à la torture et au bûcher. C'est sa « navigation ».

> *Chose divine, non de prendre et recevoir, mais d'élargir et de donner.*

Il prône l'échange. Il prête, il doit, il emprunte. Son rire est un élixir de guérison contre l'angoisse et la solitude, par l'allégresse, la consolation et le soulagement qu'il procure. Dans son âme, il est « théâtre ». Enfin, il représente *l'homme libre.*

> *Fais ce que voudras parce que gens sont libres.*

Il est donc la Vie même, au sens biologique du mot.

Conservateur par sa boulimie de connaissance et son atavisme terrien.

Révolutionnaire par son imagination scientifique et sa passion du plus-être.

Prince de lui-même par la liberté de ses choix.

Il est celui qui se rapproche le plus de la cellule vivante que décrivent aujourd'hui si bien nos savants.

Son *ternaire* vital est total et roule parfaitement sur lui-même.

Il est un homme entier. Son système glandulaire est complet. Son ventre (gaster), son cœur, sa tête et son double — qui, par réfraction sur la vie et la mort, lui apporte l'humour et la joie — fonctionnent comme un moteur bien réglé.

Rabelais est mon oxygène. C'est lui, sans que je le sache, qui devait assurer la continuité de ma trajectoire personnelle. Dans ma poursuite inconsciente du Père qui m'avait fait choisir des Dullin et des Claudel, il était fatal qu'un jour, je demande à être adopté par Rabelais.

N'y a-t-il pas en lui cet autre *ternaire* qui aura dicté, au cours de ma vie, l'ensemble de mes comportements : le paysan — le dominicain — le libertaire ?

Ainsi, une fois de plus, alors que je n'avais été attiré que par un détail occasionnel — Genet, les moralisateurs ridicules et le torche-cul — depuis trois ans, je m'étais mis à engranger une semence qui me fécondait, me régénérait, m'engendrait.

Qui aurait pu prévoir que, trois ans plus tard, cette nourriture me serait d'un tel soutien ? La perception de nos radars secrets est bien mystérieuse. C'est sans doute cela le subconscient. A moins que ce ne soit le *sixième sens*.

Techniquement, il me fournissait les éléments d'un nouveau manifeste, à ajouter à ceux de 1935 *(Tandis que j'agonise),* de 1943 *(Soulier de satin),* de 1946 *(le Procès),* de 1953 *(Christophe Colomb),* etc.

Le théâtre à l'état naissant, autant par le langage que par l'expression corporelle. Le style du comédien ambulant. Les rapports acteurs-spectateurs. La joie du corps et la joie de l'esprit. La faculté charnelle de toucher les mystères de la vie. *Sortir de son propre cercle* par l'exaltation et l'élargissement de l'âme. Et cette ineffable sensation de « charité » primitive qui m'avait poussé, dès l'enfance, à me précipiter vers *les hommes,* tous les hommes de la terre.

Les répétitions furent difficiles. Le studio Gaumont n'était pas toujours pratique. Il fallut résoudre, à l'Elysée-Montmartre, de sérieux problèmes parmi lesquels des difficultés d'acoustique. Dès qu'il pleuvait, la verrière avait des sonorités de tambour. Il fallut couvrir le toit de laine de verre, ajouter au dernier moment un vélum. Les voix se fatiguaient. Nous étions lancés dans une nouvelle folie. Serait-elle aussi favorable que les autres ? Celle-ci semblait atteindre les limites du possible.

Le style de Rabelais, étant inusité, déroutait certains camarades. D'autres, après ces événements de mai, rêvaient de nouvelles conceptions dans le travail. Cela allait à l'encontre de la discipline. Certains avaient contracté le virus du syndicalisme tyrannique. Cependant, la foi de la majorité l'emporta et la vigueur de Rabelais fit le reste.

La venue de Michel Polnareff galvanisa notre groupe. La présence de la danseuse Valérie Camille apportait joie et fantaisie.

Matias faisait les costumes parfaitement réussis et ce n'était pas facile ! Notre compagnie vivait plus que jamais.

De la troupe du Théâtre de France, nous restions dix-huit : Maiène, Pierre Bertin, J.-P. Granval, Alric, Regis Outin, Santarelli, Gallon, etc. Parmi l'équipe administrative et technique : Gilles Bernard, J.-P. Mathis, Yvette, notre chef costumière, Simone Ben Mussa, depuis plus de dix ans nous restaient fidèles. Mon cher Léonard, flairant l'aventure, reparaissait à la surface.

D'authentiques talents nous avaient rejoints. Virlojeux, extraordinaire de vérité et de style. Audoubert, splendide frère Jean des Entommeurs, J.-P. Bernard, Dora Doll, Jorris, des jeunes « qui en voulaient ». Des jeunes filles dont le corps avait de l'esprit, bonnes comédiennes et irrésistibles danseuses.

La seule ombre, pour moi, c'était qu'il n'y avait pas de rôle pour Madeleine. Notre bon « petit cheval de lumière », le vrai, triompha au même instant sur une autre colline de Paris, la colline de Chaillot : au T.N.P., où elle créa *l'Amante anglaise* de Marguerite Duras.

Dès le premier contact avec le public, nous découvrîmes le style « batteleur », le style du théâtre éternel.

Vendredi 13 décembre. Couturière. La salle est comble, non seulement les onze cents fauteuils sont occupés, mais on peut compter cinq à six cents personnes aux promenoirs.

L'espoir, la communication humaine, la joie, l'insolence, la jeunesse, la santé, gagnaient le public. Ce soir-là, nous assistâmes tous à la renaissance de notre théâtre.

14 décembre. Première représentation officielle. Du temps du Théâtre de France, j'avais prévu la création de Rabelais pour la mi-novembre. En somme, les événements de mai ne nous avaient retardés que d'un mois !

Nous bénéficiâmes d'une critique excellente et encourageante. Nous vivions incontestablement un *événement*.

(En confidence, nous avions, pour réaliser cette folie, raclé nos fonds de tiroirs et nous nous étions engagés beaucoup plus avant... Il s'agissait en réalité de « tout ou rien ».)

Cependant, malgré l'élan de la jeunesse, le bruit que nos épreuves avaient fait, l'attrait du public toujours curieux de nouveauté et la faveur de la critique, il nous fallut deux bonnes semaines pour gagner la partie.

Madeleine au T.N.P., nous à l'Elysée-Montmartre, remportions indéniablement une victoire. Néanmoins, financièrement, pour *Rabelais,* les difficultés apparaissaient, le spectacle était lourd et les résultats immédiats me paraissaient « mous ».

Carnets, 24 décembre. Double succès moral pour Madeleine et nous. Mais difficultés administratives. Certains acteurs veulent déjà nous quitter en février.

Le 27 décembre, je vais procéder à l'élection de trois délégués syndicaux. Apreté. Nous luttons de tous côtés. Depuis quelques jours, j'ai fait les comptes. A chaque fois, je suis couvert de sueur.

Ce matin, été à la banque pour voir où j'en étais. Le tout est de pouvoir payer les acteurs et les taxes d'Etat.

Nuit du 25 au 26 décembre. Cette journée de Noël que j'appréhendais a été merveilleuse. Enorme succès. Malgré les difficultés financières, cette nuit, je suis plein d'espoir. Mais quel métier !!!

30 décembre. La queue à la location n'arrête pas. Le téléphone non plus. Tout le monde est dépassé. Comme nous travaillons dans des endroits exigus, on ne sait où s'asseoir pour travailler. C'est la bohème, une vraie vie de roulotte. Je lutte contre la grippe. Je dors par terre. Peu de temps pour réfléchir. J'oublie de dire qu'après consultation des acteurs, nous ne ferons pas de tournée, sauf Rome. Ils préfèrent rester chez eux... des natures bourgeoises ou d'employés. D'ailleurs, ils sont presque tous mariés avec des enfants ! Où est la vie d'artiste ? [*sic-sic-sic*, c'est noté dans mon carnet !].

2 heures du matin. Qui m'aurait dit, il y a dix jours, que l'on ajouterait des chaises à l'Elysée-Montmartre ? Les acteurs qui voulaient s'en aller m'ont dit qu'ils restaient. Les tournées reviennent à la surface.

L'événement est confirmé. Bref, ce soir : *c'est rose* (Fin du carnet).

La réussite fut complète. Nous jouâmes deux saisons de suite. Qui fut le premier à nous rendre visite ? Laurence Olivier, de Londres. L'*ami* arrivait pour sceller aux yeux du monde entier notre effort. Il nous invitait officiellement au théâtre national d'Angleterre ; comme jadis, en 1945, il avait été invité par la France à la Comédie-Française.

Cet appui, je ne l'oublierai jamais. Comme à l'accoutumée, il nous reçut en prince. Nous jouâmes deux semaines. Dans le même instant, au Royal Court, Madeleine donnait des représentations de *Oh ! les beaux jours* de Beckett et de *l'Amante anglaise* de Marguerite Duras. De l'un et l'autre côté de la Tamise, les Londoniens nous offrirent le soutien de leur chaude amitié.

Ensuite nous allâmes à Berlin, à l'Akademie der Kunst. Deux

théâtres qui se font nez à nez furent réunis par l'ouverture d'une cloison. Ainsi les deux scènes, dos à dos, furent rassemblées en une seule et nous pûmes jouer comme dans un théâtre en rond. Les étudiants manifestaient pour pouvoir entrer. Les services de sécurité les en empêchaient. Nous les fîmes pénétrer par les toits.

Les « mauvais garçons » réunissaient les êtres humains par-delà les routines de « l'ordre ».

La vie des hommes, sur terre, se divise en trois : les pays géographiques, les peuples et les gouvernements. Se méfier des derniers, ils vous empêchent souvent de communiquer avec les peuples et de connaître les pays.

Rabelais, jadis, était allé à Rome par trois fois, sous la protection du cardinal Du Bellay, ce prélat humaniste qui avait de la constance. C'est d'un de ses voyages qu'il importa en France le platane. Quand mes yeux voient un platane, j'adresse une pensée à Rabelais. Nous lui fîmes faire un quatrième voyage.

Grâce à mon vieil ami le peintre Balthus, directeur de l'Académie de France à Rome, et à la protection de Son Excellence Etienne Burin des Roziers [1], nous montâmes dans les jardins de la villa Médicis un chapiteau italien sous lequel nous jouâmes *Rabelais* pour le *Premio di Roma*, sous les auspices de nos amis Guierreri. Un de nos plus beaux souvenirs de théâtre. Une semaine durant, le chapiteau ne désemplit pas et le dernier jour, nous refusâmes dans la journée cinq mille personnes. Pour qui connaît le spectateur romain, sa réputation de connaisseur blasé, c'est un fait unique. Je m'amusais, de la terrasse des jardins de la villa Médicis, à entendre *Rabelais* adresser au « Papegaut » ses réflexions libertaires, hérétiques, fondées sur la tolérance et l'amour du Christ.

De Rome, nous prîmes l'avion, via Milan et Paris, pour San Francisco et l'université de Berkeley. La folie, une fois de plus, continuait. Nous n'avions aucune subvention du gouvernement français. Risquant au départ un déficit de 30 000 dollars, nous n'en perdîmes, grâce au succès, que 3 000.

Nous devions jouer sur le campus de l'université au théâtre Zellerbach (2 500 places), un des rares théâtres modernes qui a gardé l'atmosphère des vieux théâtres.

A l'arrivée : grève des transports. Avec la complicité d'un homme remarquable, Travis Bogard, directeur des départements de théâtre des universités de Californie, nous partons en camion, et,

---

1. Geoffroy de Courcel et Etienne Burin des Roziers, ambassadeurs de France et intimes du général de Gaulle, nous soutinrent avec courage dans ces épreuves difficiles. Je leur garde une reconnaissance qui ne s'effacera jamais.

également avec la complicité très américaine des services doua-niers, nous improvisons un hold-up : le matériel, en pleine nuit, est acheminé jusqu'au théâtre.

Nous ne ménageons pas nos forces. Nous « passons » le len-demain. Les étudiants, les plus contestataires du monde, sont là, ils viennent de donner des concerts « pop » sur les espaces du campus.

Nous devions jouer six fois. Après la quatrième représentation : drame. Des étudiants de l'université de Kent sont tués par des gar-des nationaux (espèce de police régionale). Résultat : grève générale. Bagarres, bombes lacrymogènes, cocktails Molotov. Ça recommence !

Le chancellor de Berkeley ferme le campus. Notre dernière représentation va être annulée. Alors, il se passe quelque chose d'extraordinaire : chacun de leur côté, la police et les étudiants déci-dent une trêve de quatre heures... pour « permettre à *Rabelais* de s'exprimer ! »

L'autorisation nous est donnée de jouer. Nous devons simplement commencer à l'heure, écourter l'entracte et disparaître avant minuit.

Je demande que les portes soient ouvertes à tous, et c'est parmi quatre mille étudiants, dans cette salle qui n'en pouvait contenir que deux mille cinq cents, que nous avons joué *Rabelais*. Les nuances les plus subtiles étaient reçues avec le maximum de raffinement. Tous connaissaient Rabelais par cœur. Ce fut un moment inoubliable.

Un peuple qui peut réagir ainsi est un des plus authentiques du monde. A quatre siècles de distance, l'étudiant Rabelais emportait l'adhésion de quatre mille étudiants de Berkeley, Californie ! Au moment de la création de l'abbaye de Thélème, nous improvisâmes d'endosser le maillot « University of Berkeley »... Moment unique de la victoire de l'Esprit, de la suprématie de l'intelligence humaine : le cœur humain partait comme une fusée ! Que demain l'on m'invite et je retournerai à Berkeley comme vers un lieu d'élection !

Molière nous a donné le sens des dénouements heureux, rapides et imprévus. En quoi il est un homme libre.

Je vais donc m'arrêter là, sur cette sensation de jeunesse, naïve, peut-être, mais animée par une foi intacte.

J'ai l'impression que je vous ai livré « en vrac » les trajectoires de ma vie. J'aurais peut-être dû respecter les normes. Vous présen-ter ou bien un récit d'anecdotes, ou bien une somme de réflexions. J'ai pensé, chemin faisant, que les anecdotes auraient donné à mes expériences un ton trop superficiel, et que les réflexions auraient pu paraître trop austères. C'est pour me faire léger que j'ai décidé de mélanger le tout.

Ne vivons-nous pas quotidiennement et au même instant sur plusieurs niveaux ?

En relisant ces extraits de ma vie, je m'aperçois que je pleure beaucoup trop, que je m'émerveille exagérément, que ma rancœur contre les critiques et les intellectuels se répète inutilement, que ma méfiance des psychanalystes cache peut-être des « complexes » ignorés. C'est apparemment une faute. Oublierais-je le conseil de La Fontaine, quand il nous dit : « Il faut toujours laisser quelque chose à penser ? »

Eh bien non ! Je me suis retenu autant que j'ai pu. En réalité, j'ai beaucoup plus pleuré, je me suis beaucoup plus émerveillé, j'ai beaucoup plus souffert de rencontrer des obstacles qui m'empêchaient de me rapprocher des êtres humains ou qui décourageaient ceux-ci de répondre à notre appel. Quant au subconscient, il fait notre saveur, notre jus. Passer de temps en temps une nuit à danser vaut toutes les psychanalyses.

Cette propension à m'extasier ou à me désespérer vient de cette fichue « conscience » qui m'a été donnée et qui m'a dédoublé. A cause d'elle, je vis et au même instant j'assiste au spectacle de la vie. Comment ne pas s'émerveiller de se sentir vivre ? Comment ne pas hurler de chagrin à l'idée que cette vie pourrait nous être retirée ?

Je ne suis pas bien sûr, au fond, que chacun de nous n'entretienne secrètement en son cœur un petit enfant, lui aussi conscient et dédoublé, qui sanglote ou qui exulte. Mais on n'ose pas l'avouer, par peur du ridicule.

> *Et, ce disant, pleurait comme une vache ; mais tout soudain riait comme un veau*, dit Rabelais.

Finissons-en : Ne voyez pas là, je vous prie, œuvre d'écrivain. Dans ce récit, et au milieu de mes tâches quotidiennes, j'ai dû « courir la poste ». Veuillez vous rappeler que je vous ai confié dès le début trois de mes principales devises :

> *Mal, mais vite.*
> *Sur l'homme, par l'homme, pour l'homme.*
> *Se passionner pour tout et ne tenir à rien.*

A suivre...
si Dieu ou si le destin selon Eschyle, ou si Moïse, ou si le Bouddha, ou si « l'Epée et le Miroir » ou si... ou si...
ou si *la vie*, surtout, le veut bien.

12 octobre - 21 décembre 1971.

Table

IMPRIMERIE OFFSET-AUBIN, POITIERS
D. L. 2ᵉ TR. 1972. N° 2977-5 (P 6997)

Quelques photos

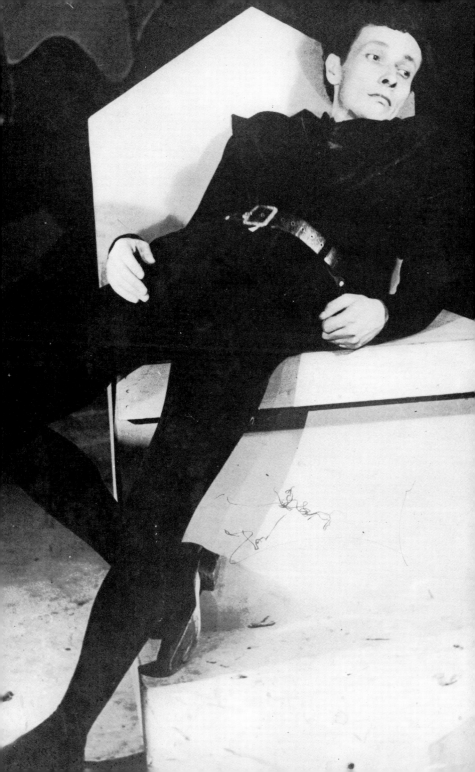

2

3

4

5

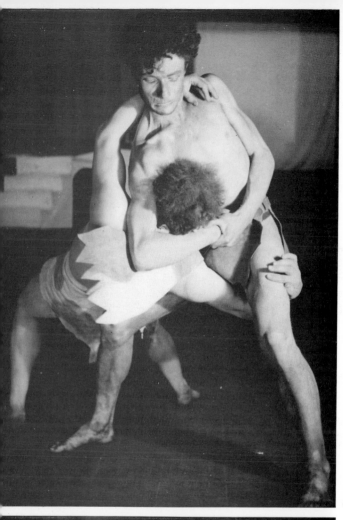

6

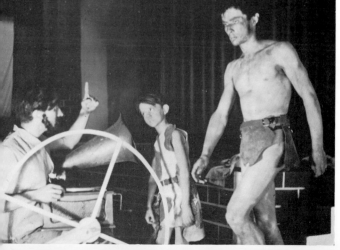

7

8

10

11

12

13

14

15

16

17

18

19

20

21

22

23-24

25

26

27

28-29